논쟁하는
경제교과서

논쟁하는 경제 교과서

ⓒ 권재원 외 4인, 2013

2013년 4월 9일 1쇄 펴냄
2018년 10월 19일 2쇄 펴냄

지 은 이 | 권재원 구민정 노찬옥 이금자 정원규
펴 낸 이 | 김성배
편집책임 | 박영지, 최장미
표지디자인 | 구수연
일러스트 | 아트몽키
본문디자인 | 김민정
관   리 | 유현미
제작책임 | 김문갑

펴 낸 곳 | 도서출판 씨아이알
출판등록 | 제2-3285호

주   소 | (04626) 서울특별시 중구 필동로8길 43(예장동 1-151)
전   화 | 02-2275-8603(대표)
팩   스 | 02-2265-9394
홈페이지 | www.circom.co.kr

ISBN 978-89-94070-11-7 03320
값 19,000원

일방적인 주장만 주입하는 교과서는 동작 그만

"논쟁한는" 경제 교과서

?

권재원 구민정 노찬옥 이금자 정원규

씨아이알

우리는 새 경제 교과서가
필요해요.

'경제'라는 말처럼 우리의 관심을 많이 받는 말도 없을 것입니다. 신문에서 경제란이 크게 자리 잡고 있고, 경제 신문도 여러 종이 발행되고 있습니다. 각종 선거에서는 후보자들이 너도나도 경제를 살리겠다고 합니다. 경제민주화라는 말도 유행입니다. 경제에는 여야가 따로 없습니다. 더 나아가 정부도 경제교육을 강화하겠다고 합니다. 그런데 정부가 발표한 개정 교육과정과 그에 따른 경제 교과서들을 보면 무엇을 위한 경제 교육인지 의문스럽습니다.

새로 나온 경제 교육과정은 시장경제의 어두운 면, 문제점을 지적한 단원을 모두 삭제하다시피 했기 때문입니다. 이들이 가르치겠다고 나서는 자본주의 시장경제는 마치 고통받거나 슬퍼하는 사람이 하나도 나오지 않는 궁정화가의 풍속화 같습니다. 즉 아름답기는 하지만 현실과는 거리가 멉니다. 이것은 자본주의 시장경제를 교육한다기보다는 미화하는 것에 가깝습니다. 우리가 배워야 하는 것은 주류 경제학으로 채색된 가공의 시장경제가 아니라 밝은 면과 어두운 면을 모두 드러내는 경제 현상에 대한 실질적인 지식이어야 합니다.

이 책의 형식을 대화체로 한 것도 바로 이 때문입니다. 밝은 면과 어두운 면을 모두

드러내고자 한 것입니다. 그런데 기존의 경제 교과서들은 보수와 진보를 막론하고 어느 한쪽만 다루어 왔습니다. 주류 경제학 교과서는 시장경제가 여러 사회집단들의 갈등과 조정 속에서 움직이는 역동적인 과정임을, 그리고 몇몇 영역에서는 전혀 작동하지 않거나 오히려 부작용만 일으키고 있음을 보여 주지 않습니다. 반면 진보 진영의 경제 교과서는 시장경제가 그래도 지금까지의 경제체제 중에서 가장 효율적이며, 몇몇 영역에서는 실제로 잘 작동하고 있음을 인정하지 않습니다.

새가 어느 한쪽의 날개만으로 날 수 없듯이 경제도 좌우의 관점이 모두 필요합니다. 우리는 시장경제에 대해 잘 알아야 하겠지만, 동시에 이것의 문제점도 잘 알아야 합니다. 우리는 시장경제의 밝은 면뿐 아니라 어두운 면도 알아야 하며, 이 두 측면을 서로 논쟁시켜서 새로운 대안을 상상할 수 있어야 합니다.

여기에 사회 교사들을 양성하는 사범대 교수, 사회과를 전공한 교육학 박사, 그리고 20년 넘게 사회를 가르쳐 온 교사들이 뭉쳤습니다. 양 날개를 모두 갖춘 제대로 된 경제 교과서를 만들기 위해서였습니다. 그리고 이 책이 나왔습니다. 이 책은 그동안 경제학의 전부인 것처럼 가르쳐 왔던 주류 경제학적 주장들을 충실히 이해할 수 있도록 도와줌과 동시에 그것과 반대되는 혹은 다른 견해들도 소개하고, 이들 간의 논쟁적인 관계를 보여 주는 새로운 경제 교과서입니다. 여기서는 물리 법칙처럼 소개되던 경제학의 주요 원리들이 모두 논쟁거리가 됩니다. 물론 그 논쟁의 답은 이 책에서 찾을 수 없습니다. 답은 여러분이 이 책에서 배운 것들을 가지고 실제 경제생활을 하면서 찾아가고 만들어 나가야 할 것입니다.

이 책이 앞으로 경제를 공부할 청소년들은 물론, 그동안 반쪽짜리 경제만 배워 온 일반 시민들에게도 경제를 새로 공부하는 데 도움이 되었으면 하는 것이 저자들의 작은 소망입니다.

2013년 1월 저자들을 대신하여

권재원

Contents
차 례

01 프롤로그

경제학을 배우면 돈을 벌 수 있나요?

때　　2010년대의 어느 날

장소　중학교 교실. 이 학교는 존 듀이와 셀레스탱 프레네의 정신에 입각한 혁신
학교를 지향하고 있다. 수업은 일방적인 시간표가 아니라 매주 학생들의 신청에
따라 강좌가 개설되고 폐지되는 형식이다. 오늘은 경제학 교실을 신청한 학생들
의 첫 번째 수업이 있는 날이다. 교실에는 전자 칠판이 설치되어 있다. 또 심령학
의 도움을 받아 이미 세상을 떠났거나 멀리 떨어진 나라에 있는 경제학자들을 30
분 동안 소환할 수 있는 마법 장치(소환기)도 비치하고 있다.

나오는 사람들

반갑습니다.

사　선(사회 선생님)
사회를 담당하고 있는 교사

제가 좀 똑똑해요.

장공부 공부를 잘하는 학생이지만
교과서를 너무 믿는 경향이 있다.

제 생각이
날카롭죠.

모의심 공부를 잘하지만 교과서에 나오는
내용에 대해 의심하는 경향이 있다.

경제학 배우면
돈 버나요?

진단순 매사를 단순하게 생각하며 편하고
노는 것이 마냥 좋은 학생이다.

경제학은 돈 버는 공부가 아니랍니다

사　선 안녕하세요? 저는 사회, 특히 경제를 담당하고 있습니다. 여러분들이 이번 학기에 경제학을 배우고 싶다고 신청하여 경제학 특강을 시작합니다. 준비되셨나요?

학생들 네!

사　선 반갑습니다. 그럼 먼저 이 수업을 신청하게 된 이유부터 들어 볼까요? 궁금한 것, 알고 싶은 것이 무엇인지 알아야 제대로 배울 수 있는 법이거든요. 자기소개를 겸해서 이 과목에서 무엇을 배우고 싶은지, 특히 관심 있는 내용은 무엇인지 돌아가며 말해 볼까요?

장공부 저는 지난 학기에 프로젝트 과제로 학교 바자회 행사를 주관했는데, 결과가 좀 이해가 안 되어서 경제 공부를 해야겠다고 생각했습니다. 공들여 준비했는데 하나도 팔리지 않는 것들이 있는가 하면 거의 버린다고 생각했는데 물건이 모자랄 정도로 잘 팔린 것들이 있었어요. 또 어떤 물건은 거의 사기다 싶을 정도로 값을 높이 불러도 날개 돋친 듯이 팔리는가 하면 어떤 것들은 밑질 정도로 값을 내려도 더 깎아 달라고 떼를 써서 곤란하기도 했습니다. 제 장래 희망이 기업가가 되는 것인데요, 이렇게 작은 바자회도 예측하지 못해서야 어떻게 큰 기업을 경영할 수 있을까 걱정되더라고요. 그래서 경제, 특히 시장에 대해 잘 알아야겠다는 생각을 하게 되었습니다.

모의심 저도 장공부와 함께 바자회에 참여했었는데, **시장경제** 체제, 아니 우리 경제체제에 대해서 심각한 의문을 품게 되었습니다. 장공부가 이야기한 것처럼 가격 결정이 그다지 합리적이지 않고, 어떻게 보면 사기를 잘 칠수록 이익을 많이 남기는 것이 아닌가 하는 생각이 들었거든요. 경제란 것이 원래 그런 것인지 공부해 보고 싶어졌습니다.

진단순 와! 저는 아무래도 이곳에 잘못 들어온 것 같아요. 친구들이 너무 똑똑하네요. 저는 부모님이 사업을 하시는데, 그분들이 돈을 잘 벌려면 경제를 알아야 한다고 해서 ……. 뭐 별다른 뜻은 없고요. 그런데 선생님, 공부 잘 못 해도 내쫓지는 않으시지요?

사　선 생각들이 분명해서 좋습니다. 그리고 진단순 군은 너무 걱정하지 마세요. 많이 알고 잘할 수 있으면 뭐하러 배우겠어요. 다만 첫 시간이니까 제가 경제가 무엇인지 조금 설명을 하면서 시작하면 좋을 듯합니다. 우선 경제 활동과 경제학을 구분해 볼까요? 우리가 경제적 활동을 시작한 것은 인류가 처음 등장할 무렵까지 거슬러 올라갈 수 있지만 학문으로서 경제학이 시작된 것은 애덤 스미스부터라고 할 수 있습니다. 다들 아시는 것처럼 애덤 스미스는 각자가 자신의 이익을 자유로이 추구하고, 국가가 그것에 간섭하지 않는 자유시장경제를 주장했죠.

진단순 저는 애덤 스미스가 누구인지 모르는데요.

사　선 이제부터 많은 경제학자들을 알게 될 테니까 겁먹지 말아요.

모의심 그런데 경제 활동과 경제학을 왜 구분하나요?

장공부 사람은 본래 자신의 이익을 추구하는 게 아닌가요? 그리고 시장도 원래 옛날부터 있었던 것이 아닌가요? 새삼스럽게 경제학의 탄생과 시장경제 체제를 왜 연결시키시나요?

사　선 (당황하여 쩔쩔매면서) 미안합니다, 미안합니다. 처음부터 다시 하지요. 여러분들 대학에 가면 경영학과와 경제학과가 서로 구분되어 있는 것은 아시지요?

학생들  네!

사　선 두 학과가 서로 어떻게 다를까요?

장공부 경영학과에서는 돈 버는 법을 배워요.

진단순 경제학과도 그런 것 아닌가?

모의심 글쎄, 경영학과도 꼭 돈 버는 법을 가르쳐 주는 곳은 아닐걸.

사　선 사람마다 조금씩 생각이 다를 수는 있지만 대체로 경영학과는 개별 기업이나 조직의 경영 원리, 관리 기법 등을 배우는 곳이죠. 그러니까 어떻게 하면 수입을 최대로 늘리고, 비용은 최소로 줄여서 이윤을 최대한 많이 남길 것인가 하는 문제에 관심을 가지죠.

장공부 이윤은 경제학 책에도 많이 나오던걸요?

사　선 아, 물론 그렇죠. 하지만 경영학에서 이윤을 극대화하는 것은 주로 개별 기업과 관련되어 있습니다. 하지만 경제학은 개별 기업의 이윤 극대화에 관심을 가지는 것이 아니라 기업이 이윤을 극대화하기 위한 조건은 무엇인지, 그리고 개별 기업이 아니라 시장 전체, 즉 국가 전체에 관심을 가지고 있습니다. 그래서 애덤 스미스의 책 이름도 '부론'이 아니라 『국부론(The Wealth of Nations)』이었던 것이지요.

모의심 그러면 경제학은 나라마다 다르겠네요? 부자 나라를 만드는 방법은 나라마다 다를 테니까요.

사 선 좋은 질문입니다. 이번에 신청한 학생들은 첫 시간부터 저를 여러 번 긴장하게 만드는군요.

진단순 선생님도 긴장하시나요? 선생님은 전부 다 아시는 줄 알았는데.

모의심 선생님이 신이냐? 그리고 사람들이 경제에 대해 다 알 수 있다면 세상에 경제 위기가 왜 오겠냐? 다 알아서 미리미리 대비할 텐데.

사 선 그렇습니다. 어쨌든 경제학이 나라마다 다른 것은 아니지만 그렇다고 경제학이 한 가지만 있는 것은 아닙니다.

진단순 (지나가는 말로) 선생님, 그냥 모른다고 하시지요.

장공부, 모의심 조금 더 자세히 설명해 주세요.

사 선 애덤 스미스가 자신 있게 '국부론'이라는 제목을 썼을 때는 경제학이 부자 나라를 만드는 데 기여할 거라고 생각했을 것입니다. 하지만 마르크스에게 경제학은 부자 나라 만드는 법이 아니라 **자본주의** 사회의 작동 원리와 문제를 분석하는 도구였습니다.

학생들 어려워요!

사 선 잠깐, 조금만 더 들어 보세요. 다 들으면 어렵지 않습니다. 예를 들면 올해 쌀농사가 풍년이 들었습니다. 그러면 농부가 돈을 많이 벌게 될까요? 반드시 그렇지는 않을 것입니다. 쌀값이 너무 많이 떨어져서 풍년이 들지 않은 것만 못한 상황이 발생할 수도 있을 테니까요. 여러분이 아직 경제학을 배우지 않았지만 이런 정도는 상식적으로 금방 예상할 수 있을 것입니다. 어떻게 예상할까요? 그것은 여러분이 암묵적이나마 생활 속에서 체득한 경제학적 관점을 갖고 있기 때문입니다. 만약 여러분에게 경제학적 관점이 없었다면 이는 이해하기 힘든 상황이겠지요. 본 주제로 돌아가면 경제학은 이처럼 사회 현상을 바라보는 하나의 관점이기 때문에 반드시 나라마다 다른 것은 아닙니다. 하지만 관점이니까 사람들이 서로 다른 관점을 취할 수도 있겠지요. 실제로 경제학을 보면 신고전파 경제학, 마르크스 경제학, 케인스주의 경제학, 신케인스주의 경제학, 포스트 케인스주의 경제학, 행동주의 경제학 등이 서로 경쟁하고 있습니다. 그리고 똑같은 경제 현상을 두고 이들은 서로 다른 해석과 설명을 내놓습니다.

진단순 왠지 돈 버는 방법과는 거리가 먼 것 같아요.

장공부 제가 잘 모르기는 하지만요, '미시 경제학', '거시 경제학', 그런 말들은 들어봤는데, 경제학파가 여럿이라는 이야기는 처음인데요?

사 선 그것도 무리는 아닙니다. 경제학이 가장 발달했다고 하는 미국만 하더라도 다양한 경제학파, 경제학자들이 경쟁하고 있습니다. 우리나라는 아직도 반공주의 흔적이 남아서 그런 건지, 하필이면 **신고전파 경제학**이 한창일 때 유학을 다녀온 분들이 교과서를 써서 그런 건지, 하여튼 주류 경제학(주로 신고전파 경제학)에 많이 치우쳐 있죠. 게다가 한때는 주류 경제학도 아니고 경제학이라 부르기도 힘든 뉴라이트, 또는 신자유주의 이데올로기를 가르치라는 압력까지 받았습니다. 아직도 우리나라 경제 교육과정이나 교과서에서는 주류 경제학적 내용도 '좌편향 교육'이 되는 실정입니다.

장공부

선생님, 그런 말씀은 교육의 중립성에 위배되는 것 아닌가요?

모의심 교육의 중립성은 선생님의 입장을 일방적으로 강요하거나 한쪽 이야기만 전달할 때에 문제가 되는 것이지 단순히 선생님의 의견을 말씀하시는 것만으로 중립성에 위배가 된다고 할 수는 없을 것 같은데.

장공부 모의심의 말이 맞기는 한 것 같은데 선생님이 한쪽 이야기만 하실 것 같아.

사 선 장공부 양의 지적은 감사합니다. 선생님 역시 어떤 견해를 가지는 건 당연합니다. 그러니 내 생각도 어느 정도 편향되었다면 편향되었다고 할 수 있을 것입니다. 하지만 적어도 교육 내용과 관련해서는 다양한 사람들의 입장을 충분히 전달하도록 노력하겠습니다. 가령 내가 좌편향적인 측면이 있다고 해도 경제 이론을 소개할 때는 좌우의 관점을 골고루 균형 있게 소개할 것입니다. 그래서 가능하면 내가 직접 설명하는 것보다는 그 경제학파의 대표적인 학자들을 여기 있는 소환기로 소환해서 직접 그분들의 설명을 들어 볼 겁니다.

진단순 와, 대박이다!

사 선 이 소환기는 살아 계신 분이나 이미 돌아가신 분이나 가리지 않고 우리가 원하는 경제학자를 최대 30분까지 소환할 수 있는 대단한 기계입니다.

장공부 와, 그럼 애덤 스미스나 케인스 같은 분들을 직접 만날 수 있는 건가요?

사 선 엄밀히 말하면 그분들을 직접 만나는 것이 아니라 그분들이 남긴 사념파를 이용하여 일시적으로 그분들을 재구성한다고 해야겠죠. 너무 복잡해서 설명하기 곤란하니 그냥 직접 뵙는 것과 마찬가지라고 말씀을 드리겠습니다.

모의심 하지만 그런 위대한 학자들이 말씀하시면 너무 어렵지 않을까요?

사 선 어려운 이야기가 나오면 제가 간간이 보충 설명을 하도록 하겠습니다.

학생들 선생님 말씀도 어려워요!

사 선 자꾸 들으면 조금 나아집니다. 모르는 길도 여러 번 다니면 익숙해지지 않습니까? 그러면 이제 본격적으로 수업에 들어가 볼까요. 먼저 우리 이걸 생각해 봐요. 아까 경제학을 배우면 돈을 벌 수 있냐고 했는데, 그럼 돈은 왜 벌죠?

장공부 잘살기 위해서요.

사 선 그럼 잘 사는 것은 또 뭐죠? 어떤 게 잘 사는 거죠?

진단순 돈 많이 버는 거요. 어, 이건 좀 아닌가? (웃음)

경제학은 좋은 삶에 대한 공부랍니다

사 선 자, 그럼 일단 돈을 버는 것은 잘 살기 위해서, 즉 좋은 삶을 위해서 필요하니까 버는 것이지, 돈 그 자체가 목적은 아니라는 것에 일단 동의한 겁니다. 경제학이란 좋은 삶을 살기 위한 가장 합리적이고 효율적인 방법이 무엇인가 따져 보는 것이지, 단지 돈을 버는 방법을 공부하는 것은 아니란 것이죠.

진단순 왜 좋은 삶을 살기 위해 이렇게 머리 아프게 따져야 하죠? 그냥 마음이 편

하면 되는 거 아닌가요? 그리고 합리적이란 것은 무엇인가요?

사　선　우리는 신이 아닌 이상 마음만으로는 살 수 없습니다. 우리가 살기 위해서는 최소한의 자원은 확보해야 되겠죠. 그래서 맹자 같은 현인들조차 먼저 안정된 생산이 있어야 한결같은 마음이 있다고 한 것입니다. 물론 꼭 필요한 만큼의 자원만 얻고 더 이상 욕심부리지 않는 자세로 산다면 칭찬받을 만하겠지만 사실 우리가 사는 세상은 꼭 필요한 만큼의 자원을 얻는 것도 그렇게 쉬운 일은 아닙니다. 이것을 경제학자들은 우리가 필요로 하는 자원은 언제나 희소하다, **희소성**이 있다고 합니다. 그러니까 우리는 이 희소한 자원을 최대한 낭비 없이 잘 써야 합니다.

장공부　아껴 쓰고 절약하자네요?

사　선　그래요. 실제로 영어로 경제를 뜻하는 'ecomomy'의 어원은 그리스말의 '집안 살림'을 뜻하는 'oikos'에서 왔답니다. 그리고 'economic'은 '경제적인'이란 뜻도 있지만 근검절약, 혹은 '구두쇠인'이란 뜻도 있죠. 하지만 합리적인 경제생활은 구두쇠와는 좀 거리가 멀죠. 돈은 잘 버는 것도 중요하지만 잘 쓰는 것도 중요하니까요. 문제는 우리가 한정된 돈이나 시간(자원의 희소성)을 가지고 무엇을 사고 무엇을 해야 가장 큰 만족을 얻겠느냐 하는 것입니다. 예를 들어 단순이한테 65만 원이라는 돈을 쓸 여유가 있다고 합시다. 그럼 뭘 하고 싶나요?

진단순 우선 새 스마트폰을 사고요, 멋진 자전거도 사고 싶어요.

사　선 자, 여기서 벌써 문제가 발생합니다. 스마트폰이 60만 원은 넘을 것이고, 괜찮은 자전거를 사려면 이 역시 몇십만 원은 줘야 하니까요. 하지만 쓸 수 있는 돈은 65만 원밖에 없죠. 그러니 둘 중 하나만 선택해야 합니다. 단순이는 뭘 선택할래요?

진단순 그게, 그러니까, 음 ……. 아우, 엄청 고민되네요. 부자라면 이런 고민 안 할 텐데요.

사　선 천만에요. 부자들은 부자들대로 고민한답니다. 자전거와 스마트폰 대신 자전거 회사와 스마트폰 회사를 놓고 고민할지도 모르죠. 아마 경험했겠지만 돈이 많아지면 갖고 싶은 것도 꼭 그만큼 늘어나거나 업그레이드되죠. 그래서 가난한 사람이나 부유한 사람이나 돈이 넉넉하다고 생각하는 사람은 거의 없습니다. 진시황을 보세요. 온 천하를 다 가지게 되자 이번에는 불로불사약(늙지도 죽지도 않게 하는 약)을 갖고 싶다는 욕망이 생겼잖아요. 실제로 중국 황제들 중 상당수가 불로불사약을 찾다가 도리어 약물 중독으로 일찍 죽었다고 해요. 이렇게 인간은 항상 가지고 있는 자원보다 욕망이 큰 상태에서 살아간답니다. 그러니 가지고 있는 자원들을 최대한 활용해야 하고, 그러자면 욕망 중 일부는 포기해야 하죠. 그렇다면 어떤 욕망을 선택하고 어떤 욕망을 포기해야 할까요? 단순이는 자전거랑 스마트폰 중 어느 걸 포기할래요?

진단순 그러게요. 음, 자전거요.

사　선 그 이유는?

진단순 사실 제가 자전거를 그렇게 열심히 탈 것 같지 않아서요. 운동이 된다고 하지만 전 운동이 부족한 게 아니라 너무 많아서 탈이고. 다만 좀 멋진 자전거를 갖고 싶을 뿐인데, 그래 봐야 하루에 15분 정도나 쓰는 물건이고요. 하지만 스마트폰은 훨씬 다양하게 쓸 수가 있어요. 남친이랑 카카오톡도 하고, 게임도 하고, 유튜브로 동영상도 보고.

사　선 아주 잘했어요. 이런 게 바로 합리적인 선택이랍니다. 지금 단순이는 자전거를 선택했을 때 얻을 수 있는 것과 스마트폰을 선택했을 때 얻을 수 있는 것을 서로 비교했어요. 이걸 경제학자들은 두 재화의 편익(benefit)을 비교한다고 해요. 이렇게 여러 선택지 중 편익이 가장 큰 쪽을 선택하는 것이 바로 합리적인 선택입니다. 이때 포기한 편익이 있죠? 그것은 기회비용이라고 하죠. 즉 합리적 선택은 편익이 가장 큰 쪽, 다시 말하면 기회비용이 가장 작은 쪽을 선택하는 것입니다.

모의심 잠깐만요 선생님. 그럼 자전거의 편익인 '멋진 것, 운동하는 것'과 스마트폰의 편익인 '게임하는 것' 중 어느 쪽이 더 크고 작은지 어떻게 비교하나요? 이 둘은 질적으로 전혀 다르지 않나요? 질적으로 다른 것을 어떻게 크다, 작다 비교할 수 있죠?

사 선 아주 좋은 질문입니다. 안 그래도 고전파 경제학자들은 이 문제를 해결하기 위해 효용(utility)이라는 개념을 만들었답니다. 즉 두 개의 편익은 질적으로 다르지만 이것이 얼마나 나한테 쓸모가 있

이 둘의 편익을 무슨 방법으로 비교하지?

는가 하는 기준으로 비교할 수 있다는 것입니다. 방금 단순이가 했던 것처럼요.

모의심 그럼 얼마나 쓸모가 있느냐는 어떻게 비교하죠? 그건 써 봐야 아는 것 아닌가요? 써 보기도 전에 미리 알 수는 없잖아요? 또 쓰다 보면 원래 알던 것과 전혀 다른 편익을 발견할 수도 있는 것이고.

사 선 그럼 이건 어때요? 내가 그것을 얻기 위해 어느 정도의 비용을 감수할 용의가 있느냐를 가지고 그 상품이 나한테 얼마나 효용이 큰지 가늠할 수 있지 않을까요? 즉 내가 자전거를 구입하기 위해 20만 원을 낼 용의가 있지만 그 이상은 생각이 없는 반면 스마트폰을 구입하기 위해서는 70만 원까지 낼 용의가 있다면 스마트폰이 자전거보다 나한테 효용이 더 크다고 볼 수 있다는 것이죠. 그렇다면 자전

거의 효용은 20만 원인 셈인데, 이걸 60만 원을 주고 구입한다면 너무 큰 비용을 치르는 셈이니 합리적이지 않다고 말할 수 있죠.

진단순 와, 누군지 참 대단하네요. 난 뭐 살 때마다 그런 거 전혀 계산 안 하고 사거든요. 그냥 느낌으로 사지.

모의심 제 생각도 그래요. 뭐 하나 살 때마다 내가 그걸 위해 얼마를 지불할 용의가 있는지 계산해 가면서 하는 사람은 별로 본 적이 없는 것 같아요. 그건 합리적인 인간이 아니라 거의 편집증 환자네요. 차라리 불합리하게 사는 게 속편할 것 같은데요. 게다가 경제학은 좋은 삶, 잘 사는 것과 관계된 학문이라고 하셨는데, 잘 살기 위해서 저런 인간 계산기가 되어야 한다면 난 차라리 못 살고 말래요.

사 선 예리한 지적입니다. 그런데 경제학에서는 인간이 이렇게 자신의 선호와 재화가 주는 편익을 정확히 알고 계산할 수 있고, 그 계산의 결과에 따라 선택하고 행동한다고 봅니다. 이런 인간을 '호모 이코노미쿠스', 즉 경제적 인간으로 정의하지요. 하지만 실제 인간은 호모 이코노미쿠스일까요?

장공부 호모 어쩌고저쩌고하는 말을 그것 말고도 여럿 들어 본 것 같아요. '호모 사피엔스', '호모 파베르', '호모 루덴스', '호모 폴리티쿠스' 등 ……. 그러니까 생각하는 사람, 도구를 사용하는 사람, 놀이하는 사람, 정치하는 사람 등이요. 경제적 인간은 이런 것들과 함께 인간의 여러 유형들 중 하나가 아닐까요?

진단순 그래 너 똑똑하다.

모의심 선생님, 그런데 지금 호모 시리즈는 왜 공부해야 하나요?

사 선 오늘날의 경제학이 인간을 **호모 이코노미쿠스**로 전제하고 있기 때문입니다. 그런데 이게 인간이 원래 이렇다는 뜻인지, 인간이 이렇게 되어야 한다는 것인지가 모호합니다. 순전히 논리적으로는 인간들이 모두 이렇게 계산한 뒤에 선택해야 합리적인 선택이 되고, 모든 인간들이 합리적인 선택을 해야 시장경제가 자연스럽게 작동할 수 있다고 주장하는 것이 타당할 것 같습니다. 그런데 많은 경제학자들은 실제 인간들이 그러하며, 실제 시장이 그렇게 작동한다고 미리 전제해 버립니다. 특히 주류 경제학은 호모 이코노미쿠스, 즉 이기적이고 합리적인 인간상에서 출발합니다. 이 가정이 맞지 않으면 경제학 자체가 성립하지 않거나, 지금까지와는 완전히 다른 경제학이 만들어져야 하는 것이죠. 합리적인 선택을 해야 한다는 주장과, 인간이 합리적인 선택을 한다는 것을 전제하고서 다른 현상들을 설명하는 것은 전혀 다른 이야기가 됩니다.

학생들 무슨 말씀인지 잘 모르겠어요.

인간은 이익만 따지지는 않아요

사 선 아직도 제가 어렵게 말을 하나 보네요. 간단한 사고 실험을 해 볼까요? 제비뽑기에서 1등에 당첨된 사람은 10만 원을 받고, 그 10만 원을 다른 두 사람에게 마음대로 분배한 뒤 그 두 사람이 분배에 합의하면 나머지 모두를 가질 수 있다고 해 봐요. 그리고 장공부가 당첨되었다고 합시다. 자, 공부는 단순이랑 의심이한테 얼마씩 줄래요?

장공부 만 원씩 주고 제가 8만 원을 갖겠어요.

사 선 어때요? 의심이와 단순이는 이 제안을 받아들이겠어요?

모의심 기분 나빠요. 어차피 장공부도 돈을 거저 얻은 것이잖아요. 그런데 겨우 10퍼센트? 안 받고 말겠어요.

진단순 만 원이 거저 생기는 게 어딘데? 저는 받아들여요.

사 선 그래요. 둘 다 가능한데, 실제로 실험을 해 보니까 액수 차이가 많이 나면 제안을 거부한 사람들이 많았다고 해요. 또 분배를 제안하는 사람도 6:4, 또는 5:5 정도로 제안했을 뿐 차이가 큰 분배 비율로 제안한 사람은 별로 없었다고 해요.

학생들 재미있네요.

사 선 그런데 이 실험에서 경제학과 관련해 흥미로운 점은 만약 경제학적 인간상, 즉 호모 이코노미쿠스가 타당하다면 분배 비율이 어떻든 사람들이 모두 수용했어야 한다는 것이에요. 단순이 말대로 어차피 공짜이잖아요. 자존심이 밥 먹여 주는 것도 아니고. 기분 나쁜 거 잠깐만 참으면 공짜 돈이 생기는데, 그쪽이 훨씬 효용이 크잖아요? 그런데 실제로 사람들은 그렇게 하지 않았죠. 그렇다면 사람들은 호모 이코노미쿠스가 아니라는 결론이 가능하고, 결국 인간에 관한 경제학적 가정 자체가 문제가 있지 않느냐 하는 것이죠.

장공부 그럼 경제학을 배울 필요가 없단 말씀이신가요?

진단순 헉!

사　선 어이쿠, 그렇게까지 말할 것은 아닙니다. 경제학이 아니더라도 이 세상에 오류가 전혀 없는 완전한 학문이나 학설은 존재하지 않아요. 인간에게 호모 이코노미쿠스의 성향이 전혀 없는 것도 아니고요. 다만 호모 이코노미쿠스라는 가정만을 근거로 세워진 경제 학설은 우리 삶의 상당 부분을 설명하지 못하거나 잘못된 설명을 할 수 있다는 것입니다. 그래서 이 가정을 점검해 보고, 새로운 인간상을 더 추가함으로써 새로운 경제학이 나아가야 할 방향을 찾아 볼 수 있겠죠. 그러면 본격적으로 이야기를 시작해 보죠. 일단 호모 이코노미쿠스가 이기적, 합리적 인간상을 가리키는 말이라는 것은 설명을 드렸지요? 그리고 여기서 '합리성(rationality)'이란 가장 이익이 되는 것을 선택하는 능력이라는 것도 말했죠? 예를 들면 똑같은 고구마가 한쪽에서는 1킬로그램에 3천 원이고 다른 쪽에서는 2천 원이라면 어느 고구마를 사겠어요?

학생들 2천 원짜리요.

사　선 네, 그런 것이 경제학적 합리성이에요.

장공부 누구나 2천 원짜리를 살 텐데, 그러면 보통의 인간은 다 합리적이지 않나요?

사　선 다른 예를 보겠습니다. 여러분이 축구공을 사려고 한다고 해 봐요. A 회사가 만든 축구공은 3만 원이고, 동일한 품질의 B 회사가 만든 축구공은 2만 원이에요. 여러분은 어떤 축구공을 사겠어요?

학생들　2만 원짜리요.

사　선 그런데 B 회사에서 만든 축구공은 가난한 나라의 청소년들을 임금도 많이 주지 않고 장시간 일을 시켜서 만들었다는 사실을 여러분이 알게 되었어요. 그래도 B 회사 축구공을

돈을 많이 줘도 내가 사랑하는 우리 강아지를 팔 수는 없지. 인생에는 돈만으로 따질 수 없는 뭔가가 있거든.

사겠어요?

장공부, 진단순 아니요.

모의심 아니요. 하지만 알고도 사는 사람이 있을 것 같아요.

사 선 그래요. 알고도 사는 사람이 있기는 하겠지요. 하지만 많은 사람들이 B 회사 축구공을 사기를 꺼릴 것은 분명하겠죠? 그러니까 경제학에서 이야기하는 합리성은 언제나 무조건적으로 작동하는 것이 아니라 도덕적 조건 내에서 작동하는 경우가 많아요. 즉 경제적 합리성이 사람들의 최우선적 선택 기준이 아니라는 것이지요. 게다가 사람들은 반드시 그렇게 이기적이지도 않아요. 사람들이 이기적이기만 하다면 지금처럼 많은 사람들이 기부나 봉사 활동을 하지 않겠지요.

모의심 선생님, 저도 선생님 말씀처럼 생각을 하고 싶지만 사람들이 기부나 봉사 활동을 하는 것은 결국 다른 사람들에게 좋은 이미지를 주기 위한 이기적인 동기에서 하는 것 아닌가요? 꼭 그런 사람들이 나중에 선거에 나오더라고요.

사 선 의심이는 여전히 의심이 많군요. 사실 의심이의 주장과 관련된 논쟁, 즉 인간이 이타적일 수 있는가와 관련된 논쟁이 오래전부터 계속되고 있답니다. 그런데 호모 이코노미쿠스와 관련해서는 이러한 논쟁이 불필요합니다. 왜냐하면 호모 이코노미쿠스가 이기적이라는 것은 그냥 그의 마음이 흡족한 것이 아니라 경제적으로 이득이 되는 것을 의미하기 때문이지요. 가령 기부를 하는 것이 세금을 절약하기 위해 하는 것이라면 그런 기부는 확실히 이기심에서 비롯된 것이겠지요. 하지만 기부를 하는 것이 금전적으로는 손해이고 단순히 기분만 좋은 것이라면 그러한 경우를 경제적으로는 이기적인 행위라고 하지 않겠지요.

장공부 선생님 말씀에 따르면 인간은 반드시 이기적이지도 합리적이지도 않은데, 왜 경제학에서는 인간을 이기적이고 합리적인 존재로 가정을 하게 되었나요? 그리고 경제학이 잘못된 가정에서 출발했다면 경제학 자체가 성립하지 말아야 하잖아요?

사 선 어려운 질문이네요. 질문은 두 가지이지만 하나로 묶어서 답변해 보도록 하지요. 이제는 경제학이 애덤 스미스부터 시작되었다는 것은 잘 알고 있죠? 스미스는 유명한 『국부론』에서, 시장에서는 인간의 이기심이 국부, 즉 공익을 달성하는 원동력이라고 말했습니다. 호모 이코노미쿠스적 인간상은 아마도 여기에서 출발한 것으로 보입니다. 그런데 스미스는 『국부론』보다 먼저 쓴 **『도덕감정론』**이라는 책에서 이처럼 인간의 호모 이코노미쿠스적 행동이 공익으로 연결되기 위해서는 시장이 도덕적이어야 한다고, 특히 권력자나 부자가 시장을 왜곡하는 것을 철저히 막아야 한다고 말했습니다. 이 두 이야기를 종합하면 애덤 스미스가 실제로 주장하고자 했던 것은 인간은 이기적이며 각자 사익을 추구하는 존재라는 주장이 아니라 "도덕적인 시장을 조성할 수 있다면 심지어 그 속에서 사람들이 각자 이기적으로 사익을 추구하더라도 결과적으로는 공익을 달성할 수 있다"가 되지 않을까요? 즉 그는 도덕적으로 유지되는 시장의 힘을 말하고자 한 것이지, 인간은 이기적이기 때문에 공익이 아니라 사익을 추구하는 것은 당연하다는 주장을 한 것은 아니라고 저는 생각합니다. 그런데 경제학자들은 『도덕감정론』보다는 『국부론』, 그것도 몇몇 부분에 너무 집착했던 것이 아닐까 하고요.

모의심 그럼 지금 우리가 속해 있는 시장경제는요?

사 선 물론 현재 시장의 모습이 스미스가 원했던 수준만큼 도덕적인 것은 아닙니다. 하지만 어느 정도 도덕적인 것은 사실이죠. 그러니 시장이 유지되고 있겠죠. 그 어느 정도의 도덕을 유지하기 위해서는 강제력, 즉 법적 규제가 필요하고, 그것을 담당할 정부의 개입이 필요한 것이죠. 또 꼭 정부 개입이 아니더라도 시장경제에서 활동하는 사람들이 순전히 호모 이코노미쿠스인 것은 아니기 때문에 결과적으로 시장을 통해서 어느 정도 공익이 달성된 것처럼 보일 수 있죠. 그러니까 시장이 자유롭게 방임되고 사람들이 호모 이코노미쿠스라서가 아니라 정부가 개입을 하고 사람들이 합리적이지 않은 면이 있기 때문에 시장경제가 유지되고 있다는 역설이 성립할 수 있죠.

진단순 경제학은 결국 허당이라는 말씀!

사 선 아까도 이야기했지만 그렇게까지 말하는 것은 아니고. 이렇게 생각해 보는 것이 더 좋을 것 같아요. 우선 사람들이 모두 호모 이코노미쿠스는 아니지만 상당수의 사람들이 많은 경우에 호모 이코노미쿠스같이 행동하는 것은 사실이라고 해야 하겠지요.

24

모의심 그런 사람들이 정말 많은 것 같아요. 돈이 된다면 친척이나 친구끼리도 등을 돌리고, 건강도 돌보지 않고, 심지어는 범죄행위도 서슴지 않는 경우가 있잖아요. 특히 정치 지도자들이나 여론 주도층까지 그러는 것을 보면 나도 크면 저렇게 될까 하는 생각이 들어요.

장공부 의심이는 항상 너무 극단적인 예를 드는 것 같아요. 하지만 선생님 말씀대로 우리가 경제적 동기에 의해서 움직이는 경우가 많은 건 사실인 것 같아요.

사 선 네, 그렇기 때문에 경제학은 이런 사람들, 즉 경제적으로 행동하는 사람들의 행동을 잘 설명할 수 있어요. 아까는 사람들이 호모 이코노미쿠스가 아니라고 하다가 이번엔 또 왜 이렇게 오락가락하나 헷갈리겠지만 제 이야기는 세상에는 호모 이코노미쿠스에 가까운 사람들과 그렇지 않은 사람들이 섞여 있고, 또 같은 사람이라도 호모 이코노미쿠스의 측면과 그렇지 않은 측면을 동시에 가지고 있다는 것입니다. 그러니까 경제학은 사람들 중 일부, 혹은 우리의 여러 속성 중 일부에 해당하는 행동을 설명하거나 예측하는 일에 어느 정도 유용하다는 것이랍니다. 자, 더 자세한 얘기는 경제학을 공부하고 나서 다시 나누도록 합시다.

잘 산다는 것의 기준은 어디까지?

경제협력개발기구(OECD)가 2012년 5월에 각국의 생활수준과 삶의 질을 비교하는 '더 나은 삶 지수(Better life index)'를 발표한 적이 있습니다. 주요 36개국을 소득수준·일자리·주거·건강을 비롯해 모두 11개 기준으로 평가한 것이었죠. 그 결과 오스트레일리아가 가장 행복도가 높은 나라로 평가되었습니다. 이어 노르웨이·미국·덴마크 순이었고요.

북유럽 국가들이 독점하다시피 해 온 '행복 국가' 1위에 오스트레일리아가 올라선 이유로는 우선 안정된 경제가 꼽혔습니다. 2009년 경제 위기의 파고가 비껴간 오스트레일리아는 2012년 호황을 누린 바 있습니다. 광물을 비롯한 원자재 수출이 크게 늘면서 주요 선진국 기운데 유일하게 글로벌 금융 위기를 겪지 않았던 것입니다. 국민 1인당 연간 평균 소득은 2만6천927달러(약 3천155만 원)로 OECD(경제협력 개발기구 회원국) 평균치인 2만2천387달러(약 2천620만 원)보다 높고, 경제활동 인구의 취업률도 72퍼센트로 OECD 평균(66퍼센트)을 웃돌았습니다.

그러나 경제 못지않게 오스트레일리아는 치안, 건강, 공기의 질 등에 대한 만족도도 높았습니다. 정치에 대한 신뢰도나 삶에서 휴식, 성취감, 기쁨 같은 행복한 감정을 느낀다는 항목에 대한 긍정적인 응답률도 70퍼센트 이상으로 높았고요. 또한 오스트레일리아 남성들은 매일 세 시간을 요리·청소·가족 돌보기에 사용하는 것으로 나타났습니다.

반면 한국은 중하위권인 24위를 차지했습니다. 안전, 교육, 삶의 만족도, 환경에서는 높은 점수를 받았지만 소득, 공동체, 건강, 일과 생활의 균형에서는 하위권에 머물렀던 것이죠.

이런 사실들이 시사하는 바는 우리가 잘 산다, 또는 행복하다고 평가하는 데 있어서 경제는 하나의 기준에 불과하다는 것입니다. 우리가 잘 산다고 평가할 때는 경제 이외에도 여러 가지 기준을 적용하여 종합적으로 평가합니다. 중요한 기준으로는 끈끈한 인간관계, 여가 생활, 자아실현, 정치적 참여 등을 통한 공동체의 변화와 발전 가능성 등이 있을 것입니다. 경제적으로 풍요로운 미국이나 북유럽 국가들이 행복도 순위에서 오스트레일리아에 뒤처지는 것은 이런 맥락에서 바라볼 수 있다고 하겠습니다.

02

우리는 시장경제 체제에서 살고 있어요

사　선 자, 그럼 우리가 살고 있는 세상이 어떤 **경제체제**이기에 이렇게 돈 벌기가
힘든지 그것부터 알아볼까요?

진단순 경제체제? 이건 또 뭐예요?

사　선 경제체제란 어떤 사회에서 자원을 획득하고 분배하는 방식을 말합니다. 다
시 말해 자원을 누가 어떤 방식으로 생산할 것인지, 또 생산된 자원을 누구에게 얼
마만큼을 나누어 줄 것인지를 결정하는 방식을 통틀어서 경제체제라고 합니다.

어느 사회나 필요로 하는 자원들을 얻기 위해 구사하는 고유한 기술이나 방법이 있
습니다. 지금이 1만 년 전이라면 돌을 갈아서 만든 도구로 사냥을 하거나 나무뿌
리를 캐고 있었겠죠. 물론 지금도 남아프리카의 부시먼 같은 부족은 그렇게 살아갑
니다. 하지만 오늘날 대부분의 나라는 기계를 사용하는 공장에서 필요한 물건을
생산합니다. 농사나 고기잡이에도 기계가 많이 사용되고 있죠.

그리고 어느 사회나 그 사회의 자원을 사람들이 나눠 가지는 방식이 있습니다. 우
리는 돈을 가지고 시장에 가서 필요한 자원을 구입합니다. 반대로 돈이 필요하면
시장에 가서 우리가 가진 것을 팔고 돈을 받습니다. 하지만 부시먼 같은 부족은 사
냥을 하고 난 다음에는 내 것과 네 것을 구별하지 않고 부족원들이 그냥 나누어 가
집니다. 이처럼 어느 사회나 자원을 획득하고 분배하는 올바른 방식에 대한 가치
관이나 의식이 있습니다. 우리는 소유권을 중요하게 생각하여 다른 사람 물건에

손을 대면 나쁘다고 하지만 어떤 사회에서는 자기 것을 남에게 제공하지 않으면 나쁘다고 합니다.

이렇게 어떤 사회에서 자원을 획득하고 분배하는 방식, 그리고 자원의 획득과 분배에 대한 가치관 등을 통틀어서 경제체제라고 합니다. 이러한 경제체제는 사회마다 다르며, 또 시대마다 다릅니다. 모든 사람은 필요한 자원을 얻으려면 자신이 살아가는 경제체제의 규칙을 따라야 합니다. 그런데 우리가 살아가는 세상의 거의 대부분은 자본주의라고 하는 경제체제를 통해 자원을 생산하고 분배합니다.

장공부 우리는 확실히 자본주의 경제체제에서 살아가고 있네요.

시장경제 혹은 자본주의

모의심 그런데 선생님! 교과서에는 시장경제라고만 나와 있고, 자본주의라는 말은 없는데요? 시장경제와 자본주의는 같은 뜻인가요?

사　선 음, 이건 좀 미묘한 문제인데요. 대체로 자본주의와 시장경제는 거의 같은 뜻으로 사용합니다. 자본주의란 자본을 가진 자본가가 그 자본을 투자하여 공장과 기계 등을 구입한 뒤, 임금을 주고 노동자를 고용하여 상품을 생산하여 시장에 판매하고 그 결과 이윤을 획득하는 경제체제라는 뜻입니다. 그리고 시장경제는 생산에 필요한 생산요소, 그리고 소비에 필요한 모든 재화와 서비스가 시장을 통해 분배되고 교환되는 경제체제를 말합니다. 그러니까 같은 경제체제를 어떤 관점에서 보느냐에 따라 다르게 부르는 셈이죠.

진단순

으악! 자본주의, 시장경제 그리고 그 관계? 머리가 빙빙 돌아요.

사　선 그럼 교과서에 나와 있는 대로 먼저 시장경제에 대해 배워 보도록 하죠. 우선, 여러분 시장이 뭔지는 아시죠?

진단순 네. ○○시장, □□마트, ××백화점, △△농수산시장 ……, 너무 많은 걸요?

사　선 네. 이렇게 시장은 무엇인가를 구매하고자 하는 사람과 판매하고자 하는 사람이 만나서 거래가 일어나는 곳입니다. 물론 꼭 구체적인 장소에서 눈에 보이는 상품을 거래하는 곳만 시장이라고 부르는 건 아니고요. 금융시장이나 인터넷 쇼핑몰처럼 눈에 보이지 않는 시장도 있답니다.

모의심 그런데 선생님. 시장이 꼭 오늘날에만 있는 것은 아니잖아요? 예를 들면 태조 왕건도 상인 출신이었다고 하잖아요? 그러면 그때에도 시장은 있었을 텐데, 왜 굳이 요즘 세상을 시장경제라고 부르는 거죠?

사 선 물론 시장의 역사는 아주 오래되었습니다. 하지만 오늘날에는 사회의 거의 대부분의 경제활동이 시장을 통해 일어나기 때문에 특별히 시장경제라고 부르는 것입니다. 태조 왕건 예를 들었으니 말인데, 그 시대 사람들은 필요한 **재화**나 **서비스**를 대부분 스스로 만들어서 썼답니다.

여기서 재화(財貨)란 경제학에서 사용 또는 소비 등을 통해 사람(소비자)들의 효용을 증가시킬 수 있는 형태를 가진 모든 것을 의미합니다. 물론 물리적인 실체는 있으나 눈에 보이지 않는 공기나 전기와 같은 것들도 있지만 모두 재화에 포함시킵니다.

서비스(service)는 한때 용역(用役)이라고도 불렀습니다만 번역어가 마땅치 않아 그냥 서비스라고 부르는 경우가 많은데, 물질적 재화 이외의 생산이나 소비에 관련한 모든 경제활동을 일컫는 말입니다. 이를테면 교사의 수업, 미용사의 커트, 가수의 공연 등이 모두 서비스에 속합니다.

물론 시장경제 이전에도 일부 재화나 서비스가 거래되는 시장은 있었지만 시장에 가서 구해야 하는 것들은 아주 특별한 것들이었죠. 그러나 오늘날에는 특별한 것들이 아니라 우리가 필요로 하는 것들을 거의 모두 시장에서 돈을 주고 사야 합니다. 직접 만들어 쓰는 건 없다고 봐야겠죠. 연필 한 자루를 얻으려 해도 시장에 가서 돈을 주고 사야 하고, 거꾸로 말해 시장에 가면 연필 한 자루까지도 다 구할 수 있습니다.

장공부 선생님! 저는 시장경제가 여러 경제체제들 중 가장 훌륭한 경제체제라고 생각해요. 서로 공정하게 자기 하고 싶은 대로 노력해서 돈 벌고 싶은 사람은 벌고, 그러기 싫은 사람은 안 벌면 되니까요. 교과서에도 나오잖아요. 시장경제에서는 모두 각자의 이익만 자유롭게 추구하면 된다고요.

모의심 아니, 그게 말이 되냐고요. 각자 자기 이익만 추구하면 당연히 개판이 되는 게 맞잖아요? 애들 세 명만 모여도 그러는데, 온 나라 사람들이 각자 자기 이익만 추구하면 어떻게 되겠어요? 전부 바가지 씌우거나 아니면 무법천지가 되어서 힘 센 사람 마음대로 하지 않을까요?

사　선 다행히 꼭 그렇지만은 않답니다. 뒤에서 자세히 이야기하겠지만 시장에서 거래를 하는 **수요자**와 **공급자**는 일단 자신의 이익을 내세우며 활동하지만 시장의 원리, 즉 수요 공급의 원칙이 작동하기 때문에 조화와 균형을 이룰 수 있습니다. 물론 현실에서 이런 원칙이 잘 지켜지지 않을 때가 많은 것도 사실이죠. 공급자와 수요자 간에 반칙이 있기 때문인데, 서로 상대방을 속여서 부당한 이득을 취한다거나 또는 더 유리한 위치에 있는 경제주체가 약한 위치에 있는 경제주체로부터 부당한 이득을 취한다거나 하는 경우가 있겠죠. 또 다른 사람의 재화나 서비스를 부당하게 빼앗거나 훔치는 경우도 있겠죠. 그래서 일반적으로 이런 일들이 일어나지 않게 정부가 나서서 시장의 질서를 유지하려고 하지요. 경기의 심판이라고나 할까요?

모의심 그래도 전 시장경제에서 살아간다는 것은 너무 위험해 보여요.

시장의 모습입니다. 그러나 눈에 보이지 않는 시장도 있답니다.

시장경제 체제와는 다른 경제체제도 있어요

사　선 아직 시장경제에 대해 공부도 시작하지 않았는데, 최고의 경제체제가 무엇인가를 이야기하는 것은 너무 성급하지 않을까요? 먼저 다른 경제체제에 대해 좀 알아보도록 하죠.　시장경제 외에 대체로 다음과 같은 경제체제들이 있습니다.

① 농업경제 체제입니다.　이것은 인류가 가족이나 작은 부족 단위로 살면서 자급자족하던 원시적인 경제체제입니다.　지금도 일부 민족들은 이 경제체제에서 살아갑니다.　이 경제체제에서는 대부분의 재화와 서비스를 스스로 생산합니다.　간혹 다른 부족과의 사이에 교환이 일어나기는 하지만 흔한 일은 아니며, 대체로 물물교환의 형식을 가지고, 교환의 양과 비율은 관습에 따라 정해집니다.　이 경제체제는 분업이 발달하지 않았기 때문에 각 경제주체들 사이의 경계가 명확하지 않으며 소유권 개념도 희미합니다.　무엇을 어떻게 생산할지, 그리고 그것을 어떻게 구성원들이 나누어 가질지는 대체로 관습과 전통을 따르거나 집단이 함께 생산하고 함께 사용합니다.

② 명령경제 체제입니다.　힘이나 권위를 가진 어떤 사람의 명령에 의해 생산이 결정되고 분배가 결정되는 경제체제입니다.　절대군주처럼 강력한 지배자가 통치하는 나라에서 찾아볼 수 있습니다.　물론 그렇다고 경제의 모든 것을 통치자가 일일이 지시하지는 않습니다.　시장에서 대부분의 거래가 이루어질 수도 있습니다.　하지만 통치자가 언제든지 시장에 개입하여 자기 마음대로 조정할 수 있다는 것이 이 경제체제의 특징입니다.

③ 계획경제 체제입니다.　자본주의를 시장경제라고 말하는 것처럼 사회주의를 계획경제라고도 합니다.　이 경제체제에서는 생산과 분배 등의 경제활동이 정부에 의해 미리 세밀하게 계획되기 때문입니다.　따라서 이 경제체제에서는 기업보다는 국가, 정부가 가장 중요한 역할을 담당합니다.

④ 혼합경제 체제입니다.　경제체제들 중 명령경제나 농업경제는 전근대 사회에서 주로 찾아볼 수 있으며, 근대화된 세계의 경제체제는 대부분 시장경제이며 계획경제가 약간 남아 있습니다.　그런데 현실에서는 완전한 시장경제, 혹은 완전한 계획경제 체제를 찾아보기는 힘듭니다.　자본주의 경제체제로 알려진 나라들에서도 정

부의 경제적 역할과 비중은 아주 큽니다. 또 사회주의로 알려진 나라에서도 시장이 상당한 역할을 하고 있습니다. 이렇게 시장경제와 계획경제의 요소가 모두 들어 있는 경제체제를 혼합경제 체제라고 합니다.

하지만 이 모든 경제체제들을 통틀어서 현재로서는 시장경제를 능가하는 다른 대안은 없다고 봐도 과언은 아닙니다. 그것은 시장경제가 스스로 균형을 찾아가는 놀라운 능력을 갖고 있기 때문입니다.

시장은 '보이지 않는 손'에 의해 움직여요

사 선 그럼 시장경제의 작동 원리를 좀 살펴볼까요? 시장이란 상품을 사려는 사람들과 팔려는 사람들이 모이는 곳입니다. 사려는 사람의 목적은 당연히 조금이라도 더 싸게 사려는 것입니다. 반면에 팔려는 사람의 목적은 조금이라도 더 비싸게 팔고자 하는 것이겠죠. 물론 판매자와 구매자는 서로 상대방을 위해 주고픈 마음이 없습니다. 또 서로 아는 사이도 아닙니다. 그럼에도 불구하고 시장에서는 상품이 남지도 모자라지도 않게 적절한 수준에서 거래가 되며, 그 속에서 사람들은 각자 적절한 소득을 얻게 됩니다. 그래서 세계 최초의 경제학자라고 할 수 있는 애덤 스미스는 그의 대표작인 『국부론』에서 '보이지 않는 손'이 조정한다고 말했던 것이죠. 이 부분은 아주 중요하니까 애덤 스미스 선생님을 직접 소환기로 불러서 말씀을 들어 보겠습니다. (소환기를 조작한다.)

애덤 스미스 안녕하십니까? 경제학의 가장 중요한 고전이 된 『국부론』을 쓴 애덤 스미스입니다. 『국부론』은 거의 1천 쪽이나 되는 책이니 아마 읽어 본 분들이 많지 않을 겁니다. 그럼 그 1천 쪽 중 여러분들이 궁금해 하는 시장가격에 대해 말씀드리죠. 여러분이 고전을 읽는 맛을 느끼도록 가능하면 『국부론』에 나온 문장을 그대로 사용해 보겠습니다.

상품의 시장가격은 시장으로 반입되는 상품 수량과 유효수요, 즉 그 상품의 자연가격(그 상품을 생산하는 데 드는 지대, 임금, 이윤의 총 가치)만큼 지불할 의사가 있는 사람들이 지불하고자 하는 총 가치의 비율에 따라 결정됩니다.

만약 시장으로 반입되는 상품의 수량이 유효수요에 미치지 못한다면 그 상품의 자

연가격만큼 지불할 의사가 있는 사람들이 원하는 만큼의 상품을 공급받을 수 없게 됩니다. 그럼 그들 중에 돈을 더 많이 내고서라도 그 상품을 구하려는 사람들이 나오게 되며, 결국 경쟁이 발생합니다. 그 결과 시장가격은 상품의 공급이 유효수요에 비해 부족한 정도, 혹은 경쟁하는 수요자들의 부나 사치의 정도에 따라 많건 적건 자연가격을 웃돌 것입니다. ……

만약에 시장에 공급되는 상품의 수량이 유효수요를 초과하는 경우에는 자연가격만큼 지불할 의사가 있는 사람들이 원하는 만큼을 다 구입해도 상품이 남아돌게 됩니다. 결국 남는 것은 더 낮은 가격만 지불하고자 하는 사람들에게 팔아야 합니다. 그리고 그 사람들이 지불하는 가격이 낮다는 것 때문에 전체의 가격도 내려가야 합니다. 시장가격은 상품의 공급 과잉의 정도가 판매자의 경쟁을 어느 정도 증가시키느냐에 따라, 혹은 그 상품을 즉각 처분하는 것이 판매자의 입장에서 얼마나 중요한가에 따라, 많건 적건 간에 자연가격 이하로 떨어질 것입니다.

시장으로 반입되는 수량이 유효수요를 꼭 알맞게 채우는 경우, 시장가격은 당연히 자연가격과 같아지거나 또는 거의 동일하게 됩니다. 수중에 가진 전체량을 이 가격에 팔 수 있으나 그 이상의 가격으로는 팔 수 없습니다. 여러 상인 간의 경쟁에 의해 어쩔 수 없이 그들은 모두 이 가격을 받아들이지 않을 수 없게 되지만 그 이하의 가격을 받아들일 필요는 없습니다.

시장으로 들어오는 모든 상품의 수량은 자연스럽게 **유효수요**에 맞추어집니다. 어떤 상품이라도 그 수량이 유효수요를 절대로 초과하지 않게 하는 것이 그것을 시장으로 가져오기 위해 토지, 노동 또는 자본을 들인 모든 사람들에게 이익이 됩니다. 또 수량이 절대 이러한 수요 이하로 떨어지지 않게 하는 것이 모든 사람에게 이익이 됩니다.

자연가격은 말하자면 그것을 향해 모든 상품의 가격이 끊임없이 끌려가는 중심 가격입니다. 여러 가지 예기치 못한 일로 인해, 때로는 이들 가격이 중심 가격 이상으로 크게 뛰어오르는 일도 있고, 때로는 한동안 그 밑으로 떨어지는 일이 있습니다. 그러나 어떠한 장애 요인이 이러한 정지와 지속의 중심에 가격이 정착되는 것을 방해해도 가격은 언제나 중심을 향해 갈 것입니다. 아, 유효 시간이 다 되었네요. 안녕. (애덤 스미스 사념과 소멸)

진단순 뭐야, 이거 더 어려워졌잖아요?

사   선 어렵지만 좀 길게 설명해 볼게요. 애덤 스미스는 18세기 분이라 문체나 문장이 아무래도 좀 복잡하죠? 그런데 여러분 교과서에 나와 있는 시장이 스스로 균형을 찾아간다는 내용은 애덤 스미스를 계승한 신고전파 경제학자들의 주장을 기반으로 하고 있답니다. 이들은 완전경쟁 시장이라는 이론적인 가정을 하고 그 속에서 시장이 경제를 조정하는 원리를 설명했답니다.

애덤 스미스   앨프리드 마셜   레옹 발라

신고전파 경제학자 소개

앨프리드 마셜(Alfred Marshall, 영국, 1842~1924)

마셜은 케임브리지학파의 선구자로, 경제학 못지않게 사회 개혁에도 열정적인 전형적인 영국 신사였습니다. 시장에서의 균형 현상, 즉 수요와 공급의 힘이 맞아떨어져 일어나는 현상에 대해 많은 연구를 진행하였습니다. 그의 저서 『경제학 원리』는 매우 인기가 있었으며 케인스, 피구 등 수많은 경제학자를 길러 냈습니다. 그와 그의 제자들에 의해 형성된 케임브리지학파는 한동안 경제학계를 주름잡았었죠.

레옹 발라(Léon Walras, 프랑스, 1834~1910)

영국의 제본스, 마셜과 함께 경제학을 수학적 학문으로 구축한 선구자였습니다. 해석학을 바탕으로 한계효용에 대한 수리적 이론을 구성하였습니다. 특히 그의 일반 균형이론은 애덤 스미스의 '보이지 않는 손'을 수학적으로 증명한 것으로 오늘날 주류 경제학에 큰 영향을 주었습니다.

장공부 신고전파? 완전경쟁의 가정? 이런 건 교과서에 안 나오는데요?

사　선 글쎄요? 왜 그랬을까요? 하지만 여러분은 교과서에 나오는 내용이 100퍼센트 진리가 아니라 진리에 대한 여러 주장들 중 하나일 뿐이라는 생각을 늘 가지고 있어야 한답니다.　여러분의 교과서에 나온 내용은 신고전파가 주장하는 시장의 원리이며, 이 원리는 실제 시장이 아니라 완전경쟁 시장이라는 가상의 시장을 설명하고 있다는 점을 늘 염두에 두어야 한다는 거죠.　이는 물리학자들이 이론을 설명하기 위해 "다른 조건이 동일하다면"이라고 하면서 공기의 저항이나 마찰 등이 전혀 없는 가상의 상태를 가정하는 것과 같습니다. **완전경쟁 시장의 가정**들에는 다음과 같은 것들이 있습니다.

① 상품의 판매자나 구매자가 충분히 여러 명이 있어서 서로 경쟁합니다.　완전경쟁 시장에서는 시장의 진입과 진출이 자유롭습니다.　그래서 만약 이 시장에서 장사가 잘되면 누구든지 여기 와서 장사할 수 있고, 이 시장에서 싸게 구입할 수 있으면 누구든 여기 와서 상품을 구입할 수 있는 것입니다.　따라서 언제나 상품을 사려는 사람과 팔려는 사람이 많은 수를 유지하는 것입니다.

② 이렇게 같은 상품을 판매하거나 구매하는 사람들이 충분히 많기 때문에 이들의 영향력은 서로 비슷합니다.　따라서 누구도 자기 멋대로 가격을 결정할 수 없습니다.　만약 멋대로 비싼 가격을 부른다면 구매자들은 다른 사람에게 가서 살 것입니다.　구매자도 마찬가지로 값을 너무 적게 치르려고 하면 판매자가 다른 사람에게 팔 수 있기 때문에 그 뜻을 관철시킬 수 없습니다.　따라서 완전경쟁 시장에서는 누구도 시장가격에 독자적으로 영향력을 행사할 수 없습니다.

③ 이들은 모두 효용의 극대화를 목적으로 삼는 합리적 행위자들입니다.　따라서 구매자들은 어떤 상품의 가격 대비 성능을 꼼꼼히 따져서 가장 합리적인 선택을 하고, 판매자도 판매가격과 비용을 꼼꼼히 따집니다.

④ 완전경쟁 시장에서 상품을 사거나 파는 사람들은 해당 상품과 시장에 대한 정보를 모두 동등하게 알고 있습니다.　예컨대 어떤 상품이 생산되는 데 필요한 비용이나 그 상품의 성능을 구매자가 잘 알지 못해서 판매자가 일방적으로 유리해지는 일이 없을 것이란 뜻입니다.

모의심 이런 비현실적인 시장을 왜 가정하나요?

사 선 물론 현실에는 이런 시장이 없습니다. 현실의 시장에서는 이 조건들 중 적어도 하나 이상이 충족되지 않습니다. 하지만 신고전파에 따르면 이렇게 이론적인 완전경쟁 시장에서 어떻게 경제가 조정되는지를 알게 되면 현실의 시장을 이해할 수 있는 기준이 생긴다는 겁니다. 건강한 사람의 몸을 잘 알아야 어디에 어떻게 병이 들었는지 알 수 있는 것과 마찬가지라는 거죠. 과학 시간에 자주 보지 않나요? 마찰과 공기의 저항이 없는 가상의 상태에서 법칙을 세우잖아요? 자, 그럼 완전경쟁 시장이 어떻게 저절로 균형을 찾는지 알아봅시다.

상품을 사고 싶으면 얼마를 준비해야 할까요?

사 선 시장에는 왜 갈까요? 당연히 뭔가를 사러 가거나, 아니면 뭔가를 팔러 가겠죠. 물론 시장에는 청소하는 사람, 경찰, 경비원 등도 있겠지만 기본적으로 시장은 사러 가거나 팔러 가는 곳입니다. 이때 상품을 사기 위해 시장에 가는 사람을 수요자라고 합니다. 그럼 이제 수요자 입장에서 생각해 봅시다.

우리가 가게에 가서 어떤 물건을 살 때 그것을 살 것인지 말 것인지, 그리고 얼마나 살 것인지 결정할 때 여러 가지를 고려할 겁니다. 상품의 품질, 평판, 선호, 나에게 과연 필요한가, 얼마나 필요한가 등을 고려하겠죠. 하지만 최종적으로 그 상품을 살지 말지를 판단하게 하는 가장 결정적인 요인은 가격입니다. 아무리 좋아하는 물건이라도 가격이 비싸면 사지 않거나 조금만 사려고 할 것입니다. 거꾸로 가격이 아주 싸다면 별로 필요가 없어도 구입하려고 할 것입니다. 공짜라면 양잿물도 마신다는 말이 있지 않습니까? 즉 상품을 구매하려는 수요자는 가격에 반대로 반응합니다. 다시 말해 수요자가 구매하려는 상품의 양은 그 상품의 가격과 반비례한다는 것입니다. 좀 어렵지만 이것을 신고전파 경제학자들은 **한계효용**이라는 개념을 이용해서 설명합니다.

진단순 지금도 충분히 어려워요.

사　선 최대한 쉽게 풀어 볼게요. 우선 우리가 시장에서 어떤 상품을 구입하려고 한다면 그건 그 상품이 우리에게 뭔가 쓸모가 있기 때문이겠죠? 이렇게 상품마다 나름 가지고 있을 쓸모를 '편익'이라고 합니다. 그리고 그 상품을 써서 편익을 얻은 결과 우리가 느끼게 되는 만족을 '효용'이라고 합니다. 그리고 '한계효용'이란 어떤 상품을 추가로 한 단위 더 구입할 경우 그 한 단위가 주는 추가의 만족을 뜻합니다. 따라서 한계효용이 있다면 여러분은 추가로 한 단위를 더 구입할 것이고, 한계효용이 없다면 더 이상 구입하지 않겠죠. 여러분이 먹는 것을 좋아하니까 피자를 예로 들어 봅시다. 지금 여러분이 배가 고파서 피자가 먹고 싶다고 합시다. 이럴 때 피자 한 조각이 여러분에게 주는 기쁨과 만족은 어떨까요?

진단순 날아갈 것 같고, 기분 째지죠.

사　선 그렇죠? 이럴 경우 "첫 번째 피자의 첫 번째 한계효용이 크다"라고 말합니다. 그리고 신고전파에 따르면 수요자는 그 상품의 한계효용만큼을 지불하고자 합니다. 즉 여러분은 그 기쁨과 만족만큼의 값을 기꺼이 지불할 거라는 것이죠. 만약 여러분이 그 기쁨을 위해 2천 원까지는 기꺼이 낼 수 있다면 첫 번째 피자 조각의 한계효용은 2천 원입니다. 자, 이제 그 피자를 다 먹었습니다. 그럼 두 번째 피자 조각을 살까요, 말까요? 아마 두 번째 피자는 첫 번째 피자만큼의 기쁨을 주지는 못할 것입니다. 즉 두 번째 피자 조각의 한계효용은 첫 번째 피자 조각보다 작습니다. 따라서 여러분은 2천 원을 지불할까, 말까 망설일 것입니다. 두 번째 피자 조각까지 먹은 다음 세 번째 피자를 사려고 한다면 아마 더 망설일 것이

피자　조각	추가되는 만족(%)	화폐 환산 (지불할 의사가 있는 가격)
한 조각	100	2000
두 번째　조각　추가	90	1800
세 번째　조각　추가	80	1600
네 번째　조각　추가	60	1200
다섯 번째　조각　추가	40	800
여섯 번째　조각　추가	10	200
일곱 번째　조각　추가	2	4

고, 2천 원보다 더 싸지 않다면 사려 하지 않을 것입니다. 이제 여섯 조각의 피자를 먹은 상태에서 일곱 번째 피자 조각을 보았다고 합시다. 질린다고요? 그렇습니다. 이 일곱 번째 피자 조각은 아마 한계효용이 거의 0에 가까울 것입니다. 즉 이미 피자 여섯 조각을 먹은 사람이 일곱 번째 피자 조각을 위해 돈을 내고 싶지는 않을 것이라는 거죠. 한 40원이면 드실래요?

물론 현실은 이렇게 간단하지는 않습니다. 예를 들면 피자에 대한 사람들의 선호도가 다를 수 있습니다. 피자를 아주 좋아하는 사람도 있고, 싫어하는 사람도 있고, 그냥 그런 사람도 있겠죠. 또 대식가도 있고 소식가도 있을 것입니다. 게다가 어제까지

난 피자 다섯 조각이 딱 좋은데, 이걸 다 먹으라니 차라리 고문을 당하는 것이 …

는 피자가 좋았는데 오늘부터는 입맛이 바뀌어서 빈대떡이 좋아질 수도 있습니다. 하지만 어쨌든 수요자들은 상품의 가격에 반응하며, 상품의 가격이 그것을 구입할 때 얻을 수 있는 한계효용보다 크지 않아야 지불할 의사가 생기며, 한계효용은 상품이 추가될 때마다 줄어든다는 것은 분명합니다. 이것을 **한계효용 체감의 법칙**이라고 부릅니다.

그 결과는 어떻게 될까요? 가격과 수요량이 반비례한다는 것입니다. 만약 피자 가격이 아주 저렴하다면 피자를 아주 좋아하는 사람이나 별로 좋아하지 않는 사람이나 한계효용보다 가격이 낮을 가능성이 크기 때문에 기꺼이 돈을 내고 피자를 구입할 것입니다. 하지만 피자 값이 아주 비싸다면 피자에서 아주 높은 한계효용을 얻는 소수의 사람들, 즉 피자 마니아, 아주 배가 고픈 사람들, 한국에 와서 향수병 걸린 이탈리아 사람 등만이 그 돈을 내고 구입하려 할 것입니다.

이제 이 내용을 그래프로 그려 볼 수 있습니다. 이 그래프는 상품의 가격이 바뀔 때마다 그 상품의 수요량이 어떻게 바뀌는지를 표시합니다. 이것을 수요곡선이라고 하며 흔히 'D(demand)'라는 약자로 표시합니다. 수요곡선은 적어도 다음의 세

가지 가정을 표현하고 있습니다. 첫째는 가격과 수요량의 관계입니다. 가격과 수요량은 반비례 곡선을 그리고 있습니다. 그런데 이 가격이 수요자가 지불하려는 가격, 즉 한계효용보다 같거나 작아야 구매가 일어납니다. 따라서 수요곡선은 수요자의 한계효용이 체감하고 있다는 것을 보여 주는 것이기도 합니다. 마지막으로 수요곡선은 그 가격을 지불하고 상품을 구매할 의사가 있는 수요자들이 가격이 올라갈수록 줄어든다는 것을 보여 주고 있습니다. 한마디로 비쌀수록 덜 사고, 쌀수록 많이 산다는 뜻이죠. 이걸 그래프로 옮긴 것이 수요곡선입니다.

단 여기서 주의해야 할 점은 구매하려는 마음이 있다고 해서 다 수요량으로 계산하는 것은 아니라는 것입니다. 여기서 수요는 구매력이 있는 수요, 즉 유효수요를 의미합니다. 사고 싶은 마음이 아무리 가득해도 살 수 있는 능력이 없다면 결국 사지 않을 것이니 수요가 없는 셈으로 치는 것입니다.

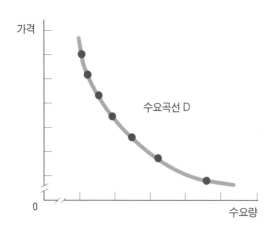

장공부 잠깐만요. 이상해요. 선생님은 분명히 가격이 비싸면 조금 사려고 하고, 가격이 내려가면 더 많이 사려 한다고 하셨잖아요? 그렇다면 가격이 X축이고 수요량이 Y축이라야 하는 거 아닌가요? 그래프가 거꾸로 된 것 같은데요?

사   선 아, 그래프요? 사실 저도 학교 다닐 때 경제학 그래프가 거꾸로 된 것 같아서 많이 헷갈렸답니다. 경제학 그래프 중 수요와 공급 및 가격의 관계를 표시한 그래프는 다른 그래프와 달리 세로로 서 있는 축이 X축이고 가로로 누워 있는 축이 Y축이랍니다. 경제학의 모든 그래프가 그런 것도 아니고 오직 수요와 공급 곡선만 그래서 더 헷갈리죠. 이렇게 된 데는 사정이 있습니다. 원래 신고전파 경제학의 아버지인 마셜은 수요량, 공급량의 변동에 따라 가격이 변한다고 생각했습니다. 그래서 수요량과 공급량을 X축, 가격을 Y축으로 하는 그래프를 그렸습니다. 그러나 레옹 발라 이후 학설이 바뀌어서 가격에 따라 수요량, 공급량이 바뀐다

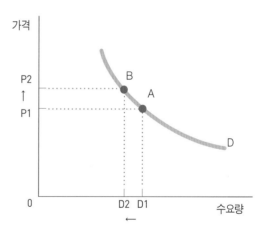

는 오늘날의 개념이 정착되었습니다. 그럼에도 불구하고 마셜의 권위가 워낙 대단해서 그래프는 바꾸지 못했다고 합니다. 그 결과 경제학에서는 X축과 Y축이 뒤바뀌게 된 것이죠.

장공부 아, 그렇구나. 앞으로도 헷갈리지 않게 조심해야겠다.

모의심 선생님, 그런데 저 그래프는 제 마음과는 좀 다른 것 같아요. 저는 꼭 비싸다고 덜 사고, 싸다고 더 사고 그러지는 않거든요. 비싸도 배고프면 사 먹고, 싸도 짜증 나면 안 먹고…….

사 선 물론 가격에 대한 수요의 반응 정도가 늘 같은 것은 아닙니다. 경우에 따라서는 가격이 아무리 변해도 수요량에 별 변화가 없을 수도 있고, 가격이 조금만 오르거나 내려도 수요량이 크게 바뀔 수도 있습니다. 이렇게 수요가 가격의 변화에 반응하는 정도를 수요의 가격 탄력성이라고 합니다. 예를 들어 쌀과 같이 가격이 크게 올라도 수요량이 많이 줄어들지 않는 상품들이 있는데, 이런 상품들에 대해 **가격 탄력성**이 작다고 말하는 거죠. 이렇게 수요가 가격의 변화에 반응하는 정도를 수요의 가격 탄력성이라고 합니다. 수요의 가격 탄력성을 구하는 방법은 간단합니다. 수요량이 변동한 비율을 가격이 변동한 비율로 나누면 됩니다.

$$\frac{\dfrac{D2-D1}{D1}}{\dfrac{P2-P1}{P1}}$$

이 값이 1이면 가격이 올라가는 정도만큼 수요량이 줄어든다는 뜻인데, 이를 단위 탄력적이라고 부릅니다. 1보다 작으면 가격이 올라가는 만큼 수요가 줄어들지는 않는다는 것으로, 비탄력적이라 하고, 1보다 크면 가격이 조금만 올라도 수요가 크게 줄어든다는 뜻입니다.

수요의 가격 탄력성은 상품의 종류에 따라 다릅니다. 대체로 식품이나 생활필수품은 가격 탄력성이 작아서 가격이 오르거나 내려도 수요량의 큰 변화가 없습니다. 실제로 쌀값이 내렸다고 밥을 많이 먹거나, 쌀값이 올랐다고 밥을 굶지는 않습니다. 쌀값이 오르면 다른 상품을 줄여서라도 쌀을 구입하려고 하죠. 반면 사치품이나 기호품들은 가격 탄력성이 커서 가격이 조금만 올라도 수요가 큰 폭으로 줄어들 수 있습니다. 또 같은 상품이라 하더라도 상황이 바뀌면 수요의 가격 탄력성도 달라집니다. 예컨대 생수 한 병 수요의 가격 탄력성이 1.2인데, 큰 지진이 일어났다면 0.7까지 떨어질 수도 있는 것입니다. 자, 다음의 세 상품 중 수요의 가격 탄력성이 가장 큰 것은 어느 것일까요?

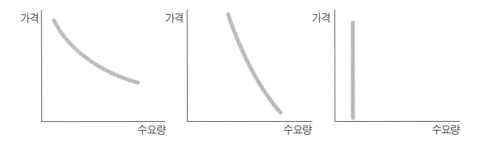

상품을 팔고 싶다면 얼마를 불러야 할까요?

장공부 선생님. 그런데 손뼉도 마주쳐야 소리가 나듯이 상품을 구매하려는 사람뿐 아니라 판매하려는 사람의 입장도 살펴봐야 하지 않을까요?

사 선 그렇습니다. 역시 장공부 양 열심히 공부하고 있군요. 그럼 이제 상품을 판매하기 위해 시장에 들어온 공급자에 대해 알아볼까요? 이해가 쉽도록 여러분이 피자 가게 주인이 되었다고 가정해 봅시다. 여러분은 피자를 만들어 시장에 내놓기 전에 먼저 뭘 고려해야 할까요? 우선 피자의 수요가 충분한지 살펴보겠죠? 그 다음에는 이걸 얼마에 팔아야 할지, 가격을 따져 볼 것이고요.

진단순

그래요. 돈을 벌어야 하니까 비싸게 많이 팔면 좋을 것 같아요.

사　선　맞아요.　판매하는 입장에서는 가격이 비쌀 때 많이 팔고 싶을 것이며, 가격이 싸면 조금만 팔고 싶고, 가격이 어느 수준 이하면 판매를 포기하는 것이 인지상정이겠죠?　하지만 시장에서 흥정하는 것을 보면 상인들은 처음 자기가 부른 가격보다 값을 깎아도 어느 선 이상이면 상품을 팝니다.　그럼 적어도 이 정도는 받아야겠다는 가격의 하한선은 어떻게 결정될까요?　아까 수요자의 예로 피자 사 먹는 것을 들었으니, 이번에는 피자를 파는 입장에서 살펴봅시다.　아까 신고전파 경제학자들이 한계효용 체감의 법칙으로 수요곡선을 설명했었죠?　마찬가지로 신고전파 경제학은 공급의 경우는 한계비용이라는 개념을 이용해서 설명합니다.　세상에는 공짜가 없기 때문에 어떤 상품을 생산하더라도 비용이 들어갑니다.　여기에는 연료, 원료, 그리고 노동력이 다 포함됩니다.　이때 한계비용이란 어떤 상품을 추가적으로 한 단위 더 생산할 때 더 들어가야 하는 비용을 말합니다.　그리고 공급자는 가격이 한계비용보다 높은 경우에는 얼마든지 추가로 생산할 동기를 가집니다.

예를 들면 첫 번째 피자 조각을 만드는 데 재료비가 100원, 그리고 노동자에게 지불할 임금이 100원어치 들어간다고 합시다.　그리고 계산을 간단히 하기 위해 재료비는 바뀌지 않는다고 해 봅시다.　그럼 첫 번째 피자 조각을 만들기 위해서는 200원의 비용이 드는 셈입니다.　따라서 여러분은 피자 한 조각의 가격이 200원 이상이면 팔 만하다고 여길 것입니다.　이제 다음 조각을 만듭시다.　아마 첫 번째 조각 때보다 일이 더 지루하게 느껴질 것이기 때문에 노동자는 임금 100원으로는 그렇게 열심히 일하지 않을 것입니다.　이런 식으로 한 조각, 한 조각 더 만들어 갈수록 일은 지루하고 힘들어지며 점점 더 많은 임금을 지불해야 합니다.　이처럼 추가로 생산을 늘릴 때마다 한 단위 생산에 들어가는 재료비나 노력은 점점 늘어나게 됩니다.　이것을 한계비용 체증의 법칙, 혹은 **수확체감의 법칙**이라고 합니다.　그래서 첫 번째 피자를 만들 때는 200원 정도의 비용이 들었지만 여섯 번째 피자를 만든 다음 다시 한 조각을 더 만들려면 1천100원 정도의 비용이 들 수 있는 것입니다. 그런데 만약 시장에서 피자 한 조각의 가격이 천 원이라면 여러분은 일곱 번째 피자 조각을 만들지 않고 여섯 번째에서 공급을 끝낼 것입니다. 더 만들어 봐야 손해이니까요. 따라서 피자 한 조각을 추가로 생산할 때마다 여러분이 받고자 하는 가격의 하한선도 점점 높아집니다. 적어도 한계비용보다는 더 받아야 하니까요.

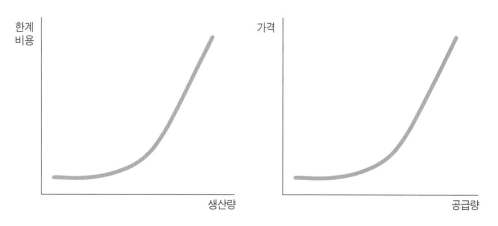

그런데 같은 상품이라도 누가 생산하는가에 따라 한계비용이 다를 수 있습니다. 여러분이 피자 만드는 달인이라면 피자 한 조각에 들어가는 노력값이 다른 사람보다 훨씬 적을 것입니다. 또 피자 재료가 아주 풍부한 곳에서 만들고 있다면 재료값도 덜 들 것입니다. 따라서 시장에서 피자 한 조각의 가격이 300원에 결정되었다면 그 이하의 비용으로 한 조각을 생산할 수 있는 사람만이 피자를 공급할 수 있을 것입니다. 그런데 가격이 1천500원에서 형성되고 있다면 300원보다 더 많은 비용을 들여야 피자를 만들 수 있는 사람들도 피자를 생산해 팔기 시작할 것입니다. 이렇게 가격이 높아지면 더 많은 공급자가 그 시장에 뛰어들기 때문에 공급량이 늘어나게 됩니다. 가격이 올라갈수록 더 많은 상품이 시장에 공급된다는 것이죠. 그리고 이것을 앞의 수요곡선과 마찬가지로 공급곡선을 통해 그래프로 표현할 수 있습니다.

모의심 현실이 모두 이 그래프처럼 단순하게 움직이나요?

사 선 물론 현실은 이렇게 단순하지 않고, 이 그래프처럼 움직이지도 않습니다. 수요와 마찬가지로 공급이 가격에 반응하는 정도나 방식은 상품에 따라 다양합니다. 거의 반응하지 않을 수도 있고, 아주 민감하게 반응할 수도 있습니다. 이때 공급이 가격에 반응하는 정도를 무엇이라고 할까요?

장공부 흠 ……. 그것 역시 제가 말할 수 있어요. 그야 공급의 가격 탄력성이라고 하겠죠.

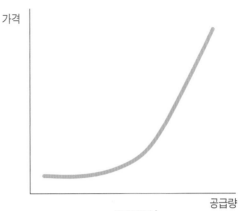

공급곡선

사 선 빙고! 역시 장공부 양! 열공했어요. 공급의 가격 탄력성은 수요 탄력성과 마찬가지로 가격의 증감 비율로 공급의 증감 비율을 나눈 값입니다. 이 값이 1이면 공급은 가격의 변동과 같은 비율로 늘어나며, 1보다 작으면 가격이 올라가는 정도만큼 늘어나지는 않으며, 1보다 크면 가격이 조금만 올라가도 큰 폭으로 증가합니다. 공급의 가격 탄력성 역시 상품의 특성에 따라 다릅니다. 만약 그 상품을 만들기 위해 엄청난 기술과 설비가 필요하다면 가격이 오른다고 해서 그 상품의 공급이 크게 늘어나지는 않을 것입니다. 예컨대 스마트폰이 엄청난 히트를 치고 있지만 삼성, 애플, HTC 같은 유명 메이커의 생산량에는 한계가 있고, 그렇다고 아무나 스마트폰을 만들 수는 없기 때문에 공급은 그만큼 늘어나지 않아 물건이 부족한 상황이 발생합니다. 반대로 그 상품을 만드는 데 별다른 기술이나 설비가 필요하지 않다면 가격이 오를 때 그 상품 시장에 뛰어들 수 있는 공급자가 많기 때문에 공급량은 큰 폭으로 늘어나게 됩니다.

물론 공급의 가격 탄력성은 상품의 속성이 바뀌지 않았지만 다른 상황 때문에 달라질 수 있습니다. 예컨대 피자 공급의 가격 탄력성이 1.2라고 하더라도 지진과 같은 자연재해 때문에 재료를 구하기 어려워진다면 1 이하로 떨어질 수 있는 것입니다.

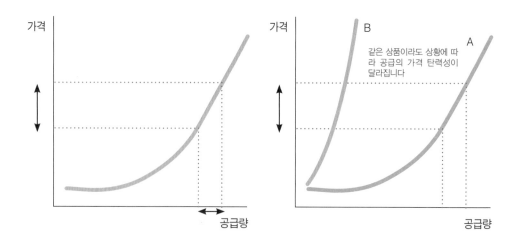

수요자와 공급자가 시장에서 만나 가격이란
신호등에 따라 움직여요

사　선　이제 우리는 시장에서 재화와 서비스를 사려는 수요자와 팔려는 공급자가 어떻게 가격에 반응하는지 알게 되었습니다.

모의심

문제는 이 둘이 시장에서 원하는 바가 서로 반대라는 것이죠?

사　선　하하하.　벌써 반은 깨달았군요.　그럼 시장에서 이 둘이 균형을 이루는 것은 어떤 원리인지 알아보도록 해요.　여러분은 사람들이 가게에서 흥정하는 것을 본 적이 있을 것입니다.　흥정할 때 사려는 사람은 값을 낮춰 부르고 팔려는 사람은 높여 부르지만 결국 사려는 사람은 값을 올리고 팔려는 사람은 값을 내리면서 둘다 만족하는 가격에서 거래가 이루어집니다.

모의심 하지만 모든 걸 늘 그렇게 흥정을 해야 사고팔 수 있다면 너무 힘들지 않을까요?

사　선　하하.　시장에는 일일이 이렇게 흥정을 하지 않더라도 사려는 사람은 결국 값을 높이고 팔려는 사람은 결국 값을 낮춰서 적절한 **균형가격**에서 거래가 이루어집니다. 또 이 균형가격에 따라 수요자와 공급자는 구매하려는 양과 생산량을 적절히 조정하게 되죠. 이런 일이 가능한 까닭은 완전경쟁 시장에서는 상품을 사기 위해 경쟁하는 수요자와 상품을 팔기 위해 경쟁하는 공급자들이 충분히 많기 때문입니다. 만약 어떤 공급자가 높은 가격표를 붙여 놓는다면 수요자들은 그 공급자를 외면하고 다른 공급자들에게서 상품을 구입할 것입니다. 마찬가지로 수요자가 매우 낮은 가격을 부른다면 같은 상품을 사기 위해 경쟁하는 다른 수요자가 더 높은 가격을 주고 그걸 사 버릴 것입니다. 따라서 누구도 시장에서는 적절한 균형가격 이상의 가격을 받거나 이하의 가격을 지불할 수 없게 되는 것입니다. 자, 다음의 그래프를 볼까요?

신고전파 경제학자들은 수요곡선과 공급곡선을 이용해서 균형가격과 균형 거래량이 결정되는 과정을 설명합니다.

얼른 보면 엄청나게 복잡하지만 사실은 간단합니다. 시장이란 수요자와 공급자가 만나는 곳입니다. 따라서 수요곡선과 공급곡선을 같이 그려 넣습니다. 수요자와 공급자는 각각 가격에 반응합니다.

이번에도 상품은 피자로 해 봅시다. 현재 피자 한 조각의 시장가격이 p1이라고 합시다. 이때 이 가격이 적절하다고 생각하는 수요자는 많지 않아서 결국 피자는 Q1만큼만 팔릴 것입니다. 하지만 이 가격이 적절하다고 여기는 피자 공급자는 매우 많을 것이기 때문에 피자 가게는 피자를 평소보다 더 많이 만들 것이며, 심지어 떡볶이 가게가 피자 가게로

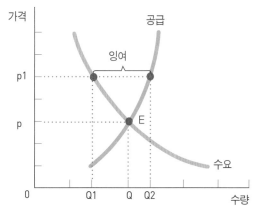

전업을 하는 등의 일이 일어나서 결국 시장에는 Q2만큼의 피자가 나오게 될 것입니다. 그럼 어떤 일이 일어날까요? 'Q2-Q1'만큼 피자가 남아돕니다. 이렇게 되면 부쩍 늘어난 피자 가게들끼리 남아도는 피자를 팔아 치우기 위해 경쟁이 붙습니다. 이 가게들의 피자 품질이 모두 동등하다고 가정하면 이들의 경쟁은 서로 가격

을 낮추는 것입니다. 따라서 p1의 가격은 유지되지 못하며 피자 가격은 하락합니다.

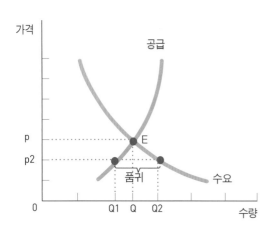

그럼 피자 한 조각의 가격이 p2이면 어떤 일이 일어날까요? 사람들의 식성이 모두 비슷하다고 가정했을 때 사람들은 피자 가격이 이 정도로 떨어지면 전보다 더 자주 피자를 먹게 될 것입니다. 떡볶이 먹으려던 사람이나 냉면 먹으려던 사람도 피자를 먹게 되고, 심지어 이웃동네에서 찾아와서 저렴한 피자를 먹으려 할지도 모릅니다. 그래서 사람들이 사 먹으려는 피자의 양은 Q2까지 늘어납니다. 하지만 이 정도로 낮은 가격을 감당할 만한 피자 공급자는 그리 많지 않을 것이기 때문에 피자 가게들은 판매량을 줄이거나 피자 대신 다른 음식점으로 전업을 하거나 혹은 다른 동네로 점포를 옮길 것입니다. 따라서 시장에는 Q1만큼의 피자만 공급될 것이며, 결국 Q2-Q1만큼 피자가 모자라게 됩니다. 이렇게 되면 피자 한 조각을 사 먹기 위해서는 줄을 서야 할 지경이 됩니다. 만약 줄 서지 않고 먼저 피자를 확보하려면 남들보다 더 비싼 값을 부르는 수밖에 없습니다. 피자 가격이 다시 올라가리라는 것은 한눈에도 훤히 보입니다.

이런 식으로 피자 가격은 오르락내리락하다가 결국 p에 도달합니다. 이 가격대에서는 '수요량 = 공급량 = Q'로 같고, '수요량-공급량 = 0'으로 상품이 모자라지도 남아돌지도 않게 됩니다. 이렇게 되면 사고자 하는 모든 사람들이 상품을 구입하고, 팔고자 하는 모든 사람들이 상품을 판매하여 시장에는 상품도 구매자도 남지 않게 됩니다. 이런 상황을 시장 청산이라고 하며, 시장을 청산시키는 가격을 균형가격이라고 합니다.

이렇게 서로 경쟁하는 수요자들과 공급자들이 가격에 따라 반응하면서 시장이 적절한 수요량과 공급량을 찾아 균형을 이루게 되는 것을 완전경쟁 시장의 균형이라

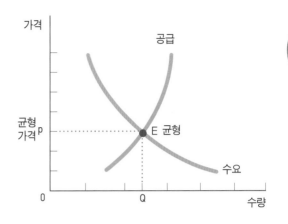

고 합니다. 신고전파 경제학자들에 따르면 일단 이렇게 시장이 균형을 이루게 되면 수요자도 공급자도 이 상황을 바꿀 이유가 없기 때문에 이 수준을 계속 유지하게 되며, 설사 변동이 있더라도 저절로 이 수준으로 돌아올 것이라고 합니다.

장공부 아, 그럼 남아도는 상품도, 모자라는 상품도 없겠네요?

사　선　그렇습니다. 위의 그래프에서 가격이 p가 되면 그 상품을 구입하고자 하는 사람과 판매하고자 하는 사람의 수량이 일치하는 수준에서 공급이 이루어지기 때문에 쓸데없이 낭비되는 상품이 없게 되고, 모자라는 상품을 찾아 배회하는 사람도 없게 되는 것이죠. 만약 어떤 지도자나 왕이 필요로 하는 재화나 서비스를 직접 국민들에게 나누어 준다고 생각해 보세요. 그렇다면 사람이 하는 일이니 만큼 분명 실수가 생길 겁니다. 그래서 필요한 사람이 받지 못하거나, 혹은 필요 없는 재화나 서비스가 남아도는 상황이 발생할 것입니다. 하지만 시장은 이렇게 스스로 균형을 찾아갑니다. 그러니 시장경제야말로 자원을 가장 효율적으로 배분해 주는 경제체제인 셈이죠.

수요나 공급이 변하더라도 시장은 금세 균형가격을 찾을 거라 믿어요

모의심 이상한데요? 길 가다 보면 '창고 대개방', '땡처리', 이런 거 많이 있던데요? 그런데 남아돌지 않다뇨?

사　선　아, 그럴 경우도 있습니다. 이런저런 이유로 수요나 공급의 변동이 있을 수 있고, 가격이 너무 높거나 낮을 수도 있습니다. 하지만 시장은 저절로 새로운 균형가격을 찾아 그 지점에서 시장이 청산될 수 있는 수요량과 공급량을 다시 결정합니다. 모의심 군이 본 땡처리, 창고 대개방 같은 것도 바로 이 균형을 찾아가는 과정이라고 볼 수 있죠. 이 과정에서 그 누구도 더 만들거나 더 사라고 혹은 그 반대로 하라고 시킨 적이 없습니다. 수요자와 공급자가 각자 자기 이익을 극대화하기 위해 가격이라는 신호등이 어디로 움직이는지에 따라 반응했을 뿐입니다. 설명하자면 길어지니까 다음 자료를 같이 읽어 봅시다. 이제 그래프에 익숙해졌으니 그래프로 설명해 보겠습니다.

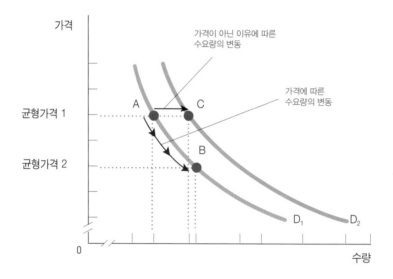

진단순 으악, 이게 다 뭐에요?

사 선 하하, 겁먹지 마시고요. 이 그래프는 가격의 변동이 없음에도 불구하고 수요가 늘어나거나 줄어드는 모습을 보여 주고 있습니다. 왜 이렇게 그래프가 옮겨 다닐까요? 수요곡선은 가격의 변동에 따른 수요량의 변동을 그린 것입니다. 따라서 가격이 아닌 다른 이유 때문에 생기는 수요량의 변동은 수요곡선으로 표현할 수 없습니다. 그 대신에 수요곡선 자체가 +(오른쪽), 혹은 -(왼쪽) 방향으로 움직이는

50

식으로 표현됩니다.

모의심 아니, 아까는 가격이 수요량이나 공급량을 조절하는 신호등이라고 하셨잖아요? 그런데 가격 말고도 원인이 되는 것들이 있다고요?

사　선 계속 피자의 예를 들어 봅시다. 우선 소비자들의 선호가 바뀌어서 피자가 일대 유행하면서 피자를 먹는 것이 세련된 삶의 상징이 되었다고 합시다. 그렇다면 사람들은 피자 가격이 종전과 같거나 심지어 더 비싸더라도 피자를 더 많이 먹을 것입니다. 이것은 사람들이 피자를 먹음으로써 세련된 삶이라는 새로운 편익을 얻는 효용이 커져서 피자에 더 높은 가격을 지불할 의사가 생겼다는 것을 말합니다. 반대로 피자가 비만의 결정적인 원인이고, 각종 성인병을 유발한다는 충격적인 보도가 있었다고 합시다. 그럼 가격이 오르지 않았거나 더 싸졌더라도 사람들이 피자 소비를 줄일 것입니다. 이 경우는 피자의 효용이 비만이라는 부정적인 효과 때문에 감소하게 됩니다. 따라서 가격이 변하지 않았음에도 다른 요인으로 인해 수요량이 늘어나면 종전보다 더 높은 가격에서 새로운 균형가격이 형성되고, 반면에 가격이 변하지 않았지만 다른 요인으로 인해 수요량이 줄어들면 종전보다 낮은 가격에서 새로운 균형가격이 형성됩니다.

장공부 가격 외에도 소비자의 선호도, 새로운 정보, 그리고 또 어떤 것이 수요에 영향을 주나요?

사　선 **대체재**나 **보완재**의 가격이 바뀌면 그것 역시 수요에 영향을 줍니다. 저런 진단순 군이 벌써 한 소리 하려고 하네요. 걱정 마세요. 조금만 생각하면 쉬운 거니까. 대체재란 비슷한 종류의 편익을 주는 다른 종류의 상품을 말합니다. 예를 들면 삼겹살과 돼지갈비는 서로 다른 종류의 상품이지만 이것들이 주는 편익이 서로 비슷하기 때문에 쉽게 대체 가능합니다. 이렇게 대체재가 있을 경우에는 어떤 상품의 가격이 올라가면 그 상품의 수요가 줄어들면서 대체재의 수요가 늘어납니다. 반면 대체재의 가격이 오르면 이 상품의 수요가 늘어나겠죠. 돼지갈비 1인분이 만약 3만 원쯤 한다면 평소 같으면 돼지갈비를 먹었을 손님들도 삼겹살을 시키거나 아니면 한우 갈비 같은 것을 시켜서 먹겠죠?

보완재란 서로 다른 종류의 상품들이 결합하여 하나의 편익을 만드는 경우를 말합

사람들은 ▨ 이 없으면 나 먹을 일이지 나의 ▨를 찾는다니까. 끝까지 나를 괴롭혀요.

니다. 예를 들면 삼겹살과 상추의 관계가 그렇습니다. 만약 삼겹살 가격이 엄청나게 싸진다면 삼겹살의 수요가 늘어날 것이며, 그렇다면 보완재인 상추의 수요도 함께 늘어나겠죠? 샤프와 샤프심, 커피와 설탕, 그림물감과 팔레트 같은 것들도 서로서로 보완재 관계에 있는 상품들입니다. 그 밖에도 소득이 늘어나거나 줄어들면 사람들의 소비성향이 달라지면서 수요의 변동이 발생하며, 인구의 유입이나 유출 및 유행의 변화 등 여러 가지 요인에 의해 수요가 늘어나거나 줄어들기도 합니다. 자, 그럼 다음 그래프는 뭘까요?

장공부 아, 공급곡선이 오른쪽이나 왼쪽으로 옮겨 다니는 거 보니까 이건 가격이 아닌 이유로 인한 공급의 증가나 감소를 표시한 것이겠네요.

사　선 우아! 장공부 양이 예리하게 잘 보았네요. 맞습니다. 이 그래프는 공급의 증가나 감소를 보여 주고 있죠. 계속 피자로 일관해 볼까요? 피자 제빵사의 기술

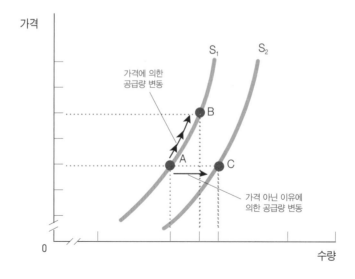

이 엄청나게 진보했다고 해 봅시다. 그럼 그는 같은 비용과 노동력을 들이고도 더 많은 피자를 생산할 것입니다. 그러니 같은 가격을 받으면서도 더 많은 피자를 공급할 의사가 있습니다. 한계비용이 줄어들었기 때문에 경우에 따라서는 종전보다 더 낮은 값을 받아도 오히려 이윤을 남길 수 있으니까요. 피자 만드는 기계나 오븐의 성능이 크게 개선되어도 역시 같은 효과가 납니다. 종전에는 1천 원이란 가격이 딱 맞는 가격이었는데, 기술혁신으로 인해 한계비용이 700원밖에 안 들어간다면 1천 원이란 가격은 균형가격이 아니라 더 많이 공급하라는 신호등이 되는 겁니다. 그 외에도 이탈리아가 갑자기 정치적인 격변을 겪어서 그곳의 피자 기술자들이 같은 반도 국가인 한국으로 대거 이주해 온다면 역시 피자 공급이 엄청 늘어날 것입니다. 반면 지진이나 태풍으로 인해 피자 가게들의 절반이 파괴되었다거나 혹은 일본에서 피자 기술자를 엄청나게 우대해서 피자 가게가 일제히 일본으로 빠져나가거나 하면 가격은 그대로라도 피자 공급량은 크게 줄어들게 됩니다. 이렇게 여러 가지 원인으로 수요나 공급이 변하면 수요곡선과 공급곡선이 이동하면서 균형가격과 균형 거래량도 바뀌게 됩니다. 이제 그래프들에 익숙해졌으니 다음의 그래프들이 의미하는 바를 금방 이해하실 수 있을 겁니다.

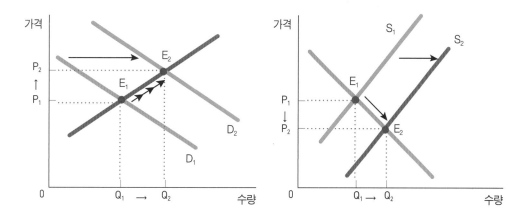

장공부 와, 설명을 듣고 보니 시장은 참으로 멋지고 조화롭네요.

사 선 그렇습니다. 일단 이렇게 시장이 균형을 이루게 되면 모든 것이 아주 순조

롭지요. 여러분은 수요자의 입장이건 공급자의 입장이건 간에 가격 변동만 보면
됩니다.

장공부 맞아요. 가격이 올라가고 있다면 수요는 줄이고 공급은 늘리라는 신호이
고, 가격이 내려가고 있다면 수요를 늘리고 공급을 줄이라는 신호이잖아요.

사 선 가격이 안정되어 있다면 현 상태를 유지하라는 신호이겠죠?

진단순 모든 것이 질서 있게 돌아간다면 정말 환상적일 것 같아요. 그러면 망하는
생산자도 손해를 보는 소비자도 없을 테니 부지런하기만 하면 누구나 잘살 수 있겠
네요.

사 선 …….

모의심 말도 안 돼요. "먹고사는 일, 돈 버는 일이 힘들다"고 푸념하는 어른들은 모
두 게으르거나 시장의 힘을 모르는 사람들인가요?

사 선 흠, 일리 있는 지적입니다. 사실 시장의 힘을 믿는 사람들은 가난의 문제
를 개인의 게으름의 문제로 돌리는 경향이 있습니다. 하지만 시장이 금방 균형을
찾아가는 건 아니랍니다. 경우에 따라서는 수십 년 걸려 균형을 이루기도 하니까
요. 하지만 가난한 사람이나 실패한 사람들에게 시장이 균형을 찾을 때까지 기다
릴 인내심이 모자랐다고 탓을 한다면 아무래도 좀 가혹한 것 같네요. 게다가 현실
의 시장은 지금까지 공부한 시장의 작동 원리가 꼭 그대로 적용되지 않는 경우가
많습니다. 여러 번 강조하지만 지금까지 살펴본 완전경쟁 시장은 시장경제의 작
동 원리를 설명하기 위해 **이론적으로 가정**한 것이지 현실의 시장이 아닙니다. 이
걸 착각하지 말아야 하는데, 심지어는 경제학을 공부하는 사람들조차 일종의 가정
인 완전경쟁 시장을 현실에 구현되어야 할 목표로 오해하는 경우가 나타납니다.

모의심 그럼 이제 현실의 시장에 대해 가르쳐 주세요.

수요자잉여와 공급자잉여

우리가 피자 한 조각을 사 먹으려 하는데, 지금 시장가격으로 1천 원에 팔리고 있다고 합시다. 여러분 중에는 천 원에 피자 한 조각을 사 먹을 수 있다면 땡잡았다고 생각하는 사람도 있을 수 있고, 손해라고 생각하는 사람도 있을 것입니다. 만약 남는 것이라고 생각하면 좀 많이 살 것이고, 그게 제값이라고 생각하면 딱 먹을 만큼만 살 것이며, 손해라고 여기면 피자 값이 너무 비싸다며 사지 않겠죠. 이렇게 어떤 상품의 시장가격이 결정되었을 때 그 가격이 생각했던 것보다 더 싸다고 여긴 수요자들은 그 가격에 상품을 구입하는 것이 사실상 돈을 버는 셈이 됩니다. 이런 이득의 총합을 그 시장의 수요자(소비자)잉여라고 합니다. 예컨대 피자 한 조각 가격이 1천 원이라면 그게 딱 제값이라고 생각한 사람들은 소비자잉여가 0입니다. 하지만 '천 원이면 싼 거야', 이렇게 생각한 사람들은 1천 원에 구입하는 것이 이익이 됩니다. 그 중에는 3천 원이면 적당하다고 생각했던 사람이 있을 수 있고, 1천200원이면 적당하다고 생각한 사람도 있을 겁니다. 그러면 각기 2천 원, 200원의 이득을 본 셈입니다. 따라서 소비자잉여는 다음 그래프에서 색깔 있는 부분의 면적과 같아집니다.

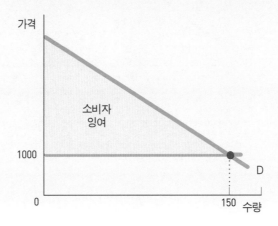

이번에는 판매자 입장이 되어 봅시다. 우리가 판매하려는 상품이 피자라고 가정하고, 현재 시장가격이 피자 한 조각에 1천 원이라고 합시다. 그런데 만약 여러분이 피자 한 조각을 재료비와 여러분의 노력 등을 합쳐 300원에 만들 수 있다면 1천 원에 팔아도 700원이 남습니다. 그런데 900원을 들여야 만들 수 있는 사람이 있다면 그 사람은 한 조각을 팔았을 때 100원이 남으며, 1천 원을 들여야 겨우 만들 수 있는 사람은 피자 한 조각을 팔아도 아무런 이윤을 얻을 수 없게 됩니다. 만약 1천 원보다 더 많은 비용을 들여야 피자 한 조각을 만들 수 있는 사람은 팔면 팔수록 도리어 손해를 보기 때문에 장사를 접어야 하겠죠. 이렇게 어떤 상품의 시장가격이 자신들의 한계비용보다 더 큰 공급자들은 시장에 자기 상품을 내다 팖으로써 이득을 봅니다. 이런 이득의 총합을 그 시장의 공급자(생산자)잉여라고 합니다. 공급자잉여가 다음 그래프의 색깔 있는 부분의 면적과 같다는 것은 조금만 생각해 봐도 알 수 있을 것입니다.

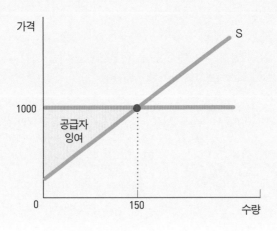

56

'보이지 않는 손'은 모든 필요를 해결해 줄 수 있을까?

〈자료 1〉

"모든 개인은 자신의 노력과 자본으로 가능한 한 가장 가치가 높은 생산물을 만들고자 한다. 따라서 필연적으로 모든 개인은 사회의 연간 수익에 자신들이 할 수 있는 한 많은 몫을 기여하려고 노력하게 된다. 각 개인들은 공공의 이익을 증대시키겠다는 의도로 그렇게 하는 것은 아니며, 자신의 노력이 얼마나 공공의 이익에 부합하는지조차 알 수 없다. …… 개인들은 자신의 이익을 위해서 그렇게 하는데, 이들의 행동은 보이지 않는 손에 인도되어 그의 의도와는 상관없이 공공의 이익에 봉사하게 된다. 이들이 공공의 이익을 고려하지 않고 행동했다고 해서 사회에 항상 해가 되는 것은 아니다. 자신의 이익을 추구함으로써 그가 공공의 이익을 의식적으로 추구했을 때보다 더 효과적으로 사회의 이익 증진에 기여한다." (출처: 애덤 스미스의 『국부론』)

〈자료 2〉

수면병은 주로 아프리카 지역에서 발병하는 풍토병이다. 감비아트리파노소마 등의 감염으로 일어나는데 이 병원충은 체체파리라고 하는 흡혈 파리가 옮긴다. 수면병은 뇌를 손상하며 정신이상을 일으키고는 사망에 이르게 하는 심각한 질병이다. 해마다 25만 명이 넘는 사람들이 이 질병으로 고통을 당하고 있다.

그런데 이 병의 치료약이 개발되었다. '에포르니타인(Eflornithine)'이라는 약이었다. 의식불명 상태에 빠진 사람도 치료할 수 있을 정도로 효과적이어서, 아프리카인들이 이 약을 가리켜 '부활의 명약'이라고 부를 정도였다. 이 약의 놀라운 효능은 1990년대부터 알려지기 시작했다.

그럼에도 불구하고 에포르니타인은 양산되지 못했다. 새뮤얼 보울스 등이 쓴 『자본주의 이해하기』에 따르면 이 약이 암 치료에도 효과가 있을지 모른다는 가능성 때문에 처음에는 관심을 끌었지만 암에는 효과가 없다는 것이 밝혀지면서 사람들의 관심에서 사라졌다. 정작 가난한 아프리카에서는 이 약을 살 만한 시장이 형성되어 있지 않았던 것이다.

지금 에포르니타인은 브리스톨 마이어스 스퀴브사에서 만들고 있다. 이 약이 여성의 얼굴 털을 제거해 주는 '바니카'라는 크림의 원료로 사용되면서 비로소 시장성이 생긴 것이다. 브리스톨 마이어스 스퀴브사가 여성 잡지인 "코스모폴리탄(cosmopolitan)" 6면에 걸쳐 게재한 바니카 광고에는 이런 문장이 실렸다. "사랑하는 그이와 얼굴을 맞댈 수 없는 이유가 (그의 수염이 아니라) 당신의 수염 때문이라면, 이제 당신의 얼굴에 아름다움을 가져다줄 때가 되었다." 여성의 얼굴에서 털을 완전히 제거하기 위해 필요한 두 달 치 바니카의 가격은 얼마나 될까? 수면병 때문에 정신이상이나 죽을 위험에 빠진 아프리카인 한 사람을 살릴 수 있는 에포르니타인 생산 비용보다 훨씬 비싸다고 한다.

1. 〈자료 1〉을 읽고 '보이지 않는 손'의 의미를 간단히 써 보자.

2. 아프리카에서 에포르니타인 시장이 형성되지 않는 이유는 무엇이며, 에포르니타인에 대한 필요는 어떻게 해결해야 할까?

3. 위 사례와 같이 필요하지만 생산이 안 되는 경우를 '시장의 결핍'이라고 한다. 우리 사회에서 이와 같은 사례를 찾아보자.

03

현실의 시장은 다릅니다

사 선 교과서에서 설명한 완전경쟁 시장의 여러 조건들을 충족하는 시장은 현실에서 찾기 어렵다고 했습니다. 그렇다면 지금부터는 현실의 시장에 대해 같이 공부하기로 해요. 현실의 시장은 앞에서 봤던 조화로운 시장과는 달리 훨씬 더 복잡합니다. 수요곡선이나 공급곡선도 앞에서 본 것처럼 매끈하게 그려지지 않고, 예측하기도 어렵죠. 또 균형가격도 그렇게 쉽게 형성되지 않고요. 설사 형성되더라도 그게 최적의 상태가 아니라 수요자나 공급자 어느 한쪽에 불리한 경우가 많습니다.

장공부 왜 이런 일이 일어나죠? 시장은 완벽하지 않은가요?

사 선 물론 완전경쟁 시장의 조건들이 다 갖춰진다면 완벽하겠죠. 하지만 그게 쉽지 않다는 게 문제죠. 완전경쟁 시장의 '완전'이라는 말이 왜 붙었는지 곰곰이 생각해 보시기 바랍니다. 그럼 현실 경제에서 **시장이 실패**하는 경우들을 살펴보도록 합시다.

독과점과 진입 장벽

사 선 먼저 완전경쟁 시장에서 가장 중요한 가정부터 살펴봅시다. 완전경쟁 시장 모형은 공급자나 수요자가 충분히 많다는 가정을 하고 있습니다. 어느 정도로 충분한가 하면 다른 경쟁자들 때문에 그 누구도 독자적으로 가격에 영향력을 행사할 수 없을 정도입니다. 이렇게 되면 공급자나 수요자는 시장에서 형성된 가격에 따라 반응할 뿐 감히 시장을 움직이려고 할 수는 없습니다. 공급자 입장에서는 나보다도 싼값에 상품을 공급하려는 경쟁자가 있기 때문이고, 수요자 입장에서는 나보다도 비싼 값에 상품을 구입하려는 경쟁자가 있기 때문입니다. 그런데 만약 경쟁자가 없는 시장이라면 어떻게 될까요?

장공부 예? 경쟁자가 없는 시장이요? 시장은 경쟁하는 곳 아닌가요? 경쟁하기 때문에 서로 발전하고? 구체적으로 어떤 상황을 말씀하시는 거죠?

사 선 예를 들면 여러분이 사는 지역에 피자 가게가 하나만 있으면 어떻게 될까요? 참, 아까 대체재에 대해서도 배웠으니까 피자 가게 외에 그것을 대체할 만한 이렇다 할 간식 판매점도 없다고 가정하겠습니다. 그래서 출출할 때 그 피자 가게 외에는 배를 달래 줄 곳이 아예 없다면 어떻게 될까요? 아마도 피자 가게 주인이 터무니없는 값을 부르지 않을까요?

장공부 그럼 고객들이 따지거나 안 사먹겠죠. 결국 어쩔 수 없이 수요가 줄어서 값을 내리지 않을까요?

사 선 천만에요. 여러분이 아무리 비싸다고 항의한들 주인은 눈 하나 꿈쩍하지 않을걸요. 그리고 안 사먹을 거라고 다시는 안 올 거라고 이야기해도 아마 겁내지 않을 겁니다. 오히려 피자 가게 주인은 여러분한테 이렇게 말할 겁니다. "비싸다고? 그럼 다른 데 가서 알아보던가." 그러나 여러분은 알아볼 다른 가게가 없다는 것을 확인하고는 울며 겨자 먹기로 비싼 값을 주고 피자를 사 먹어야 할 것입니다. 피자 가게 주인 앞에서 여러분은 철저히 약자인 셈이죠. 이렇게 피자 가게 주인이 강자로 행세할 수 있는 것은 시장에 공급자가 하나뿐이기 때문입니다. 이렇게 공급자가 하나이거나 혹은 사실상 시장을 지배할 수 있는 힘을 가진 공급자가 있는 경우를 독점 시장이라고 합니다. 이런 독점 시장에서는 시장의 조정 능력이 제대로 발휘되기 어렵습니다. 공급자가 시장을 지배하고 있으니 수요자가 훨씬 불리한 위치에 서게 되는 것이죠. 그래서 앞에서 배웠던 수요곡선과 공급곡선이 만나는 지점에서 균형을 이루지 않습니다. 그래프로 볼까요?

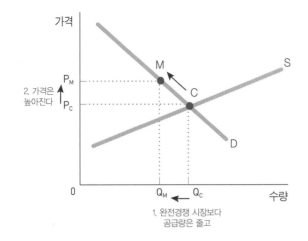

2. 가격은
높아진다

1. 완전경쟁 시장보다
공급량은 줄고

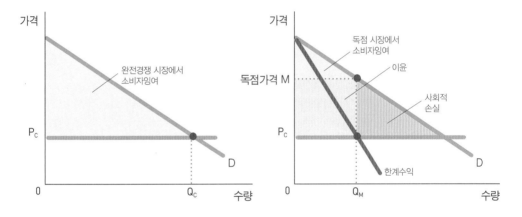

독점 시장에서는 공급자가 하나뿐이기 때문에 공급량이 완전경쟁 시장일 경우보다 더 적습니다. 원하는 소비자들이 다 상품을 얻을 수 있는지는 이익을 추구하는 기업 입장에서 중요하지 않습니다. 그러니 독점기업은 상품을 더 공급하는 쪽보다는 가격을 올려서 이윤을 늘리고자 합니다. 그 결과 가격은 균형가격보다 훨씬 높은 지점에서 결정됩니다. 완전경쟁 시장이었다면 이 따위 가격을 내걸었다가는 당장 경쟁자에게 손님을 다 빼앗기겠죠. 하지만 독점 시장에서는 손님을 빼앗을 다른 공급자가 없습니다. 결국 공급자는 초과 이득을 획득하는데, 앞에서 공부한 것을 떠올려 보면 이것은 결국 소비자잉여를 가로챈 것에 불과합니다. 더군다나 사회 전체적으로 볼 때는 소비자잉여 및 공급자잉여가 줄어들었기 때문에 손실이 됩니다. 결국 독점 시장에서는 사회 전체적으로 손실이 발생할 뿐 아니라 소비자들이 일방적으로 손실을 봅니다. 오직 이득을 획득하는 것은 독점기업뿐이죠. 앞 그래프를 통해 살펴볼까요? 이 그래프에서 가격이 M만큼 높아졌기 때문에 소비자잉여 중 사각형 크기만큼이 공급자에게 넘어갑니다. 그리고 독점 시장에서는 생산량이 Q_M에 그치기 때문에 오른쪽 삼각형만큼의 잉여는 아예 생산되지도 못하고 소실됩니다. 또 독점 시장에서는 공급자의 수가 모자람에도 불구하고 독점기업이 다른 경쟁자의 시장 진입을 방해하기 때문에 적정 공급량보다 더 적은 상품만 공급됩니다. 그 결과 그 시장에서 이득을 보지 못한 잠재적인 다른 공급자와 그 상품이 너무 비싸서 구입하지 못한 소비자의 손실이 삼각형 면적만큼 발생합니다.

장공부 하지만 이렇게 독점기업이 균형가격보다 높은 가격을 받으면서 초과이윤을 얻고 있다는 것이 알려지면 다른 공급자들이 시장에 뛰어들잖아요? 그래서 공급이 늘어나고 다시 가격이 내려가면서 균형을 찾지 않을까요?

사 선 물론 어떤 독점 시장이 형성되면 다른 분야에 투자했던 기업들이 그 분야에 눈독을 들일 것입니다. 하지만 미리 시장을 선점한 독점기업이 다른 기업들이 시장에 들어오는 것을 그냥 두고 볼 리가 없죠. 독점기업은 여러 가지 방법을 동원해서 경쟁자들의 시장 진입을 차단하는데 이를 '**진입 장벽**(barriers to entry)'이라고 합니다. 진입 장벽으로는 다음 네 가지를 들 수 있는데요.

첫째, 생산요소, 그러니까 원료나 그 제품을 생산할 때 꼭 필요한 인력을 독점하는 것입니다.

둘째, 정부를 움직여서 경쟁자가 시장에 진입하지 못하도록 각종 규제를 만드는 것입니다. 특허권, 저작권 등의 지적 소유권은 정부가 인정하는 합법적 독점권입니다. 또 전력, 담배, 지역 케이블 텔레비전과 같은 특정 산업에 대해서는 정부가 배타적인 독점 공급권을 부여하기도 합니다.

셋째, 규모의 경제를 이용하는 것입니다. 독점기업들은 대개 엄청나게 큰 기업들인 경우가 많습니다. 이는 이 분야에 들어오려면 엄청난 초기 자본 투자를 해야 하도록 만들기 때문에 자연스럽게 자본이 적은 기업들의 진입을 차단하는 효과가 있습니다. 이렇게 되면 경제적으로는 낭비가 발생할 수 있습니다. 독점기업들은 당장 가동하지도 않을 거대한 공장을 짓는다거나 막대한 자금을 들여 광고나 각종 마케팅 비용으로 지출하는 일이 있는데, 이건 당장의 효과 때문이라기보다는 그 분야에 진출하려는 다른 기업들에 은근한 압박을 행사하기 위한 경우가 많습니다. 이 시장에 들어오기만 해 봐라, 그럼 물량으로 압도해 버리겠다는 압박인 셈이죠.

넷째, 한 기업이 경쟁하는 상대 기업을 모두 흡수합병을 한다거나 각종 불공정 거래 행위로 경쟁 상대 기업들을 모두 시장에서 몰아내는 경우도 있습니다. 예를 들어 경쟁 기업이 시장에 진입하면 독점기업은 그동안 쌓아 둔 막대한 이윤을 이용하

여 아예 원가 이하로 손해를 보면서 대량으로 상품을 쏟아 내기도 합니다. 신생 기업이 이것을 견디기는 매우 어렵죠. 결국 독점기업은 막대한 초과이윤을 얻으면서도 그것을 더 좋은 제품을 생산하는 데 사용하기보다는 각종 진입 장벽을 만드는 데 소모함으로써 사회적으로 큰 손실을 끼치게 되는 셈이죠.

모의심 제품 개발과 서비스 개선을 위해 사용할 자원을 진입 장벽을 쌓는 데 써 버리는 건 참 아까운 일이네요. 그리고 소비자 입장에서는 여러 공급자가 제공하는 다양한 상품을 누릴 기회를 상실하게 하는 것이고요.

장공부 그런데, 선생님! 어찌어찌해서 마침내 독점 시장에 경쟁사가 진입했다고 하더라도 그 정도로는 시장의 균형이 회복되지 않을 것 같은데요. 공급자가 하나는 아니지만 경쟁을 할 만큼 충분히 다수는 아닐 경우에는 시장은 여전히 공급자 위주로 움직이지 않을까요?

사 선 그렇습니다. 이렇게 독점은 아니더라도 공급자의 수가 가격에 영향을 미치지 못할 정도로 충분히 많지 않은 경우를 과점이라고 합니다. **과점 시장**에서 공급자들은 경쟁을 하기보다는 서로 담합을 해서 사실상 독점 시장과 마찬가지 효과를 볼 가능성이 큽니다. 물론 노골적으로 담합을 하지는 못합니다. 그중에서 배신자가 나올 수도 있거든요.

모의심 하지만 과점 시장에서 공급자들은 수요자들에게 신경을 쓰는 게 아니라 경쟁 업자들에게 신경을 쓸 것 같아요.

사 선 모의심 군은 이렇게 생각하는 거죠? 어차피 공급자들이 몇 안 되기 때문에 이들 중 하나가 가격을 올린다면 가격을 내려서 경쟁을 벌이는 것보다는 경쟁자와 같은 가격을 받는 편이 더 쉽게 이득을 볼 수 있는 방법이라고요.

장공부 제 생각도 그래요.

사 선 따라서 과점 시장에서도 소비자들의 의사는 반영되지 않으며, 가격은 균형가격보다 더 높은 곳에서 형성되는 거죠.

모의심 아니, 정부가 심판이라면서요? 심판은 뭐하나요?

사 선 물론 정부가 가만있지는 않습니다. 독점이나 과점이 발생하면 사회적으로 많은 비효율이 발생하기 때문에 정부가 개입해서 독과점을 규제합니다. 예를 들면 우리나라에서는 특정 통신사가 시장점유율이 너무 높아지자 일정 기간 동안 영업을 정지시켜서 경쟁사들의 점유율을 높이기도 했답니다.

정보 비대칭 시장

진단순 점점 복잡하고 어렵기만 해요. 도대체 돈은 언제 벌어요?

모의심 선생님! 너무 궁금해서 질문을 하나 하고 싶은데요. 완전경쟁 시장 모형은 합리적 선택을 하는 사람들이 시장에 모여 있다고 가정하는 데서 출발한다고 하셨 잖아요? 그런데 합리적 선택을 하려면 뭘 제대로 알아야 하지 않을까요? 예를 들 면 내가 어른이 되어서 자동차를 사려고 하는데, 솔직히 자동차 엔진이 이렇고, 서 스펜션이 저렇고 하는 거 다 알고 사는 사람 없잖아요? 이게 합리적일까요?

사 선 네. 일리 있는 질문이네요. 여기에 대해서는 노벨 경제학상 수상자인 스티 글리츠 교수님이 최고 권위자이시니 한번 소환해 보기로 해요. (소환기를 작동한다.)

스티글리츠 완전경쟁 시장에서는 공급자나 수요자가 모두 동등한 정보를 가지고 있어서 어느 쪽이 다른 쪽을 속일 수 없다는 전제를 가지고 있습니다. 하지만 이들 중 어느 한쪽이 더 많은 정보를 가지고 있다면, 즉 정보 비대칭 상태가 된다면, 정 보를 더 많이 알고 있는 쪽이 유리한 위치를 차지하게 됩니다. 이렇게 되면 수요 자와 공급자 중 어느 한쪽이 시장을 지배하게 되면서 시장이 제 기능을 못 하게 되 죠. 물론 대부분의 경우는 일반 소비자보다는 힘 있는 기업이 더 많은 정보를 가지 고 있고, 따라서 이런 정보 비대칭 상태에서는 기업이 소비자보다 우위에 서서 시장을 주도하게 됩니다. 예를 들어 어떤 자동차가 좋은 자동차인지 판별하기 위해 필요한 정보를 자동차 회사를 통해서만 얻을 수 있다면 어떻게 될까요? 자동차 가격이 소비자보다는 자동차 회사의 뜻대로 책정될 것입니다. 쉽게 말해 바가지 씌우기가 더 쉬워진다는 거죠. 심지어는 판매자가 그럴듯한 허위 정보를 가지고 소비자를 속일 수도 있는데, 소비자는

조지프
스티글리츠

이걸 검증할 만한 정보를 가지고 있지 못해서 터무니없는 가격을 지불하기도 합니다. 이런 현상을 빛 좋은 개살구라는 속담을 따서 개살구 시장이라고 합니다.

게다가 경우에 따라서는 역선택이라는 최악의 결과가 나오기도 합니다. 이게 어떤 경우냐 하면 소비자들이 시장에서 상품에 대한 정보가 부족하고, 공급자가 제공하는 정보에만 의존해야 할 경우, 질이 낮거나 문제가 많은 상품이 오히려 소비자의 선택을 받을 가능성이 커지는 현상을 말합니다. 이런 상품을 판매하는 공급자일수록 소비자에게 자신이 구입할 만한 가치가 있다는 정보를 보내는 일에 더 열심일 것이기 때문입니다. (목소리가 점점 작아지고 형체도 희미해지다가 사라진다.)

사　선 소환기로 사념파를 잡아 둘 수 있는 시간에는 한계가 있답니다. 또 소환기로 불러들인 것은 그 학자가 아니라 그 학자의 사념(심령)이기 때문에 우리 질문에 잘 대답할 수는 없답니다.

장공부 뭔지 알듯 말듯 하다가 결국 모르겠어요.

진단순 뭐 간단하네. 광고빨에 낚이지 마라, 후진 물건일수록 광고에 더 열 내니까 낚이기 쉽다, 뭐 이런 얘기 같은데요?

사　선 와, 단순이가 아주 예리하게 핵심을 짚었네요. 그래요. 자유경쟁 시장에서 보이지 않는 손에 의한 조정이라는 것은 수요자와 공급자가 모두 합리적인 선택을 할 수 있을 때 가능한 것이죠. 그런데 수요자나 공급자가 선택에 필요한 정보를 가지고 있지 못하거나 오히려 잘못된 정보를 가지고 있다면, 혹은 둘 중 어느 한쪽만 정보를 가지고 있다면 합리적인 선택이 어렵겠죠. 선생님이 재밌는 이야기 두 개를 해 줄게요. 먼저 여러분들이 농구 좋아하니까 농구 선수 이야기를 하나 하죠. 조지 맥플린이라는 유명한 농구 선수가 있었습니다. 이 선수가 자유계약 선수가 되었습니다. 여러 구단들이 이 선수를 영입하려고 하는 상황입니다. 이 경우에 선수는 공급자, 구단이 수요자가 되겠죠. 그런데 문제는 이 선수가 제 실력을 발휘할 수 있는 몸 상태인가 하는 점입니다. 만약 큰 부상이라도 당한 상태라면 비싼 연봉을 주고 영입해서는 경기에 내보내지도 못하고 시즌이 끝날 수도 있으니 말이죠. 그런데 문제는 부상이나 몸 상태에 대한 정보를 구단들이 가지고 있지 못하다는 것입니다.

진단순 당연하죠. 자기 몸은 자기가 아는 거죠.

사 선 그래요. 만약 이 선수가 자기 몸에 이상이 있어도 시치미 뚝 떼고 말하지 않는다면 구단으로서는 도리가 없는 겁니다. 그래서 마침내 어떤 구단과 500만 달러의 연봉을 받기로 하고 계약을 했습니다. 그런데 아뿔싸! 이 선수는 아주 심각한 부상을 숨기고 있었고, 결국 시즌이 끝나기도 전에 은퇴해 버리고 말았습니다. 구단은 500만 달러를 날렸고, 이 선수는 한 경기도 뛰지 않고 500만 달러를 번 것이죠.

진단순 와, 이거 완전 먹튀 선수이잖아요?

장공부 먹튀라니?

진단순 넌 너무 교과서만 봐서 고운 말밖에 모르는구나? 돈 먹고 튄 선수라고.

사 선 먹튀? 그거 재밌는 표현이네요. 그래요. 이런 경우를 '먹튀'라고 해 볼까요? 먹튀 시장은 곳곳에서 찾아볼 수 있습니다. 대표적으로 중고차 시장이 그렇습니다. 곱게 쓰던 차인지, 몇 번이나 큰 사고를 당해서 여러 군데 수리한 차인지 판매원의 설명 외에는 일반 소비자가 알아볼 길이 없으니 판매자의 말만 듣고 살

수밖에 없죠. 또 요즘처럼 광고 기법이 발달한 경우에는 기업이 소비자들을 현혹시켜서 필요 이상의 지출을 유도하는 것은 일도 아니죠. 하지만 거꾸로 소비자가 판매자를 속이는 경우도 있답니다. 예전에 봤던 미드(미국 드라마)의 한 장면인데요, 이 미드의 주인공은 변호사를 아내로 둔 의사입니다.

진단순 와, 짱 잘나가네요.

사　선 그렇죠. 그런데 이 부부는 아프리카계, 그러니까 흑인이죠. 주인공은 자신이 흑인이라는 것을 이용해서 자동차를 싸게 살 궁리를 합니다. 보통 미국에서는 자동차를 사고팔 때 흥정을 하는데, 아무래도 흑인들이 가난한 경우가 많아서 판매원들이 상대방이 흑인일 경우에 부르는 값과 백인일 경우에 부르는 값이 달랐던 모양입니다. 그래서 이들은 전형적인 가난한 흑인 부부처럼 꾸미고 자동차 판매장에 가서 불쌍한 모습으로 자꾸 값을 깎기 시작했습니다. 즉 소비자가 판매자에게 자신들의 구매력에 대해 거짓 정보를 알려 주고 그걸 이용하고 있는 것입니다. 그런데 아뿔싸! 우리 주인공에게 치료를 받았던 환자가 금방 주인공을 알아보고서 "박사님! 웬일이세요?" 하고 달려오는 겁니다. 그 순간 판매원은 주인공에 대한 제대로 된 정보를 알게 되었고, 거래의 양상은 뒤바뀌게 됩니다. 판매원은 "아! 의사 선생님이십니까? 그럼, 이쪽으로 오시죠" 하며 주인공을 값비싼 고급차들이 즐비한 곳으로 안내했고, 가난한 척하려던 의사와 변호사 부부의 계획은 수포로 돌아갑니다.

모의심 이거 교과서의 시장과 너무 달라요. 현실의 시장이란 완전히 낚고 낚이는 곳이네요. 옛날에 눈 감으면 코 베어 간다는 말이 이래서 나오지 않았을까요?

사　선 그렇죠. 그래서 수요자나 공급자 모두 상대방에 대한 정보를 알아내기 위해 여러 가지 전략을 구사합니다. 그런데 이처럼 감추고 캐내는 대결에서는 수요자, 그러니까 우리 같은 일반 소비자보다는 주로 대기업인 공급자 쪽이 훨씬 유리합니다. 대기업은 텔레비전이나 신문에 광고를 할 수 있고, 광고에 인기 있는 유명인이나 권위 있는 박사들을 출연시킬 수도 있습니다. 실제로 많은 소비자들이 상품에 대한 정보를 광고나 언론의 내용을 통해 얻거나, 아니면 시장에서 많이 팔리고 있는 상품을 선택하는 경우가 많습니다. 예를 들어 여러분이 방학 동안에 읽을

책을 고르려고 합니다. 덮어놓고 서점에 가면 그 많은 책 중에서 어떤 책을 사야 할지 막막하기만 하겠죠. 결국 여러분은 베스트셀러 목록에 있거나 신문이나 잡지에서 들어 본 책을 고를 가능성이 매우 큽니다. 그리고 사실 광고를 많이 한 책이 베스트셀러 목록에 들어갈 가능성도 크고요.

장공부 저는 텔레비전이나 신문 광고는 잘 보지 않아요. 오히려 인터넷에서 정보를 충분히 수집한 다음에 상품 구입에 나서죠.

사 선 유감스럽게도 인터넷에서 큰 영향력을 행사하는 파워 블로거나 파워 트위터러에게도 기업의 영향력이 미친다는군요. 파워 트위터러나 블로거가 기업으로부터 돈을 받고 홍보성 포스팅이나 멘션을 날릴 수 있다는 거죠. 이것을 보는 사람은 광고가 아니라고 생각하는데 사실상 광고이기 때문에 더 위험하고 기만적입니다.

진단순 정말 너무하네. 그럼 소비자도 정보를 감추거나 속일 수 없나요?

사 선 아, 물론 그럴 수는 있죠. 하지만 기업들은 소비자에 대한 정보들 중에 자기들이 필요로 하는 것들을 찾아내는 방법들을 많이 가지고 있습니다. 기업들이 소비자에 대해 궁금해하는 정보는 소비자가 어떤 상품을 좋아하는가 하는 선호도, 그리고 얼마나 지불할 수 있나 하는 구매 능력인데요. 여러 가지 교묘한 방법에 의해 우리는 기업에게 우리의 **선호도**와 **구매력**을 알려 주고 있답니다.

장공부 어떻게 그런 일이 가능하죠?

사 선 예를 들면 바겐세일 같은 방법이 있죠. 똑같은 상품도 바겐세일 기간에는 평소보다 30퍼센트 정도 싸게 팔죠. 그럼 이미 기업은 소비자의 선호도와 구매력을 확인할 수 있게 됩니다. 만약 여러분이 어떤 상품을 세일 기간에 구애받지 않고 구입한다면 기업은 여러분이 그 상품에 대한 선호도가 높고, 또 구매력도 상당하다고 판단하겠지요. 그리고 인터넷 쇼핑몰 같은 곳에서도 끊임없이 소비자들의 정보를 수집하고 있습니다. 반면 우리는 그들에 대한 정보가 별로 없죠.

모의심 결국은 정보를 더 많이 가지고 있고 광고 같은 걸 제작할 수 있으며 소비자들의 정보를 수집할 수 있는 능력을 가진 기업이 시장을 지배하게 되겠네요. 그래서 완전경쟁 시장은 현실적으로 거의 실현되기 어렵단 말씀이시죠?

장공부 아, 잠깐만요. 아까 독과점 시장에서 정부가 심판 역할을 맡는다고 했잖아요? 이 경우에도 그러면 되지 않을까요?

사　선 물론입니다. 이 경우에도 정부가 심판 역할을 맡아서 강자가 정보를 독점하거나 조작하지 못하게 하고, 약자들이 충분한 정보를 얻을 수 있게 도와주는 일을 해야 합니다. 하지만 정부가 그런 역할을 충분히 수행하지 못하는 경우가 많다는 것이 문제입니다. 그러니 정부에만 맡겨 놓을 것이 아니라 소비자들이 각종 시민단체 활동 등을 통해서 정보를 알아내고 공유하는 노력을 하는 것이 중요합니다. 한 사람의 소비자는 기업의 정보력을 따를 수 없지만 조직을 이룬 소비자는 그렇지 않을 것이니까요.

공공재의 문제

사　선 지금까지 공급자가 소수이거나 정보를 독점하거나 조작할 수 있는 위치에 있으며 시장에 영향력을 행사할 수 있는 경우를 보았습니다. 그런데 만약 충분한 공급자와 수요자가 있고, 이들이 서로 대등한 관계를 유지하여 충분히 경쟁할 수 있는 시장을 만들면 모든 문제가 해결될까요?

장공부 그럼 되지 않나요?

진단순 아니니까 물어보시는 게 아닐까?

사　선 눈치가 빠르네요. 그래요. 지금 이야기하려는 건 가장 심각한 문제라고 할 수 있는데요, 정말 중요하고 사회 전체에 꼭 필요하고 또 많은 사람들이 원하는 재화와 서비스가 시장에만 맡겨서는 제대로 공급되지 않을 수 있다는 것입니다. 설사 시장이 완전경쟁 시장으로 완벽하게 작동한다 할지라도 말입니다.

장공부 어, 정말 그럴 수가 있나요? 많은 사람이 원한다는 것은 수요가 충분하다는 것이잖아요?

사　선 자, 이렇게 한번 생각을 해 보죠. 여기 마약이 있습니다. 이걸 팔면 감옥에 가죠. 가령 중국에서는 마약 사범은 아예 사형시키기까지 합니다. 그럼에도 불구하고 마약이 끊임없이 공급되는 이유는 뭘까요?

모의심 돈을 많이 벌 수 있어서 그런 것이 아닐까요?

사 선 네, 그렇습니다. 시장경제는 기본적으로 재화와 서비스의 공급을 기업에 맡깁니다. 그리고 **기업의 목적은 공익이 아니라 이윤**입니다. 따라서 사회적으로 바람직하지 않은 재화나 상품이라도 그것이 이윤을 남긴다면 그것을 공급하는 일이 일어나는데, 시장의 원리로는 이걸 막을 수 없습니다. 돈 벌기 위해 팔겠다는데 그걸 어떻게 말립니까? 그런데 반대로 아무리 사회적으로 가치 있고 꼭 필요한 재화나 서비스라 하더라도 그게 이윤을 주지 않는다면 어떤 기업도 그걸 시장에 공급하려 하지 않을 것입니다. 이걸 나무랄 수는 없습니다. 기업이 돈도 못 버는 일을 할 수는 없지 않습니까? 예를 들어 군대를 운영하는 기업은 없습니다. 신호등을 운영하는 기업도 없죠. 또 모든 사람이 도로를 원하지만 도로를 운영하는 기업은 몇몇 특별한 유료 도로를 빼면 없습니다. 이처럼 사회적으로는 꼭 필요해도 개인적으로 이윤을 보장해 주지 않는 종류의 재화를 공공재라고 합니다. 공공재는 아무리 시장에 맡겨 놓아도 절대 공급되지 않습니다.

모의심 결국 가만히 두면 시장에는 필요한 건 공급되지 않고, 없어야 할 건 공급되는 일이 벌어진다는 얘기네요?

공원을 찾는 사람들은 있지만 기업에서는 이윤을 남기기가 힘들다는 이유로 공원을 만들어 상품으로 내놓지는 않습니다.

장공부 그런데 왜 공공재는 이윤을 주지 못하는 거죠?

사　선 음, 그건 다음의 설명을 같이 읽어 봅시다.

먼저 돈을 벌게 해 주는 상품의 특징이 무엇인지 알아봅시다. 돈을 벌게 해 주는 상품은 일단 돈 낸 사람과 안 낸 사람을 구별할 수 있어야 합니다. 그래서 돈을 내지 않은 사람을 그 상품의 편익으로부터 배제시킬 수 있어야 합니다. 돈을 내지 않아도 편익을 누릴 수 있다면 누가 돈을 내고 그걸 구입하겠습니까? 예컨대 여러분이 어떤 영화를 본다고 합시다. 만약 돈을 내지 않고도 영화관에 들어갈 수 있는 방법이 많다면 여러분은 영화를 돈을 내고 보시겠습니까? 이렇게 돈을 지불한 사람에게만 배타적으로 편익을 제공하는 것을 상품의 배제성이라고 합니다.

다음으로는 상품의 공급이 늘어나지 않는 상태에서 사용자가 늘어나면 원래 사용하던 사람의 혜택이 줄어들어야 합니다. 예를 들어 여러분이 아이스크림을 먹고 있는데, 친구가 와서 숟가락을 하나 더 들이민다면 그건 여러분이 먹을 수 있는 아이스크림이 그만큼 줄어든다는 의미입니다. 이것을 경합성이라고 합니다. 그런데 경합성이 없는 상품은 사람들이 추가로 구매할 이유가 없습니다. 이미 가진 사람들이 부담 없이 나눠 줄 것이기 때문입니다. 따라서 경합성이 없는 상품 역시 공급자에게 돈을 벌어 주지 못합니다.

	소비가 경합적	소비가 비경합적
배제적	**일반 상품들** ・쌀 ・화장품	**기술적 희소 상품** ・음악 다운로드 ・컴퓨터 소프트웨어
비배제적	**공공 자원** ・물 ・생명 다양성	**공공재** ・공공 위생 ・국방

그런데 배제성도 경합성도 없는 재화나 서비스가 있습니다. 군대나 경찰을 예로 들어 봅시다. 군대나 경찰이 세금을 많이 낸 사람만 지켜 준다는 논리가 성립할까요? 불가능합니다. 군대나 경찰은 세금을 낸 사람과 내지 않은 사람을 모두 지켜야 합니다. 즉 배제성이 없습니다. 또 여러분은 군대나 경찰의 서비스를 받는 국민들의 수가 늘어나는지 줄어드는지에 별 관심이 없습니다. 국민들이 어느 정도 늘어난다고 해서 달라질 것이 별로 없기 때문입니다. 이처럼 돈을 내지 않은 사람들을 배제할 수 없고, 또 배제하지 않는다 해서 현재 누리는 편익이 줄어드는 것이 아니기 때문에 이런 공공 서비스는 돈을 내지 않고 그 혜택을 누리는 일, 즉 무임승차가 가능합니다. 이런 종류의 상품은 누구도 돈을 지불하려 하지 않기 때문에 이윤을 남기기가 어렵습니다. 또 다른 예로 공원을 들어 봅시다. 내가 공원을 산책하는데 산책하는 사람들이 더 들어온다고 해서 나의 편익이 줄어들지 않습니다. 도로 역시 정체될 정도로 차가 몰려들기 전까지는 도로에 다니는 다른 차량이 나의 편익을 줄이지 않습니다. 또 국방 서비스의 혜택을 다른 사람이 누린다고 해서 내가 누리는 국방 서비스가 감소되는 것도 아닙니다.

이렇게 사회적으로는 매우 가치 있으나 **비배제성**과 **비경합성**을 가진 재화나 서비스들이 많이 있습니다. 이건 기업이 시장에 공급할 수 없는 것들입니다.

모의심 공공재가 시장의 원리에 따라 공급될 수 없다면 어떻게 공급되나요? 꼭 필요한 것들인데.

장공부 또 정부네요. 정부가 할 수밖에 없네요.

사 선 맞아요. 공공재는 시장이 공급하지 못하지만 사회의 공익을 위해 꼭 필요한 것들이기 때문에 정부가 직접 담당하거나 제공해야 합니다.

장공부 그럼 세금 많이 내야 하는데…….

모의심 그건 세금이 아니라 공공재를 사용하는 값이라고 생각하면 어떨까?

장공부 아니, 세금 안 낸 사람은 군대가 안 지켜 준대? 세금 안 낸 사람은 도로로 다니지 못한대? 이건 완전히 무임승차네.

사 선 하지만 그들도 국민이죠. 그러니 이건 시장 논리로 봐서는 안 되는 겁니다. 대신 정부가 공익을 위해 무상으로 제공하는 것으로 봐야 합니다. 물론 우리는 소득에 따라 세금을 내지만 그게 꼭 이런 공공재와 1:1 대응 관계를 이루는 건 아니라는 것이죠.

외부 효과

장공부 정부가 할 일은 점점 많아지고, 왠지 시장의 영역은 자꾸 줄어드는 것 같아요. 그럼 정부가 완전경쟁이 이루어지도록 심판 노릇 잘하고, 공공재도 공급하면 자유시장경제는 아무 문제가 없는 거죠?

사 선 미안하지만 문제가 또 있답니다.

장공부 예? 또 무슨 문제가 있는데요?

사 선 어떤 상품의 공급이나 소비 과정에서 의도하지 않은 효과가 발생할 수 있다는 거죠.

진단순 아이, 이건 또 뭔 소리예요?

사 선 예를 들어 여러분이 피자를 굽는데 그 냄새가 너무 좋아서 지나가는 행인들이 행복해졌다면 이건 피자 가게 주인이 전혀 의도한 바가 아니며, 피자 가격에 포함되지도 않습니다. 그러니 당연히 시장에서 거래되지 않죠.

장공부 그렇긴 하네요. 저희 동네에도 멋진 빌라 건물이 있는데, 집주인이야 높은 임대료를 받기 위해 건물을 아름답게 지었지만 엉뚱하게 지나가는 행인들의 눈이 즐거워지는 것도 그와 같은 이치겠죠? 그런데 이게 뭐가 문제란 말이죠?

모의심 그런데 만약 그 냄새가 견딜 수 없는 악취라면? 그 건물이 너무 흉측하게 생겨서 밤에 지나가기가 무서울 정도라면?

진단순 헉!

사 선 이렇게 공급자, 수요자 중 누구도 의도하지 않았지만 그들과 무관한 사람들에게도 영향을 주는 효과를 시장 바깥에서 일어난다 해서 외부 효과라고 합니다. 의도하지 않은 효과가 혜택일 경우에는 양(+)의 외부 효과라고 하고, 그게 피해일 경우에는 음(-)의 외부 효과라고 하죠. 이 외부 효과는 수요자, 공급자의 의도와 무관하게 발생하기 때문에 시장 테두리 밖의 일이며, 누구도 이것을 거래하지 않습니다. 즉 시장이 조절하지 않습니다. 문제는 이런 외부 효과의 범위와 파급력이 엄청날 수도 있다는 것입니다. 예를 들면 지구 온난화 같은 대재앙을 보세요.

우리는 경제주체가 되어 생산이나 소비와 같은 경제 활동을 합니다.
그런데 그 과정에서 의도하지 않은 일이 일어나죠.

꽃집 옆을 지나니 기분이 좋아져요.

이때 다른 사람들에게 의도하지 않은 혜택을 주는 경우가 있는데 바로 긍정적 외부 효과이죠. 이를 '외부경제' 라고 합니다.

반면 의도하지 않은 피해를 주기도 하는데 부정적 외부 효과이죠. 이를 '외부불경제' 라고 합니다.

공사장에서는 소음과 먼지가 나요.

이처럼 경제주체의 이익을 추구하는 경제 활동이 타인이나 사회에는 도움이 되지 않는 일도 종종 일어납니다. 개인적 가치와 사회적 가치가 반드시 일치하지만은 않으니까요. 이럴 때는 문제를 어떻게 해결해야 할까요?

현실의 시장은 다르답니다 **75**

장공부 지구 온난화가 시장과 무슨 관계인가요?

사 선 지구 온난화는 아시다시피 화석연료를 많이 사용해서 발생했습니다. 그런데 화석연료를 판매한 사람도, 화석연료를 사용한 사람도 지구 온난화를 의도한 적은 없죠. 화석연료를 사용한 사람은 단지 가장 적절한 가격으로 에너지를 얻을 수 있기 때문에 사용했을 것입니다. 온실가스를 만드는지 안 만드는지는 관심사가 아니었죠. 그런데 이렇게 아무도 의도하지 않았는데 인류를 위험에 빠뜨리고 있습니다. 하지만 온실가스를 내뿜는 화석연료의 사용을 시장 원리로는 줄일 수가 없습니다. 화석연료보다 더 저렴하면서 에너지는 더 많이 나오고, 그러면서 온실가스를 배출하지 않는 새로운 에너지원이 나오지 않는 이상 말입니다. 하지만 유감스럽게도 여러 대체에너지들은 화석연료보다 훨씬 비싸고, 그러면서 에너지 효율은 더 낮습니다. 유일하게 화석연료보다 저렴하면서 막대한 에너지를 생산할 수 있는 원자력은 잘 알다시피 화석연료보다도 더 무서운 음의 외부 효과를 가지고 있죠.

장공부 이게 시장으로는 정말 해결이 안 되는 문제인가요?

사 선 물론 외부 효과에 책임을 지게 하는 방법으로는 정부가 직접적으로 그 효과를 규제하는 방법과 외부 효과에 가격을 매겨서 시장 안으로 끌고 들어오는 방법이 있습니다. 처음에는 직접 규제가 많이 사용되었습니다. 환경오염을 예로 들면 오염 물질 배출 상한선을 정해서 그것보다 많은 오염 물질을 배출하는 기업에는 영업 정지 등의 조치를 취했습니다. 하지만 이 경우 단속이 쉽지 않을 뿐더러 기업에는 오염 물질의 배출을 줄이려는 적극적인 동기 유발이 되지 않았습니다. 그래서 최근에는 기업에 오염 물질 배출권을 판매하는 방법을 도입하는 나라가 늘어나고 있습니다. 이렇게 되면 환경오염이란 외부 효과가 시장에서 거래되는 상품이 되어 버립니다. 기업은 더 많은 돈을 내고 오염 물질을 많이 배출할 권리를 사든가, 아니면 오염물질 배출을 줄이고서 돈을 덜 낼 것인가 중에 선택하게 됩니다. 심지어 오염 물질 배출을 크게 줄이는 데 성공한 기업은 다른 기업에 남아도는 배출권을 판매할 수도 있게 됩니다. 따라서 기업은 오염 물질을 적극적으로 줄이려는 유인을 가지게 되죠. 하지만 그게 쉽지는 않다고 합니다. 국제 공조도 이루어져야 하고 기업들 사이의 이해관계도 조정되어야 하는데, 이게 잘 안되거든요.

사실 환경오염은 시장에 더 많은 상품을 공급하기 위해 공장을 가동하면서, 혹은 교통 편익을 얻기 위해 자동차를 운행하면서, 기타 여러 문명의 이기를 생산하거나 사용하면서 발생합니다. 결국 이는 문명의 대가라고 할 수 있지만 문제는 이런 것들은 외부 효과이기 때문에 시장가격에는 전혀 반영되어 있지 않다는 것입니다. 따라서 자동차를 판매하는 공급자나 구매하는 수요자 중 누구도 환경오염이나 도로 체증에 책임을 지는 사람이 없습니다. 그러니 아무리 시장에게 맡겨 본들 사태는 점점 더 악화될 뿐입니다.

장공부 결국 또 정부가 나서야 하는 건가요?

사 선 그런 셈이죠.

정부는 마지막 구원투수일까?

모의심 헷갈리네요. 처음에는 시장경제 체제라고 해서 시장에서 모든 게 해결될 줄 알았는데, 현실의 시장은 교과서에 나온 것과는 좀 다른 것 같네요. 마치 정부가 시장의 마지막 보루 같아요. 정부가 많은 일을 해야 할 것 같은데.

장공부 그러게요. 이제까지 공부한 것을 좀 정리해 주시고, 시장경제가 잘못되었을 때 정부가 어떤 역할을 하는지 좀 설명해 주세요.

사 선 몇몇 수요자나 공급자가 자기들 마음대로 시장을 움직이려고 한다면 마치 경기 중에 반칙하는 선수를 심판이 제재하듯이 누군가가 이들을 제재해야 합니다. 물론 현실적으로 그럴 수 있는 주체는 법을 제정하고 집행할 수 있는 정부뿐이죠. 그래서 우리나라는 물론 주요 국가들은 정부가 독과점 행위를 규제할 수 있는 강력한 권한을 가지고 있습니다. 예를 들면 세계에서 가장 거대한 기업이라고 할 수 있는 마이크로소프트사도 예외가 아니어서 그런 규제를 받았죠. 마이크로소프트사가 독점기업의 유리한 위치를 이용하여 윈도와는 별개의 프로그램인 익스플로러와 미디어 플레이어를 끼워 팔았습니다. 이 때문에 넷스케이프나 리얼 플레이어와 같은 중소기업 제품의 매출이 크게 떨어집니다. 그러자 각국 정부가 마이크로소프트사를 불공정 거래 행위로 제소하였고, 그 결과 우리나라, 유럽 등에서 이러한 '끼워 팔기'가 불법이라는 판결이 내려졌습니다. 그 결과 마이크로소프트는 끼워 팔기와 관련해 우리나라에서만도 325억 원의 과징금을 납부해야 했습니다. 유럽에서는 무려 4억9천700만 유로, 그러니까 약 7천500억 원의 벌금을 물어야 했고요. 이 모든 조치들이 우세한 독점기업의 활동에 제재를 가하여 중소기업의 생명력을 유지시키려는 정부의 노력입니다.

진단순 으악, 벌금이 7천500억!

사 선 그만큼 정부는 자유 시장의 질서를 어지럽히는 불공정 거래 행위를 엄하게 단속하고 있답니다. 물론 소비자를 기만하는 허위 광고나 허위 정보를 흘리는 기업에 대해서도 엄하게 단속하고 있습니다. 또 우리나라의 경우는 **한국소비자원**이라는 기구가 있어서 기업에 비해 약자이기 쉬운 소비자들을 지원하여 소비자와 기업의 균형을 맞춰 줍니다. 그 밖에도 소비자 단체, 시민단체들 역시 허위 광고 등의 소비자 기만행위를 적발하기 위해 활발한 활동을 하고 있습니다. 그 사례를 하나 들자면, 2006년 이후 약 5년 동안 전 좌석에 에어백을 장착한 것처럼 광고했지만 실제로는 그것이 수출용 차량의 경우에만 한정되었던 사실을 감추었던 자동차 회사가 이 사실이 외부에 알려지고 한국소비자원과 변호사협회에서 조치를 취하려 하자 즉시 관련 소비자 전원에게 애초 광고대로 에어백을 달아 주거나 그에 상응하는 현금을 지급하기로 결정했던 일이 있습니다.

그 밖에도 정부는 비경합성, 비배제성 때문에 이윤을 제공할 수 없는 공공재를 사회에 충분히 공급시키는 역할도 담당합니다. 군대, 경찰, 학교, 도로처럼 정부가 직접 공공재를 생산해서 공급하기도 하고요. 전력, 지하철, 전화, 전기, 수도처럼 정부가 기업을 세워서 공급하기도 합니다. 이런 기업을 공기업이라고 하죠.

그런데 이건 좀 앞뒤가 맞지 않는 것처럼 보이지 않나요? 기업의 목적은 이윤인데, 이윤이 발생하지 않는 공공재를 기업에서 생산하게 하니까요. 그래서 공기업은 다른 기업들과는 달리 목표가 최대한의 이윤을 거두는 것이 아니라 최대한의 공익, 즉 시민들의 만족을 극대화하는 것이랍니다. 마지막으로 정부는 여러 가지 외부 효과가 발생했을 때도 긍정적인 외부 효과를 확산시키고 부정적 외부 효과를 제거할 수 있습니다. 이렇게 시장경제에서도 정부는 많은 일을 담당하고 있고, 경제가 발전하고 규모가 커질수록 더 많은 일을 해야 합니다.

장공부 현실의 시장경제 역시 그렇게 심각한 문제가 있는 건 아니네요. 일단 시장
에 맡긴 다음 문제가 발생하면 정부가 적절히 바로잡으면 되는 거잖아요?

시장에 개입하거나
사회에 공공재를
제공하는 정부기관 및
공기업들입니다.

(왼쪽) 전기를 공급
하는 공기업

(오른쪽) 시장에서
약자이기 쉬운 소비
자의 권익을 보호하
는 한국소비자원

(왼쪽) 안정이라는
공공재를 제공하는
경찰

(오른쪽) 시장에서
공정한 거래가 이루
어지도록 감독관 역
할을 하는 공정거래
위원회

사 선 일단은 그렇습니다. 하지만 정부의 가장 큰 역할은 시장에서 여러 행위자들이 동등한 위치에서 경쟁할 수 있도록 만들어 주는 것입니다. 독점이나 과점이 발생하지 않도록 시장에 개입하고, 서로가 정보를 동등하게 보유하도록 지원하며, 허위 정보나 기만적인 정보, 혹은 정보 독점이 일어나지 않도록 하는 일도 정부가 해야 하는 일입니다. 한마디로 정부는 시장이라는 경기장에서 모든 선수들이 공정하고 동등하게 실력을 겨룰 수 있도록 해 주는 심판의 역할을 하고 있다는 겁니다.

때로는 실패하는 정부

모의심 그런데 정부가 하는 일이 너무 많지 않나요? 그리고 하는 일이 많다 보면 실수도 할 수 있는 것 아닌가요? 지금까지 설명하신 내용대로라면 시장경제 체제란 현실에서 찾아보기 어려울 것 같아요. 차라리 정부경제 체제라고 부르는 게 나을 것 같네요.

사 선 물론 오늘날 정부가 시장에 개입하는 경우가 애덤 스미스 시대에는 상상할 수도 없을 정도로 늘어난 건 사실입니다. 대부분의 선진국 경제에서 정부 부문이 차지하는 비중이 40퍼센트를 넘나들고 있으니 말이죠. 하지만 정부에 너무 의존하는 것도 좋은 해결책은 아닙니다. 앞에서 봤던 사례들을 '시장 실패'라고 한다면 그에 못지않은 '**정부 실패**'도 있으니까요.

장공부 와! 정부도 실패해요?

진단순 그럼 마무리 투수가 2사 만루에 고의사구를 내준 격이네요.

사 선 그보다는 심판이 경기에 너무 개입해서 도리어 경기를 망친 경우라고 봐야겠죠. 우선 정부가 과도하게 개입하는 경우입니다. 정부는 시장에서 경쟁이 동등한 조건에서 공정하게 이루어지도록 조성해 주어야지 가격을 인위적으로 조정한다거나 혹은 시장 경쟁의 승자와 패자를 직접 결정하려고 해서는 안 됩니다. 그럴 경우에는 예상하지 못한 또 다른 외부 효과가 발생할 수 있습니다. 예를 들어 어떤 상품의 가격이 지나치게 높을 경우 정부는 그 시장의 독과점 여부를 확인한 뒤 진입 장벽을 치는 독점기업들을 규제해서 충분히 많은 업체들이 그 시장에 진입하도록 하여 자유경쟁 시장을 조성해서 자연스럽게 가격이 내려가도록 해야 합니다. 만약 정부가 강제로 그 상품의 가격을 깎으려고 든다면 오히려 품귀 현상만 일으켜 암시장(법을 어기고 몰래 거래가 이루어지는 시장)을 성행하게 할 뿐입니다. 즉 정부는 시장을 직접 지배하고 싶은 유혹을 자제해야 합니다.

장공부

구체적인 예를 들어 주세요.

사 선 참 학생들이 적극적이네요. 좋아요. 예를 들어 봅시다. 요즘 전셋값이 비싸다고 아우성입니다. 만약 정부가 세입자들을 도와주기 위해 전·월세 값을 일정 수준 이상은 받지 못하게 했다고 합시다. 이런 것을 가격 상한선이라고 하는데요, 그럼 어떤 결과가 일어날까요? 실제로 미국 뉴욕에서 이런 정책을 실시한 적이 있습니다. 그런데 그 결과는 비참했습니다. 방을 구하는 사람들이 아무리 늘어나도 집주인들은 일정한 수준 이상 세를 받을 수 없기 때문에 셋방은 그만큼 늘어나지 않았습니다. 그 결과 수요가 초과되어 방을 못 구하는 사람들이 속출하였는데, 국가가 앞장서서 독점 시장을 만들어 놓은 꼴이 된 것입니다. 결국 모든 방

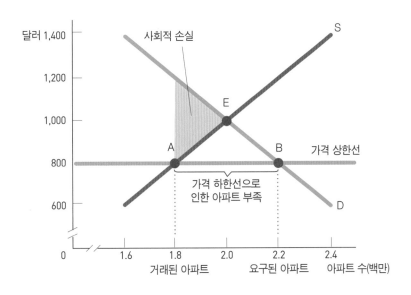

값이 상한선에 몰려 허름한 방조차 상한선 가격에 거래가 되고 말았습니다. 집주인들은 아주 배짱이 생겨서 굳이 돈을 들여 집을 꾸미거나 수리하지 않았기 때문에 주거 조건은 갈수록 나빠졌습니다. 결국 날로 집 공급은 줄고 집 수요는 늘어 뉴욕에서 집을 구해서 산다는 것은 매우 어려운 일이 되고 말았죠.

이번에는 그 반대의 경우를 들어 봅시다. 노동자들의 권리를 보호하기 위해 도입된 최저임금제라는 제도가 있습니다. 이 제도는 어떤 경우에도 임금이 일정한 액수 이하로 떨어지지 않도록 법으로 정해 놓는 것입니다. 그런데 이 제도가 사회적 약자인 노동자들을 돕기 위한 정당한 개입인가, 아니면 자연스러운 노동시장에 대한 무리한 가격 규제인가를 놓고 많은 논란이 있습니다. 주류 경제학에서 최저임금제는 노동력이란 상품에 대한 가격 하한제입니다. 그리고 이러한 가격(임금) 하한제가 실시될 경우 가격이 균형가격보다 낮은 곳에서 형성되어도 하한선이 있기 때문에 더 내려가지 못하는 일이 발생할 수 있습니다. 노동력에 대한 수요가 크게 줄어서 균형가격이 월급 100만 원 수준인데도 최저임금이 120만 원으로 정해져 있다면 그 이하로 내려갈 수 없게 되고, 결국 초과 공급, 즉 실업이 발생한다는 것입니다.

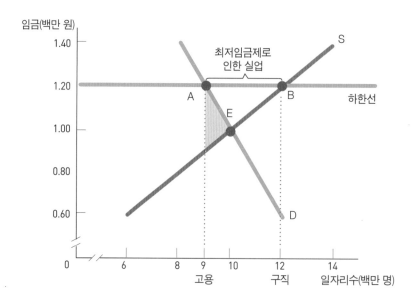

게다가 정부가 시장에 개입하는 과정이 정치적이라는 점에 문제가 있습니다. 오늘날 대부분의 정부는 민주적인 선거를 통해 구성됩니다. 그런데 국민 전체를 만족시키는 경제정책을 찾기란 매우 어렵습니다. 어떤 계층에 도움이 되는 정책이 다른 계층에는 손해가 될 수도 있죠. 그런데 정부는 선거를 신경 쓰지 않을 수 없기 때문에 여러 집단이나 계층의 이해관계를 조정하느라 복잡한 의사 결정 과정을 거치게 됩니다. 그러다 보면 정부가 개입해야 할 시기보다 종종 훨씬 뒤늦게 개입하는 경우가 생깁니다. 경우에 따라서는 개입해야 할 시기를 의사 결정을 하느라 놓친 다음 오히려 개입하지 말아야 할 시기에 개입하게 되는 수도 있습니다. 이런 경우를 **정책 시차**라고 하죠.

장공부 그럼 이런저런 사람들 신경 쓰지 말고 경제를 제일 잘 아는 사람이 높은 자리에 올라서 마음대로 조정하면 되잖아요?

진단순 뭐, 그럴 수도 있겠지만 그건 독재 아닌가?

모의심 높은 자리에 오른 사람이 특권을 휘두르며 뇌물을 받는 경우도 있지 않을까요?

사 선 물론 그럴 가능성도 있죠. 시장경제의 가장 큰 장점은 누구도 경제를 지배하지 못한다는 것이었죠. 독점이나 과점을 문제 삼은 것도 시장을 지배하는 힘이 있어서는 안 되기 때문이었고요. 이때 정부는 시장이 균형 있게 작동할 수 있도록 공정한 관리자의 역할을 해야 하고요. 그런데 시장에서든, 정부에서든 소수의 권력자가 시장을 좌우할 수 있다면 최악의 결과를 가져올 수 있습니다. 정부가 공정한 관리자의 역할을 해야 하지만 정부를 움직이는 것은 사람, 특히 경제 관료들입니다. 관료들이 자신들의 이익에 따라 정책을 변질시킬 수도 있습니다. 또 앞에서 이야기한 여러 이유로 적절한 시기에 정책을 집행하지 못할 수도 있고요. 관료 조직은 융통성이 없고 경직되어 있어서 갈수록 복잡하고 빠르게 변동하는 오늘날의 경제 환경에 대처하기가 쉽지 않은 면이 있습니다. 시장이 제대로 작동하지 않아서 정부가 개입하게 되지만 이런 이유들 때문에 더 안 좋은 결과가 빚어질 수도 있는 것이죠.

예를 들어 일본을 대표하는 기업 중 하나였던 일본 항공(JAL)의 비참한 최후를 살펴볼까요? 한때 일본의 날개라고 불리던 굴지의 항공사 JAL이 2010년에 파산하여 충격을 주었는데요. 이 회사는 원래 공기업이었고, 민영화 이후에도 준공기업처럼 운영되었기 때문에 정부 실패의 전형적인 사례로 제시되곤 합니다.

1990년대 일본 정부는 경기 침체에서 벗어나려고 100개가 넘는 지방 공항을 건설했습니다. 그런데 이 과정에서 국회의원들이 저마다 자기 지역구에 공항을 유치하려고 경쟁하다 보니 충분한 시장조사 없이 일단 공항부터 짓고 보자는 경우가 많았습니다. 이렇게 100개가 넘는 공항을 지었으니 비행기도 다녀야겠죠. 하지만 수익이 나지 않는 노선에 취항할 항공사가 있을 턱이 없고, 결국 이 모든 것은 공기업이었던 JAL의 몫이 되었습니다.

물론 이윤이 남지 않더라도 항공편이 꼭 필요한 지역에 취항한다면 그건 공공재를 공급하는 것으로 나쁜 일은 아닙니다. 하지만 이런저런 정치적 이해관계 때문에 세워진 수많은 지방 공항에 손해를 감수하면서 비행기를 날리는 것은 공익과도 관계가 없고 회사에도 큰 부담이 됩니다. 결국 JAL은 수익이 나지 않는 이런저런 지방 공항으로 비행기를 운항하다가 적자가 기하급수적으로 누적되어 도산하고 말았죠.

장공부 아, 이거 너무 암담한 거 아닌가요? 시장에서 각자 자기 이익을 자유로이 추구하면서 저절로 균형이 이루어지면 참 좋을 텐데, 그건 어렵다고 하고. 정부가 적절히 조절해 주면 문제가 해결되나 했더니, 그것도 어렵다고 하고. 그럼 도대체 어떻게 해야 하죠?

사 선 음, 저는 이렇게 생각해요. 시장이나 정부를 움직이는 주체는 결국 사람들이죠. 그러니 이제 우리는 조금 더 시장에 가까이 다가가서 시장경제를 움직이는 사람들에 대해서 살펴봐야 할 것 같아요.

독점은 과연 시장경제의 동력일까?

조지프 알로이스 슘페터

대부분의 경제학자들은 완전경쟁 시장을 이상적인 시장으로 보기 때문에 독점이나 과점을 비정상적인 상태, 즉 시장이 병든 상태로 치부합니다. 그런데 20세기 초반을 대표하는 경제학자 조지프 알로이스 슘페터는 오히려 독점이야말로 시장경제의 원동력이라는 주장을 해서 세상의 주목을 끌었습니다. 그가 27세의 젊은 나이에 발표한 『경제 발전의 이론』이란 책에 따르면 기업의 이윤은 혁신적인 자본가의 활동에서 비롯되는 것입니다. 슘페터는 그들을 기업가

(entrepreneur)라고 불렀습니다. 기업가와 그들의 혁신 활동이야말로 자본주의 체제에서 이윤의 원천이라는 것입니다.

혁신은 개척하기는 어려워도 따라 하기는 쉽습니다. 그래서 혁신이 처음 일어났을 때는 혁신적 기업가가 사실상 독점 시장에서 엄청난 이윤을 얻게 되지만 이내 경쟁자들이 모방함으로써 그 시장은 다시 경쟁 시장이 되어 가격이 하락합니다. 이렇게 경쟁자가 별로 없는 시장을 개척했을 경우를 블루 오션이라고 하고, 경쟁자들이 몰려와서 더 이상 혁신의 이익을 누릴 수 없게 된 시장을 레드 오션이라고 합니다. 그리고 앞장서서 혁신을 하는 대신 누군가가 혁신을 해서 블루 오션을 개척하면 재빨리 그 뒤를 따라붙는 기업을 패스트 팔로어라고 합니다.

그 결과 시장이 레드 오션이 되면 혁신적인 기업가는 경쟁자를 따돌릴 수 있는 또 다른 시장의 영역을 개척하기 위해 과감한 혁신과 발명을 할 것이며, 그럼 얼마 지나지 않아 또 경쟁자들이 따라붙을 것입니다. 이런 과정이 반복되면서 시장경제가 더욱 발전한다는 것입니다. 따라서 시장경제가 발전하는 동력은 독점이윤을 누릴 기회에 있는 셈이 됩니다.

지식정보 기업의 이윤은 모두 독점이윤일까?

2011년 구글(Google)이 모토로라(Motorola)를 인수한 사건은 지식정보 기업이 제조업의 거물을 흡수했다는 상징적인 의미를 가집니다. 21세기는 지식정보 경제의 시대임이 확실해진 셈이죠.

그런데 지식정보산업은 기존의 경제학으로 설명하기 어려운 이윤 구조를 가지고 있습니다. 왜냐하면 제품의 한계비용이란 것이 없기 때문입니다. 기업은 상품의 가격을 매길 때 각 상품의 단가가 적어도 한계비용과 같거나 그보다 크기를 희망합니다. 그리고 이 수준보다 단가가 낮으면 공급을 줄이고, 이 수준보다 높으면 공급을 늘립니다.

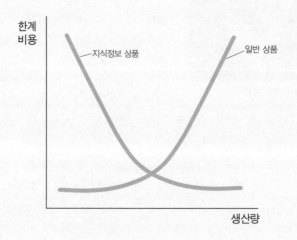

그런데 지식정보 제품은 추가로 한 단위를 더 생산하더라도 한계비용이 늘어나기는커녕 오히려 0에 가까워집니다. 예를 들면 지금 이 문서를 작성할 때 원본을 작성하기 위해서는 상당한 타자와 편집 등의 노동력이 투입됩니다. 하지만 이 문서를 추가로 두 부, 세 부, 심지어는 300부를 더 생산한다 하더라도 복사하기와 붙이기만 반복하면 됩니다. 그렇다면 지식정보 제품의 가격은 도대체 어떤 근거로 결정되는 것일까요?

공기업의 성과는 무엇으로 나타날까?

해마다 국정감사 등이 있을 때는 공기업의 방만한 운영을 질타하며 경영 상태를 개선하라는 요구가 빗발치곤 합니다. 물론 공기업이 방만하게 운영되는 것은 국민의 세금을 낭비하는 것이기 때문에 비난받아 마땅합니다. 하지만 공기업이 흑자를 보는 것은 과연 바람직한 일일까요? 그 역시 바람직한 일은 아닙니다. 공기업은 많은 이윤을 획득하는 것을 목적으로 하는 일반적인 기업이 아니기 때문입니다.

공기업의 수지가 개선되고 비용이 절감되었다는 것은 국민에 대한 서비스의 질이 나빠졌다는 것일 수 있습니다. 예를 들어 지하철 공사가 수지 악화 문제를 해결하기 위해 지하철의 배차 간격을 길게 하거나 낮에는 에스컬레이터를 가동하지 않아 시민들에게 불편함을 줄 수 있습니다.

뿐만이 아닙니다. 2011년 5월에는 서울시가 지하철의 운송 적자를 줄이기 위해 무임승차 연령을 65세에서 70세 이상으로 올리는 것을 검토하기도 하였습니다. 서울

지하철공사가 이윤을 위해서 에스컬레이터 가동을 중지한다면 할머니와 할아버지들은 힘드실 거야.

시의 이 같은 방안은 2011년에 서울메트로(1~4호선)가 3천482억 원, 도시철도공사(5~8호선)가 2천266억 원 등 매년 발생하는 수천억 원의 운송 적자를 줄이기 위한 것으로 풀이됩니다.

서울시는 재성 운용 계획에 따라 지하철 요금을 2년마다 100원씩 인상하기로 방침을 정했습니다. 그렇지만 2007년 4월에 800원에서 900원으로 100원 올린 이후 2009년과 2010년에는 경제 여건 등을 고려해 기본요금이 동결되었습니다. 그 와중에서 무임승차를 지하철 운송 적자의 주요 요인으로 보고 무임승차 연령을 당시 65세에서 70세 이상으로 높이거나 무임승차로 인한 손실 비용의 40~50퍼센트를 정부로부터 보전받는 방안을 추진했던 것입니다. 그렇지만 많은 시민들은 서울시 지하철의 방침에 대하여 내부 시스템의 비효율에 의해 발생한 문제를 서민에게 돌린다며 이와 같은 조치를 비판했습니다.

공기업은 사회에는 꼭 필요하지만 이윤이 남지 않아서 민간 기업이 투자하기 어려운 공적인 재화와 서비스를 공급하기 위해 국가가 세운 기업입니다. 그렇다면 공기업의 성과는 무엇이 되어야 할까요? 공기업의 성과는 그 기업이 제공하는 공적인 서비스의 질과 그것을 이용하는 시민들의 만족도가 되어야 합니다. 공기업을 일반 기업과 마찬가지로 효율적인 기업 운영 여부와 이윤이라는 기준으로 평가하는 것은 옳지 않습니다.

시장의 독점은 사회에 어떤 영향을 끼칠까?

〈자료 1〉

■ 스마트폰의 판매 가격

	미국eBay	한국
Gs	399	553.59
HTC 썬더볼트	509	663.93
모토로라 아트릭스	410	622.44
삼성 넥서스S	275~475	663.93

[단위: 달러, 2011년 8월]

■ 2012년 북미 지역 스마트폰 점유율

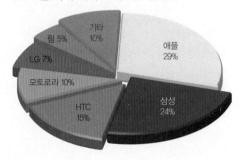

〈자료 2〉

영국은 1997년에 그동안 국가가 독점적으로 운영해 오던 철도의 민영화를 완료했다. 이후 철도 교통의 생명인 안전에 심각한 문제가 발생했다. 1997년 런던 서부 사우스 홀에서 사고가 발생해 일곱 명이 사망했다. 비용을 아끼려고 자동 열차보호장치를 설치하지 않았던 게 주요 원인이었다. 1999년 런던 패딩턴 역 근방에서 열차가 충돌하여 31명의 생명이 사라졌다. 신호 시설이 부족했기 때문이다. 2000년에는 하트필드 근방에서 열차가 전복해 네 명이 또 목숨을 잃었다. 사고 조사 결과 레일트랙으로부터 외주 업무를 맡은 유지 보수 회사가 비용을 아끼기 위해 선로 균열을 방치했다는 사실이 드러났다. 결국 영국 정부는 대대적인 선로 보수를 명령할 수밖에 없었고, 철도 모국인 영국 국민들은 2000년 겨울 철도 대란을 겪었다. 이에 철도를 공공 소유로 되돌리라는 시민들의 요구가 거세어지고 미침내 2002년 노동당 정부는 '철도 시설' 재국유화 조처를 취했다.

하지만 여전히 여객과 화물의 운송이 수십 개 민간 회사에 의해 이루어지고 있다. 민영화 이후 철도 요금은 더욱 올랐다. 지금 일반 승차권이나 정기권 요금 모두 유럽에서 최고 수준이다. 고속철도의 경우에는 거의 두 배에 달한다. (출처: 앤드루 머리의 『탈선』)

1. 〈자료 1〉을 보면 삼성 스마트폰은 한국 소비자에게 더 비싼 가격으로 공급되면서도 시장점 유율이 높다. 그 이유는 무엇이며, 시장에 미치는 영향은 무엇일까?

2. 〈자료 2〉와 같이 우리 사회에서 국가가 독점했던 재화와 서비스에는 어떤 것들이 있으며, 그중에서 민영화로 인해 어떤 폐해가 있었는지 조사해 보자.

3. 공공서비스의 국가 독점이 다른 재화의 기업 독점과 다른 점은 무엇일까?

04

자본주의 시장경제 체제와 경제주체들

시장경제에서 돈을 벌려면 시장에 뭔가 팔아야 한다

사 선 지금까지 자본주의 시장경제 체제가 어떤 모습을 하고 있는지 알아봤습니다. 어때요, 알기 쉽죠?

진단순 아뇨. 어렵기만 하고 돈 버는 얘기는 나오지도 않아요. 이제 돈 버는 것 좀 가르쳐 주세요.

장공부 경제학은 돈 버는 법을 배우는 것이 아니라고 했잖아!

사 선 음, 그렇게 핀잔할 일은 아니고요. 오늘 공부할 내용은 돈 버는 법과 관계가 전혀 없다고는 할 수 없습니다. 시장경제 체제에서 돈을 벌기 위해서는 시장 안에서 어떤 역할이든 담당해야 합니다. 그런데 시장경제 체제에서 역할을 맡게 되는 최소 단위를 **가계**라고 부릅니다. 만약 혼자 벌어서 사는 독신자가 있다면 1인 가계가 되는 것이고, 장공부네 집처럼 아빠가 일해서 번 돈으로 네 식구가 살고 있으면 4인 가계가 되는 겁니다. 어쨌든 우리는 가계를 이루어 시장경제에 참여합니다. 그리고 그 참여의 대가로 소득을 얻는 것이죠.

진단순 뭔 말인지 모르겠어요.

사 선 음, 시장경제보다 좀 단순한 농업경제 시대를 예로 들어 보겠어요. 농업경제의 소득의 원천은 당연히 농토에서의 수확이겠죠? 하지만 농부가 수확물을 다 가져간 사례는 역사적으로 찾아볼 수 없죠. 일단 농부가 농작물을 수확하고 나면 그때까지 농사에 나름 기여했다고 주장하는 사람들이 나타나서 그 몫을 분배받아 갑니다. 예를 들면 왕이나 귀족은 그 땅이 자기 땅이니 지대를 내놓으라면서 수확의 상당 부분을 가져갑니다. 고을 수령은 저수지나 각종 관개시설을 사용한 대가라면서 막대한 양을 가져갑니다. 성직자들은 농사에 가장 중요한 기상을 신께 빌어서 잘 유지시켜 주었다면서 대가를 가져갑니다. 전사나 기사들은 여러 위험으로부터 지켜 주었다면서 대가를 가져갑니다. 자본주의 시장경제에서도 마찬가지 일이 일어납니다. 다만 다른 것이 있는데, 앞에서 이야기한 농토 대신에 무엇이 들어가야 할까요?

장공부  기업, 기업이요!

사 선 역시 장공부는 공부를 열심히 하네요. 그래요. 자본주의 시장경제 체제에서는 소득의 원천이 **기업**입니다. 기업이 상품을 생산해서 그것을 판매하고, 그 결과 획득한 돈을 각 가계들이 생산과정에 기여한 역할에 따라 임금, 이윤, 지대의 형태로 분배받아 갑니다. 그래서 시장경제 체제에는 크게 두 개의 시장이 움직입니다. 하나는 기업이 상품을 판매하는 상품 시장이고, 다른 하나는 가계들이 기업의 생산에 기여한 정도에 따라 소득을 받아 가는 **요소시장**입니다.

모의심 잠깐만요, 너무 어려워요. 소득을 받아 가는데 그걸 왜 시장이라고 불러요?

사 선 아, 그건 가계들이 기업의 생산에 기여하는 것 역시 자기들이 기여할 수 있는 것을 기업에게 판매하는 형식을 취하기 때문입니다. 예컨대 노동력을 가진 가계는 노동시장에서 기업에 노동력을 판매하고 그 값으로 임금을 받아서 소득으로 삼고, 자본을 가진 가계는 자본시장에서 기업에 자본을 판매하고 그 값으로 이자를 받아 소득으로 삼으며, 부동산을 가진 가계는 부동산 시장에서 기업에 그것을 임대해 주고 지대를 받아 간다는 것이죠. 이런 시장들을 통칭해서 요소시장이라고 합니다. 가계들은 요소시장에서 각자 기업에 기여할 수 있는 부분을 제공하고 소득을 걷어 갑니다. 물론 이렇게 거둔 소득으로 상품 시장에서 필요한 상품을 구입해야 하죠. 그래서 화폐는 계속 순환하게 됩니다. 물 흐르는 것처럼요. 그런데 이 물의 흐름을 조절하려면 일종의 저수지가 필요해서 등장한 것이 금융시장입니다. 또 이 전체 흐름에서 일종의 심판 역할을 보거나 사회간접자본(social overhead capital, SOC) 및 공공재를 공급하는 정부도 필요합니다. 결국 시장경제에서 돈을 벌려면 세 가지 방법이 있습니다. 첫째 요소시장에서 노동력, 자본, 부동산을 제공하여 임금, 이자, 지대를 받는 방법입니다. 둘째, 정부에서 일하는 공직자가 되어 가계가 낸 세금의 일부를 받거나 기업을 세워서 이윤을 챙기는 것입니다. 이 과정을 아래와 같이 그려 볼 수 있습니다. 그래서 흔히 가계, 기업, 정부를 시장경제 체제의 경제주체라고 부르고요, 이들 사이에서 화폐가 순환하는 것을 국민경제의 순환이라고 합니다. 즉 시장경제 체제에서 돈을 벌려면 이 순환 과정에서 경제주체가 되어야 하며, 기업에 임금, 이자, 지대, 이윤 중 하나를 요구할 수 있는 역할을 하거나 아니면 정부에서 공적인 업무를 수행하거나, 금융기관에서 돈의 흐름을 원활하게 하는 일에 종사해야 합니다.

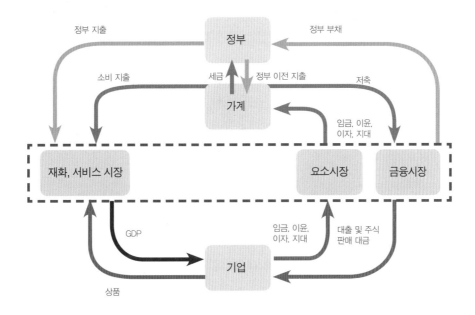

진단순 아, 눈이 빙글빙글 돌아요.

사 선 하하. 사실은 눈이 도는 게 아니라 돈이 빙글빙글 도는 것이죠. 녹색 화살표는 정부와 관련된 돈의 흐름이고요, 푸른색은 가계, 그리고 주황색은 기업과 관련된 돈의 흐름입니다. 그리고 검은색 화살표는 기업이 생산한 상품의 시장 판매액인데, 바로 이게 경제 전체의 소득, 즉 GDP가 됩니다. 다른 화살표들의 합은 이 검은 화살표의 합과 같아야 합니다. 안 그러면 어디선가 돈이 새고 있다는 뜻이죠. 그런데 단순이가 어지럽다고 하니까 더 쉽고 재밌게 표현한 그림을 보여 줄게요. 이건 좀 더 알아보기 쉬운가요?

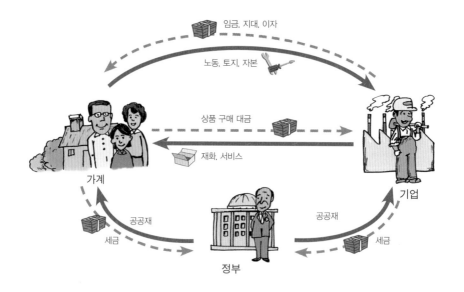

진단순 예, 이건 좀 쉽네요.

사 선 이 그림은 위의 그림과는 조금 다른데요. 화폐의 흐름만 표시한 것이 아니라 실물의 흐름도 표시했답니다. 여기서 점선은 화폐의 흐름이고, 실선은 그 대가인 실물의 흐름입니다.

모의심 그런데 우린 여태까지 시장에는 수요자와 공급자가 있다고 배웠잖아요. 그런데 여기선 왜 그 말이 하나도 안 나오죠? 누가 수요자이고 누가 공급자인가요?

사 선 좋은 질문입니다. 그런데 거기에 대한 답은 **모두가 수요자이며 동시에 모두가 공급자**라는 것입니다. 좀 이상하죠? 하지만 조금만 생각해 보면 왜 그런지 금방 알 수 있답니다. 상품 시장에서는 당연히 기업이 공급자이고, 가계가 수요자입니다. 하지만 기업이 상품을 생산하기 위해 노동력, 자본, 토지를 구해야 하는 요소시장에서는 기업이 수요자, 가계가 공급자가 되죠. 조금 더 쉽게 설명하면 우리는 돈을 벌기만 하지도 않고, 쓰기만 하지도 않습니다. 돈을 벌어서 다시 돈을 씁니다. 돈을 벌 때는 우리가 공급자란 뜻이고, 쓸 때는 수요자가 되겠죠. 그리고 돈을 번다는 것은 요소시장에서 기업에게 노동력, 토지, 자본을 판매한다는 뜻이고요.

모의심 그렇다면 정부는 생산, 분배, 소비 활동 중 어떤 역할을 하는 것인가요?

사 선 정부는 우선 공급자입니다. 경제주체 사이의 활동을 조정하고 국민경제 활동의 원활한 흐름을 돕습니다. 또 국방, 치안, 교육이나 각종 사회간접자본 같은 공공재를 공급합니다. 하지만 여기에 필요한 노동력, 토지, 자본은 역시 요소시장에서 구해야 하니 수요자가 되기도 합니다.

진정한 경제주체는 생산요소와 기업이 아니라 사람들이다

모의심 그런데 선생님. 저 그림을 자꾸 보니까 뭔가 이상해요. 분명히 저는 경제란 희소한 자원을 효율적으로 사용하기 위해 생산, 소비, 분배하는 사람의 활동이라고 배웠어요. 하지만 저 그림에는 사람이 나오지 않아요. 가계, 기업, 정부는 사람이 아니라 사람이 가서 활동을 하는 장소 아닌가요? 그런데 저 그림을 보면 마치 가계는 노동자, 기업은 기업가, 정부는 공무원인 것처럼 그려져 있고, 이 셋이 서로 균형을 이루어 아주 공평하게 잘 살고 있는 것처럼 보여요. 그런데 정말 그런가요?

사 선 그래요. 교과서의 그림이 오해의 여지가 있네요. 저 순환도는 실제로는 사람과 사람의 관계를 그려 놓은 것이 아니라 **생산요소와 화폐의 흐름**을 그려 놓은 것이랍니다. 그런데 거기에 사람을 그려 놓으니까 문제가 되네요. 사실 저기에 나오는 가계, 기업, 정부는 경제주체라기보다는 경제활동이 이루어지는 영역이라고 봐야 할 겁니다. 자본주의 사회에서 무위도식하거나 실업 상태가 아니라면 일을 하겠고, 노동자나 기업가는 기업으로, 공무원은 정부로 출근하여 일을 하고 가계로 퇴근하겠죠. 다시 말해 노동력을 제공하는 노동자, 토지를 제공하는 재산소득자, 자본을 제공하고 기업을 경영하는 기업가가 모두 가계를 이루어 살아가겠죠. 기업이나 정부는 이들이 경제활동에 기여하는 장소나 영역이 되겠고요. 그러니 기업이 생산하고 분배한다는 말은 정확하지 않습니다. 더 정확하게는 기업에서 생산과 분배가 이루어진다고 해야겠죠. 그렇다면 실제 살아 있는 경제주체는 누구일까요? 가계, 기업, 정부가 아니라 노동자, 재산소득자, 기업가, 그리고 공공부문 종사자들입니다. 이들이 각자 자기 역할을 다할 때 기업의 생산 활동이 이루어지고, 이들은 다시 기업의 생산 활동에 기여한 정도에 따라 임금, 지대, 이자라는 형태로 소득을 분배받는 것이죠.

모의심 아직도 해결되지 않은 문제가 있어요. 각자 기여한 정도에 따라 임금, 지대, 이자를 받는다고 하면 마치 균등한 소득분배가 일어나는 것 같아요. 하지만 실제로는 그렇지 않지 않나요?

사 선 좋은 지적입니다. 가계 중에도 노동자네 집이 있을 수 있고, 자본가네 집이 있을 수 있는데, 이걸 그냥 가계라고 부르면 사실은 아주 불평등한 두 집단이 마치 평등한 것처럼 왜곡되어 보일 우려가 있어요. 암만해도 노동자는 가난하고 자본가는 부자인 것이 현실이니까요. 만약 기업의 생산에 서로 다른 종류의 기여를 했고, 그 기여가 어느 것이 더 중요한가를 따질 수 없는 것이라면 실제로 일을 해서 상품을 생산한 노동자보다 왜 자본가가 더 많은 몫을 차지해야 하는가 하는 의문을 당연히 제기할 수 있겠죠.

장공부 기업가도 일하잖아요. CEO가 얼마나 바쁜데 …….

모의심

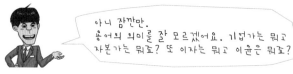

아니 잠깐만. 용어의 의미를 잘 모르겠어요. 기업가는 뭐고 자본가는 뭐죠? 또 이자는 뭐고 이윤은 뭐죠?

기업가의 이윤과 자본가의 이자는 구별하기 어렵다

사　선 음, 이 두 용어는 서로 섞어서 쓰고 있지만 실제로는 뜻이 다르답니다. **기업가**는 여러 생산요소들을 잘 조합해서 상품을 생산하게 하는 사람이란 뜻이고, **자본가**는 생산요소들 중 자본, 즉 각종 생산 설비와 기계 등을 소유하고 있거나 그런 것들을 구입할 수 있도록 기업에 돈을 투자한 사람을 뜻합니다. 자본가는 기업으로부터 자본의 사용료를 받는데 그것을 이자라고 하죠. 반면 기업이 상품을 생산하여 판매한 수입에서 각종 비용을 공제하고 남은 돈을 이윤이라고 합니다. 이 이윤은 기업가의 몫으로 돌아갑니다. 19세기만 해도 기업을 소유한 자본가가 기업을 운영하는 기업가를 겸했기 때문에 구태여 두 용어를 구별하지 않았습니다. 즉 이윤과 이자를 굳이 구별하지 않았죠. 사실 지금도 이 둘을 구별하기가 쉽지 않습니다. 이건희 회장의 소득이 이자인지 이윤인지 명확히 분리할 수 없는 것이죠.

장공부 그래도 구별해 주세요.

사　선 이자는 자본에 대한 사용료이죠. 여기서 말하는 자본은 기업이 생산하기 위해 사용하는 설비와 공장, 여타의 상품들을 뜻합니다. 이런 설비, 공장, 그리고 생산에 사용하는 상품들, 혹은 이것들을 구입할 수 있는 돈을 가진 사람들은 기업으로부터 이것을 사용한 사용료를 받을 권리를 가지며, 그것을 이자라고 합니다.

모의심 어떻게 아무 일도 안 하고서 단지 뭔가를 소유하고 있다는 이유만으로 소득을 챙길 수 있는 것이죠?

사　선 거기에 대해 자본가 입장에서 대답을 해 보겠습니다. 첫째는 위험에 대한 부담의 대가입니다. 자신이 가지고 있는 자본을 기업이 사용하게 할 때, 즉 투자할 때 자본가는 위험 부담을 걸머지게 됩니다. 만약 기업이 그걸 이용해서 생산했는데 상품이 거의 팔리지 않았다고 합시다. 그럼 투자된 자본은 고스란히 날리는 겁니다. 따라서 자본가는 투자할 기업이나 분야의 위험도에 따라 이자를 요구할 수 있다는 겁니다. 만약 자본을 가진 사람들이 위험을 너무 싫어해서 어떤 위험 부담도 지지 않으려 한다면 투자가 이루어지지 않을 것이고, 그럼 시장경제 체제에서는 아무것도 생산되지 못해서 결국 경제가 무너질 테니까요. 위험이 큰 영역일수록

이자가 차지하는 몫은 더 많아져야 하겠죠. 둘째는 그 자본이라는 것이 하늘에서 뚝 떨어진 것이 아니라 자본가의 과거의 근검, 절약, 절제, 그리고 노동의 결과물이기 때문에 그것에 대한 보상이 필요하다는 것입니다. 그러니 축적되는 과정이 더 힘들고, 재생산이 어려운 자본일수록 이자가 높아지겠죠.

모의심 그건 납득하기 어려워요. 그럼 재벌 2세, 3세들은요? 그들이 어떤 위험을 감수했나요? 그리고 그 자본을 형성하는 과정에서 무슨 근검이나 절제를 보여 주었나요?

사 선 그럼 아마 그들은 이렇게 대답할 것입니다. 토지, 노동, 자본이 기업에 투입되더라도 이것을 얼마나 효율적으로 잘 운영하느냐에 따라 생산의 결과가 달라진다고요. 이렇게 생산요소를 잘 조합하고 운용하는 것을 경영이라고 하는데, 자신들은 그 경영에 대한 보수로 이윤을 챙겨 가는 것이라고 말할 겁니다. 그러니까 기업가, 혹은 자본가들의 막대한 소득은 자본을 투자함으로써 감수하는 위험에 대한 보수, 그 자본을 형성하기까지 투입한 노동과 절제에 대한 보상, 끝으로 생산과정을 조율하는 경영에 대한 보수, 이 셋으로 나누어질 수 있다는 것이죠. 경우에 따라서는 한 사람이 이 셋을 다 받을 수도 있지만 오늘날에는 전문 경영인들이 많기 때문에 세 번째 보수는 전문 경영인의 몫으로 넘기고, 기업 소유자는 앞의 둘만 챙기는 것이죠.

모의심

이상해. 뭔가 납득이 안 가.

장공부 (눈을 반짝이며) 맞아요. 제 장래 희망이 전문 경영인이 되는 것입니다. 기왕 기업가 이야기가 나왔으니까 기업가가 어떤 일을 하는지 알려 주세요.

사 선 가장 중요한 것은 무엇을 생산할 것인가를 결정하는 것입니다. 남들이 하지 않는 창의적인 제품에 대한 비전이 있어야 하겠죠. 남들이 하지 않는 일, 만들지 않은 제품에 도전하기 위해서는 진취성이라거나 혹은 케인스가 말한 동물적인 감각 같은 것이 필요합니다. 하지만 이렇게 시장을 선도하는 특출한 기업가가 아니라 일반적인 경영자들이 주로 하는 일은 생산요소를 얼마나 투입할지, 즉 얼마나 자본을 투입하고 노동자를 고용할지, 그리고 상품을 얼마나 생산할지, 또 투입되는 생산요소에 비해 생산될 상품의 수량을 어떻게 늘릴지 결정하는 일입니다.

진단순 많이 늘리고, 투자할수록 좋은 거 아닌가요?

사 선 그렇지가 않답니다. 기업이 투자할 수 있는 자금력에는 한계가 있기 때문에 자기 능력 밖의 투자를 했다가는 파산하기 십상입니다. 그렇다고 무작정 아끼는 것도 답은 아니죠. 더 투자해서 더 큰 수익을 올릴 여지가 있는데도 돈 아낀다고 투자하지 않았다면 그건 사실상 손해를 본 셈이니까요. 그래서 기업가들은 자본이나 노동을 추가로 더 고용할지 말지를 결정하기 위해 추가 한 단위를 더 투입하면 그만큼의 생산 향상이 있는지를 따집니다. 만약 추가로 더 고용할 경우 그만큼 생산이 늘어난다면 투자를 늘리고 노동자를 더 고용하겠죠. 그런데 문제는 생산요소를 추가로 점점 더 투입하게 되면 생산이 증가하는 정도가 점점 줄어들다가 어느 시점에서는 투입을 늘려도 제자리걸음이 된다는 것입니다. 학생들이 공부할 때도 그렇잖아요. 공부하는 시간을 늘리면 당연히 성적이 올라가겠지만 모든 공부 시간이 다 똑같은 정도로 효과 있는 건 아니잖아요. 공부 안 하고 있다가 막 공부를 시작한 처음 한 시간 동안은 아주 효과적이겠죠. 하지만 이미 여섯 시간째 공부하고 있는 상태에서 한 시간 더 공부를 해 봐야 잡념이 떠오르거나 졸려서 효과가 매우 떨어지겠죠. 아니면 건강을 해쳐서 안 하니만 못하게 될 수도 있겠고요. 그러니 기업가 역시 생산요소를 더 늘렸는데도 생산량이 생산요소의 비용과 그다지 차이가 나지 않는 수준이 되면 더 이상 투자하지 않는 것입니다.

어렵죠? 그럼 예를 들어 봅시다. 여러분이 지금 경제 교과서를 쓰는 일을 하고 있다고 해 봅시다. 방금 식사를 마치고 충분히 쉰 다음에 교과서 집필에 들어갔습니다. 시간이 갈수록 점점 더 많은 문장들이 작성되겠죠. 그런데 집필 시간이 늘어날수록 추가되는 문장의 수는 점점 줄어들지 않을까요? 지루해지고 집중력도 떨어지면서요. 그러다가 마침내 여덟 시간째 글을 쓰고 있다면 어떻게 될까요? 아마 오타가 작렬하고 어이없는 편집 실수를 하고 해서 도리어 이미 쓴 문장마저 망칠 가능성이 큽니다. 이걸 맬서스는 **수확체감의 법칙**이라고 불렀는데요, 나중에 신고전파 경제학자들은 이를 한계 개념을 통해 설명합니다. 글쓰기 작업 시간을 한 시간 추가할 때 추가되는 문장의 수로 계산해 보기로 하지요. 그러면 오른쪽 그래프처럼 작업 시간이 길어질수록 추가된 한 시간에서 얻을 수 있는 문장의 수가 줄어드는 것을 확인할 수 있습니다. 이것을 **한계생산 체감의 법칙**이라고 말합니

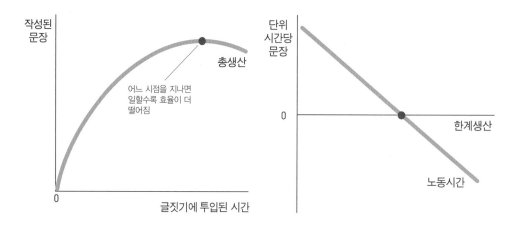

다. 자, 그럼 여러분은 교과서 집필 시간을 언제까지 하실래요?

장공부 음, 저 꺾어지는 지점까지요. 그러니까 한계생산이 0이 되는 지점이 되겠네요. 그것보다 더 많은 시간을 일하는 건 시간 낭비이니까요.

사 선 그렇습니다. 바로 이런 원리로 기업도 얼마나 투자하고 고용할지 결정하는 것이랍니다.

모의심 하지만 현실은 그렇지 않은 것 같은데요. 선생님 말씀대로라면 모든 기업들은 적정한 규모를 유지해야 할 텐데, 현실에서는 기업들이 서로 덩치를 키우려고 경쟁하지 않나요?

사 선 비용 중에는 상품 한 단위를 추가 생산할 때마다 지출하는 비용도 있지만 상품을 생산하기 전에 모두 지출되어야 하는 고정비용도 있습니다. 예를 들면 피자 가게를 개업할 때 재료비나 임금 같은 비용은 피자 생산을 늘릴 때마다 새로 추가되고, 생산량을 줄이면 같이 줄어듭니다. 하지만 화덕이나 오븐, 가스레인지, 개수대(싱크대)와 같은 것에 들어가는 비용은 처음 가게를 세울 때 왕창 들어간단 말이죠. 이미 다 지불한 비용이니 생산을 더하거나 덜하거나와 관계없게 되는 겁니다. 그래서 우리는 추가로 생산할 때마다 들어가는 비용인 한계비용뿐 아니라 이미 지불한 고정비용까지 같이 집어넣어 계산합니다. 그게 평균비용이죠. 그런데 평균비용은 $MC + \dfrac{FC}{n}$ (MC: 한계비용, FC: 고정비용, n: 상품 수량)가 됩니다. 예컨대 주방 설비에 1억이 들었는데 피자를 한 판만 만든다면 이 피자 한 판에 무려 1억이란 비용이 든 셈이 된다는 거죠. 그렇지만 피자 10만 판을 만든다면 피자 한 판당 1천 원의 비용만 들어간 것이 되고요. 그러니 한계비용은 점점 늘어난다 할지라도 생산량을 늘릴수록 평균비용이 줄어들게 되죠. 또 이렇게 생산량이 대규모가 되면 재료비 같은 것도 도매로 구입할 수 있으니까 평균 가변비용도 어느 선까지는 더 저렴해집니다. 이걸 우린 규모의 경제라고 부릅니다.

그렇다고 무작정 기업 규모를 키우는 게 능사는 아닙니다. 어느 정도 규모를 넘어서면 이제는 한계비용의 증가분이 고정비용 감소분보다 커지고, 또 거대해진 규모를 유지하는 비용까지 생기니까요.

그런데 여기서 문제가 또 발생합니다. 기업의 목적은 상품을 생산하는 것이 아니라 생산된 상품을 시장에 팔아서 이윤을 거두는 것, 즉 돈을 버는 것입니다. 따라서 상품 한 단위를 추가 생산할 때 벌어들일 수 있는 수익, 즉 한계수익이 한계비용보다는 커야 합니다.

 장공부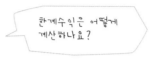

한계수익은 어떻게 계산하나요?

사　선 계산할 필요 없습니다.

장공부 네?

사　선 생각해 보세요. 장공부가 피자 가게를 하는데, 아홉 시에 그날 처음 만든 피자를 1만5천 원 받고 팔았습니다. 그럼 현재 한계수익은 1만5천 원입니다. 그런데 열두 시에 서른 번째 만든 피자는 얼마 받고 팔 수 있을까요?

장공부 1만5천 원이요. 피자 가격은 이미 정해져 있는데 시간마다 다르게 받을 수는 없잖아요.

사　선 그렇죠. 피자 한 판이 얼마냐 하는 것은 일단 시장에서 수많은 공급자와 수요자들의 경쟁을 통해 정해지는 것이지, 독점기업이 아닌 다음에는 일개 가게에서 좌지우지할 수 없습니다. 그러니 얼마가 되었건 피자 한 판을 더 만들어서 벌 수 있는 돈은 피자 한 판의 시장가격만큼입니다. 그러니까 계산할 필요가 없죠. **한계수익은 시장가격**이니까요. 따라서 기업가는 다음과 같은 공식이 성립할 때까지만 상품을 생산합니다. $MR = P \geq ATC$ (MR: 한계수익, P: 가격, ATC: 평균비용) 자, 다음 그래프를 한번 보죠.

우선 왼쪽 그래프는 기업 입장에서 가장 좋은 상황입니다. 시장가격과 한계비용이 일치하는 지점까지 상품을 생산해서 판매하는 것입니다. 이때 마지막으로 생산되는 제품은 '한계비용=가격'이기 때문에 이윤이 0이 됩니다. 여기서 하나라도 더 팔면 그때부터는 손해이며, 반대로 하나라도 덜 팔면 이익이 줄어드는 상황이 됩니다. 그래서 한계비용과 가격이 일치하는 수준의 생산량을 이윤 극대화 생산량이라고 합니다. 하지만 어떤 상품의 시장가격이 한계비용과 일치하는 수준까지

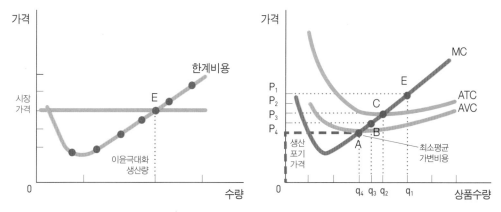

TC(총비용) = FC(고정비용)+VC(가변비용), AFC(평균고정비용) = FC/Q = (고정비용) / (생산량),
AVC(평균가변비용) = VC/Q= (가변비용) / (생산량), ATC (평균총비용)= TC/Q = (총비용) / (생산량)

생산할 수 있는 기업은 거의 없습니다. 만약 시장가격이 p4에서 형성되었다고 합시다. 이 가격은 평균 가변비용의 최저점과 일치하는 가격입니다. 이 가격은 기업 입장에서는 마지노선입니다. 즉 이 가격에 상품을 팔면 이미 지출된 고정비용은 회수하지 못하더라도 적어도 재료비, 임금 등 가변비용은 회수할 수 있기 때문입니다. 하지만 가격이 이것보다 더 낮으면 만들어 파는 족족 손실을 보기 때문에 생산을 포기해야 합니다. 반면 가격이 p1에서 형성되었다면 평균 총비용의 최솟값보다 훨씬 높은 가격이기 때문에 q1만큼의 많은 생산이 가능한 것입니다. 물론 실제로 기업가가 고려해야 하는 상황은 훨씬 복잡합니다. 다만 여기서는 이렇게 원리만 보여 준 것뿐입니다.

장공부 후유. 원리만으로도 충분히 복잡해요. 기업가가 얼마나 어렵고 까다로운 일을 하는지 알겠어요. 그래서 그들이 이윤을 가질 자격이 생기는 것이로군요.

모의심 글쎄요. 기업가가 나름 노력했으니까 이윤에 대해 권리가 있다는 말씀은 이해가 됩니다. 힘든 일을 하네요. 하지만 기업가만 일하는 건 아니지 않습니까? 어째서 기업가는 기업의 이윤이 늘어날 경우 그것을 모두 가져갈 권리를 갖는 거죠? 노동자는 이미 정해진 임금만 받는데 말이죠. 기업의 이윤이 늘어나는 것이 오직 기업가 덕분이라고 할 수 있나요? 노동자가 더 열심히 일한 결과일 수도 있잖아요?

장공부 노동자를 더 열심히 일하게 만드는 게 경영이니까. 그리고 회사가 잘되면 월급도 올라가잖아?

모의심 그러니까 월급을 올려 주는지 마는지를 왜 기업이 결정하냐고. 이윤이 증가하면 자본가의 몫이 늘어나는 것과 마찬가지로 노동자도 자동적으로 일정한 지분을 가져가야 되는 거 아니냐고.

장공부 노동자들이 계속 똑같이 일을 하고 있으면 이윤이 늘어날까? 기업가들이 혁신적인 경영 기법, 신기술 도입 같은 것을 했으니까 비용이 절감되면서 이윤이 늘어난 거잖아. 노동자가 한 게 뭐가 있는데? 같은 일을 하고 있으니 같은 임금을 받아야지.

모의심 아무리 혁신적 기법이라 하더라도 기법만으로 상품이 생산될까? 경영 기법이니 신기술이니 하는 것들을 노동자가 실제 일을 함으로써 실현한 거잖아?

장공부

보너스 주잖아?

모의심

아니, 당당히 한몫을 차지해야 할 사람에게 인심 쓰듯이 몇 푼 더 주는 거?

진단순 모의심이 너! 돈 버는 얘기 한창 나오는데 왜 갑자기 쌈질이야. 짜증 나게!

노동자는 생산의 대가를 충분히 받을까?

사 선 짜증 낼 일은 아니랍니다. 모의심의 문제 제기가 정당하거든요. 사실 지금까지는 계속 기업가 입장에서만 경제를 설명했던 것 같아요. 그러니 이번에는 거꾸로 **노동자의 눈**으로 경제를 보는 게 공정하지 않겠어요?

모의심 제 말이 바로 그겁니다. 어차피 대부분의 사람들은 기업가가 아니라 노동자가 되잖아요.

사 선 그래요. 기업가가 투자를 해서 공장을 세우고, 설비, 원료 등을 구입하더라도 모든 작업을 기업가가 직접 할 것이 아니라면 반드시 누군가를 고용해서 일을 시켜야 생산이 가능하겠죠. 고용을 하려면 누군가의 노동력을 돈을 주고 구입해야 합니다. 노동자는 이렇게 돈을 받고 자신의 노동력을 판매하는 사람들입니다. 이때 노동력의 가격으로 받게 되는 돈을 임금이라고 하죠. 그러니 임금이 아무리 많더라도 돈을 받은 대가로 다른 사람의 일을 해 준다면 그 사람은 노동자입니다. 예컨대 학교 선생님이나 병원의 의사 선생님도 돈을 받고 일을 한다는 점에서는 어김없이 노동자죠. 하지만 현실적으로는 노동자라는 말이 이렇게 사용되지는 않습니다. 특히 개별 노동자를 지칭할 때가 아니라 사회 계급으로서 노동계급을 지칭할 때는 돈을 받고 고용되어 일을 한다는 것만으로는 노동계급에 포함시키지 않습니다. 이때 노동계급은 임금 외에는 살아갈 방법이 없기 때문에, 즉 내다 팔 상품이 하나도 없기 때문에 노동력을 팔아야만 하는, 즉 임금을 받고 일을 해야만 하는 계층이라는 의미를 가지고 있습니다. 그러니 월급 받고 일하는 사람이라 할지라도 일자리를 잃어서 임금을 받지 않아도 꽤 오랜 시간 동안 문제없이 생활할 수 있는 정도의 재산을 가진 사람은 중간계급이라 해서 노동계급에는 잘 포함시키지 않는 경향이 있습니다.

모의심 저, 말씀 중에 죄송하지만 자꾸 노동력을 판매한다고 하고, 임금은 가격이라고 하니까 솔직히 듣기가 좀 그러네요. 꼭 우리가 무슨 인신매매하는 것 같고.

사 선 네. 물론 사람의 노동력을 물건처럼 사고판다는 말이 거부감을 줄 수도 있겠습니다. 하지만 이렇게 노동력을 사고팔지 않던 시절에는 상황이 이보다 더 안 좋았습니다. 고대는 말할 것도 없고, 심지어 19세기 미국의 남부 지역에서는 생산에 필요한 노동력을 강제 노동을 통해 충당했습니다. 이게 바로 노예제도입니다. 노예주들은 노예의 노동력이 아니라 노예라는 사람을 구입했습니다. 따라서 노예들의 노동력은 노예주의 것이지 노예의 것이 아닙니다.

가령 여러분이 소나 말에게 일을 시킬 때 소나 말의 노동력과 소나 말을 따로 떼어 생각하지는 않을 겁니다. 여러분은 소나 말의 주인이니까요. 따라서 소나 말이 죽거나 병들면 재산상의 손실을 입기 때문에 먹여 주고 보살펴 주기는 하지만 소나 말에게 일한 대가를 지불하지는 않습니다. 마찬가지로 만약 미국 남부의 노예가 자기 노동력의 가격, 즉 임금을 요구했다면 아마 사지가 축 늘어지도록 채찍으로 맞거나 심지어는 본보기로 목숨을 잃기도 했을 것입니다. 소나 말의 노동력이 모두 주인의 것이듯이 노예의 노동력은 모두 주인의 것이니까요. 서양 중세의 농노는 노동력의 일부를 영주를 위해 사용해야만 했으며, 다른 영주가 더 좋은 조건을 제시한다고 해서 그 영주에게로 옮겨 갈 수 없었습니다. 특정한 영주를 위해 노동하는 것은 농노의 선택 사항이 아니라 의무였습니다.

하지만 근대 노동자들은 자기 노동력의 완전한 주인입니다. 이들은 노동력을 팔지 않아도 살 수 있다면 굳이 나가서 일하지 않아도 됩니다. 또 적어도 이론적으로는 임금을 가장 많이 주고 좋은 조건을 제시하는 기업가를 선택해서 취업할 수 있습니다. 물론 현실은 이것과 거리가 멀지만요. 사실상 대부분의 노동자들은 노동력을 팔아서 임금을 받아야만 생계를 유지할 수 있고, 일자리를 이것저것 가릴 처지에 있지는 않습니다. 그렇지만 어쨌든 그는 자유의지에 의해 자신의 노동력을

미국 남부의 농장에서 면화씨를 뿌리는 노예들로 이들은 자신의 노동력을 원하는 곳에 팔 수 있는 권리가 없었습니다.

스스로 특정 기업가에게 판매한 것으로 간주됩니다. 오늘날에는 이게 당연한 것으로 들리겠지만 중세까지만 해도 노동자가 자기 노동력을 스스로의 뜻에 따라 처분한다는 것은 엄청난 권리로 여겨졌습니다.

오늘날 노동자는 노동력을 판매하고 기업가는 노동력을 구입합니다. 어떤 학자들은 시장경제라는 말 대신에 자본주의라는 말을 사용하면서 이렇게 노동력이 시장에서 거래되는 것이 자본주의의 가장 핵심적인 특징이라고 말합니다.

모의심 그렇군요. 하지만 만약 노동력이 자유롭게 판매되는 상품이라면 제 생각엔 아무래도 노동자들은 노동력의 값을 제대로 받지 못하는 것 같아요. 하는 일에 비해 월급이 너무 짠 경우가 많지 않나요? 반면 경영자니 기업가니 하는 사람들은 하는 일에 비해 월급이 너무 많고요. 노동력이 상품이라면 완전 떨이 수준인 것 같아요.

장공부 앞에서 뭐 배웠어? 우린 시장경제를 살고 있다고. 노동력도 상품이라면 당연히 시장경제의 법칙에 따라 거래되어야지. 아까 요소시장 배웠잖아. 여기선 노동자가 공급자, 기업가가 수요자니까 수요와 공급의 법칙에 따라서 적절한 균형 수준에서 임금이 결정될 거야. 물론 노동자가 원하는 임금보다야 턱없이 모자라겠지만 기업 쪽에서도 원하는 임금보다 훨씬 더 많이 지불한다고 생각할걸.

사 선 음, 다소 냉정하게 들리긴 하지만 신고전파 경제학자들은 장공부의 말처럼 노동력의 가격인 임금 역시 노동자들과 기업가들의 자유경쟁을 통해 자연스럽게 균형에 도달할 것이라고 믿습니다. 그들에 따르면 노동력의 가격, 즉 임금을 인위적으로 조정하게 되면 시장에 교란이 발생하며 그 결과는 노동력의 초과공급(실업), 혹은 초과수요(일손 부족)를 가져올 것이라고 합니다. 신고전파 경제학자들은 그래프를 좋아하니까 이걸 그래프로 표시하면 오른쪽과 같이 됩니다.

모의심 하지만 그 월급 가지고는 먹고살

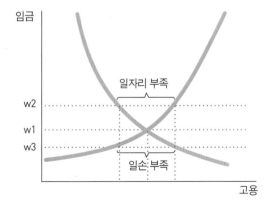

기도 힘드니까 문제 아닙니까?

장공부 시장에서 결정된 가격은 주어진 것으로 받아들여야 한다고 배웠잖아. 그 월급으로는 도저히 못 살겠으면 더 많이 주는 일자리를 찾아 나서는 게 답이야. 노동력이라는 상품의 한계비용을 따져 보라고. 그러니까 한 시간 더 노동하는 데 들어가는 비용과 한 시간 더 일해서 받을 수 있는 임금을 비교해 보고, 임금 쪽이 더 많으면 군소리 없이 일하고, 임금 쪽이 더 적으면 밑지는 장사하지 말고 당장 그만두면 되잖아.

사 선 물론 원칙적으로는 노동력을 생산하는 데 들어가는 한계비용과 임금이 같은 지점에서 균형을 이루겠죠. 하지만 실제로는 그러기가 어렵답니다. 왜냐하면 사람은 물건이 아니기 때문에 최소한의 **인간다운 삶을 누릴 수 있는 비용**이 있고, 그게 노동력 가격의 하한선을 이루기 때문이죠. 이해를 돕기 위해 노동력의 비용을 한번 산출해 볼까요? 사람은 무한히 일할 수 있는 존재가 아닙니다. 따라서 일을 했으면 반드시 원래대로 회복되어야 합니다. 만약 가축이라면 신체적 능력만

108

회복하면 될 테니 먹이와 잠자리 정도만 챙겨 주면 되겠죠. 하지만 사람은 정신을 이용해서 노동을 하니까 신체뿐 아니라 정신도 회복해야 하겠죠. 그러니 먹고, 마시고, 잠자는 기본적인 생계비에 어느 정도의 휴식, 여가, 그리고 문화생활을 하는 데 들어가는 비용까지 모두 노동력이라는 상품의 비용에 포함해야 합니다. 게다가 사람은 노쇠해지고 죽기 때문에 다음 세대를 길러 내는 비용도 노동력의 원가에 포함되어야 합니다. 만약 국가가 전면적인 무상양육, 무상교육을 책임진다면야 문제가 안 되겠습니다만 이걸 부모가 부담해야 하는 사회라면 당연히 2세의 양육, 교육비도 노동력의 원가에 포함되어야 하겠죠?

장공부 2세 양육비는 어느 정도까지 포함되어야 하나요? 그냥 초등학교와 중학교 의무교육 정도로 충분하지 않나요? 자기 분수 이상으로 자녀를 교육하려는 것까지 임금에 반영해 주어야 하나요?

사 선 그건 민주주의 국가에서 용납될 수 없습니다. 예를 들어 부모가 거의 최저 임금을 받는 미숙련 노동자라고 합시다. 그럼 이 미숙련 노동자의 임금에 포함되는 자녀 양육비, 교육비는 또 한 사람의 미숙련 노동자를 길러 내는 만큼의 비용으로 계산해야 할까요, 아니면 최고 수준의 교육까지 염두에 두고 계산해야 할까요? 미숙련 노동자가 자기 자식을 미숙련 노동자로 기르는 정도까지만 교육비로 인정해 주겠다고 하면 그건 너무 잔인한 거 아닐까요? 한 아이가 어느 수준의 교육까지 받느냐 하는 것이 그 아이의 소질과 적성에 따라 결정되지 않고 부모의 직업에 따라 결정된다면 이건 중세 신분제 사회나 다름없겠죠. 그러니 노동자의 자녀가 능력과 소질에 따라 최고 수준의 교육을 받을 수 있도록 국가가 고등교육까지 무상으로 제공하지 않는 다음에는 이 비용도 노동력의 원가, 즉 임금에 포함되어야 올바른 게 아닐까요? 그렇다면 임금, 즉 노동력이란 상품의 가격을 계산할 때 다음과 같이 원가를 산출해야 하겠지요. 노동자가 그 사회에서 요구하는 최소한의 인간적인 품위를 갖춘 삶을 누리고 노동력을 유지하며, 그 자녀를 그들의 적성과 소질에 따라 기르고 교육하는 데 들어가는 비용이라고 말입니다. 애덤 스미스는 이것을 노동력의 자연가격이라고 불렀습니다. 그런데 문제는 이 자연가격이 앞에서 나온 시장가격과 차이가 날 경우입니다.

다음 그래프에서 보는 것처럼 노동자들은 최소한 wn만큼의 임금은 받아야 제값을 받았다고 할 수 있는 상황인데 노동시장에서 결정된 임금은 이보다 낮습니다. 그렇다고 만약 기업이 wn만큼의 임금을 지불한다면 일하겠다는 사람들이 넘치면서 실업자들이 발생하겠죠.

모의심 그럼 wn과 균형임금 사이의 차액을 누군가가 메워 주어야 노동자들이 피해를 보지 않겠네요. 정부가 해 줘야죠. 그게 사회복지 아닌가요?

장공부 그건 포퓰리즘(대중영합주의)이야, 포퓰리즘! 복지 망국!

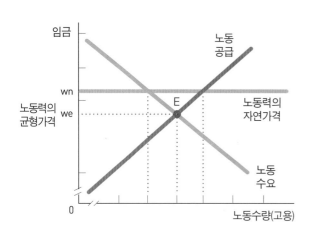

사 선 하하. 그 얘기는 뒤에 가서 다시 하기로 하고요.

진단순 저, 선생님. 그런데 이상한 게 있어요.

사 선 뭐죠?

진단순 왜 어떤 사람들은 일을 조금 하고 또 덜 힘들게 일하는데 월급을 많이 받고, 어떤 사람들은 일도 더 힘들게 하고 또 더 많이 하는데 월급을 조금 받는 거죠?

모의심 맞아요. 그러니까 소위 지식, 전문직 종사자라 불리는 분들은 왜 월급이 더 많나요? 선생님도 예외는 아니고요.

사 선 일단 그분들은 이렇게 대답할 겁니다. 지식인들이나 전문직 종사자들의 노동력은, 기업으로 치자면 일을 하기 전에 미리 투입되는 고정비용이 많이 들어가서 그렇다고요. 예를 들어 인문계 대학교수님들은 거의 40세가 될 때까지 변변한 직장도 없이 공부만 한 경우가 많습니다. 그러니 적어도 10년 이상 단순노동을 했다면 벌 수 있었던 돈, 공부하느라 들어간 돈을 합치면 교수가 되기 전에 이미 엄청난 비용이 들어갔다는 것을 알 수 있습니다. 게다가 이런 지식 노동자들의 노동력은 유지비도 많이 들어갑니다. 계속 새로운 기술과 지식을 획득하려면 자료와 정보를 모으고, 재교육과 연수를 위해서도 많은 비용이 들어가야 하니까요. 하지만 그분들에게 이렇게 물어볼 수 있습니다. 그렇다면 공장에서 일하는 단순 노동자의 노동력의 원가에 그가 더 나은 일자리, 단적으로 전문직 일자리를 얻기 위해 자기 능력을 계발하는 데 들어가는 비용이 포함되어야 할까요, 안 되어야 할까요?

장공부 아니, 그런 것까지야.

사 선 그렇다면 공장에서 일하는 단순 노동자(경제학자들은 미숙련 노동자라고 하겠지만)는 단지 먹고살 만큼의 돈만 원가로 계산되고, 전문직 노동자는 먹고살 만큼의 돈은 물론 더 유능해지기 위해 투입된 돈까지 원가로 계산되어야 한다는 논리는 좀 해괴하지 않습니까?

모의심

듣고 보니 그러네요.
그건 부당해요.

장공부 아니, 그럼 기업에서 노동자들에게 더 좋은 일자리를 얻기 위한 비용까지 임금으로 계산해서 주어야 한단 말인가요?

사 선 물론 기업이 그럴 이유는 없죠. 그런데 노동자는 받을 권리가 있는 반면에 기업은 줘야 할 의무가 없다면 노동자는 그 권리를 누구로부터 받아야 할까요?

모의심 정부가 해 줘야죠.

사 선 그렇습니다. 그래서 국가는 아무리 가난한 사람이라 하더라도 더 나은 지식과 기능을 익히고, 인간으로서의 존엄성을 함양하기 위한 각종 학문, 교육, 문화적 혜택을 누릴 수 있도록 해 주어야 합니다. 그것이 바로 **보편적 복지**죠.

모의심 그런데 이상한 게 또 있어요. 앞에서 기업가의 이윤은 '수익(pv)−비용(C)'이라고 했잖아요. 그런데 노동자는 어떤가요? 노동자도 기업가라는 고객을 상대로 노동력이라는 상품을 판매하는 거잖아요. 그렇다면 임금에서 생계비를 뺀 것을 노동자의 이윤이라고 부르면 안 되나요? 그러니까 왜 기업이나 노동자나 각자 입장을 바꾸면 상품을 파는 공급자인데, 기업은 '수익>비용' 이렇게 해서 이윤을 챙기는데, 노동자는 '생계비=임금'이어야 하느냐고요?

사 선 어머! 모의심이 너무 점잖게 말하네요. 그러니까 기업은 왜 남겨 먹는 게 당연한데, 노동자는 제값만 받느냐고 따지는 거죠?

장공부 그건 잘못 알고 있는 거예요. 기업도 남겨 먹지 못하거든요. 물론 기업 입장에서는 비용보다 높은 가격에서 상품을 팔고 싶겠지만 결국은 한계비용과 가격이 일치하는 지점에서 균형을 이루잖아요.

모의심 그럼 기업도 한 푼도 못 남긴다고? 그럼 기업을 왜 하는데?

사 선 아, 이때 비용은 기회비용을 뜻합니다. 그래서 수익과 비용이 같다는 것은 한 푼도 못 번다는 뜻이 아니라 기업가가 그 자본과 시간을 가지고 기업이 아니라 다른 일을 했더라면 벌었을 정도의 돈은 벌 수 있다는 뜻입니다. 물론 이건 노동자도 마찬가지죠. 노동자 역시 노동력의 한계비용과 임금이 일치하는 수준의 소득을 올리지만 이게 한 푼도 안 남는다는 뜻은 아니고요. 만약 노동자가 월급쟁이 생활 대신 자영업자가 되거나 했을 경우 벌 수 있는 정도(벌게 될 돈-감수할 위험)의 임금을 받는다는 뜻입니다. 적어도 교과서에 나와 있는 내용대로라면 말이죠.

모의심 그러니까 교과서에서 말하고자 하는 것은 기업가나 노동자 중 특별히 더 이득을 보는 쪽은 없고 각자 가장 합당한 자기 몫을 챙기는 것이니까, "지금 임금이 적다고 생각하지 말라. 그게 딱 네 몸값이다"라는 말인가요? 하지만 선생님! 기업가도 노동자도 모두 더 남겨 먹는 게 없는데 어째서 빈부 격차는 점점 더 커지는 거죠? 그것도 어째서 일방적으로! 노동자는 몇 세기가 지나도 그 시대의 표준적인 생계를 유지하는 데 급급하지만 기업가는 갈수록 부유해져서 마치 중세 때의 왕족이나 귀족처럼 행세할 수 있는 까닭은 뭐죠?

사 선 음, 참 중요하고도 어려운 주제네요. 그건 다음 시간에 주요 주제로 삼아 보도록 해요. 이번 시간에는 경제주체들의 역할에 대해 알아보기로 했으니까요. 이제 경제주체에 대해 살펴봅시다.

재산소득자는(rentier)는 토지와 자본을 제공한다

사 선 이번에 소개할 사람들은요, 생산에 직접 참여하는 사람들은 아니랍니다. 하지만 이들이 자기 소유물을 내놓지 않으면 생산을 시작하지도 못하는 경우가 많으니, 어쨌든 중요한 역할을 한다고 봐야겠죠. 이들이 누구냐 하면 토지 소유자, 혹은 금융자산 소유자들입니다. 이들은 자신들의 땅이나 건물에 기업이나 노

1882년의 뉴욕 증권거래소입니다. 여기에서 수많은 자본이 투자되고 거래되었겠지요.

동자가 입주하도록 해 주고 그 대가로 임대료, 즉 세를 받습니다. 또 금융자산 소유자들은 금융자산을 가지고 각종 이자소득을 올리거나 주식에 투자하여 차액 수익 혹은 배당을 받습니다. 이런 종류의 소득을 경제학자들은 통칭하여 **지대**라고 했는데, **재산소득**이라는 말도 많이 쓰니까 이분들을 재산소득자라고 부르도록 합시다. 여기서 재산소득이라는 말은 이미 가지고 있는 재산으로부터 획득하는 일체의 소득을 말합니다.

진단순 와, 쿨하다. 그러니까 일 하나도 안 하고 돈 버는 거네요?

모의심 한마디로 불로소득이네요.

사 선 물론 불로소득임엔 분명해요. 하지만 이들이 자기 재산을 요소시장에 내놓지 않는다면 어떻게 될까요? 기업가가 원래 부자여서 자기 돈으로 창업을 할 수 있고, 또 자기 땅에 공장을 짓고 그러면 좋겠지만 그런 사람이 어디 많겠어요? 그러니 누군가가 이미 가지고 있는 자산과 토지를 이용해야만 합니다. 그러자면 그들이 자기 재산을 요소시장에 내놓게 할 유인이 필요한 것이고요.

앞에서도 피자 가게 예를 들었으니 계속 피자 가게로 밀고 가 봅시다. 여러분이 피자 가게를 경영하고 있는데 장사가 아주 잘된다고 합시다. 그래서 가게 규모를 두 배로 늘리면 두 배 이상의 수익을 올릴 수 있을 것 같다고 합시다. 그러자면 가게 크기를 두 배 더 늘리고, 주방 시설과 화덕 같은 것도 두 배 더 구입해야 하며, 아마 조리사나 웨이터도 더 고용해야 할 것입니다. 이걸 지금까지 배운 경제학 용어로 표현하면 토지와 자본을 더 구입하고 노동력을 더 구입해야 한다고 할 수 있겠죠. 문제는 여기에 투입할 자금, 즉 투자금을 어디서 구하느냐 하는 것입니다.

우선 생각할 수 있는 것이 여러분이 피자 가게를 하며 남긴 이윤을 쓰지 않고 다시 피자 가게에 재투자하는 것입니다. 대부분의 기업들은 이렇게 재투자하기 위해 이윤 중 일부분을 쓰지 않고 쌓아 두는데, 이것을 '유보이익(retained profit)'이라고 합니다.

하지만 10년을 내다보는 큰 투자라면 1년 치의 이윤을 모두 투입해도 부족할 경우가 많습니다. 이 경우에는 은행이나 금융권에서 필요한 자금을 대출받거나 채권을 발행할 수 있습니다. 한마디로 원금과 이자를 약속한 날짜에 지불하기로 하고 돈을 빌리는 것입니다. 하지만 이때는 신중한 판단이 필요합니다. 10년 뒤에 갚기로 하고 연 이율 5퍼센트로 1억 원을 빌렸다고 합시다. 이때 여러분은 10년 뒤에 1억 원에 이자를 합한 것보다 더 많은 수익을 거둘 수 있다는 확신이 있어야 합니다. 그렇지 않다면 큰 손실을 보거나 부도를 낼 수 있기 때문입니다. 즉 여러분은 투자가 잘못되었을 경우 그 위험을 고스란히 끌어안게 됩니다. 만약 그 나라의 저축률이 높다면 이자가 낮아서 위험도가 낮아지겠지만 저축률이 떨어지면 이자가 높아져서 대출의 위험도도 높아집니다.

여러분이 혼자 위험을 끌어안지 않으려면 여유 자금이 있는 친구에게 투자를 하라고 할 수 있습니다. 이 경우 여러분은 그 친구에게 돈을 빌리는 것이 아닙니다. 그 친구 역시 투자한 돈만큼 그 가게에 대해 권리와 의무를 가지는 것이죠. 따라서 여러분은 전과 같은 정도의 위험만 부담하면서 가게 규모를 늘릴 수 있습니다. 물론 가게를 친구와 공동 경영해야 하기 때문에 영향력은 줄어들겠죠. 하지만 가게가 망하거나 할 경우에는 그 위험은 투자한 친구와 함께 지게 됩니다.

그런데 친구가 그렇게 큰 위험을 감수하지 않으려 할 수도 있습니다. 이럴 경우에는 불특정 다수에게 아주 소액의 투자를 받는 방법이 있습니다. 그리고 투자를 받았다는 증서를 발행하는데, 그게 **주식**입니다. 예컨대 여러분은 액면가 5천 원짜리 주식을 2만 장을 발행할 수 있다고 합시다. 그럼 그걸 구입한 사람들은 자기들이 구입한 액수만큼의 책임과 권리를 가게에 대해 지게 되겠죠. 이렇게 주식을 발행

114

하게 되면 경영권과 이윤을 그만큼 주주들과 나눠 가져야 하지만 그 대신 추가 투자에 대한 위험도 분산시킬 수 있습니다. 이런 점에서 주식을 발행하는 것이 신규 투자를 받는 가장 좋은 방법이라고 할 수 있습니다.

이때 유보이익을 투자한 경우를 제외하고 기업에 자기 재산을 투자한 사람들은 그 재산에 비례해서 재산소득을 거두게 됩니다. 거꾸로 말하면 이런 재산소득이 주어지지 않는다면 이들은 자기 재산을 기업에 투자하지 않았겠죠. 물론 이러한 사람들의 소득이 많으면 많을수록 경제 전체에 별 도움이 안 되는 건 사실이죠. 그래서 경제학의 아버지인 애덤 스미스나 데이비드 리카도는 임대 수익으로 살아가는 지주계급을 사회의 기생충이라고 부르면서 경멸하기도 했답니다.

모의심 경멸받아 싸요. 이 사람들이 주식이나 채권을 산 것은 기업의 사업을 평가하거나 한 것이 아니라 단지 주식이나 채권의 시가가 올라가거나 내려가는 걸 이용해서 시세 차익을 올리려고 하는 것이잖아요. 그걸 어떻게 투자라고 할 수 있나요. 그냥 투기지!

사 선 음, 그 부분은 사실 저도 뭐라 말하기가 어렵네요. 저도 재산소득자가 아니라 노동자이니까요. 그럼 이 시점에서 여기에 대해 가장 잘 설명해 줄 분을 소환해 봅시다. J. P. 모건 회장님입니다. (J. P. 모건의 사념이 소환된다.)

모 건 보통 사람들은 흔히 증권에 대해 부정적입니다. 일종의 도박판처럼 생각하기도 하고요. 가족 중에 증권에 투신하겠다고 하는 사람이 있으면 말리죠. 또 증권으로 큰돈을 번 사람을 부러워는 해도 존중하거나 존경하지는 않습니다. 하지만 우리도 아주 중요한 역할을 합니다. 예를 들어서 작은 기업이 사업을 확장하려 한다고 합시다. 그럼 돈이 필요하겠죠. 그럼 그 돈을 어디서 구하나요? 주식을 발행해서 여러 사람들에게 판매하는 수밖에 없습니다. 그런데 주식을 발행했는데, 증

아버지의 회사를 J. P. 모건 회사로 바꾸고 미국의 공업과 철도 건설에 자본을 대며 금융제국을 건설하여 미국 월가의 황제로 군림했던 J. P. 모건 1세입니다.

권시장이 활성화되어 있지 않다면 원하는 만큼 증권을 판매할 수 없을 것이고, 따라서 충분한 자본금을 모을 수 없을 것입니다.

모의심 하지만 증권시장에서 기업이 처음 발행한 주식만 거래되는 건 아니잖아요? 처음 발행한 주식이야 그 대금이 기업에 들어가서 투자가 되지만 그 다음부턴 주식 주인만 바뀔 뿐이잖아요. 내가 어떤 주식을 주당 5천 원에 샀다가 주당 1만 원에 팔았다면 나는 주당 5천 원을 벌었지만 나한테 5천 원에 판 사람은 5천 원을 손해 본 셈이니 결국 '0'이잖아요. 기업에는 한 푼도 가지 않고요. 이게 투기가 아니면 뭡니까?

모　건 물론 우리더러 투기꾼이라고 부르는 사람들도 있습니다. 그리고 그건 일리가 있는 말씀입니다. 하지만 원론적인 말씀일 뿐이고, 현실은 그렇지 않습니다. 주식시장에서 주식을 사는 것이 기업에 대한 투자가 아니라는 것은 대체로 옳은 말씀입니다. 또 주식거래에 **투기적인 동기**가 있다는 것도 어느 정도는 사실입니다. 하지만 그 투기가 기업에 대한 투자를 돕는 결과가 된다는 것을 알아야 합니다. 기업이 주식 발행을 통해 투자를 확보하려면 그 주식을 누군가 사야 합니다. 그리고 그 주식을 누군가 사려면 주식시장이 활성화되어 있어야 합니다. 만약 사람들이 기업이 이윤을 남길 때 배당을 받으려는 순수한 목적으로만 주식을 구입한다면, 즉 건전한 투자로만 주식을 구입한다면 주식을 사려는 사람들이 그리 많지 않을 것입니다. 그렇다면 기업은 발행한 주식을 쉽게 팔아서 투자금을 모을 수 없을 것입니다. 하지만 사람들이 주식 값이 올라서 시세 차익을 거둘 수 있으리라는 투기적인 기대를 가지고 있기 때문에 주식시장이 활발해지고, 따라서 주식을 발행한 기업은 쉽게 투자금을 모을 수 있는 것입니다. 그러니 투기를 목적으로 주식을 사고파는 사람이 많은 것은 사실이지만, 아니 거의 대부분 그렇지만, 결과적으로는 기업이 쉽게 투자를 유치할 수 있게 되는 것입니다. (소환 시한이 다 되어서 형상이 소멸된다.)

사　선 충분히 이해했나요?

모의심 하지만 주식에 투자하다가 망한 사람이 몇인 줄 아세요? 그리고 국가적으로도 헤지펀드 때문에 고민이 많잖아요?

장공부 모두가 성공할 수는 없는 법인데, 시장이란 것이 원래 그런 것 아닌가
요? 실패한 사람은 무분별한 투자를 반성하고 다시 기회를 봐야 하는 것이지요.

진단순 난 지금 마구 헷갈리고 있어요. 투자다, 아니 투기다, 뭐 이런 말들이 나오
는데, 선생님께서 속 시원하게 정리 좀 해 주세요.

사 선 원칙적으로 경제학에서는 지금보다 더 많은 상품을 생산하기 위해 기업이
추가의 자본재를 구입하는 것이나 그런 목적으로 기업에게 자금을 투입하는 행위
만을 투자라고 부릅니다. 이렇게 투자가 늘어나면 생산 규모도 늘어나고, 당연히
고용도 늘어나게 됩니다. 그래서 모든 나라들은 더 많은 투자를 유치하여 그 나라
에서 더 많은 일자리를 창출하려고 노력합니다. 그런데 우리는 그 외에도 흔히 주
식이나 부동산 혹은 펀드에도 투자했다는 말을 하곤 합니다. 하지만 이때 투입된
자금은 상품생산에는 한 푼도 들어가지 않습니다. 이 경우는 구입할 때보다 더 비
쌀 때 팔아서 차액 수익을 올리려는 것을 목적으로 하는데, 경제학에서는 이런 목
적으로 자금을 투입하는 것을 투기라고 합니다. 하지만 워낙 많은 사람들이 이런
행위도 투자라고 부르며, 또 투기를 엄격하게 정의하면 너무 많은 사람들이 투기꾼
으로 몰리는 것 같으니까 원래의 투자와 구별하기 위해 '자산 투자'라고 부르도록
합시다.

그렇게 되면 **자산 투자**와 **투기**를 또 어떻게 구별하느냐 하는 문제가 생기는데
요. 자산 가격의 정상적이고 자연스러운 상승으로 발생하는 거래 차익을 얻을 목
적으로 하면 자산 투자라고 하고, 우연히 단기간에 생기는 큰 폭의 가격 변동을 이
용하여 폭리를 얻으려고 한다면 투기라고 할 수 있을 것 같네요. 주식을 예로 들면
어떤 회사가 장차 흥할 것으로 예상되어 그 회사 주식을 사면 자산 투자라고 볼 수
있지만 그저 많이 떨어졌으니 앞으로는 오를 거라는 식으로 생각해 주식을 사면 투
기가 되겠죠. 부동산 같은 경우도 기왕 살게 될 집을 사면서 이왕이면 살기 좋으면
서도 비교적 저평가된 집을 찾는 것은 정상적인 자산 투자이지만 단지 가격 상승만
을 기대하고 거주성 등은 고려하지 않은 채 집을 산다면 투기라고 할 수 있겠죠.

장공부 그럼 주식을 사거나 주식형 펀드에 돈을 넣어 두는 것 말고, 우리가 여유 자
금을 은행에 예금하거나 채권이나 채권형 펀드를 사는 데 쓰는 것도 자산 투자라고

할 수 있을까요?

사 선 우선 은행 예금의 경우는, 대부분의 은행들이 예금한 돈을 기업에 대출해 주기 때문에 사실상 본래의 의미에서의 투자와 거의 같다고 보면 됩니다. 하지만 예금이 아니라 펀드 같은 다른 금융 상품들은 투자는 아니고 자산 투자이며, 심한 경우는 투기가 될 수 있습니다. 한마디로 은행 예금에 대한 이자는 여러분의 자산이 실제 생산 활동에 쓰이게 된 대가라고 할 수 있지만 펀드 등에 투자해서 거두게 되는 이익은 생산 활동에 기여한 바 없이 버는 돈일 가능성이 크다는 것입니다.

진단순 뭐예요? 그럼 어떻게 돈 벌어요?

사 선 합리적 투자를 통해 벌어야죠. 모든 사람들은 이익을 기대합니다. 하지만 투자에는 이익뿐 아니라 위험도 따릅니다. 이때 기대 이익이 예상 위험보다 클 경우 우리는 합리적인 투자라고 합니다. 그런데 기대 이익이 클수록 예상 위험도 크기 때문에 적절한 지점을 잘 선택해야죠. 위험을 최소화한다면 기대 이익도 낮춰야 하고, 많은 이익을 거두려고 한다면 그만큼 많은 위험도 껴안아야 합니다. 하지만 그게 다가 아닙니다. 투자한 시점과 이익을 거두는 시점의 시간 간격도 중요합니다. 이때는 시간 간격이 짧을수록 좋습니다. 이익이 많더라도 그것을 얻는 것이 아주 먼 미래의 일이라면 당장 얻을 수 있는 작은 이익을 거두는 쪽이 합리적일 수 있습니다. 예컨대 1년에 이자율이 5퍼센트라고 한다면 3년 뒤에 1억을 주겠다는 말은 지금 8천638만 원을 주겠다는 말과 같은 뜻이라는 거죠. 미래에 기대하는 이익을 현재로 환산하게 되면 더 적은 돈으로 할인해야 합니다. 따라서 합리적인 자산 투자란 $M < aMe - D - R$ (M: 현재 자산, aMe: 미래의 기대 이익, D: 현재 가치로 할인 값, R: 위험)일 때 이루어지는 법입니다. 이렇게 위험을 충분히 감안하지 않고 벌어들일 돈에만 욕심을 내면 매우 위험한 투자가 되어 자칫 회복하기 어려울 정도로 큰 손실을 볼 수도 있습니다. 놀랍게도 2008년에는 세계적인 은행들이 합리적인 투자에 실패하여 세계경제를 일대 혼란에 빠뜨린 적이 있습니다.

모의심 아, 2008년 금융 위기!

사 선 그렇습니다. 은행은 그 나라 경제의 혈관과 같은 역할을 합니다. 대형 은행은 말하자면 대동맥, 폐동맥 같은 역할을 하죠. 따라서 은행이 합리적이지 못한 투자를 한다는 것은 국민경제 전체를 위험에 빠뜨리는 일입니다. 그래서 은행은 아무 기업이나 가계에 대출해 주지 않습니다. 만약 대출받으려는 기업이나 가계의 신용 상태가 아주 나쁘다면 부도의 위험도 그만큼 높기 때문에 aMe를 아주 높여야만 계산이 맞습니다. 따라서 신용 등급이 낮은 기업이나 가계가 은행에서 돈을 빌리려면 아주 높은 이자를 물어야 합니다. 그런데 이 높은 이자가 바로 은행들에게 미끼가 됩니다. 그래서 부도의 위험은 생각하지도 않고 덥석 돈을 빌려 주는데, 이건 은행이 높은 이자를 탐내며 불합리한 투기를 한 것이나 다름없습니다. 심지어 위험을 고려하지 않고 고수익만 쫓아서 이자율이 높은 불량 채권과 하급 대부 증서(정크본드와 서브프라임)만 골라가며 잔뜩 사들인 은행까지 있었습니다. 하지만 그건 꿈에 불과했죠. 당연히 위험도가 높은 채권과 론(대출)은 부도가 나기 시작했고, 결국 문 닫는 은행이 속출하면서 세계경제가 아수라장이 되고 말았습니다.

모의심 결국 뭐라고 부르든 간에 투자자라는 분들은 실제 생산에는 전혀 기여하지 않고도 소득을 챙길 뿐 아니라 멀쩡한 다른 경제주체들까지 위험에 빠뜨릴 수 있는 거네요. 안 그래요?

사 선 너무 그렇게만 보지 말고요. 이런 종류의 소득을 재산소득이라고 한다고 그랬죠? 근로소득이 노동력을 제공한 대가로 받고, 기업소득이 기업을 경영한 대가로 생산물 중 일부분을 챙겨 가는 것이라면, 재산소득은 그 생산과정에 자신들의 재산을 사용하게 한 대가로 마땅한 지분을 챙겨 가는 거라고 생각하면 문제없죠.

모의심 하지만 결국 돈 놓고 돈 먹기이잖아요? 노동자나 기업가는 실제로 뭔가를 했잖아요? 노동을 하고 기업을 운영하고요. 하지만 투자자는 뭘 했죠? 한마디로 불로소득이잖아요?

장공부 너무 그렇게만 볼 일은 아니라고 생각해요. 돈 놓고 돈 먹기라고 하지만 그 돈은 과거의 노동이 쌓인 것이고, 또 과거의 근검절약이 쌓인 거라고 책에 나오잖아요. 놀 거 다 놀고, 쓸 거 다 쓰고는 그렇게 재산 못 모아요.

사 선 저도 재산소득을 나쁘게만 보는 데는 반대합니다. 사실 노동자나 기업가도 근로소득이나 기업소득만 가지고 사는 건 아니거든요. 노동자도 임금의 일부를 저축하고, 또 저축이 누적되어 목돈이 되면 주식을 사거나 펀드에 넣기도 합니다. 기업가는 말할 것도 없고요. 하지만 문제는 재산소득만 가지고 충분히, 아니 호화롭게 살 수 있을 정도의 소득을 거두는 사람들입니다. 그 정도가 되려면 재산이 엄청나게 많아야 하겠죠. 물론 그 재산이 과거의 노동과 근검절약의 결과라면 뭐라 할 수 없겠지만 그렇지 않고 부모에게 받은 재산, 우연한 행운, 소위 대박에 의한 것이라면 불로소득이라는 비난을 면하기 어렵겠죠.

진단순 와, 이거 정말 짜증 나네요. 정말 돈 벌기 어려워요. 나는 근검, 절약, 모험, 창의, 이런 거 싫은데. 게다가 아까 그 그래프는 보기만 해도 현기증이 나요. 기업가 되기가 어렵다면서요? 그런데 노동자가 되면 일을 많이 해야 할 것 같아 싫고, 투자자 하려 했더니 위험하다면서요? 그럼 나는 나중에 뭐 해서 먹고살죠? 아, 그렇다. 공무원! 철 밥그릇! 그거 좋다.

공공 부문 종사자는 세금 도둑이 아니다

사 선 아, 진단순이는 그러니까 정부, 공공 기관, 공기업 같은 공공 부문 종사자가 되려고 하는군요.

진단순 어른들이 그러더라고요. 대충 일해도 월급 나오고, 절대 안 잘리고.

모의심 저, 죄송하지만 저희 집 어른들은 선생님들에 대해서도 그렇게 말하던데요. 국민 세금으로 월급 받으면서 게으름 피운다고. 막, 세금 도둑이라고 …….

사 선 음, 교사들을 포함해서 **공공 부문 종사자**들의 보수의 대부분이 세금에서 충당되는 것은 맞아요. 하지만 놀고먹는다는 식의 표현은 지나치다고 봅니다. 공공 부문 종사자들은 공공재와 공공서비스 그리고 각종 가치재를 생산하는 노동자이거든요. 공공재는 앞에서도 설명했지만 사회의 공공복리를 위해 꼭 필요하지만 시장에 맡겨 두었다간 어떤 기업도 그걸 제공하지 않기 때문에 모두가 큰 불편을 겪게 되는 국방, 교육, 치안, 도로, 항만, 철도 같은 재화나 서비스를 말하죠. 공공재는 국가가 나서서 공급하지 않으면 거의 공급이 되지 않아서 국민들이 큰 불편을 겪게 됩니다. 가치재라는 것은 공공재와 달리 기업이 생산해서 이윤을 거둘 수 있는 것들인데, 국가가 국민들이 모두 그 혜택을 누리는 것이 가치 있다고 판단하는 재화나 서비스를 말합니다. 이런 것들은 기업에 맡기지 않고 국가가 직접 생산해서 제공하면 이윤에 구애받지 않기 때문에 훨씬 저렴하게 혹은 무상으로 제공할 수 있죠. 예를 들면 국립중앙박물관에 전시된 작품들이 기업이 세운 민간 미술관이나 박물관에 전시되어 있다면 아마 엄청나게 비싼 입장료를 내야 관람할 수 있을 것입니다. 하지만 국가가 미술관이나 박물관을 직접 운영하기 때문에 우리는 훌륭한 유물과 미술 작품을 무상이나 저렴한 가격으로 관람할 수 있는 것이죠. 또 유럽에서는 우리나라와 달리 뮤지컬 관람료가 오페라, 발레 관람료보다 훨씬 비싼데요. 그 까닭은 오페라나 발레는 국가가 제공하면서 관람료를 매우 저렴하게 책정하기 때문이죠. 간단히 말해 공공재는 꼭 필요하지만 그걸로 돈을 벌 방법이 없기 때문에 국가가 나서지 않으면 아무도 생산하지 않을 것이기에 나서는 것이고요, 가치재는 그걸로 돈을 벌 방법은 있지만 국민들이 그 혜택을 고루 누릴 필요가 있다고 국가가 판단해서 직접 생산해서 제공하는 것이죠. 그리고 이런 공공재와 가치재를 생산하는 노동자들이 공공 종사자가 되겠고요.

모의심 그렇군요. 그런데 제가 본 공무원들은 공공재이든 가치재이든 간에 뭔가

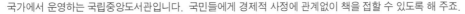

국가에서 운영하는 국립중앙도서관입니다. 국민들에게 경제적 사정에 관계없이 책을 접할 수 있도록 해 주죠.

를 생산하는 것과는 영 거리가 멀어 보였어요. 만날 서류만 주무르잖아요?

사 선 물론 공공 종사자들이 모두 **공공재**나 **가치재** 생산에 종사하는 건 아닙니다. 앞에서 배웠잖아요. 정부는 시장이 원활하게 돌아가기 위해 필요한 각종 규칙들을 정비하고 실행한다고요. 시장이 정말 아무런 규제 없이 잘 움직일 것이라고 생각하는 것은 심판이 없어도 경기가 잘 진행될 것이라고 생각하는 것만큼이나 어리석습니다. 만약 정부의 규제가 없다면 시장은 기업가들이 투자를 받아서 생산을 하는 곳이 아니라 투기꾼들의 놀이터가 되고 말 가능성이 크죠. 또 기업들도 품질과 가격을 가지고 서로 정당한 경쟁을 하는 게 아니라 담합을 한다거나 각종 술수로 경쟁 기업을 무너뜨려서 독점 시장을 만들려고 할 겁니다. 정부는 이런 일들을 방지하고, 이런 일을 벌이는 투기꾼이나 악덕 기업을 적발해 처벌함으로써 시장 질서를 유지하죠.

장공부 그런데 우리 집에서 보는 신문에는 정부가 너무 비대하고, 복지란 이름으로 퍼 주기까지 한다고 나오던데요? 열심히 일한 기업가들의 소득을 세금이란 명목으로 엄청나게 퍼 가서 가난한 사람들에게 퍼 주니까 가난한 사람들이 굳이 가난에서 벗어날 이유를 찾지 못하고, 그래서 가난이 계속되고, 기업가는 투자할 의욕을 잃어서 경제가 어려워진다고요.

사 선 자꾸 퍼 주기 퍼 주기 하는데, 그걸 그렇게만 볼 게 아닙니다. 시장경제의 가장 큰 특징이 뭡니까? 그건 공정하고 자유로운 경쟁을 통한 혁신과 발전입니다. 그런데 만약 경쟁에서 한번 패배했다고 생존조차 어려운 나락으로 떨어진다면 과연 과감한 혁신을 나서서 할 수 있는 사람이 얼마나 있을까요? 한번 실패했다고 그걸로 끝장이라면 누가 감히 기업을 세우고 투자를 하려 하겠습니까? 그래서 실패하거나 일시적으로 어려움에 처한 사람들이 다시 시장에 들어가서 경쟁할 수 있게끔 도와주고 일으켜 주는 것일 뿐입니다. 복싱 경기를 보세요. 주먹에 맞아 한 선수가 쓰러지면 그 선수가 일어나서 정신을 차리고 싸울 준비를 할 때까지 심판이 상대 선수의 공격을 막지 않습니까? 복지 제도라는 것도 이런 뜻으로 이해하시면 틀림없습니다.

장공부 그렇다 할지라도 너무 비대한 것 같은데 …….

모의심 내가 보기엔 아직도 턱없이 모자란 것 같은데요. 특히 우리나라는!

사　선 복지 예산이 비대한가, 아닌가는 그 나라 정부가 어떤가에 따라 상대적입니다. 만약 공무원들이 경쟁력이 있고, 일을 제대로 할 유인이 충분하다면야 무슨 문제가 되겠습니까. 하지만 우리나라처럼 철 밥그릇 공무원들에게 방대한 복지 예산을 맡긴다는 건 그냥 돈을 아무 데나 퍼 주겠다는 뜻입니다. 게다가 공공선택이론이라고 하는 것도 있잖습니까. 결국 정부는 표를 더 얻으려는 정치가들과 예산을 많이 얻으려는 관료들이 좌지우지하기 때문에 합리적인 경제정책을 만들기 어렵습니다. 그렇지요? 자, 그래서 시장경제 체제에서는 다음의 그림과 같이 각 경제주체 사이에는 서로 의존관계가 형성된다고 볼 수 있습니다. 그리고 여러분이 돈을 벌려면 이 흐름 속 어디에서 제 몫을 하고 있어야 되겠지요.

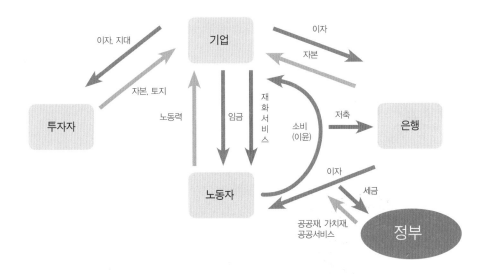

장공부 아무래도 정부가 너무 비대한 것 같아요. 비효율적이에요. 국회의원들 봐요. 그 사람들을 어떻게 믿어요. 당선만 될 수 있으면 무슨 일이든 할 사람들이라고 하던데. 그러니까 정부는 경제에선 손 떼는 게 맞는 것 같아요. 경제주체들끼리 시장에서 결정하게. 그럼 저절로 균형을 회복한다고 책에 나와요.

모의심 폭풍우가 한창일 때 시간이 지나면 날씨가 맑아질 거라고 말한다면 그 예측은 틀렸다고 할 순 없겠지. 네 말이 딱 그 짝이네. 그래 물론 시장이 균형을 회복하긴 하겠지. 모두 굶어 죽은 다음에.

사 선 아, 이거 이야기가 이상하게 흘러가네요. 하지만 경제 현상이란 것은 순전히 경제적으로만 정해지지는 않습니다. 자유시장경제를 주장하는 분들의 말씀을 들어 보면 '이렇다'라는 것보다는 '이래야 한다'에 가깝죠. 하지만 우리가 공부해야 하는 것은 이상적인 시장경제가 아니라 지금 작동하고 있는 경제 현상입니다. 그런 점에서 여러분들이 가지고 있는 교과서는 너무 기업 중심, 시장 중심이라는 비판을 받을 만합니다. 그러니 우리가 이렇게 추상적인 모형을 가지고 왈가왈부할 것이 아니라 실제 생산이 일어나고 있는 현장, 자본가와 노동자가 서로 갈등하기도 하고 협력하기도 하는 현장, 기업 내부에서 일어나는 일들이 무엇인지 살펴보도록 합시다.

도요타 자동차 회사를 창업한 도요타 키이치로

마른걸레 다시 짜자!
세계 최대 자동차 회사 중의 하나로 성장하며 세상을 놀라게 한 일본의 도요타는 특유의 경영 기법으로 '도요타주의'라는 말까지 만들었습니다. 이런 도요타의 독특한 경영 기법 중에 "마른걸레 다시 짜기"란 게 있습니다.
'도요타주의'는 일반적으로 다음과 같은 특징을 갖습니다. 첫째, 전통적인 관리직 노동자를 최소한의 규모로 줄이고 노동시간과 작업 공간 및 재고의 낭비를 극소화함으로써 높은 생산성을 유지합니다. 둘째, 파편화된 직무만을 수행하는 포드주의적 노동자와는 달리 도요타 자동차의 노동자들은 스스로 문제를 제기하고 풀 줄 아는 다면적 기능을 가집니다. 그리하여 '도요타주의'는 포드주의를 대체할 만한 새로운 유연한 생산방식이자 이른바 일본적 생산방식으로도 불리는 린(lean) 생산방식으로 각광받게 되었습니다. 셋째, 생산 라인의 각 부분에서 필요한 부품의 양을 그때그때 파악할 수 있도록 해 주는 간판 시스템에 기초하여 수많은 하청기업들로부터 필요량만을 적시에 공급받는 적기 생산(Just-In-Time) 시스템 등을 채택함으로써 포드주의에서 일반화된 대량 재고의 비용을 획기적으로 절감하였습니다. 넷째, 품질관리 서클과 제안 제도로 상징되는 소집단 활동을 통해 생산 현장에서 직접 품질관리를 수행할 수 있는 분권화된 체계를 가집니다. 개선(改善)을 의미하는 일본어 '카이젠'이 뜻하는 내용은 바로 이것입니다.

그러나 도요타가 강한 진짜 비밀은 '위기 조장형 경영'이라고 합니다. 도요타는 아무리 경영 상태가 좋은 시기라도 톱에서 말단까지 팽팽한 긴장감을 잃지 않으려 한다고 전문가들은 지적합니다. 도요타의 경영 기능 시스템은 경영진의 의도를 회사 전체에 신속 정확하게 전달하고 관리자의 시스템 개선 노력과 사원의 현장 개선 노력을 이끌어 냄으로써 회사 전체의 품질 개선, 원가절감, 인재 개발, 정보 활용을 가능케 하는 데 핵심이 있습니다.

도요타 경영진은 사원들에게 동기 부여를 하기 위해 항시 위기감을 강조한다고 합니다. 즉 도요타는 사내에 위기의식을 조장하여 끊임없는 원가절감을 추구하도록 함으로써 시장 경쟁력을 확보하고 어려운 시장 여건도 극복할 힘을 얻습니다.

이렇게 하여 일본 경제가 '잃어버린 10년'의 장기 불황을 겪는 속에서도 도요타는 한결같이 안정 성장을 지속해 왔습니다. 이렇게 대단한 안정 성장의 비결로 전문가들은 위의 '위기 조장형 경영'과 같은 맥락에서 읽힐 수 있는 '낭비 제거 경영술'을 듭니다. 도요타는 "마른걸레도 다시 짠다"는 슬로건을 내걸고 있는데 여기에는 이중 삼중으로 낭비를 철저히 막고자 하는 경영 철학이 배어 있습니다. '도요타주의'는 어떻게 낭비를 줄일 것이냐에 초점을 맞춤으로써 불황을 극복하는 저력을 보이고 있습니다.

포퓰리즘(Populism)

대통령 선거나 국회의원 선거가 있을 때마다 방송이나 신문에서 자주 사용하는 말 중의 하나가 포퓰리즘입니다. 포퓰리즘은 대중주의라는 뜻으로 '대중 인기 영합주의'라고도 합니다. 이는 일시적인 인기에 영합하여 정책 등을 결정하고 운영해 나가는 정책을 말합니다. 포퓰리즘이라는 말은 1890년 미국의 양대 정당인 공화당과 민주당에 대항하기 위해 창당한 인민당이 농민과 근로자의 표를 얻기 위해 경제 논리에 반하는 선심성 정책을 내세워 이들과 영합한 데서 생긴 용어입니다.

1890년대, 미국의 인민당의 행사 모습입니다. 포퓰리즘이란 말은 인민당의 경제 논리에 반하는 선심성 정책에서 비롯되었다고 합니다.

경제주체의 소득은 어떻게 벌어들이는 걸까?

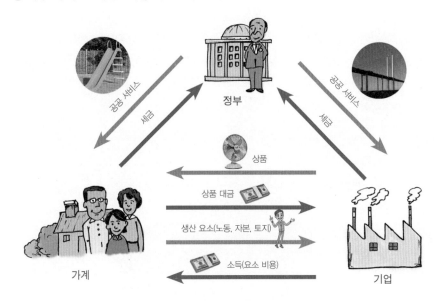

1. 가계와 기업, 정부의 주요 소득원은 무엇인가?

2. 위 그림에서 볼 때 정부의 주요 경제활동은 무엇인가?

3. 정부의 생산 및 소비 활동에 가계나 기업은 어떤 방법으로 참여해 소득과 이윤을 얻을까?

우리 사회에서 노동자는 누구인가?

1. 아래 보기의 사람들을 노동자와 노동자가 아닌 사람으로 구별해 보자. 노동자는 원 안에, 비노동자는 원 밖에, 애매하여 판단이 안 되는 사람은 원의 경계에 표시하시오.

> L 전자의 사원인 안정해 씨, 혼자 작은 가게를 운영하고 있는 장공부 양, 연봉 3억의 S 전자 상무, 집안일을 하시는 엄마, 편의점에서 일하는 아르바이트 학생, 인터넷 기업의 주문을 받아 어플리케이션을 개발하는 나개발 씨, 우리 학교 사회 교사, ○○ 대학 교수, 동사무소 직원, 항공사 기장, 교육과학기술부 장관, 국회의원, 은행 직원, 버스 기사

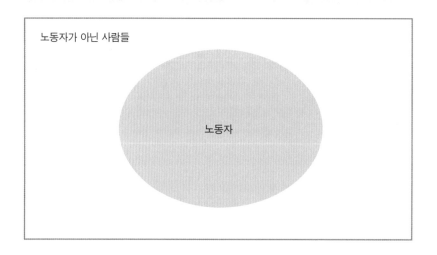

노동자가 아닌 사람들

노동자

2. 1과 같이 구분하는 기준이 무엇인지 말해 보자.

기업에서는 어떤 일이 일어나고 있을까?

이윤의 원천은 기업가의 혁신 때문일까?

사 선 지금까지 기업가, 노동자, 투자자가 생산 결과의 분배를 놓고 각자의 정당한 몫을 요구하는 것에 대한 여러분들의 치열한 주장이 있었습니다. 그중 특히 논란이 되었던 것이 기업가, 혹은 자본가가 가져가는 이윤에 대한 것이었습니다. 우선 기업가 입장에서, 임금이 노동력이 생산에 기여한 대가인 것처럼 이윤은 기업가가 생산에 기여한 대가라고 할 수 있습니다. 노동력이 기업의 생산에 중요한 요소인 것은 분명합니다. 하지만 노동자만 상품을 생산하지는 않죠. 기계가 있고, 공장이 있고, 각종 설비가 있어야 생산이 가능합니다. 우리는 이런 것들을 자본이라고 부릅니다. 그리고 자본에 투자하고 자본을 운용하는 사람이 기업가이죠. 그러니 이윤은 기업가가 자본에 투자하고 자본을 운용한 대가로 정당하게 받아 가는 것이라고 할 수 있습니다. 이윤을 가장 간단하게 표현하면 상품 판매로 벌어들인 돈에서 그 상품을 만들고 판매하는 데 들어간 비용을 공제한 차액이라고 할 수 있습니다. 이건 간단하게 다음과 같은 공식으로 표현할 수 있습니다.

$M = PV - C$ (M: 이윤, P: 상품 가격, V: 상품 판매량, C: 비용)

이걸 다음과 같이 다르게 표현할 수도 있습니다.

$M = PV - I$ (M: 이윤, P: 상품 가격, V: 상품 판매량, I: 투자 자본)

모든 기업가들의 목표는 더 많은 이윤을 획득하는 것입니다. 그런데 이윤을 더 많이 얻으려면 가능한 한 상품 가격은 높고, 판매량은 많으면서, 비용은 적어야 합니다. 그런데 앞에서 배웠지만 여기에서 상품의 가격은 기업이나 기업가가 결정할 수 없습니다. 그건 시장에서 결정됩니다. 예컨대 시장에서 결정된 피자 한 판의 가격이 5천 원이라면 좋건 싫건 5천 원에 팔아야 합니다. 더 받으려 했다가는 손님이 없어 가게 문을 닫을 테니까요. 그러니 P는 사실상 상수입니다.

자, 이제 어떻게 되나요? 이윤을 늘리는 방법은 더 적은 비용을 들여서 더 많은 상품을 생산하는 것뿐입니다. 즉 $\dfrac{PV}{C} = \dfrac{PV}{I}$이 더 커져야 합니다. 바로 이것을 생산성이라고 부릅니다. 다시 말해 P는 기업가가 바꿀 수 없는 사실상 상수이니까 기업가가 할 수 있는 것은 같은 비용을 들여서 더 많은 상품을 생산해야 된다는 것입니다.

그런데 비용에는 설비, 기계, 재료, 연료 따위에 들어가는 비용과 노동자들의 임금을 지불하는 데 사용하는 비용이 있습니다. 이를 각각 자본비용과 노동비용이라고 합니다. 이걸 각각 K와 L이라고 해 볼까요. 그럼 결국 이윤은 $\dfrac{PV}{K}$(자본생산성)와 $\dfrac{PV}{L}$(노동생산성)를 높일수록 많아진다는 것을 알 수 있습니다. **자본생산성**이 높아진다는 것은 공장 시설을 잘 관리하고, 새로운 기술을 도입하고, 원료를 절감하는 등의 노력을 했다는 뜻입니다. **노동생산성**이 높아진다는 것은 업무를 잘 조직하고, 노동자들의 근로 의욕을 북돋는 등 통솔을 잘했다는 뜻입니다.

이렇게 각종 설비나 원료 등을 잘 관리하고 노동자들을 잘 이끄는 일을 가리켜서 기업을 경영한다고 합니다. 한마디로 다른 기업가보다 자본과 노동을 더 잘 운용한 기업가가 더 많은 이윤을 거두는 것입니다. 그리고 더 많은 이윤을 거두기 위해 기업가는 기계, 설비를 개량하고 노동자들의 능력을 계발시킵니다. 모든 기업가가 이렇게 노력한 결과가 바로 그 나라 경제의 발전입니다. 슘페터 같은 경제학자는 이것을 '기업가의 혁신'이라고 하면서 이 혁신의 노력이 바로 경제 발전의 원동력이라고 보았습니다. 왜 같은 제품을 판매하는데, 어떤 기업은 이윤이 많이 남고 어떤 기업은 이윤이 적게 남을까요? 두 기업 모두 같은 수준의 노동자가 같은 수준의 임금을 받고 있는데 말입니다. 결국 기업가의 혁신의 차이이니, 그 이윤을 기업가의 몫으로 보는 것이 타당하다는 것이 대충 그의 주장입니다. 그런데 이런 주장에 반대하는 노동자 쪽의 주장도 있습니다. 이건 직접 마르크스 선생님의 사념파를 불러서 들어보도록 하죠. (소환기를 조작하자 마르크스의 사념파가 형상화된다.)

마르크스 기업가의 이윤을 정당화하기 위해 많은 부르주아 경제학자들이 수학까지 끌어들여서 복잡하게 이야기들을 합니다. 간단히 말하면 기업의 이윤은 기업가가 회사를 잘 이끈 덕분이라는 말인데, 자본주의가 막 발흥하던 19세기 중반 무렵까지는 기업가들이 나름대로 노력했던 것은 사실입니다. 하지만 자본주의가 안착한 이후에는 사실상 회사 경영에 별로 관여하지 않으면서도 이윤은 챙겨 가는 자본가가 늘어나게 되었습니다. 이른바 대주주들이죠. 오늘날에는 대부분의 기업에서 이윤의 획득과 기업의 경영은 별개의 일이 되었습니다. 경영 자체를 전문 경영인, 소위 월급쟁이 사장에게 맡기니까요. 그래서 경영의 대가가 이윤이라는 주장은 더 이상 버티기 어렵습니다.

그러자 이번에는 이윤이란 힘들여 모은 돈을 손실을 볼 가능성을 안고도 투자하는 일종의 모험, 위험에 대한 대가라고들 합니다. 기업가가 챙겨 가는 이윤은 기업가가 뒤집어쓸지도 모를 위험과 비교해 보면 그리 크다고 할 수 없다는 것이죠. 게다가 기업가가 모험에 건 그 뭉칫돈은 과거 오랜 시간 열심히 일한 노동이나 욕구를 참은 절제의 결과이니 만큼 그것에 대한 보상도 필요하다고들 합니다. 물론 산업혁명 초기 단계나 정보혁명 초기 단계에는 용감하게 새로운 영역을 개척한 기업가들이 있었고, 지금도 몇몇 벤처 기업가들은 과감히 모험을 합니다. 하지만 자본주의가 이미 안정 단계에 들어선 오늘날 대부분의 큰 기업들에도 해당하는 얘기일까요?

모의심 그건 아닌 것 같아요. 예를 들어 드라마 같은 것을 보면 재벌 2세, 재벌 3세들은 물려받은 재

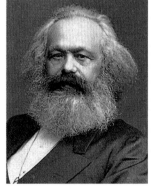

카를
마르크스

산을 이리저리 굴리고, 새파랗게 젊은데도 사장이나 전무 하면서 잘살잖아요. 그것들은 대체 무슨 대가인가요? 그 사람들도 기업가인가요?

장공부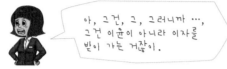

아, 그건, 그, 그러니까 …, 그건 이윤이 아니라 이자를 받아 가는 거잖아.

진단순 아니, 아까부터 자꾸 이자이니 이윤이니 하며 헷갈리게 하는데 이윤은 뭐고, 이자는 또 뭐예요?

이윤은 이자가 아니다

사 선 이윤이 기업을 잘 경영한 대가라면 이자는 자신이 가지고 있는 것에 대한 사용료라고 할 수 있습니다.

모의심

사용료라뇨? 뭐 사용료요?

사 선 생산요소에 대한 사용료죠. 앞에서 공부했었죠? 토지, 노동력, 자본! 이때 토지는 땅만 말하는 게 아니라 천연자원을 통칭하는 것이며, 노동력은 생산에 가담할 수 있는 인간의 능력과 의지를 말하며, 자본은 건물·기계·시설 등의 고정 설비, 원료 제품, 반제품 등을 말합니다.

그런데 토지, 노동력, 자본은 모두 희소한 자원이니 거저 얻을 수 없고 반드시 보수를 지불해야 합니다. 토지나 천연자원을 얻으려면 지대(rent)를 내야 하고, 노동력을 얻으려면 임금을 지불해야 하며, 자본을 얻으려면 이자를 내야 하는 것이죠. 기업가들은 이 생산요소들을 잘 조합해서 운영한 대가로 보수를 받아 가는 것이고요. 그러니 시장경제에 살고 있는 사람이라면 지대, 임금, 이자, 이윤 중 어느 하나를 받아야만 돈을 벌 수 있는 겁니다. 또 반대로 지대, 임금, 이자가 주어지기 때문에 이들이 자신들의 토지, 노동력, 자본을 시장에 내놓는 것이며, 이윤을 기대할 수 있기 때문에 기업가는 이 토지, 노동력, 자본을 구입, 즉 투자하는 것이죠. 그런데 여기에서 이자와 이윤이 혼동되는 것은 대부분의 기업가들이 자본가이기도 하기 때문이죠. 순전히 타인의 자본만을 가지고 기업을 세운 경우는 드물고, 대개는 자기자본이 상당 부분 포함되어 있거든요. 그러니 이들의 소득에는 이자와 이윤이 섞여 있다고 봐야 하겠죠.

주류 경제학은 이윤이 노동자들을 착취한 결과라는 것을 은폐한다

마르크스 이윤에 대한 설명이 모호하고 이해하기 어려운 것은 그것이 노동자들에게 정당한 임금을 지불하지 않고 착취한 결과, 즉 부불 노동(임금이 지불되지 않는 노동)의 결과라는 것을 은폐하기 때문입니다. 게다가 이 착취는 자본가들이 특별히 모질어서 일어나는 일이 아니라 그것이 이윤의 본질이기 때문에 일어납니다.

흔히 기업이 이윤을 많이 뽑으려면 노동자들의 임금을 많이 깎아야 한다고들 생각합니다. 하지만 설사 임금을 깎지 않는다고 해서 기업이 노동자를 착취한다는 사실이 변하는 것은 아닙니다. 그 비밀은 임금이 노동의 결과에 대한 보수가 아니라 노동력의 가격이라는 사실에 숨어 있습니다. 즉 임금은 노동자의 생활비에 따라 결정되지 노동자가 생산하는 상품의 가치에 따라 결정되는 것이 아니란 것입니다. 따라서 노동자가 노동력이라는 상품의 재생산 비용, 즉 생계를 유지하는 데 들어가는 비용보다 더 많은 상품을 생산하게 된다면 바로 그것이 이윤의 원천이 되는 것입니다.

여러분이 피자 가게를 개업해서 피자 기술자를 고용한다고 합시다. 그럼 여러분은 그 기술자의 생활비와 기술을 익히는 데 들어간 비용과 기술을 유지하고 발전시키는 데 들어가는 비용을 합한 것을 기준으로 임금을 책정할 것입니다. 기술자도 여기에 대해 불만이 없을 것입니다. 그것이 노동력의 정가이니까요. 나중에 피자가 얼마나 많이 팔리고 얼마나 많은 매출을 올리는지는 그 기술자의 임금과 무관합니다. 하지만 가게가 잘되면 나중에 임금을 인상해 줄 수는 있으니, 기술자 입장에선 열심히 일할 유인이 충분하다고 할 수 있습니다.

어쨌든 이렇게 결정된 일당이 5만 원이라고 합시다. 그리고 피자 한 판이 1만 원이고 피자 재료, 연료비, 가게세 등이 평균 한 판당 5천 원이 들어간다고 합시다. 그렇다면 이 기술자가 자기가 받은 돈 값을 하려면 피자 열 판을 만들면 됩니다. 이

때 이 기술자가 다섯 시간 만에 피자 열 판을 만들 수 있는 능력을 가지고 있다고 합시다. 그렇다면 이 기술자는 다섯 시간만 일하면 자기 임금 몫은 다 해 낸 셈이 됩니다. 그럼 이 기술자는 그만 퇴근해도 될까요? 천만에요. 이렇게 되면 비용과 매출이 같게 됩니다. 그럼 가게 주인 입장에서는 남는 것이 없습니다. 그러니 애초에 이 기술자와 계약할 때 하루 일당 5만 원을 받기 위해 일해야 하는 시간을 적어도 다섯 시간보다는 많게 정해야 합니다. "일당은 5만 원이며 여기서 하루라 함은 열 시간 근무를 기준으로 한다." 이런 식으로 말입니다.

자, 이렇게 열 시간을 하루의 근무 기준으로 계약했다면 그 기술자는 일당 5만 원을 받고 열 시간 동안 피자를 만들어야 합니다. 열 시간 중 다섯 시간은 자기 노동력의 가격만큼의 일을 하는 것이며, 나머지 다섯 시간은 판매한 노동력 값을 초과하는 노동을 하는 것입니다.

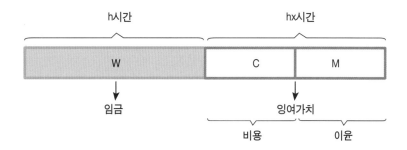

수확체감의 법칙을 적용해서 앞의 다섯 시간에는 10만 원어치를, 뒤의 다섯 시간에는 8만 원어치의 피자를 만들었다고 합시다. 그럼 총 18만 원 중 9만 원이 재료비 등의 비용으로 공제되고, 5만 원이 기술자의 임금으로 지불되며, 나머지 4만 원이 기업가의 몫, 그러니까 이윤이 되는 것입니다.

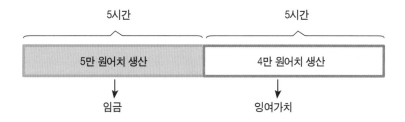

이렇게 노동자가 자기 임금 이상으로 생산하는 상품의 가치를 잉여가치라고 부릅니다. 그리고 노동자가 한 노동 중에서 자기 노동력 값 이상의 잉여가치를 생산하는 노동을 부불 노동(임금이 지불되지 않는 노동)이라고 합니다. 이걸 그림으로 그려보면 이렇습니다.

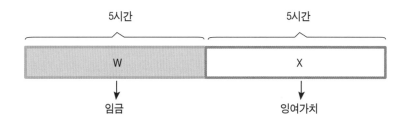

사　선 학생들에게 균형 있는 관점을 주기 위해, 제가 최대한 주류 경제학 입장에서 마르크스 선생님에게 한번 질문을 드려 보겠습니다.　주류 경제학에는 생산함수라는 것이 나옵니다.　이 함수는 $Y = f(K, L)$ (Y: 생산, K: 자본, L: 노동력)로 표시됩니다.　즉 생산력은 자본과 노동력의 함수라는 것이죠.　따라서 주류 경제학자들은 선생님의 주장에 대해 노동이 잉여가치의 원천이라는 것은 충분히 인정할 수 있으나 노동만이 이윤의 원천이라는 주장은 수긍할 수 없다고 말할 것입니다.　거기에는 기계, 설비 등의 자본이 기여한 부분이 분명히 있다는 것이죠.

마르크스 설비, 기계 등 자본에 투입된 비용은 **잉여가치**를 산출하지 못합니다.　예컨대 피자 화덕을 1억을 주고 구입했다고 합시다.　그리고 이 화덕에서 최대로 생산할 수 있는 피자가 10만 판이라고 합시다.　그럼 피자 한 판을 만들 때마다 이 화덕의 가치가 1천 원씩 피자로 옮겨 갈 뿐입니다.　그래서 10만 판째 피자를 만드는 순간 화덕의 가치는 0원이 되겠죠.　즉 기계나 설비의 가치는 이런 식으로 제품으로 이전될 뿐입니다.　그래서 기계나 설비는 사용할 때마다 그 가치를 삭감하는데, 이걸 감가상각이라고 하지 않습니까?　자동차 가격도 시간이 지날수록 또 달린 킬로수가 늘어날수록 삭감하는 것과 마찬가지이죠.　애초에 이 기계로 생산할 수 있는 상품의 최대치는 정해져 있는 것이며, 그만큼을 만들고 나면 파기되는 것이죠.　만약 기계를 더 강하게 활용해서 최대치보다 더 많은 상품을 생산하려 한다면 기계의 수명만 단축시킬 뿐입니다.

설사 백 보를 양보해서 기계나 설비가 잉여가치를 생산할 수 있다고 칩시다.　그럼 주류 경제학자들이 좋아하는 콥-더글러스 함수처럼 $Y = K^{\alpha}L^{1-\alpha}$ $(\alpha < 1)$ 로 표시할 수 있겠죠?　여기서 Y는 생산물, K는 자본, L은 노동이고요.　이 식을 따르면 α 만큼은 자본가의 몫이라고 하더라도 '$1-\alpha$'만큼은 노동자의 정당한 몫이 아니겠습니까?　그러니까 생산량 Y가 Q만큼 증가했다면 그때마다 노동자의 임금도 $(1-\alpha)Q$ 만큼 늘어나는 게 당연하지 않습니까?　그런데 실상은 어떻죠?　노동자는 이미 결정된 임금만 받아 갈 뿐, 그 증가분을 모두 자본가가 이윤으로 챙겨 가지 않습니까?　그러니 그게 착취가 아니고 무엇이겠습니까?

기업가가 먼저인가, 노동자가 먼저인가?

장공부 회사 실적이 좋으면 특별 상여금 같은 것 주지 않나요? 성과급도 주고요.

마르크스 그건 본질을 희석시키는 것에 불과합니다. 중요한 것은 이윤에 대한 권리가 누구에게 있느냐 하는 것입니다. 아무리 성과급이 많아도, 그걸 자본가가 자기 이윤에서 일부 내주는 형식으로 주고 노동자들이 그것을 고맙게 받는다면 여전히 착취의 도구에 불과한 것입니다. 자본가가 원하든 원하지 않든 생산이 증가하면 거기에 비례하여 임금도 같이 증가해야 비로소 노동자는 정당한 대가를 받는 셈이죠. 그런데 한 가지 분명한 것은 회사 이윤이 늘어난다고 해서 자본가가 반드시 성과급을 주지는 않지만 회사 이윤이 줄어들거나 회사가 어려워지면 아마 자본가는 즉각 임금을 삭감하거나 노동자를 해고할 것입니다. 이건 바로 자본가들이 신처럼 떠받드는 애덤 스미스가 한 말입니다. 노동자는 경기가 호황일 때는 일자리가 안정된다는 정도의 이득만 보지만 경기가 불황에 빠지면 제일 먼저 실직이라는 직격탄을 맞는다고 말입니다. (마르크스 사라진다.)

장공부

저분 너무하세요. 기업가가 더 부려 먹었네, 어쨌네 하면서 일방적으로 비판해도 되나요? 애초에 기업가가 투자를 안 했으면 그런 일자리마저 없었다는 것을 알아야지요.

모의심

그러나요? 그럼 노동자가 일 안 하면? 투자해서 어찌하려고? 기업가가 직접 다 만들면 되겠네.

사 선

자자, 다들 진정하시고.

지금 저분이 하신 말씀의 취지는 노동자와 기업가의 이해관계가 잉여생산물을 놓고 이윤의 몫과 임금의 몫으로 나누는 부분에서 서로 상충한다는 말씀인 것 같네요. 그리고 지금까지는 이윤의 몫이 더 커지기가 쉬운 상황이었다는 것인데, 이것은 우리가 현실적으로 그렇다고 받아들일 수밖에 없지 않을까요? 물론 애초에 기업이 투자를 안 했으면 나눌 잉여생산물 자체가 없었겠죠. 하지만 그건 노동자가 일하지 않았더라도 마찬가지였을 것이고요.

장공부 그런데 제가 읽은 책에서는 일단 전체 파이를 키워야 나눠 먹을 게 많다고 하던데요. 작은 파이를 나눠서 아주 조금 먹을래, 아니면 파이를 키워서 큰 조각을 나눠 먹을래, 이렇게요. 그런데 그 파이를 키우는 것은 기업가가 한다고 하던데요? 그리고 기업가는 모두 성인군자는 아니기 때문에 더 커진 파이에서 자기 몫이 더 클 것이라는 기대가 있으니까 파이를 키우지, 더 커진 파이의 몫을 다른 사람들과 나눠야 한다면 굳이 힘들여서 파이를 키우려 하지 않을 것이라고요.

사 선 그건 현실을 너무 단순하게 설명하고 있는 것으로 보입니다. 만약 현재 파이 크기가 100인데 거기서 50을 가진 사람이 있다고 해 봐요. 산술적으로 생각하면 이 사람이 노력한 덕분에 파이 크기가 110이 되면 그중 55를 가질 수 있겠죠. 그런데 만약 파이 크기를 늘리지 않아도 다른 사람의 파이를 손쉽게 빼앗을 수 있다면요? 다른 사람의 파이를 5만큼 더 빼앗는다면 55를 가지게 되는 것은 마찬가지가 아닐까요? 이윤을 추구하는 기업가라면 전체 파이가 커지느냐 마느냐에 관심이 없을 겁니다. 자기 이윤이 느느냐 주느냐에 관심을 갖지. 그러니 성인군자가 아닌 기업가라면 전체 생산을 늘려서 잉여가치를 늘리기보다는 거기에서 차지하는 이윤의 몫을 늘리고 임금을 깎는 쪽을 선택할 가능성이 큽니다. 간단히 말해 생산성을 향상시키는 노력을 하기보다는 노동자들의 임금을 깎거나 일을 더 시켜서 잉여가치를 늘리는 쉬운 방법을 선택할 가능성이 크다는 것이죠.

장공부 노동자들이 파이에서 자기 몫을 호락호락 내줄까요?

사 선 바로 그것이 아까 마르크스 선생님이 말씀하신 핵심이라고 생각해요. 호락호락 안 내주죠. 그러니까 기업가가 혁신을 하고 파이를 키우는 겁니다. 만약 호락호락 내준다면 기업가가 공들여 혁신할 유인이 크게 줄어들겠죠. 그래서 노동자와 자본가의 이해관계가 상충 관계라는 거죠. 노동자 역시 노동력이라는 상품의 공급자인 만큼 그 가격인 임금이 원가인 생활비보다 더 많기를 바라겠죠. 그런데 이 임금이 자본가에게는 비용이기 때문에 이윤을 늘리자면 가능한 한 낮아야 합니다. 물론 시장경제를 유지하는 한 기업의 이윤은 보장되어야 합니다. 만약 노동자가 임금을 무한정 올려서 기업의 이윤이 적절한 수준 이하로 떨어지게 만든

다면 자본가는 기업에서 자본을 철수할 테니 결국 노동자도 일자리를 잃어버리겠
죠. 하지만 자본가 역시 이윤의 몫을 너무 늘리려고 해서는 안 됩니다. 노동자가
인간으로서 또 직업인으로서의 자긍심을 손상받지 않을 만큼의 임금을 지불해야
하고, 잉여생산물이 늘어나면 거기에 기여했다고 느끼는 정도의 보상은 해 주어야
합니다. 만약 노동자가 지나치게 낮은 임금으로 생활이 피폐해지고 심신의 손상
을 입거나 자존감에 상처를 입게 되면 기업이 생산하는 상품의 품질이 떨어질 것입
니다. 또 이런 상황에서는 노동자들에게 더 열심히 일해야 할 유인이 없기 때문에
생산성도 저하될 것입니다. 이렇게 노동자와 자본가는 서로 이해관계가 상충하지
만 동시에 이해관계를 함께하기도 합니다.

기업가는 노동강도를 높이기를 원한다

사　선　자, 그러면 실제 기업에서 기업가와 노동자 사이에 어떤 일이 일어나고 있
는지 알아봅시다. 교과서에 나온 대로 설명하면 이렇게 되네요. 기업가는 노동자
와 근로계약을 맺습니다. 여기에는 노동자가 기업에 나와서 일하는 시간, 그 대가
로 받는 임금, 그리고 근로조건들이 명시되어 있죠. 이 계약서의 범위 내에서 기업
가는 생산성이 가장 높을 수 있는 방식으로 노동자의 노동을 사용할 권리를 가지고

있습니다. 이걸 인사권이라고 하고 **경영권**이라고 하죠. 이처럼 기업가는 경영권을 행사하고 노동자는 여기에 따라 일을 하고 임금을 받습니다. 이렇게 기업은 조화롭게 운영되고 있습니다. 하지만 같은 현상을 마르크스는 다르게 표현할 것입니다. 음, 제가 지금부터 마르크스 성대모사를 해 보겠습니다. (학생들 웃는다)

"그거 꿈나라 기업 이야깁니까? 저는 기업을 자본가와 노동자가 대립하고, 갈등이 표출되는 곳으로 보고 있습니다. 아마 이쪽이 훨씬 현실적일 것입니다. 기업에서 자본가와 노동자는 서로 상충하는 이해관계를 가질 수밖에 없습니다. 자본가가 이윤을 늘리기 위한 가장 쉬운 방법이 노동자들의 임금을 줄이는 것이기 때문이죠. 물론 임금을 깎는 게 쉽지는 않겠죠. 하지만 자본가가 더 많은 이윤을 남기자면 다른 방법이 없을 겁니다. 가격을 올릴까요? 그건 안 될 말이죠. 자유경쟁 시장에서 가격은 개별 기업이 정할 수 있는 게 아닙니다. 일단 균형가격이 결정되면 남든 밑지든 기업은 그 가격에 팔아야 합니다. 그러니 자본가가 이윤을 늘리려면 비용을 줄일 수밖에 없고, 그중 가장 쉬운 방법은 임금을 깎든가, 임금을 깎는 대신 일을 더 많이 시키는 것입니다."

모의심 결국 같은 월급 주고 노동시간을 늘린다는 거네요.

사 선 일을 더 많이 시킨다는 것이 꼭 노동시간을 늘린다는 뜻은 아닙니다. 노동시간은 같거나 오히려 줄어들어도 **노동강도**를 높이는 등의 방법으로 얼마든지 일을 더 많이 시킬 수 있습니다. 즉 같은 시간에 더 많은 상품을 생산하게 한다는 뜻이죠. 마르크스의 용어를 빌리자면 같은 노동시간을 유지하더라도 그 속에서 잉여가치를 생산하는 부불 노동시간의 비중을 늘린다는 겁니다. 물론 노동자들 역시 그 사실을 알기 때문에 이것도 쉽게 관철되는 것은 아닙니다. 그래서 노동시간과 노동강도를 놓고 노동자와 자본가 사이에는 줄다리기가 시작됩니다. 노동자의 힘이 세면 노동시간 중에서 잉여가치 부분이 줄어들고, 자본가의 힘이 세면 임금의 비중이 줄어드는 겁니다.

진단순 노동강도를 높인다고요? 어떻게요? 채찍으로 막 때려요?

사 선 물론 자본가가 노동자에게 일을 더 시키기 위해 채찍질 같은 방법을 쓰는 건 아닙니다. 대신 여러 가지 교묘한 방법이 동원되죠. 역사적으로 노동자와 기

140

업의 갈등은 우선 '노동일(working day)'의 기준을 놓고 치열하게 일어났고, 그 다음에는 노동강도를 놓고 일어났다고 보면 되겠습니다.

일반적으로 임금은 노동일을 기준으로 책정됩니다. 노동일은 임금을 계산할 때 기준이 되는 하루 노동시간입니다. 하루는 24시간이지만 만약 노동일이 아홉 시간이라면 아홉 시간 노동을 하면 하루 노동한 것으로 친다는 것입니다. 만약 노동일이 네 시간이라면 자본가는 노동자가 네 시간만 일해도 하루 일당을 계산해 주어야 할 것입니다. 앞에서 살펴보았던 그래프를 다시 살펴봅시다. 여기에서 'W+C+M'이 노동일의 전체를 이룹니다. 이게 여덟 시간이 될지, 네 시간이 될지는 노동자와 자본가 사이의 힘의 관계, 사회적 상황에 따라 달라집니다. 또 이 노동일에서 W, C, M의 상대적인 비율 역시 상황에 따라 달라질 것입니다.

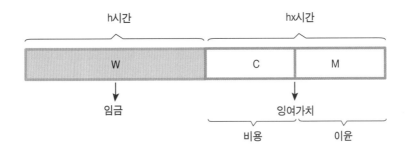

자본가가 가장 바라는 상황은 이 막대기가 길고(노동시간이 길고), 또 그중에서 M의 비율이 큰 것(이윤의 비율이 큰 것)입니다. 반면 노동자는 이 막대기가 짧고 또 가능하면 W의 비율이 큰 것을 바랄 것입니다. 그런데 기술에서 큰 변화가 없고 각종 생필품의 가격이 변하지 않는다면 W와 C의 크기는 쉽게 바꿀 수 없을 것입니다. 그러니 이 막대기의 길이는 M의 크기에 따라 달라질 것입니다. 즉 자본가가 이윤을 더 챙기느냐, 덜 챙기느냐에 따라 결정된다는 것입니다. 그러니 노동일을 줄이라는 요구가 자본가에게는 이윤을 줄이라는 요구가 되는 셈이죠. 그래서 산업혁명이 한창이던 19세기와 20세기 초에는 노동일을 놓고 노동자와 자본가 사이에 치열한 힘겨루기가 계속 이어졌습니다.

19세기만 해도 열두 시간이 노동일의 기준인 경우가 많았습니다. 그러나 노동

1886년 미국 시카고에서 있었던 여덟 시간 노동을 보장받기 위한 노동자들의 시위에 경찰과 군대가 발포하며 일어난 헤이마켓 사건입니다. 1889년에 세계 여러 나라 노동운동 지도자들이 모여 결성한 제2 인터내셔널 창립 대회에서 이 날을 기념해 노동절(메이데이)로 정했죠.

자들의 힘이 세지고 정치 세력화하면서 노동일의 기준 시간이 점점 줄어들었습니다. 마침내 1890년 **메이데이 대투쟁** 이후 여덟 시간 노동제가 정착되었습니다. 오늘날 독일이나 프랑스 같은 경우는 일곱 시간을 노동일의 기준으로 삼고 있습니다. 자본주의가 시작된 이래 노사분규의 대부분이 노동일의 기준을 놓고 벌어진 줄다리기라고 해도 과언이 아닐 정도로 노동일은 경제적으로 매우 중요한 의미를 가지고 있습니다.

이렇게 노동자들이 정치 세력화하면서 노동일이 자꾸 줄어들자, 자본가들이 그 다음에 선택한 잉여가치 확보 방법이 노동강도를 높이는 것이었습니다. 노동강도는 작업강도라고도 하며 노동의 밀도, 집약도, 긴장도를 말합니다. 자본가는 노동시간은 그대로 유지하거나 줄이면서도 노동생산성을 높이려고 할 때 노동강도를 높이게 됩니다. 노동강도를 높이는 방법으로는 작업량과 작업 속도의 증대 등을 통한 직접적인 방법이나 경쟁적 분위기 조성 등의 간접적인 방법이 있습니다.

근대 이후에는 공장에서 컨베이어 벨트의 작업 속도를 높이는 것처럼 시간당 작업 속도 또는 처리 업무량을 늘려 노동강도를 높이는 방법이 흔히 사용되어 왔습니다. 노동자들은 노동시간의 변화는 없지만 시간당 작업 속도의 증가를 통하여 이전보다 훨씬 많은 작업량을 처리하게 됩니다. 대표적인 노동강도 강화 방법으로는 '과학적 관리주의'로 불리는 테일러주의가 있습니다. 테일러주의의 핵심은 노동과정에 있어서 구상(계획, 아이디어)과 실행(직접 노동)이 통합되어 있던 것을 분리시켜 그중에서 구상 기능을 관리자층의 재량, 즉 관리자들의 생각과 판단에 맡기게 함으로써 노동자들의 숙련을 제거하고 노동과정을 실질적으로 통제하는 것입니다.

테일러는 노동자들의 직무를 잘게 분류한 후 각각에 대한 정교한 시간 연구를 수행함으로써 노동과정을 사전에 계획하였습니다. 노동자들에게는 이 계획 단계에 참

테일러주의에 따라 과학적으로 관리되었던 작업장입니다. 노동자들은 전체 공정의 부속품이 되어 기계처럼 자기 일만 수행해야 했죠.

여할 기회가 주어지지 않았습니다. 그래서 노동자들은 자신이 무엇을 만드는지도 모르는 채 아주 잘게 단순화된 작업들을 수행하는 것으로 그 역할이 제한되었습니다. 이는 각 노동자들의 생산성을 크게 증대시킬 수 있었지만 노동자를 자동화 과정의 일부로 환원시키는 매우 긴장이 많고 억압적인 체제로 결국 노동과정으로부터 노동자의 소외를 가져왔습니다. 테일러주의는 노동자들의 반발을 불러일으켜 지속적으로 노동강도를 높이는 데는 한계가 있었습니다.

오늘날에는 실적에 따른 성과급을 지급함으로써 생산성 향상을 유도하는 간접적인 방법을 즐겨 씁니다. 몇몇 노동자들에게 성과급의 기회를 줌으로써 노동자들끼리의 경쟁을 조장하면 저절로 노동강도가 높아지거든요. 하지만 성과급을 무한정 줄 수는 없겠죠? 경우에 따라서는 노동자들이 암묵적으로 노동강도를 낮추면서 성과급을 받게 될 최우수 노동자의 실적 기준을 서서히 낮게 만들기도 합니다. 기업들은 그 외에도 조명, 근무 환경, 작업 여건 등을 조정하면서 노동강도의 증가를 간접적으로 유도하기도 합니다. 하지만 노동자들 역시 기업가들이 어떤 방법을 쓰는지 하나하나 터득해 가기 때문에 노동강도를 높이고자 하는 기업가와 노동자의 줄다리기는 계속될 수밖에 없습니다.

특히 저는 박○○ 같은 각성제 등의 기호 식품이 19세기 이후 널리 보편화된 사실에 주목합니다. 이들 광고를 보면 항상 피로에 지친 사람들이 나오는데, 그 약을 먹으면 피로를 단숨에 날려 버릴 수 있다고 나옵니다. 하지만 실제 사라지는 것은 피로가 아니라 피로감입니다. 지친 사람들에게는 노동강도의 완화나 휴식이 필요한데, 그 대신에 주어지는 것은 단지 피로감만 완화시켜 주는 각성제란 말이죠. 그 외에도 술, 담배 같은 기호 식품들이 노동의 피로를 잠시 잊게 만드는 효과가 있습니다. 그래서 이런 기호품들의 보급과 산업혁명은 무관하지 않은 것입니다. 하지만 기업가 입장에서는 술, 담배 등은 비용이 많이 들고 노동의 생산성을 떨어뜨리는 부작용이 있으므로 노동자들이 커피 같은 카페인 복용을 통해 피로감을 잊고 집중력을 높이기를 바랍니다. 우리나라처럼 각성제나 커피 같은 기호 식품 광고가 많은 나라를 찾기 어려운데요, 이는 그만큼 우리나라의 노동강도가 높다는 것을 시사하는 게 아닐까 합니다.

그런데도 계속 노동시간이 줄어든 이유는?

장공부 그런데 독일이나 프랑스 같은 나라에서는 일곱 시간을 노동일로 잡지 않던가요? 그래서 주당 35시간 근무하고요. 심지어 주 4일 근무제 이야기까지 나오고요. 거기도 시장경제 체제인데 어째서 그렇게 노동일이 줄어들었나요?

사 선 네. 20세기 이후 노동자들이 하루에 일하는 노동시간의 표준은 점점 줄어들었습니다. 하지만 19세기 중반만 해도 이렇게 노동일이 단축되는 것에 대해 자본가들이 격렬하게 반발했습니다. 정부가 이들의 반발을 무릅쓰고 공장법을 통해 비인간적일 정도로 긴 노동시간을 금지시켰지요. 즉 이건 시장에서 이루어진 일이 아니라 정치적으로 해결된 일이라는 것입니다. 노동자들이 정치 세력화하고, 또 그들의 숫자가 많으니 표를 얻어야 하는 정치가들이 압력을 느낀 것이죠. 그래서 오늘날 대부분의 선진국에서는 기업들이 노동일을 함부로 늘리거나 노동강도를 직접적으로 높이는 등의 일을 하기가 어렵습니다. 우리나라에도 근로기준법 등의 각종 노동법들이 이를 제한하고 있죠. 기업가들도 처음에는 반발했지만 나중에는 적응했습니다. 유명한 헨리 포드처럼 앞장서서 노동일을 단축하고 되레 임금까지 인상하는 기업가가 등장했으니까요.

모의심 그거 이상하네요. 자본가가 스스로 이윤을 포기한다? 그럼 포드는 무슨 자선 사업가라도 되었단 말인가요?

사 선 물론 그렇지 않습니다. 우리는 이 무렵 노동자들이 노동조합으로 단결해서 자본가와 맞설 수 있을 만큼 힘이 세어졌다는 것에 주목해야 합니다. 노동조합의 힘이 강력해지면 쉽사리 노동강도를 높일 수 없고, 만약 높이려면 임금을 인상해야만 합니다. 노동조합이 강력해질수록 임금은 상승하고 노동일은 줄어들죠. 하지만 기술혁신이 일어나서 **생산성**이 크게 향상하면 자본가는 노동자들에게 엄청나게 인심을 쓰면서도 잉여가치의 비중을 크게 늘릴 수 있게 됩니다. 같은 노동력을 투입하더라도 생산량을 엄청나게 더 늘릴 수 있다는 것입니다. 기술혁신의 효과는 우리의 상상을 초월하는데, 생산성을 열 배 혹은 수십 배로 높이기도 합니다. 만약 생산성이 열 배로 늘어난다면 기업은 노동자들의 임금을 두 배로 올려주고도 종전보다 더 많은 잉여가치, 즉 이윤을 거둘 수 있는 것이죠. 여기서 말하는 기술혁신은 꼭 기계의 발명이나 개량만 뜻하는 것은 아니고 생산방식이나 인력 배치 방법의 혁신일 수도 있습니다. 그러니까 재화뿐 아니라 서비스 부문에서도 기술혁신이 얼마든지 일어날 수 있는 거죠.

앞에서 말한 포드의 성공 요인만 봐도 그런데요. 포드는 파격적인 임금 인상과 함께 주 5일제 근무를 도입했습니다. 하지만 이건 포드가 노동자에게 자선을 베푼 것이 아닙니다. 당시 노동자들은 이직률이 매우 높았습니다. 자동차 산업도 예외는 아니어서 한때 이직률이 1천 퍼센트에 이르기까지 했죠. 포드는 낮은 임금을 주면서 노동자들을 부리는 것과 높은 임금을 주면서 노동자들을 가능하면 회사에서 오래 근무하게 하는 것 중 후자가 더 효율적이라고 판단한 것뿐입니다. 회사에 애착을 가지고 있는 노동자들이 더 높은 생산성을 가져올 수 있으니까요. 그래서 포드는 당시 2, 3달러였던 노동자 임금을 5달러 정도로 두 배가량 파격적으로 인상하였습니다. 이런 조처가 성공을 거두어 포드 자동차는 이직률도 줄이고 높은 생산성을 올릴 수 있었습니다. 포드가 이렇게 높은 임금을 줄 수 있었던 것은 직무의 세분화, 부품의 표준화와 컨베이어 벨트를 이용한 이동식 생산공정이 결합한 생산방식인 포드주의를 도입하여 높은 생산성과 높은 이윤을 실현할 수 있었기 때문입니다. 포드는 장애인을 고용한 것으로도 유명한데, 이것 역시 자선 사업가라서가 아니라 과거 숙련 노동자들이 하던 일을 단순히 스위치를 누르는 등의 단순 작업으로 바꾸었기 때문에 가능했던 것입니다. 이렇게 해서 포드의 공장은 수많은 단순노동 인력들이 일사불란하게 기계를 조작하는 곳이 되었고, 그런데도 다른 공장보다 더 많은 임금을 주는 곳이 되었습니다. 그러니 포드는 노동자들에 대해 절대적인 통제력을 행사할 수 있었던 것이죠.

한편 주 5일제 근무제는 보다 넓은 안목에서 나온 것이기도 합니다. 포드는 자동차 회사가 성공하려면 자동차에 대한 수요를 늘려야 한다고 보았고, 그때까지의 고급 승용차만으로는 충분한 수

포드 자동차 회사를 설립하며 자동차 왕으로 불린 헨리 포드.

146

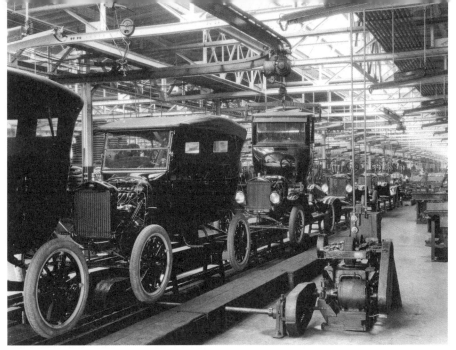

1924년에 공장에서 생산되는 포드 모델 T. 모델 T는 세계에서 처음으로 대량 생산된 자동차로 당시 미국의 도로는 모델 T 자동차가 온통 홍수를 이루었죠. 이 차의 등장으로 자동차 대중화 시대가 개막되기도 했습니다.

요를 창출할 수 없다고 보았습니다. 그렇다면 상류층뿐 아니라 노동자들로부터도 자동차에 대한 수요가 있어야 하는데, 그러자면 노동자들도 여가가 길어야 합니다. 그래야 노동자들도 자동차 여행을 하고 싶다는 욕구가 생길 테니까요. 그래서 포드는 세계 최초로 주 5일 근무제를 도입하여 노동자의 여가를 늘려 주었고, 이것이 주말의 자동차 여행 문화를 확산시키는 계기가 되었습니다. 결국 임금 증가, 노동시간 단축, 도로 시설의 확충 등으로 대중의 대량 소비가 가능해지면서 포드의 자동차 산업은 성공할 수 있었고, 그는 엄청난 이윤을 얻을 수 있었습니다.

노동조합이 꼭 필요한가요?

장공부 거 보세요. 기업가가 기를 펴고 자기 뜻을 펼치니까 결과적으로 그 혁신의 과실을 노동자가 공유하는 거 아닙니까? 그런데 왜 노동조합 같은 것을 만들어서 기업가를 괴롭히냐고요.

모의심 하지만 자본가들을 기술혁신에 매진하게 만든 원인이 있지 않나요? 손쉽게 돈을 벌 수 있는 기회가 있다면 과연 그렇게 했을까요?

사　선 아주 중요한 지적입니다.　역설적이게도 노동조합 등 노동자들의 힘이 강력해진 것이 바로 기술혁신의 원동력입니다.　실제로 노동운동이 활발해지기 시작한 19세기 중반 이후에 서양에서는 가장 놀라운 기술혁신이 일어났습니다.　만약 노동운동이 활발해지지 않았다면 자본가들은 잉여가치를 늘리기 위해 가장 손쉬운 방법인 노동시간과 노동강도 늘리기에 매달렸을 것입니다.　마르크스는 이른바 기업가의 혁신을 이렇게 설명합니다.

마르크스는 자본주의 경제에서 끊임없이 기술혁신이 일어나는 까닭을, 보다 많은 이윤을 얻으려는 기업가의 욕구뿐 아니라 더 많은 이윤을 얻기 위해서는 필연적으로 부딪칠 수밖에 없는 노동자계급과의 충돌과 갈등을 회피하고 관리하기 위해서라고 보았습니다.　이것을 앞에서 보았던 노동일 막대 그래프를 통해 설명하면 다음과 같습니다.

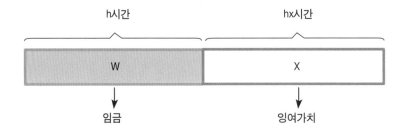

현재 노동일이 하루 h(1+x)시간이라고 하고 임금이 h시간어치 생산한 상품 가격과 같고, 잉여가치가 hx시간 동안 생산한 상품의 가격이라고 합시다.　더 많은 이윤을 거두기 위해서 기업가는 다음의 두 가능성을 생각할 수 있습니다.　하나는 hx시간을 늘리는 것입니다.　그런데 이렇게 되면 노동자는 똑같은 임금을 받으면서 전체 노동시간만 늘어나게 되기 때문에 강하게 반발할 것입니다.　따라서 이는 노동자계급이 매우 무력했던 자본주의 초기 단계에나 쓸 수 있는 방법입니다.

148

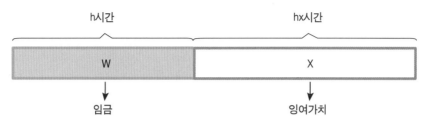

노동시간 연장을 통한 잉여가치 확대

그 다음 생각할 수 있는 방법은 노동자들의 임금도 늘리면서 전체적인 노동시간도 늘리는 것입니다. 이렇게 되면 임금과 잉여가치가 함께 증가합니다. 하지만 노동시간의 증가에도 한계가 있고, 또 이렇게 되면 공장 설비의 가동 시간도 늘어나기 때문에 결과적으로 설비 교체 주기가 짧아져서 추가의 비용이 들어갑니다.

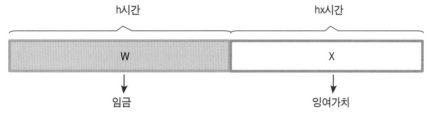

임금을 더 주면서 노동시간을 연장하는 경우

따라서 노동시간과 임금은 그대로 유지하면서 전체 노동시간에서 잉여가치가 차지하는 비율을 늘리는 것이 가장 좋은 방법입니다. 그런데 이게 가능하려면 단위시간당 상품생산량이 늘어나야 합니다. 이것을 **노동생산성**이라고 합니다. 만약 노동생산성이 두 배로 증가한다면 노동자는 종전보다 절반의 시간만 일해도 이미 자기 임금만큼의 상품을 생산하게 됩니다. 하지만 노동시간은 종전과 동일하기 때문에 결과적으로 이전보다 두 배 이상의 잉여가치를 생산하게 되는 것입니다.

심지어 기술혁신이 더 활발하게 일어나면 종전보다 노동시간을 줄이고도 더 많은 잉여가치를 생산할 수 있게 됩니다. 이렇게 노동시간이 줄어들면 당연히 상품 한 단위의 비용도 줄어들게 됩니다. 이때 만약 다른 기업들이 기술혁신에 성공하지 못했다면 이 상품의 시장가격은 다른 기업들의 생산 비용을 기준으로 책정될 것입니다. 따라서 기술혁신에 성공한 기업은 훨씬 적은 비용을 들여 상품을 생산하고도 훨씬 많은 비용을 들여 생산한 기업과 같은 가격을 받을 수 있습니다. 당연히 이 기업은 훨씬 더 많은 이윤을 거둘 수 있게 됩니다. 마르크스는 이 초과이윤을 **특별잉여가치**라고 불렀습니다.

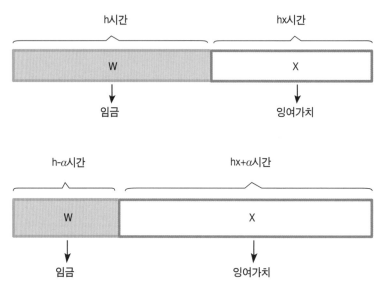

기술혁신을 통해 노동시간 연장 없는 잉여가치 확대

장공부 하지만 S 전자를 보세요. S 전자는 노동조합이 없음에도 불구하고 기술혁신에 가장 적극적이잖아요. 그래서 세계 첨단을 달리고 있잖아요. 그리고 직원들에게 상여금도 엄청 많이 주고요.

모의심 아 그 회사요? 그 대가는 뭐죠? 그 회사 직원들이 백혈병 같은 질병에 걸려서 일찍 죽는 일이 있다는 거 아세요? 그리고 그 회사 평균 근속기간이 7~9년밖에 안 된다는 거 아세요? 월급 많이 받는 대신 죽도록 일하고, 얼마 안 가서 막 잘리는 거잖아요?

사 선 계속해서 마르크스 입장에서 말해 보겠습니다. S 전자의 상여금이 바로 노동조합의 필요성을 증명합니다. 만약 S 전자 노동자들이 절대 노동조합을 만들지 않을 거라고 확신할 수 있다면 과연 상여금을 줄까요? 노동조합을 만들까 봐 두려우니까 상여금을 주는 것이지요. 그리고 S 전자가 기술혁신에 앞장선다고 보기는 어려울 것 같습니다. 오히려 S 전자의 실적의 상당수는 외국의 경쟁사들에 비해 엄청나게 높은 노동강도에서 비롯된 것 같거든요. 바로 노동조합이 없기 때문에 가능한 것이죠. 그러니 그 회사 노동자들의 높은 임금과 상여금은 기실 엄청난 노동량에 대한 대가일 뿐이며, 그들의 삶의 질과 건강을 희생한 대가일 뿐입니다.

노동자와 기업가의 정치학

장공부 그런 식이면 기업가가 정말 불쌍한 것 같은데요. 노동자들이 노동조합을 만들어서 기업을 압박하면 기업은 기술혁신을 해서 임금 올려 주고 노동시간 줄여 주는데, 노동자들은 기업을 위해 아무것도 안 하잖아요.

사　선 그렇지 않습니다. 노동조합의 교섭력은 조합원의 숫자와 단결력에서 비롯되지 않습니다. 1980년 엄청난 조합원을 거느리고 거의 군대 수준의 단결력을 가진 영국 탄광 노조도 결국 패배했습니다. 실제로 노동조합이 강력한 힘을 발휘하는 산업 분야를 보면 대부분 상당히 숙련(연습을 많이 해 기술을 능숙하게 익힘)된 노동자들이 필요한 분야입니다. 예를 들어 항공기 기장들의 노동조합은 교섭력이 상당히 강합니다. 왜냐하면 항공사는 기장들을 함부로 해고할 수 없기 때문이죠. 숙련된 조종사를 쉽게 구하기 힘드니까요. 따라서 노동자들은 자신들의 교섭력을 높이기 위해서라도 자신들이 아무런 교육을 받지 않고 숙련되지도 않은 사람들과 언제든지 대체될 수 있는 그런 존재가 아니라는 것을 보여 주어야 합니다. 즉 자기 계발을 통해서 생산성을 계속 높일 필요가 있는 것입니다. 정리하면 시장경제에서 노동자와 기업은 서로 갈등하는 관계에 있을 수밖에 없지만 그 갈등이 꼭 나쁜 것만은 아니란 것입니다. 갈등이 있기에 기업은 기술혁신을 하고, 노동자는 자기 계발을 하니까요. 자, 지금까지 노동자가 노동의 공급자이고 기업이 수요자이며, 이들이 서로 공동 운명체이자 동시에 임금과 이윤의 몫을 놓고 줄다리기하는 모습을 살펴보았습니다.

스위스 제네바에 있는 국제노동기구(ILO) 건물입니다. 유엔의 전문기구이지만 유엔보다 더 먼저 1919년에 설립되었고, 세계의 노동조합과 협력하며, 노동자의 지위 향상과 노동조건의 개선을 목적으로 하고 있습니다.

모의심 아, 저 잠깐만요. 이거 뭐가 좀 이상해요.

사　선 뭐가 이상하죠?

모의심 지금까지의 말씀을 들으면 마치 노동자와 자본가가 대등한 조건에서 서로 협상하고 줄다리기하는 것 같잖아요. 노동자랑 자본가가 노동일과 노동강도를 놓고 줄다리기를 하고, 그 과정에서 자본가는 혁신을 하고 노동자는 자기 계발을 한다고요? 너무 듣기 좋네요. 하지만 현실이 과연 그럴까요? 실제로 공장에서 노동자와 자본가가 대등하게 줄다리기하나요? 저는 노동자가 "사장님"이라고 부르는 건 봤어도, 사장이 "직원님"이라고 부르는 건 못 봤거든요. 그리고 노동자가 사장을 단지 임금이라는 돈을 주고 내 노동력을 구입하는 거래 파트너 정도로 생각하는 것도 본 적이 없고요. 사장은 명령하고 노동자는 복종하죠. 심지어 선생님들도 교장 선생님에게 복종하지 않나요?

사　선 아, 그거 정말 훌륭한 지적입니다. 그렇습니다. 제가 노동자와 기업의 관계는 경제적인 관계인 것만이 아니라 정치적인 관계이기도 하다는 것을 설명하지

152

않았네요.

진단순 지금 경제 시간인데요?

사 선 사실 경제를 공부할 때 잘 빠지는 착각이 뭐냐 하면요, 마치 상품과 화폐가 저절로 교환되고 스스로 움직이는 것처럼 생각한다는 점입니다. 모든 공식이 다 상품과 화폐의 관계로 표시되니까요. 심지어 사람도 여기서는 단지 노동력이라는 상품으로만 등장하죠. 하지만 **경제 현상을 주도하는 것은 사람**입니다. 이건 상품 과 화폐의 관계가 아니라 사람과 사람의 관계죠. 그러니 결국 정치가 들어설 수밖 에 없는 것입니다. 기계라면 돈을 주고 구입해서 스위치를 올리면 바로 작동을 하 겠지만 노동자는 사람이기 때문에 임금을 주어 고용하는 것과 실제 이들에게 만족 스러울 만큼의 일을 시키는 것은 전혀 별개의 일이죠.

장공부 임금을 받았으면 마땅히 일을 해야지요.

사 선 장공부 학생이 주류 경제학자의 입장에서 이야기를 하니, 주류 경제학에 서 이야기하는 것처럼 인간이 이기적 존재라고 가정하고 한번 생각해 봅시다. 내 가 노동자라면 임금에 비해 노동력 지출을 최소화하려 하지 않겠습니까? 반면 내 가 자본가라면 노동자가 임금에 비해 노동력을 최대로 지출하도록 할 것이고. 쉽 게 말해 노동자는 가능한 한 땡땡이를 치려고 하고, 기업은 자꾸만 시켜 먹으려 하 지 않겠어요? 자, 여기 고용 계약서가 있다고 합시다. 계약서는 "월 150만 원을 받 고 하루 8시간씩 주 5일을 근무한다", 이런 식으로 되어 있을 것입니다. 즉 임금과 노동시간이 명기되어 있을 뿐 어떤 노동을 어떤 방식으로 어느 수준으로 한다는 것 까지는 규정되어 있지 않습니다. 그저 성실히 근무한다는 정도의 수준에서 그치 죠. 그런 세세한 것까지 정하려면 노동자 한 명을 고용하기 위해 들어가는 협상 비 용이 너무 커지니까요. 그래서 자본가는 노동자를 고용하기 전에 최대한 꼼꼼하 게 인터뷰를 하는 등 땡땡이 안 치고, 임금을 받은 만큼 성실하게 일할 사람을 뽑으 려고 할 것입니다. 하지만 이것도 몇몇 전문직이나 관리직을 선발할 때나 그렇지 수많은 단순 노동자들까지 이런 식으로 뽑을 수는 없습니다. 그래서 주로 사용하 는 것이 학교 다닐 때의 기록입니다. 학교를 성실히 잘 다니고 성적도 괜찮다면 회 사에서도 성실하게 최선을 다해 열심히 일할 것이라고 기대하는 거죠.

하지만 문제는 아무리 성실한 노동자라 할지라도 그가 생각하는 '열심히'보다 자본가가 기대하는 '열심히'의 정도가 훨씬 크다는 것입니다. 그렇다면 자본가는 어떻게 노동자에게 자신이 기대하는 '열심히'를 관철시킬까요? 게다가 노동자들이 모두 성실하다는 보장도 없지 않습니까? 어떤 외부적인 간섭이나 감시가 없다면 노동자는 근무시간을 대충 때우며 월급만 가져가려 하지 않을까요? 아무리 더 열심히 일해 본들 월급 이상의 이윤은 다 자본가 몫인데 뭐하러 열심히 일하겠습니까? 진단순 그럼 해고해 버려요.

기업가가 노동자가 일하도록 하려면?

사 선 매일같이 수십 명의 직원을 해고하고 새로 고용하는 귀찮음을 감수하시겠다고요? 그건 좀 말이 안 되죠. 그러니 자본가는 고용한 노동자를 부려서 자기가 원하는 만큼 일을 시킬 방법, 즉 노동자를 자신의 명령에 따라 일하도록 복종시킬 방법을 찾아야 합니다. 그래서 고용계약을 맺기가 무섭게 경제적 관계는 정치적 관계로 바뀌는 겁니다. 하지만 그게 어디 쉽나요? 예를 들면 '주인-대리인' 관계가 그렇고, 또 주류 경제학자들이 말씀하시는 것처럼 노동시장에 균형이 이루어져서 비자발적(스스로 선택하지 않은) 실업이 없는 경우도 그렇습니다.

먼저 주인과 대리인 관계를 한번 볼까요? 근로시간 중에 노동력의 주인은 노동자가 아니라 자본가입니다. 임금을 주고 샀으니까요. 그런데 문제는 노동자에게서 노동력만 떼어서 가져올 수 없다는 겁니다. 즉 여전히 노동력은 노동자의 통제하에 있다는 거죠. 이거 표현하자면 참 이상하긴 하지만 근무시간 중에 노동자는 노동력의 주인인 자본가를 대신하여 그 노동력을 사용하고 있는 것입니다. 바로 여기서 주인과 대리인 관계가 성립하죠.

하지만 노동력의 주인인 자본가는 그 노동력의 대리인인 노동자보다 그 노동력과 노동과정에 대해 아는 게 적습니다. 그건 당연하죠. 바로 여기서 소유자인 주인이 정보의 부족으로 완전하게 감시, 통제하지 못하는 상황에서 대리인은 주인과 다른 이해관계를 추구하기 쉽다는 **도덕적 해이**(긴장이나 규율이 느슨해져 풀림)의 문제가 등장합니다. 즉 정보의 불완전성(격차)으로 인한 감시 소홀을 틈타 대리인이 권력을 남용하여 주인의 이익보다는 자신의 이익을 추구한다는 것입니다. 쉽게 말하면 노동자가 적당히 땡땡이치는 겁니다. 하지만 주인인 자본가는 그 노동력이 어느 정도 발휘되어야 성실히 일한 것인지에 대해 노동자보다 잘 알지 못합니다.

자, 여기서부터 서로의 줄다리기가 시작되는 것입니다. 노동자들은 어떻게든 자기 정보를 자본가에게 드러내지 않으려 합니다. 반면에 자본가는 노동자들로부터 많은 정보를 얻어 내려고 하죠. 여러분들이 나중에 회사에 가면요, 직원들이 지금 무슨 일을 어떻게 하고 있는지 알아내려는 회사 측의 다양한 노력과 장치들을 보게 될 겁니다. 물론 CCTV 같은 단순한 방법은 아니고요.

장공부 '비자발적 실업이 없는 경우'라는 말은 또 무슨 뜻인가요?

사 선 신고전파 경제학에서는 노동시장에 인위적인 개입이 없다면 보이지 않는 손이 작동하여 적절한 수준의 임금에서 적절한 수준의 고용이 이루어진다고 합니다. 이를 그래프로 보면 임금이 w1일 때 노동의 공급(일하려는 노동자)과 노동의 수요(고용)가 일치하여 완전고용(일할 능력과 생각이 있는 사람이 모두 고용되어 실업이 없는 상태)이 이루어집니다. 그런데 기업 입장에서는 완전고용이 달갑지 않습니다. 왜냐하면 완전고용이 되면 노동자들은 현재 고용 상태가 기업의 노동 수요와 일치한다는 것을 알게 되기 때문이죠. 즉 노동자들이 가장 두려워하는 무기를 쓸 수 없게 된다는 겁니다. 영화 같은 데 나오죠? "너 말고도 일할 놈 많아. 당장 나가. 해고야 해고!" 이러면 노동자들이 꼼짝 못하잖아요. 하지만 완전고용 상태에서는 해고할 여지가 없는 것입니다.

그런데 임금이 균형가격 이하인 w3 수준이라면 어떻게 될까요? 도리어 일손이 부족하기까지 합니다. 이런 상황에서는 노동자들이 일을 불성실하게 하면서 배짱부려도 대체할 인력이 없기 때문에 해고할 수가 없습니다. 해고라는 칼을 휘두르지 못하는 기업가는 노동자에게 두려운 대상이 아닙니다.

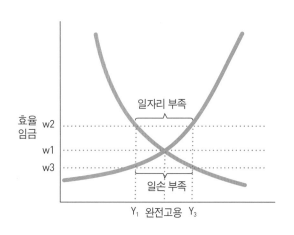

장공부 음, 그러니까 직원들이 일을 제대로 하고 있는지를 알기 어렵다는 것과 해고라는 칼날을 쓰지 못하는 게 문제란 말이군요.

사 선 그렇습니다. 그래서 자본가는 노동자들에게 일을 시키기 위해 당근과 채찍을 사용합니다. 여기에서 당근은 **효율임금**이라고 부릅니다. 왜 효율 임금이냐 하면 일을 효율적으로 시키기 위해 노동력의 균형가격인 w1보다 더 많은 임금을 지불하기 때문입니다. 이건 당근이 되기도 하지만 채찍이 되기도 합니다. 당근이 되는 것은 당연하죠. 임금을 높게 주니까. 채찍이 된다는 말은 좀 설명이 필요합니다. 자본주의 시장경제에서는 노동력도 상품이고, 따라서 시장에서 거래된다는 것은 다 알고 있죠? 그럼 효율 임금이 주어진다는 것은 노동력의 가격이 균형가격보다 높아진다는 뜻입니다. 그럼 어떤 일이 일어날까요? 가격이 균형가격보다 높은 쪽에서 형성된다는 것이니 노동력의 공급이 늘어나겠죠. 자, 이게 뭘 의미하죠?

모의심 아, 이제 감이 탁 옵니다. 그러니까 효율 임금 때문에 일하고 싶어 하지만 일자리가 없는 사람들이 많아진단 말이죠. 카, 그러면 자본가가 큰소리칠 수 있게 되겠네요. "너 말고도 일할 사람 많아", 이렇게 말입니다.

사 선 그렇습니다. 효율 임금은 일하고자 하지만 일자리를 구하지 못하는 예비 인력, 실업자(이를 마르크스는 **산업예비군**이라 불렀습니다)가 언제나 일정 비율 이상 있게 만들어 줍니다. 그 덕에 자본가는 해고 위협이라는 가장 강력한 무기를 노동자에게 구사할 수 있고, 노동자를 복종시켜서 원하는 대로 일을 시킬 수 있습니다. 즉 부불 노동을 강요할 수 있습니다. 또 균형임금보다 높은 임금을 받는 입장에 있는 노동자는 일자리를 상실할 경우 직업상실비용(JLC)이 커집니다. 임금이 w1일 경우는 일자리를 잃어도 금방 구하면 되고, w3일 경우에는 그까짓 일자리 잃어도 그만이지만, w2일 경우는 그렇지가 않은 거죠. 잃기 아까운 일자리일수록 노동자들은 회사에 더 협조적이 됩니다. 많은 기업들이 자기 회사 노동자들에게 같은 업계의 최고 대우를 해 주고 있는 것처럼 선전하는 이유가 바로 여기에 있습니다.

모의심 하지만 어떤 회사는 월급은 쥐꼬리만큼 주면서 일은 무지막지하게 시키는데도 노동자들이 꼼짝 못한다고 하던데요. 일요일에도 나오라고 하면 나오고, 3일 동안이나 집에 못 가고 일한 적도 있다고 해요. 그건 왜 그런 거죠? 왜 그 회사는 효율 임금이란 거 안 주냐고요?

사 선 노동자를 복종시키는 방법이 효율 임금만 있는 건 아니거든요. 만약 돈 들이지 않고도 복종시킬 수 있다면야 기업은 당연히 비용이 안 드는 방법을 선택하겠죠. 왜 있잖습니까. 흔히 하는 말로 노동자들이 알아서 긴다면 뭐하러 효율 임금을 주겠습니까? 알아서 긴다고 하니 표현이 좀 거칠죠? 물론 노동자와 자본가는 법적으로는 대등한 계약관계입니다. 하지만 애덤 스미스가 말했듯이 자본가는, 노동자가 자본 없이 생존할 수 있는 시간보다 훨씬 더 오래 견딜 수 있습니다. 노동자는 일자리를 잃어버림과 동시에 생계의 위협을 느끼는 가난한 개인이지만 자본가는 노동자들이 넘보기 어려울 정도의 경제력을 가지고 있습니다. 게다가 현실 세계에서는 완전고용이 이루어지는 경우란 거의 없고, 항상 일자리를 노

리는 실업자들이 있기 마련입니다. 그러니 노동자는 약자, 자본가는 강자의 위치
에 섭니다. 노동자들은 알아서 길 수밖에 없는 것입니다.

장공부 요즘은 오히려 노동조합의 기세가 등등하잖아요?

사 선 그렇죠. 바로 그래서 노동조합이 나온 것입니다. 개인으로서의 노동자
들은 도저히 기업과 동등한 위치에 설 수 없기 때문에 **노동조합**을 만드는 겁니
다. 노동조합이 결성되면 노동자들은 더 이상 약한 개인이 아닙니다. 자본가는
약한 노동자 개인이 아니라 노동조합이라는 강력한 법인격(권리와 의무를 가지는 법률
적인 인격)과 협상하고 계약하게 됩니다. 그럼으로써 노동자가 자본가와 대등한 위
치에서 계약할 수 있게 되는 겁니다. 물론 자본가들은 노동조합이 만들어지는 것
을 달갑게 여기지 않았습니다. 그래서 노동조합의 결성이나 노동자들의 단결을
방해하고 탄압했죠. 실제로 대부분의 나라에서 상당 기간 동안 노동조합은 불법
이었습니다. 노동조합이 합법적인 조직으로 인정받고 보편화된 것은 저절로 이루
어진 게 아닙니다. 이것은 수많은 투쟁과 갈등, 그리고 희생의 결과입니다. 그래
서 오늘날에는 민주적인 나라에서는 대부분 노동조합과 노동3권을 헌법이 보장하
는 기본권으로 설정해 두고 있습니다. 노동3권에 대한 자료는 이 시간이 끝나면
나눠 줄게요.

결국 문제는 정치다

모의심 그런데 이상해요. 노동조합이 만들어지면 노동자들의 힘이 세져서 자본가
와 비슷해지는 거잖아요? 그런데 자본가가 왜 가만있죠? 그리고 노동조합이 있는
회사에 다니는 어른들도 "목구멍이 포도청이야" 하면서 한숨짓긴 마찬가지인 것
같은데요?

사 선 자본가는 당연히 이런 상황을 그냥 두지 않습니다. 노동자가 단결이라는
무기를 내세운다면 자본 역시 거기에 상응하는 반격을 합니다. 그 반격은 노동
자들이 가장 두려워하는 실업의 공포를 다시 살리는 것입니다. 물론 마구 해고한

158

다는 건 아닙니다. 이미 노동조합이 있고, 이른바 '2세대 인권'을 통해 노동자들의 권익이 보장되기 때문에 노동자를 예전처럼 함부로 해고할 수 있는 시대가 아니죠. 하지만 기업이 **구조 조정**을 한다면? 같은 작업을 하는 데 필요한 노동자들의 수가 3분의 1로 줄어든다면 노동자들은 아무리 노동조합이 있다고 해도 언제든지 해고될 수 있다는 위협을 느낄 겁니다. 공장을 3분의 1만 돌려도 충분하다는데 어쩌겠습니까? 또 성능이 우수한 자동기계의 발명도 있습니다. 기계의 성능은 갈수록 우수해지며, 이제는 매우 고도의 정밀한 작업까지 놀라운 속도로 해치울 수 있게 발전했습니다. 즉 기존의 고임금 숙련 노동자들이 필요 없게 된 것입니다. 그런데 그동안 숙련 노동자들은 대체로 노동조합과 노동운동의 지도적 역할을 하는 경우가 많았습니다. 그러니 숙련 노동자들을 제거할 수 있다는 것은 자본가가 다시 노동조합을 약화시켜 우월한 위치에 설 수 있는 상황을 만듭니다. 이제 기업은 어려운 작업들은 기계에 맡길 것이고, 숙련된 노동자들보다는 단순 미숙련 노동자들을 주로 고용할 수 있습니다. 미숙련 노동자들은 언제든지 실업자들과 대체될 수 있기 때문에 협상력이 약합니다. 게다가 자본가들은 **세계화** 덕분에 훨씬 적은 임금을 주고도 유능한 노동자들을 고용할 수 있는 나라가 있다면 회사나 공장을 지체 없이 그쪽으로 옮길 수 있습니다. 하지만 노동자들은 월급이 더 많은 나라로 쉽게 이민을 가기가 어렵죠. 그러니 오늘날에는 노동조합이 있다고 해도 노동자들의 힘이 예전 같지 않은 겁니다.

모의심 야, 이거 참 복잡하네요. 완전히 밀고 당기고 장난이 아니네요.

사 선 그렇죠? 그러니 우리가 살고 있는 사회는 시장에서 모든 것이 합리적으로 결정되는 그런 세상만은 아니라는 것입니다. 기업과 노동자, 혹은 여러 재산소득자들이 저마다의 이해관계를 관철시키기 위해 밀고 당기면서 서로 힘을 겨루고 있는 역동적인 세상입니다. 그 과정에서 싸움이 일어나기도 하고 다소 혼란이 발생하기도 하겠지만 그 덕분에 혁신도 일어나고 더 좋은 세상이 되는 거 아니겠습니까? 물론 기술혁신은 우리 삶을 편리하게 해 주는 만큼 일자리를 위협하기도 하고요. 그럼 다시 노동자들이 이에 대응하고, 이렇게 계속 주고받는 거죠. 그래서 경제주체로서 정부의 역할이 중요합니다. 물론 이 복잡한 이해관계를 조정할 수 있다면 정부가 아니라 누구라도 상관없겠지만 현실적으로 그 역할은 정부가 할 수밖에 없습니다. 일부 신자유주의자들은 이 복잡한 이해관계를 그냥 내버려 두면 시장에서 알아서 다 해결한다고들 하지만 너무 비현실적인 주장이고요.

그래서 정부는 시장에서 다음 그림과 같이 중요한 역할을 한다고 생각합니다. 어떤 경제 상황이 발생하면 정부는 이 상황을 해결하기 위해 갈등하는 여러 계급과 이해 집단의 주장을 듣고, 여러 경제학자들의 조언을 참고하여, 이러한 이해관계들을 조정할 수 있는 최적의 정책을 선택합니다. 이것이 바로 경제주체로서 정부의 역할인 것입니다.

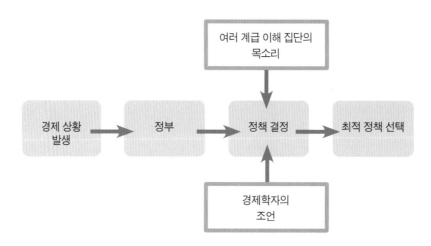

하지만 아까 우리가 모셨던 마르크스는 이렇게 생각 안 할 겁니다. 그의 관점에서는 정부가 여러 계급들의 이해관계에서 중립적이라는 것을 인정하지 않거든요. 다음의 그림처럼 정부의 역할을 거의 최악으로 보고 있는 사람들도 있음을 유념해 주시기 바랍니다. 어떤 경제 상황이 발생했을 때 정부는 무사안일한 관료제에 젖어 있기 때문에 이 상황을 제대로 파악하지 못합니다. 그리고 정책 결정 과정에서 여러 계급의 목소리에 귀를 기울이는 것이 아니라 지배계급의 목소리에만 편

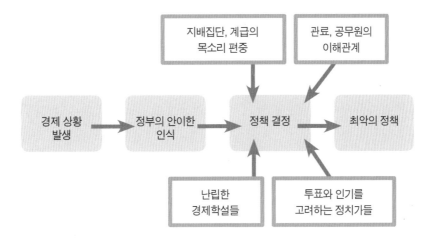

중되어 정책 결정에 반영시킵니다. 경제학자들의 조언은 워낙 많은 학설들이 난립하여 별 도움이 되지 못하며, 여기에 더하여 인기를 높이려는 정치가들의 이해관계와 중립적이라기보다는 이미 독자적인 이익집단이 된 관료 집단의 이해관계까지 개입합니다. 그 결과는 뭘까요? 최악의 정책이 아니겠습니까?

(한동안 졸고 있던 진단순 깨어난다.)

진단순 아, 정말 짜증 나네요. 난 돈 많이 벌어서 잘살고 싶은데, 우리가 사는 세상은 정말 돈 벌기가 어렵네요. 노동자는 너무 못사는 것 같고 멋도 안 나고, 기업가는 위험을 감수해야 하는 것만 아니라 시장에서 경쟁하고 노동자와 줄다리기도 해야 한다고 하고. 그냥 재산소득자나 할래요.

모의심

이 단무지야. 그건 이미 재산을 많이 물려받았던가, 아니면 노동자나 기업가가 먼저 되어서 꽤 많은 재산을 축적한 다음에야 가능한 거라고.

진단순 그럼, 어디서 대박을 내야 되나?

장공부 넌 여태 뭘 배웠니? 지금까지의 얘기는 결국 시장경제에선 돈을 벌려면 돈 많은 집에서 태어나던가, 아니면 노동자나 기업가가 되어야 한다는 건데, 그 어느 경우에도 온갖 것을 따져 가면서 신중하고 합리적인 선택을 계속해야 한다는 거잖아. 머리를 쥐어짜 가며 자기 계발하고, 혁신하고, 기술 개발하고, 심지어 서로 힘겨루기까지 해 가면서 …….

장공부 한마디로 말해서 시장경제에 대박은 없다는 말이지.

진단순 그럼 이 어려운 경제학을 왜 배워요? 돈도 못 버는데!

사 선 그래서 2001년 노벨 경제학상 수상자인 스티글리츠는 경제학을 공부한다는 것은 큰돈을 벌 방법을 배우는 게 아니라 어이없는 선택을 하지 않는 눈을 기르는 것이라고 했습니다. 진단순 군 스타일로 말하자면 대박을 내는 법을 배우는 게 아니라 홀라당 날리지 않는 법을 배우는 거죠. (웃음)

그럼 이제 대충 정리가 된 것 같습니다. 우리가 살고 있는 시장경제에서는 비합리적인 방법으로 엄청난 떼돈을 벌 수 있는 가능성은 일단 배제해야 할 것 같고

자동화된 현대의 공장 설비입니다. 기업의 기술혁신은 그 기업에 엄청난 이익을 안겨주는 것은 물론 사회와 경제에 큰 활력소가 되기도 합니다.

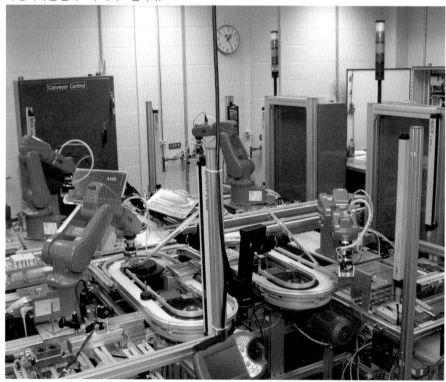

요. 우리가 여기서 돈을 벌려면, 아니 우리가 살아가는 데 필요한 소득을 얻으려면 여러 주체들이 각자 자신의 역할을 제대로 수행해야 하겠습니다. 기업가는 정당한 방법으로 투자하고 경쟁하면서 기술혁신에 힘써야 하고, 노동자는 근면하게 일하면서 자기 계발에 노력해야 하며, 정부는 여러 이해 집단의 목소리를 경청하면서도 공정하고 중립적인 입장에서 정책을 입안하고 집행할 필요가 있습니다. 또 시민 단체는 경제주체 특히 정부가 공정한 역할을 하는지를 감시하고 견제해야 할 것입니다.

진단순

돈 버는 법을 가르쳐 줄 줄 알았더니 점점 어려워지네.

모의심 그런데 과연 경제주체들이 자기네들의 이기심을 버리고 바람직한 역할을 수행할 수 있을까요? 특히 정부가 공정한 역할을 수행한다는 것은 현실과 거리가 먼 것 같은데요? 정부는 가진 자들 편 아닌가요?

사 선 그렇습니다. 정부는 공식적으로는 공정한 역할을 선언하지만 실제는 '기업 친화적 정부' 등을 표방하면서 자본가 편을 드는 경향이 매우 강합니다. 그러나 노동자들이 단결하여 노동조합의 영향력이 강해지면 이런 일방적 편들기 관행도 유지되기 힘듭니다. 결국 중요한 것은 오늘날의 민주주의 체제에서 경제주체들은 자신들의 권리를 분명하게 주장할 필요가 있고, 정부가 공정한 조정자의 역할에 실패하면 선거에서 심판을 받는다는 것이지요. 끝으로 각 경제주체들이 자신의 이익에만 집착하여 갈등이 증폭하면 경제 공동체의 경쟁력이 떨어지고 결과적으로 자신에게 손해로 돌아오기에 장기적이고 거시적인 관점을 가질 필요가 있다는 겁니다. 따라서 경제주체들은 경제에 바람직한 영향을 줄 수 있는 역할에 대한 고민이 필요하고 이것이 각 경제주체에 요구되는 경제윤리의 내용이 될 것입니다. 경제주체들이 바람직한 역할을 자발적으로 실천하는 자세야말로 경제 발전에 기여하고 상대방을 감시, 견제하는 데 들어가는 시간과 비용을 절약할 수 있습니다. 결국 경제주체들에 효과적으로 받아들여질 수 있는 경제윤리는, 장기적으로 모두에게 이익이라는 인센티브에 호소하는 것이 되어야 할 듯하네요. 그러한 경제윤리

로서의 양보와 희생, 헌신 등의 자세는 노동자, 기업가, 정부 등의 어느 일방에게만
요구되어서는 안 될 것입니다.

노동3권이 보장되는 나라, 부정되는 나라

노동3권은 헌법 제33조 제1항에 명시된 노동자의 권리입니다. 즉 근로자가 근로조건
의 유지 향상을 위해서 자주적으로 갖는 권리가 노동3권입니다. 그리고 헌법 제33
조의 수권을 받은 법이 노동조합 설립 및 운영에 관한 법률이고 보통 노조법이라고
부릅니다. 노동3권은 다음과 같습니다.

(1) 단결권

단결권은 노동자들이 단결할 수 있는 권리인데, 보통 노동조합을 결성할 수 있는 권
리를 의미합니다. 노동조합을 결성한다는 것은 노동조합을 새로 설립하거나 기존
노동조합에 가입하는 것을 의미하고 노동조합법상의 노동자라면 누구나 이를 행할
수 있습니다.

(2) 단체교섭권

단체교섭권은 노동자 개인 또는 노동조합 자체가 가질 수 있는 권리입니다. 이는 개
인이 보유는 하고 있으나 노동조합에 의해서 실행될 수 있는 권리로, 노동조합이 교
섭할 사항을 정하고(이는 일반적으로 의무적, 임의적, 금지적 교섭 대상으로 나눕니
다) 이를 상대방인 사용자 또는 사용자단체에 교섭을 요구할 수 있는 권리입니다. 사
용자는 교섭 요구를 정당한 이유 없이 거부하면 부당노동행위로 처벌받게 되기에
성실히 교섭에 응할 의무가 있습니다. 교섭을 한 후에 노동조합과 사용자는 단체협
약을 체결하여야 하며, 단체협약 체결은 사실상 노동조합 활동 또는 노동3권의 궁극
적인 목적이라고 할 수 있습니다.

(3) 단체행동권

단체행동권은 교섭이 결렬된 경우, 이익 분쟁의 경우에 한하여 마지막 수단으로 선택하는 권리로, 우리가 익히 아는 것은 노동을 전면 거부하는 파업입니다. 단체행동권의 종류에는 파업 외에도 일을 일부러 천천히 하는 태업, 특정 일에 대한 보이콧, 생산관리(혹은 생산관리투쟁), 직장점거, 피케팅, 준법투쟁 등이 있으며 이를 쟁의행위라고 부릅니다. 여기서 폭력 등의 사용, 생산 시설의 파괴, 또는 안전 보호 시설의 경우 이를 유지하지 않는 쟁의행위는 불법입니다.

노동3권은 서구 선진국의 산업화 과정에서 약자인 노동자의 권익을 지키기 위해 노동자의 적극적 단결, 투쟁을 통하여 쟁취하여 왔습니다. 그 이후 오늘날 대부분의 민주주의 국가에서는 헌법에서 노동3권을 보장함으로써 노동자의 권리를 기본권으로 인정하고 있습니다. 다만 노동3권이 얼마나 내실 있게 보장되느냐는 각 나라의 민주화 정도와 노동자의 단결력 등에 달려 있습니다. 오늘날 서구의 선진 산업 민주주의 국가에서는 노동3권이 기본권으로 확고히 보장되고 있고 핀란드 등 북유럽 복지국가에서는 대부분의 복시 혜택이 노동조합을 통해 지급됨으로써 노동3권 등 노동조합을 통한 권리 행사가 노동자의 자연스런 모습으로 받아들여지기까지 합니다. 반면에 싱가포르 등 일부 국가나 많은 개발도상국들에서는 사회질서나 경제성장 등을 이유로 노동3권의 일부 또는 본질적인 부분까지 제한하는 경우가 종종 있습니다.

한 사람이 일을 그만두면 해고, 노동조합이 일을 멈추면 파업!

노동조합의 힘은 노동자들이 한꺼번에 행동할 수 있다는 데서 나옵니다. 노동자가 개별적으로 협상에 임하면 고용주와 대립할 뿐 아니라 다른 노동자들과도 경쟁 관계에 서게 됩니다. 그렇게 되면 요구하는 임금수준이 가장 낮고, 가장 열악한 노동조건도 받아들일 준비가 되어 있는 노동자들에 맞추어서 모든 것이 결정될 가능성이 큽니다. 고용주들은 노동자들의 경쟁을 이용해 나쁜 고용조건도 불평하지 않을 노동자들만 골라서 협상을 하려고 할 것이기 때문이다. 하지만 모든 노동자가 노동조합을 통해 단체로 협상에 임한다면 상황은 달라집니다. 노동조합은 노동자를 대표하여 최대한 유리한 고용조건을 고용주와 단독으로 협상할 수 있기 때문입니다. 노동조합 발전의 역사가 이를 생생히 보여 주고 있습니다.

미국의 경우, 노동조합을 건설하려는 노력이 1930년대 말에 본격화합니다. 1929년에 시작된 대공황은 노동자들에게서 4분의 1가량의 일자리를 앗아 갔으며, 5년여의 사회적 재앙이 지나간 후 노동자의 이익을 보호해 줄 노동조합이 어느 때보다도 중요하다는 사실을 그들은 깨닫기 시작했습니다.

대량생산 산업(철강, 자동차, 타이어 제조 등)에서 고용주들은 숙련의 차이를 모호하게 하는 방식으로 노동과정을 완전히 재조직했습니다. 그 결과 직종별 노동조합의 낡은 체계는 더 이상 적절하지 않게 되었으며 이제 노동자들은 산업별 노동조합(trade union)을 결성하기 시작했습니다. 같은 산업에 고용된 노동자들은, 숙련공이건 비숙련공이건 그리고 어떤 기술을 갖고 있는가와 상관없이 그 산업 전체를 포괄하는 산별노조에 가입할 수 있었습니다.

노조 활동가들은 고용주들이 노동조합을 받아들이도록 강제하는 새로운 전략을 개발했습니다. 예를 들어, 샌프란시스코에서는 노동자들이 총파업을 조직했습니다. 어느 한 공장이나 산업의 노동자들만이 아니라 거의 모든 산업의 노동자들이 파업을 지지하기 위해 동참했습니다. 그리하여 1935년에는 와그너법의 통과라는 중요한 승리를 노동자들이 거둘 수 있었습니다. 파업 횟수가 증가해 사회적 압력이 증폭하자,

파업 중인 1946년의 미국 노동자들 모습입니다.

노동자들이 노동조합을 결성할 수 있는 권리를 보장하는 법안이 의회에서 통과되었으며 루스벨트 대통령이 이에 서명했습니다. 와그너법에 의해 전국 노동관계위원회가 설립되었는데, 이 기관은 기업가와 노동자 간의 분쟁을 중재하고, 고용주의 불공정 행위(친노조 성향의 노동자를 괴롭히는 행위 등)를 막아 주며, 노동조합 결성 여부를 결정하기 위한 공장 내 노동자들의 찬반 투표를 관할하고, 또 고용주가 투표로 선출된 노조 대표와 성심껏 협상에 임하도록 강제하는 등의 역할을 담당했습니다.

제2차 세계대전 이후에도 노사 간의 합의는 어느 한쪽의 자발적인 양보의 결과물이 아닙니다. 파괴할 수 없을 만큼 노조의 힘이 강해지자 기업은 타협하지 않을 수 없었습니다. 1946년에 있었던 거대한 파업의 물결이 보여 주듯이, 고용주는 평화를 원한다면 노동조합과 어떤 방식으로든 합의하지 않으면 안 되었습니다. 노동조합 역시 1930년대와 1940년대를 거쳐 규모도 커지고 좀 더 강력해졌지만 아직도 기업가들의 경제적, 정치적 영향력에는 미치지 못했기 때문에 타협할 수밖에 없었습니다.

유럽 등 다른 선진 산업국에서도 상황은 크게 다르지 않았습니다. 처음에는 노동조합이 기업가들의 반대에 부딪혀 불법화되다가 점차 노동자의 단결력이 커지고 노동 3권이 사회적 기본권으로 받아들여지면서 노동조합의 영향력이 커졌습니다. 노동조합이 노동자들의 대표로 단체 협상에 임하면서 사용자에 비해 약하던 노동자의 협상력은 비약적으로 커지게 되었습니다.

오늘날 세계화로 경쟁이 격화되고 특히 공공 부문을 제외한 사적 부문에서 조합원 수가 감소하면서 노동조합은 새로운 도전에 직면해 있습니다. 노조는 이런 위기를 극복하기 위해 국제적 연대와 국내 투자 외국 기업 내의 노조 조직 확대, 비정규직 노조 강화 등 다양한 시도를 하고 있습니다. 그러나 오늘날 노조가 해결해야 할 과제는 만만치 않은 것이 사실입니다.

메이저리그 선수들의 파업으로 무산된 월드 시리즈

1994년, 메이저리그 사무국은 높아진 선수들의 몸값을 억제하기 위한 고육책을 내놓았습니다. 이른바 샐러리 캡(한 팀에 속한 선수들 연봉의 총액을 제한하는 제도)의 도입이 그것이었습니다. 이에 메이저리그 선수 노조가 가만히 있지 않았던 것은 너무도 당연했습니다.

그러나 구단은 구단대로 애로 사항이 있었습니다. 구단 측으로서는 천정부지로 치솟는 선수들의 연봉 액수를 감당하기 힘든 상황이었습니다. 또한 샐러리 캡은 뉴욕 양키스와 같은 특정 팀이 스타 선수를 싹쓸이하는 것을 방지하자는 의도도 있었습니다. 그러나 선수들 입장에선 정당한 대우를 받지 못하게 될 것이란 우려가 컸습니다. 사태가 심각해지자 최악의 상황을 막기 위해 미국 의회와 클린턴 당시 대통령까지 중재에 나섰으나 샐러리 캡 도입의 절대 반대를 내건 선수 노조의 뜻을 꺾지는 못했습니다. 양측의 팽팽한 대립 끝에 선수 노조는 파업을 결정했고, 이는 결국 메이저리그 역대 최장기간인 232일간의 파업과 90년 만의 월드 시리즈 무산이란 결과로 이어졌습니다. 이에 따른 피해 가치는 대략 30억 달러로 추산된다고 합니다.

일부에서는 샐러리 캡 도입을 반대한 선수 노조 측에서 그 뜻을 끝까지 굽히지 않아 상황이 악화되었다고 비난합니다. 그러나 샐러리 캡 반대론자들은 "자본주의 사회에서는 자신의 가치를 돈으로 대변할 수 있어야 한다"고 주장합니다. 사용자 입장에서는 싼값으로 양질의 대어를 잡고자 하는 것이 인지상정이지만 경쟁 구단이 있으면 해당 선수의 몸값이 올라가는 것은 자본주의의 당연한 순리라며 선수 노조의 입장을 옹호합니다.

어쨌든 노사 양측은 1981년에 선수 노조 파업으로 한차례 몸살을 앓았음에도 불구하고 다시 파업의 악순환을 겪게 된 셈이었습니다. 1981년도에도 연봉 상한선 제도의 찬반을 놓고 50일간의 줄다리기가 이어졌지만 결국 양측 모두 2천400만 달러의 손해를 보고 나서야 '없었던 일'로 했던 전례가 있었습니다.

이번에도 양측의 대립으로 인한 피해 가치가 수십억 달러에 이르자 1981년도와 마찬가지로 연봉 상한선 제도에 대해 '없던 일'로 하기로 합의를 했습니다. 그러나 이 사건을 계기로 메이저리그는 팬들의 신임을 잃어버렸고, 급기야는 미국인들이 선호하는 스포츠 설문 조사에서 NBA에 밀려 3위에 머무르는 최악의 결과를 낳고 말았습니다. 이렇게 침체된 메이저리그의 불씨를 되살린 것이 새미 소사와 맥과이어의 최다 홈런 경쟁이었습니다. 소사와 맥과이어는 홈런왕 행크 아론의 기록을 갈아 치우며 홈런 경쟁을 벌였고 다시 팬들을 야구장으로 끌어들였습니다.

메이저리그 파업의 경험은 최저 연봉 상한선 상승(30만 달러)을 골자로 했던 2003년 노사 협상에도 영향을 미쳐, 한때 파업 위기에 몰렸지만 과거의 경험에 비추어

양측 모두가 사는 길은 원만한 합의가 답이라는 것을 이해하고 타협하는 유연한 모습을 보이게 되었습니다. 결국 1994년의 선수 노조의 파업은 메이저리그에 대한 팬들의 외면을 낳기도 했지만 구단의 일방적인 가이드라인에 대하여 선수 노조가 나름의 제동을 걸고 자신들의 권익을 지켰다는 소중한 선례를 남겼습니다. 구단들도 선수 노조의 단결된 힘을 무시하지 못하게 되면서 선수 노조의 협상력이 커졌다고 할 수 있습니다.

노동조합과 노동자의 권리

노조 조직률과 노사 단체협약 적용률 국제비교(2009년)

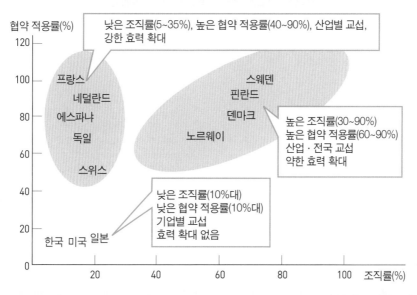

[출처: "경향신문", 2011년 10월 6일]

1. 앞의 표에서 각 영역에 속하는 나라들의 노동조건이 어떻게 다른지 인터넷을 검색하여 조사해 보자.

2. 1의 활동을 바탕으로 노동조합이 노동자의 노동조건에 어떤 영향을 미치는지 말해 보자.

3. 만약 노동조합 활동이 노동자의 노동조건을 개선시키고 있다면 노동자들이 왜 노동조합에 가입하지 않는 것일까?

4. 내가 노동자로 일하게 되었을 때 노동자로서 어떻게 구체적으로 권리를 실현할 수 있을까?

06

시장경제와 국민소득

모의심

> 자본주의는 자세히 살펴보면 볼수록 …

장공부

> 시장경제라고 해!

모의심 이름이야 어떻든 간에 참 비인간적인 경제체제라는 생각이 들어요. 결국 기업가나 자본가는 점점 더 부자가 되고, 노동자는 점점 더 가난하게 되잖아요.

장공부 꼭 그렇다고 볼 수 있을까? 물론 기업가나 자본가가 점점 더 부자가 되기는 하지만 그렇다고 노동자가 더 가난해지는 건 아니잖아. 시장경제에서는 노동자의 생활수준도 높아진다고. 당장 우리나라만 봐도 1960년대와 비교할 때 2010년대 노동자들이 더 가난해졌다고 보긴 어렵잖아. 애덤 스미스가 그랬던가요? 영국의 날품팔이 노동자가 수천 명의 야만인을 거느린 아프리카의 왕보다 더 풍족하다고.

진단순

> 그래도 난 아프리카 왕이 더 좋을 것 같은데.

장공부 무조건 왕이라니까 좋은 거지? 왕은 예외일지 몰라도 적어도 영국 사람들이 아프리카 사람들보다 전반적으로 훨씬 잘사는 건 사실이잖아? 노동자이건 자본가이건 간에. 18세기만 해도 중국이 세계에서 가장 부유한 나라였는데, 19세기에는 식민지가 될 위기에 처하고, 1960년대에는 세계에서 가장 가난한 나라로 전락했다가, 최근에 다시 부자 나라로 재도약하고 있는데, 그 원인이 뭐겠어? 시장경제를 하지 못했거나 하지 않아서 가난해진 거고, 이제 시장경제를 채택했기 때문에 다시 부자가 된 게 아닐까?

모의심 난 지금 부자다, 가난하다 얘기를 하는 게 아니야. 인간적인가, 비인간적인가 하는 얘기를 하는 거지. 아무리 부유하더라도 치열하게 경쟁해야 하고, 빈부 격차가 아주 크다면 얼마나 큰 스트레스를 받겠어. 세계에서 가장 가난한 나라 중 하나인 부탄 사람들이 가장 행복하다는 얘기도 있잖아?

장공부 그건 너무 주관적인 면만 측정해서 그런 것이 아닐까? 아무리 부탄 사람들이 행복하다고 해도 사람들이 부탄에서 살고 싶어 하는 것은 아니잖아.

모의심 자본주의가 생활수준을 높인다는 것은 일종의 착각이 아닐까? 물론 자본주의 시대에 생산력이 엄청나게 늘어난 건 사실이야. 하지만 그렇게 늘어난 생산력의 결과를 소수가 독점하는 것은 왜 빼놓지? 만약 노동자들이 스스로 단결해서 싸우지 않았더라면 과연 노동자들의 생활수준이 그나마라도 높아졌을까? 아니 사실은 그다지 높아졌다고도 할 수 없어. 산업이 아무리 발전하고 사회가 풍요로워져도 노동자들은 생존에 필요한 최소한의 임금밖에 받지 못한다고. 지금도 흔히 겨우 입에 풀칠한다고 하잖아. 칠해야 할 풀의 종류가 달라졌을 뿐 결국 겨우 먹고살 정도의 소득이라면 이전과 비교해서 도대체 더 나아진 게 뭐지?

장공부 오히려 그런 문제는 그 나라와 사회가 시장경제를 충분히 뒷받침할 수 있는 수준이 되지 못했기 때문에 나타난 부작용이라고 봐야 하지 않을까? 만약 시장경제가 빈부 차의 진짜 원인이라면 선진국이나 후진국이나 노동자들의 삶은 비슷해야 할 텐데 그렇지 않잖아? 어쨌든 시장경제가 잘 발달한 나라의 노동자가 그렇지 않은 나라의 노동자보다 잘사는 건 사실이잖아?

모의심 그럼 행복은? 더 행복한가?

사 선 (분위기를 정돈하며) 다 좋은 말들이네요. 지난 시간까지는 시장경제가 작동하는 방식을 살펴보았는데, 여러분의 대화 내용을 들어 보니 자연스럽게 시장경제의 효과에 대한 이야기로 넘어가는 것 같네요. 장공부는 시장경제가 삶을 윤택하게 만들어 주었다고 보고, 모의심이는 그럼에도 불구하고 시장경제는 인간의 삶을 더 행복하게 만들어 주지 못하고 있다고 보는군요. 진단순이는 음, 아프리카……. 그런데 대관절 아프리카 얘긴 왜 했어요?

진단순 후진국에 가면 물가가 싸서 돈이 조금만 있어도 훨씬 잘산다고 어른들한테들은 적이 있거든요. 캄보디아나 라오스 같은 데는 레스토랑에서도 3천 원 정도이면 잘 먹을 수 있다고.

GNP나 GDP처럼 나라 경제를 측정하는 단위들이 있어요

사   선 음, 그러니까 단순히 소득이 많거나 적다는 것으로 잘살거나 못산다고 말할 수 없다는 거죠? 하지만 많은 사람들이 소득이 많으면 행복할 거라고 믿고 있고, 또 어느 정도 그런 면이 있는 건 사실이고요. 결국 **소득수준**과 **삶의 질**의 관계에 대한 얘기네요. 그런데 소득이나 삶의 질이 높거나 낮다고 말할 수 있으려면 우선 비교할 수 있는 기준이 있어야 하지 않을까요? 이를테면 GNP나 GDP 같은 기준이요. 어떤 나라가 부자 나라다, 가난한 나라다, 이렇게 막연하게 말하는 것보다는 GNP 혹은 GDP가 몇 달러다, 이렇게 말하는 게 훨씬 분명하겠죠?

진단순 윽, 또 어려운 공부하려고 한다.

장공부 공부가 어때서? 안 그래도 GNP나 GDP가 신문이나 방송에서 많이 나오는데, 그게 정확히 뭔지는 잘 모르겠어요. 그저 이 수치가 높은 나라가 부자 나라인가 보다 짐작만 하고 있죠. 선생님, 설명해 주세요.

사   선 GNP나 GDP는 약간의 차이는 있지만 기본적으로 국가를 하나의 경제단위로 보고 그 나라의 1년 동안의 소득을 측정하여 일정한 수치로 보여 주는 지표입니다. 이 수치를 구함으로써 각 나라의 경제 규모를 비교할 수 있고, 또 전년도에 비해 경제가 얼마나 성장했는지도 비교할 수 있죠. 하지만 돈을 많이 번다고 해서 반드시 삶의 질이 높다고 할 수는 없기 때문에 PPP나 HDI 같은 지표들도 개발되어 있습니다.

진단순 머리 아프게 그런 걸 왜 만들어요?

사 선 예를 들면 진단순이네 집은 갑동이네 집보다 더 크다, 이렇게 말하면 아주 막연하죠? 하지만 진단순이네 집은 45평인데 갑동이네 집은 35평이다, 이러면 비교가 훨씬 명확해지지 않나요? 마찬가지로 어떤 나라가 잘살거나 못산다고 말하려면 먼저 그 단위가 분명해야 하는 겁니다. 그럼 이 단위에 대해 먼저 알아볼까요?

진단순 잠깐만요. 부자 나라, 거지 나라를 비교하려면 어떻게 하는데요? 국민들 돈을 싹 걷어서 다 세나요?

사 선 물론 국민들의 돈을 몽땅 세어 보는 그런 일은 당연히 불가능하겠죠. 하지만 돈이 얼마나 많은가는 중요하지 않아요. 아까 4장에서 이미 배웠잖아요? 시장경제에서 모든 소득은 기업이 시장에서 상품을 판매한 다음 그것을 분배함으로써 발생해요. 만약 어떤 나라의 기업들이 시장에서 상품을 전혀 판매하지 못한다면 어떻게 될까요? 노동자는 임금을 제대로 받지 못해서 소득이 없을 것이고, 투자자는 투자금을 날리니까 소득이 없을 것이고, 토지 소유자는 임대료를 못 받아서 소득이 없을 것이고, 기업가는 이윤을 얻지 못해서 소득이 없을 것입니다. 시장경제를 채택한 나라에서는 돈을 일일이 셀 것이 아니라 시장에서 판매되는 상품의 가격을 모두 합하면 그게 그 나라 국민들의 소득을 모두 합한 것과 같아진단 뜻이죠. 그게 바로 여러분이 많이 들어본 GNP와 GDP입니다.

장공부 그 둘은 어떻게 구하나요? 그리고 둘의 차이는 뭐죠?

사 선 GNP는 국민총생산(Gross of National Product)의 약자이고, GDP는 국내총생산(Gross of Domestic Product)의 약자입니다. GNP는 1년 동안 그 나라 국민들이 생산한 상품들의 최종 판매 가격을 합산한 것이고요, GDP는 1년 동안 그 나라 안에서 생산된 상품들의 최종 판매 가격을 합산한 것입니다. 그러니까 GNP는 기업의 국적을 기준으로 계산한 것이고, GDP는 기업의 소재지를 기준으로 계산한 것이죠.

모의심 음, 그럼 미국에서 활약하는 추신수 선수의 연봉은 GNP로는 우리나라에, GDP로는 미국에 포함되겠네요?

사 선 그렇습니다. 그런데 최근에는 세계화의 영향으로 여러 나라에 계열 회사를 두고 기업 활동을 하는 다국적기업들이 많아서 국적 관계가 애매하기 때문에 GNP보다는 GDP를 주로 기준으로 삼는답니다. 하지만 두 수치가 큰 차이를 보이지는 않기 때문에 통상 특별히 구분하지 않고 그냥 국민소득으로 부르기도 하죠.

진단순 아, 점점 머리가 아파 온다. **최종생산물의 가격**만 합한다는 건 또 무슨 소리예요? 그냥 물건 값 싹 다 합치면 되는 거 아닌가요?

사 선 음, 이건 조금 더 깊게 생각을 해야 한답니다. 시장에서 판매되는 모든 상품이 바로 소비되는 것은 아니거든요. 상품들 중에는 판매와 함께 소비되는 상품이 있는가 하면 다른 상품을 만드는 데 사용되는 상품이 있습니다. 그중 앞의 것을 최종생산물이라고 하고 뒤의 것을 중간재라고 합니다. 그리고 GDP를 계산할 때 중간재의 가격은 이미 최종생산물의 가격에 포함되어 있기 때문에 중복을 피하기 위해 포함시키지 않습니다.

예를 들어 모의심이 사과를 재배하고, 장공부는 그 사과를 500원에 사서 과즙을 만들고, 진단순이는 그 과즙을 700원에 사서 병이나 팩으로 포장해서 천 원짜리 주스로 만들어 판매한다고 합시다. 이때 단순이가 포장해서 천 원에 판매한 주스가 최종생산물이며 그 앞 단계인 사과와 과즙은 중간재입니다. 그렇다면 이 세 사람이 벌어들인 돈의 합계는 얼마일까요? 얼른 생각하면 이 세 사람의 소득의 합은 500원, 700원, 1천 원을 합한 2천200원일 것 같지만 그렇지 않습니다.

우선 계산을 단순하게 하기 위해 사과를 판매한 장공부는 500원을 다 자기 소득으로 할 수 있다고 가정합시다. 다음은 과즙을 짜는 진단순인데, 700원을 번 것일까요? 당연히 아니죠. 700원에서 사과 값, 즉 500원을 뺀 200원이 모의심의 소득입니다. 그럼 단순이가 주스를 팔아서 받은 천 원 역시 모두 단순이의 소득이 아니란 것을 알 수 있습니다. 여기에는 사과 값, 과즙 값이 다 포함되어 있기 때문에 진단순의 실제 몫은 이것들을 제외한 300원입니다. 이렇게 각 단계의 생산자가 순수하게 벌어들인 돈을 부가가치라고 합니다. 즉 모의심의 부가가치는 200원, 진단순의 부가가치는 300원입니다. 그런데 모든 단계 생산자의 부가가치를 다 합치면 시장에서 최종적으로 판매되는 최종생산물의 가격과 같아집니다. 즉 최종생산물의 가격은 각 단계 생산자들의 소득의 합과 같기 때문에 GNP나 GDP를 구할 때는 최종

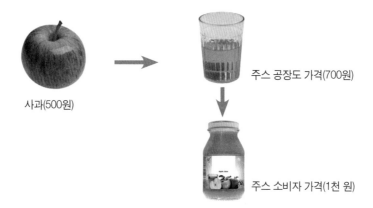

사과(500원)

주스 공장도 가격(700원)

주스 소비자 가격(1천 원)

최종 가격은? 1천 원

각 생산자의 소득은? 500원 + 200원 + 300원

각 단계의 부가가치는? 500원 + 200원 +300원

각 생산자는 이 소득을 어떻게 할까? 소비하고 저축함

생산물의 가격만 합하는 것입니다. 최종생산물의 가격이 결국 그 상품에 관여한 모든 생산자들의 소득의 합이 되니까요. 생각해 보면 그렇게 머리 아플 일도 아니랍니다.

모의심 그런데 GDP 값은 좀 문제가 있는 것 같아요. 결국 GDP가 보여 주는 것은 다만 상품을 얼마나 많이 생산했느냐, 하는 거잖아요? 당연히 같은 조건이라면 인구가 많은 나라의 최종생산물이 더 많지 않겠어요? 그러니 GDP는 그 나라 경제 규모가 얼마나 큰지는 보여 줄 수 있어도, 잘사는 나라인지 못사는 나라인지를 가를 수 있는 기준은 될 수 없을 것 같아요. 중국이 일본보다 GDP가 많다고 해서 중국이 일본보다 부자 나라라고 생각할 사람은 없잖아요?

진단순 어, 아니었어요? 중국이 막 세계 제2의 경제대국이라고 그러던데?

모의심 그럼 넌 중국 사람들이 우리나라 사람보다 잘산다고 생각해? 아님, 우리나라 사람이 홍콩이나 싱가포르 사람보다 잘산다고 생각해?

진단순 에이. 아무리 그래도 우리가 중국보다야. 그런데 홍콩, 싱가포르도 못사는 거 아니야? 거기도 같은 중국이잖아?

장공부 어휴. 말을 말자. 어쨌든 선생님, GDP는 결국 그 나라 경제 규모는 가르쳐 줄 수 있을지언정, 그 나라 국민의 소득수준, 생활수준까지 보여 주지는 못한다고 생각해요.

사 선 좋은 지적이에요. GDP는 그 나라의 모든 최종생산물의 가격을 합한 것이기 때문에 주로 인구가 많은 나라가 높게 나옵니다. 그런데 꼭 큰 나라가 잘사는 것은 아니죠. 예를 들면 인구가 적은 스웨덴이나 핀란드는 세계적인 부자 나라이지만 GDP로는 오히려 우리나라가 앞서 있거든요. 그럼 이런 문제를 어떻게 해결하면 될까요?

장공부 그거야 GDP를 인구로 나눠 버리면 되죠. 그럼 평균값이 나오잖아요?

<table>
<tr><td colspan="3" align="center">GDP</td></tr>
<tr><td>순위</td><td>국가</td><td>달러</td></tr>
<tr><td>1</td><td>미국</td><td>14,624,164</td></tr>
<tr><td>2</td><td>중화인민공화국</td><td>10,084,369</td></tr>
<tr><td>3</td><td>일본</td><td>4,308,627</td></tr>
<tr><td>4</td><td>인도</td><td>4,001,103</td></tr>
<tr><td>5</td><td>독일</td><td>2,932,036</td></tr>
<tr><td>6</td><td>러시아</td><td>2,218,764</td></tr>
<tr><td>7</td><td>브라질</td><td>2,181,677</td></tr>
<tr><td>8</td><td>영국</td><td>2,181,069</td></tr>
<tr><td>9</td><td>프랑스</td><td>2,146,283</td></tr>
<tr><td>10</td><td>이탈리아</td><td>1,771,140</td></tr>
<tr><td>11</td><td>멕시코</td><td>1,549,671</td></tr>
<tr><td>12</td><td>대한민국</td><td>1,457,063</td></tr>
</table>

<table>
<tr><td colspan="3" align="center">1인당 GDP</td></tr>
<tr><td>순위</td><td>국가</td><td>달러</td></tr>
<tr><td>1</td><td>룩셈부르크</td><td>104,390</td></tr>
<tr><td>2</td><td>노르웨이</td><td>84,543</td></tr>
<tr><td>3</td><td>카타르</td><td>74,422</td></tr>
<tr><td>4</td><td>스위스</td><td>67,074</td></tr>
<tr><td>5</td><td>덴마크</td><td>55,113</td></tr>
<tr><td>6</td><td>오스트레일리아</td><td>54,869</td></tr>
<tr><td>7</td><td>스웨덴</td><td>47,667</td></tr>
<tr><td>8</td><td>아랍에미리트</td><td>47,406</td></tr>
<tr><td>9</td><td>미국</td><td>47,132</td></tr>
<tr><td>10</td><td>네덜란드</td><td>46,418</td></tr>
<tr><td>11</td><td>캐나다</td><td>45,888</td></tr>
<tr><td>12</td><td>아일랜드</td><td>45,642</td></tr>
<tr><td>13</td><td>오스트리아</td><td>43,723</td></tr>
<tr><td>14</td><td>핀란드</td><td>43,134</td></tr>
<tr><td>15</td><td>싱가포르</td><td>42,653</td></tr>
<tr><td>16</td><td>벨기에</td><td>42,596</td></tr>
<tr><td>17</td><td>일본</td><td>42,325</td></tr>
<tr><td>18</td><td>프랑스</td><td>40,591</td></tr>
<tr><td>19</td><td>독일</td><td>40,512</td></tr>
<tr><td>20</td><td>아이슬란드</td><td>39,563</td></tr>
<tr><td>33</td><td>대한민국</td><td>20,165</td></tr>
</table>

[자료: 2010년 IMF]

사 선 와! 너무 똑똑해서 가르칠 필요가 없겠네요. 맞아요. 이렇게 GDP를 인구로 나눈 것을 1인당 GDP라고 부릅니다. 우리가 어떤 나라가 잘사는 나라인지, 가난한 나라인지 판단할 때 제일 먼저 살펴보는 수치가 바로 이 1인당 GDP(흔히 1인당 국민소득이라고 함)죠. 앞의 표를 보고 세계 여러 나라의 GDP와 1인당 GDP의 순위가 어떻게 바뀌는지 확인해 보시기 바랍니다.

진단순 어, 미국이 뚝 떨어지네요. 그리고 룩셈부르크가 제일 잘사는 걸로 나와요.

사 선 우리나라는 어떻게 되었죠?

진단순 12위였는데 33위로 뚝 떨어졌어요. 어, 싱가포르가 저렇게 잘살아요? 그런데 중국은 어디로 갔어요?

사 선 중국은 GDP를 인구로 나누었을 경우 4천 달러 정도로 뚝 떨어져서, 아예 저 순위에 산정되지도 않았답니다.

장공부 아, 그러니까 흔히 어른들이 GDP 2만 달러, 3만 달러 그러는 게 실제로는 1인당 GDP였네요. 그리고 GDP가 아니라 이 1인당 GDP가 높아야 실제로 그 나라 국민들이 잘산다고 말할 수 있는 것이고요.

모의심 저는 1인당 GDP도 믿을 수 없어요.

장공부 넌 애가 무슨 의심이 그렇게 많니?

사 선 그건 흠잡을 일이 아니랍니다. 공부를 하려면 무작정 믿기보다는 의심을 많이 해야 해요. 더군다나 경제같이 복잡한 공부는요. 그래, 의심이는 뭐가 그렇게 의심스럽죠?

모의심 명동에 가면 일본 사람들이 많이 있잖아요? 그런데 그 사람들이 자기 나라에서라면 10만 원쯤은 줘야 할 물건을 7만 원에 살 수 있다고 좋아하더라고요. 게다가 우리나라 물건이 일본 물건에 비해 손색이 있는 것도 아니고요. 반대로 태국이나 베트남 같은 데 가면 2천 원이면 한 끼 식사가 거뜬하고요.

사 선 좋은 지적이에요. 모의심이 방금 얘기한 것은 물가 효과랍니다. GDP의 가장 큰 문제점은 상품 가격을 합했다는 것이죠. 그러니 상품의 가격이 비싸면 GDP도 높게 나오죠. 그러다 보니 1인당 GDP가 높아도 이게 실제 그 나라 국민의 소득수준이 높다는 의미인지, 아니면 단지 그 나라 물가가 높다는 뜻인지 구별하기

178

가 애매하답니다. 예를 들어 A 나라와 B 나라가 있고, 두 나라의 1인당 국민소득이 똑같이 1만 달러라고 합시다. 그런데 A 나라에서 100원에 살 수 있는 물건이 B 나라에서 천 원을 줘야만 살 수 있다면 실제 두 나라 국민소득은 A 나라가 B 나라의 열 배인 셈이죠. 따라서 이런 **물가 효과를 보정**하기 위해 1인당 GDP를 각 나라 물가수준에 따라 조정하기도 한답니다. 이렇게 해서 구한 값이 개인 구매력 지수(PPP)라고 합니다. **개인 구매력 지수**는 미국의 물가를 기준으로 해서 각 나라의 물가수준을 비교한 뒤 1인당 GDP를 거기에 맞춰 조정합니다. 미국보다 물가가 싼 나라는 GDP 수치가 올라갈 것이고, 더 비싼 나라는 내려가겠죠. 최근에는 1인당 GDP만큼이나 PPP도 중요하게 사용되고 있답니다. 1인당 GDP가 그 나라 국민들이 얼마나 버느냐를 보여 준다면 PPP는 국민들이 어느 정도의 소비생활을 누릴 수 있느냐를 보여 줄 수 있죠. 이렇게 PPP를 구해 보면 1인당 GDP 순위가 또 많이 뒤바뀌는 것을 확인할 수 있습니다. 우리나라처럼 물가가 비교적 싼 나라는 순위가 올라가고, 일본처럼 물가가 비싼 나라는 순위가 내려가죠. PPP로 따지면 일본은 아시아 4위로 내려앉을 정도이니까요.

모의심 하지만 GDP든 PPP든 결국은 돈을 얼마나 벌었냐 하는 거잖아요? 꼭 돈이 많다고 해서 잘 산다고 말할 수는 없지 않을까요? 아무리 돈이 많아도 일자무식이라거나 아무리 돈이 많아도 맨날 아파서 비실거린다면 잘 산다고 할 수는 없을 것 같은데요.

사 선 그렇습니다. GDP나 그것을 기반으로 만들어진 1인당 GDP, PPP 같은 수치들은 그 나라 경제의 한 측면만을 보여 줄 뿐입니다. 그래서 GDP가 높다고 해서 그 나라 경

순위	국가	구매력 기준 소득(달러)
1	룩셈부르크	80,304
2	싱가포르	57,238
3	노르웨이	52,238
4	미국	47,132
5	홍콩	45,277
6	스위스	41,765
7	네덜란드	40,777
8	오스트레일리아	39,692
9	오스트리아	39,454
10	캐나다	39,033
11	아일랜드	38,816
12	스웨덴	37,775
13	덴마크	36,764
14	아이슬란드	36681
15	벨기에	36,274
16	독일	35,930
17	영국	35,052
18	대만	34,743
19	핀란드	34,401
20	프랑스	34,092
21	일본	33,828
22	대한민국	29,790

(자료: 2010년 IMF)

제가 발전했다거나, 그 나라 국민들이 잘 살 거라고 생각하면 안 된답니다. GDP는 단지 그 나라 기업에서 얼마나 많은 상품을 생산하느냐를 가격으로 합산한 것에 불과하니까요. 따라서 상품으로 판매되지 않는 가치 있는 것들이 아무리 많아도 GDP에는 반영되지 않고, 반대로 해롭거나 가치 없는 것도 시장에서 판매된다면 GDP에 추가되는 폐단이 있답니다. 또 GDP나 1인당 GDP는 단지 생산된 상품 가치의 총합이나 그 평균이기 때문에 생산된 이후 그것이 어떻게 분배되는지, 또 그 상품이 생산됨으로써 그 나라 경제, 사회, 환경에 어떤 영향을 주게 될 것인지도 전혀 반영되지 않는답니다. 그래서 미국의 유명한 정치가 로버트 케네디는 GDP에 대해 이렇게 말하기도 했습니다.

"GDP는 어린이들의 건강, 교육의 질, 놀이를 통한 즐거움을 고려하지 않는다. GDP는 시의 아름다움, 결혼의 힘, 대중 토론의 지성, 공무원들의 성실성을 포함하지 못한다. GDP는 용기, 지혜, 국가에 대한 헌신을 측정하지 못한다. 간단히 말해, GDP는 생활을 가치 있게 만드는 것을 제외한 모든 것을 측정할 수 있으며 우리가 미국인이라는 것을 왜 자랑스러워 해야 하는가 하는 점을 제외하고 미국에 대한 모든 것을 말해 준다."

그래서 국제연합(UN)에서는 '**인간 개발 지수**(HDI)'라는 것을 개발했습니다. HDI의 원리는 간단합니다. 잘 사는 나라는 단지 소득이 높은 나라가 아니라는 전제에서 출발해서, 국민이 건강하게 오래 살며, 지적 수준도 높고, 자녀 교육도 잘 이루어질 것이라는 전제들을 추가한 것입니다. 그래서 GDP의 역할을 소득지수로 한정한 뒤, 여기에 교육지수와 건강지수라는 새로운 수치를 산출하여 각 3분의 1씩 합산한 것입니다. HDI는 다음과 같은 방법으로 산출합니다. 물론 실제 공식은 이것보다 훨씬 복잡한데요, 그건 만점이 1이 되도록 수치를 조절하기 때문이니까 여러분은 이렇게만 알아 두면 된답니다.

$$HDI = \frac{1}{3} 소득지수(PPP) + \frac{1}{3} 기대수명지수 + \frac{1}{3} 교육지수(성인 문자 해독률, 학교 등록률)$$

진단순 지금도 충분히 복잡해요.

사　선 하하, 그런가요? 이렇게 해서 산출된 최종 HDI 값이 0.85가 넘으면 선진국이라고 부릅니다. 다음의 표를 확인해 보세요. 단지 돈만 많이 벌 뿐인 산유국들이 순위에서 사라져 버리고, 1인당 GDP나 PPP에선 순위가 많이 밀렸던 독일이나 일본이 다시 상위권으로 올라선 것을 확인할 수 있죠? 그건 이 나라들의 여러 가지 사회 기반과 안정적인 제도 등이 GDP, PPP에는 반영되지 않았지만 HDI에는 반영되었기 때문입니다. 그러니까 선진국인지 아닌지를 가리는 현재 가장 신뢰할 만한 지표는 HDI라고 볼 수 있죠. 그리고 이 수치를 보면 여러분이 살고 있는 나라는 여러분이 생각하는 것보다 훨씬 더 선진국이랍니다.

순위	국가	HDI	순위	국가	HDI
1	노르웨이	0.943	16	덴마크	0.895
2	오스트레일리아	0.929	17	이스라엘	0.888
3	네덜란드	0.910	18	벨기에	0.886
4	미국	0.910	19	오스트리아	0.885
5	뉴질랜드	0.908	20	프랑스	0.884
6	캐나다	0.908	21	슬로베니아	0.884
7	아일랜드	0.908	22	핀란드	0.882
8	리히텐슈타인	0.905	23	에스파냐	0.878
9	독일	0.905	24	이탈리아	0.874
10	스웨덴	0.904	25	룩셈부르크	0.867
11	스위스	0.903	26	싱가포르	0.866
12	일본	0.901	27	체코	0.865
13	홍콩	0.898	28	영국	0.863
14	아이슬란드	0.898	29	그리스	0.861
15	대한민국	0.897			

장공부

와, 우리나라가 덴마크 보다 위에 있네요.

진단순 그런데 왜 어른들은 걸핏하면 '선진화', '선진국 문턱' 이런 식으로 말하나요? 이거대로라면 우리나라는 일본하고 맞먹는 선진국인데.

사 선 그건 아마 우리나라 경제가 아주 빠른 속도로 성장했기 때문일 겁니다. 지금 여러분 할아버지들이 여러분 나이 때 우리나라는 세계에서 손꼽히는 가난한 나라였거든요. 그러니까 그분들은 우리나라가 유럽 나라들과 비슷한 생활수준을 누릴 거라는 것은 아예 상상도 못하는 것이죠.

장공부 와, 정말 우리나라는 대단한 것 같아요. 학생으로 치면 꼴등에서 맴돌다가 한 학년 만에 전교권에 들어간 거잖아요? 참 그런데 우리나라와 소득수준이 비슷한 타이완은 여기 왜 안 나와요?

사 선 타이완은 중국의 압력으로 국제연합에 가입을 못 했기 때문에 여기에 나오지 않는데, 타이완의 여러 경제지표들을 위의 공식에 대입해 보면 대략 0.89대가 나온다고 하네요.

모의심 저는 우리나라의 HDI가 좀 과장되었다고 생각해요. 아무리 생각해도 우리나라가 영국이나 프랑스보다 더 선진국이라는 것은 믿기 어려워요. 우리나라는 교육열이 높잖아요? 그러니까 HDI에서 3분의 1을 차지하는 교육 관련 지수가 비정상적으로 높게 나오지 않았을까요?

사 선 그런 면도 아주 없다고는 할 수 없겠지만 그것만으로 우리나라의 HDI가 0.89를 넘긴 것이라고는 보기 어려워요. 자, 이 정도 했으면 어떤 나라가 잘살고 어떤 나라가 못사는 나라인지는 충분히 가릴 수 있을 것 같죠? 이렇게 세계 여러 나라들을 HDI에 따라 지도상에 표시할 수 있습니다. 다음 지도는 2011년 기준입니다. 지도를 보면 잘사는 나라들이 대체로 유럽, 북미, 그리고 동아시아에 집중되어 있다는 것을 확인할 수 있습니다.

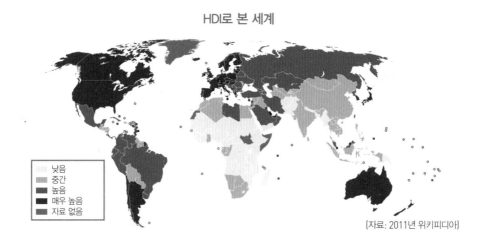

HDI로 본 세계

낮음
중간
높음
매우 높음
자료 없음

[자료: 2011년 위키피디아]

장공부 하지만 결국 GDP가 관건 아닌가요? HDI라는 것도 말은 복잡하게 하지만 결국 돈 많은 나라에 유리하게 되어 있는 것 같거든요. 실제로 가난한 사람들보다는 부자들이 더 잘 챙겨 먹고 병원도 쉽게 갈 테니 더 건강히 오래 살 거고요. 그리고 가난한 집 아이들보다는 부잣집 아이들이 교육도 더 잘 받아서 결국 지식, 교육 수준도 높아질 거고요. 그러니 건강지수, 교육지수를 넣었다고는 해도 어차피 GDP가 가장 결정적인 것 같아요. 그러니까 우리가 행복하게 살려면 우선 시장경제를 활성화하고 경쟁 체제를 도입해서 GDP를 높이는 게 가장 중요하다고 생각해요.

사 선 음, 그런 면도 있겠죠. 실제로 HDI 상위권 국가들을 보면 1인당 GDP 2만 달러(PPP 기준) 미만의 나라가 없다는 것을 알 수 있습니다. 그러니까 일단 소득이 많은 나라가 잘 사는 것은 분명하죠. 하지만 그렇다고 GDP 순위와 HDI 순위가 반드시 일치하지도 않습니다. 우리나라보다 GDP 순위가 훨씬 높은 싱가포르, 프랑스, 영국 등이 HDI로는 순위가 훨씬 뒤로 밀리는 것을 보세요. 그러니까 국민들의 삶의 질을 높이기 위해서 어느 정도 수준까지 GDP를 높일 필요가 있지만 일단 그 수준을 넘어서면 그 다음부터는 **GDP 이상의 다른 것들**이 향상되어야 한다고 말할 수 있겠네요. 그런 면에서 우리나라는 GDP에 집착해야 할 단계는 이미 지났다고 볼 수 있습니다. 중요한 것은 그 나라의 생산능력이나 돈이 아니라 그 나라 국민들이 어떻게 살고 있느냐 하는 것이니까요.

이제는 이런 단순한 총합계나 그 평균 수준의 지표가 아니라 그 나라 국민의 삶의 질을 보다 구체적으로 보여 주는 지표가 필요한 것입니다. 그래서 최근 들어 국민들의 주관적 행복 같은 질적 지표에 대한 관심이 부쩍 늘고 있답니다. 예를 들면 아무리 그 나라의 소득수준이 높아도, 그 분배가 너무 불평등하거나 혹은 그 나라 국민들을 억압한 결과라면 그런 소득이 행복에 기여할 수는 없겠죠. 그러니 이런 것들까지 포함시켜서 그야말로 국민들의 '삶의 질'을 측정해 보자는 것입니다.

그중 가장 공신력 있는 지표로는 2006년에 경제협력개발기구(OECD)가 개발한 '국가행복지수(NIW, National Index of Well-being)'란 것이 있습니다. 이것은 OECD가 국가 간 행복 정도를 비교 분석하기 위해 개발한 것인데, 자립·형평성·건강·사회적 연대·환경·생활 만족 등 총 일곱 개 분야에서 소득분포·고용률·학업 성취

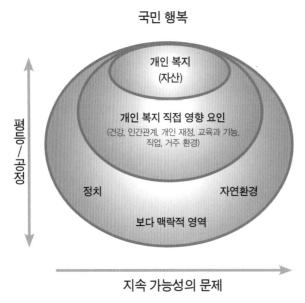

순위	국가	점수
1	스위스	0.747
2	룩셈부르크	0.745
3	노르웨이	0.736
4	스웨덴	0.734
5	오스트리아	0.712
6	캐나다	0.697
7	덴마크	0.692
8	아이슬란드	0.692
9	핀란드	0.687
10	네덜란드	0.669
11	영국	0.666
12	뉴질랜드	0.649
13	아일랜드	0.646
14	독일	0.638
15	에스파냐	0.633
18	일본	0.617
25	대한민국	0.475

[자료: 한국보건사회연구원]

도 · 소득 불평등 · 빈곤율 · 기대 수명 · 자살률 등 총 26개 지표를 통해 한 국가의 행복 정도를 분석하는 것입니다. 이건 결국 그 나라의 소득수준뿐 아니라 그 소득의 분배가 어떻게 이루어지고 있는가 하는 것, 그리고 그 나라의 소득수준과 삶의 질이 얼마나 오래 지속될 수 있는가 하는 것까지 고려하겠다는 것입니다.

진단순  어려워요!

사 선 음, 이렇게 생각해 보세요. 내가 지금 진단순한테 천 원을 주면 기분이 어떨까요?

진단순 기분 좋죠.

사 선 그런데 내가 장공부한테는 만 원을 주면 기분이 계속 좋을까요?

진단순 그럼 기분 나쁘죠.

사 선 바로 그것을 어렵게 표현하면 소득분배의 문제라고 하는 겁니다. 그러니까 똑같은 PPP 3만 달러라고 하더라도 전체 인구의 10퍼센트 정도는 세계적인 갑부, 10퍼센트 정도는 세계적인 거지인 나라 국민들의 행복도를 모두 합한 결과와 대부분의 국민들이 소득 수준 3만 달러 정도인 나라 국민들의 행복도를 모두 합한 결과는 다르다는 것입니다. 뒤의 나라가 훨씬 높게 나오죠.

장공부 왜 다르죠? 10퍼센트의 세계적인 갑부가 세계적인 행복을 느낄 거니까 합계는 같지 않나요?

사 선 그게 그렇지가 않아요. 소득의 한계 행복 효과는 갈수록 체감한답니다. 즉 가난한 사람이 소득이 늘어났을 때 행복감은 큰 폭으로 증가하지만 부자는 돈이 웬만큼 늘어나도 그다지 더 행복해지지 않습니다. 따라서 소득수준이 같은 나라라고 하더라도 부자가 많은 나라보다는 가난한 사람이 적은 나라가 훨씬 더 행복도가 높답니다.

장공부 분배 문제는 그렇고요. 그럼 지속 가능성은 무엇인가요?

사 선 여러분은 학생이니까 공부로 예를 들어 봅시다. 장공부는 하루에 네 시간만 자면서 매일 공부를 하고, 진단순은 하루에 일곱 시간씩 자면서 규칙적으로 운동도 하며 공부한다고 합시다. 두 사람의 지능과 환경이 비슷하다고 한다면 누구의 시험 성적이 더 좋을

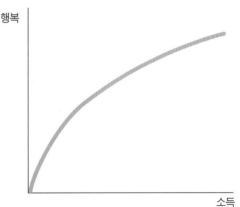

까요? 당연히 장공부이겠죠? 하지만 장공부가 공부를 계속 더 잘할 수 있을까요?

장공부 음, 그건 아닐 것 같아요. 고등학교도 들어가기 전에 저런 식으로 공부했다가는 대학 졸업할 때까지 버티지 못할 거예요.

사 선 그렇죠? 바로 그럴 경우 경제학자들은 지속 가능하지 않다고 말합니다. GDP는 기본적으로 지난 1년 동안의 경제 실적만을 보여 줄 뿐, 이 실적이 그 나라의 미래의 가능성을 잠식했는지 아니면 오히려 더 개발했는지는 보여 주지 않습니다. 아무리 눈부신 경제 실적을 올렸더라도 그것이 국민의 건강이 망가질 정

도의 중노동에 의한 것이었다거나 국토를 황폐화한 대가라면 우리는 그 실적을 높이 평가할 수 없을 것입니다.

여기에 대한 아주 극단적인 예로 나우루라고 하는 나라를 흔히 듭니다. 나우루는 남태평양에 있는 작은 섬나라인데요, 인광석이라고 하는 희귀한 광물자원이 풍부했던 나라입니다. 나우루 사람들은 이 인광석을 팔아서 엄청난 부를 누렸습니다. 1980년대만 해도 1인당 GDP가 세계 최고였던 나라죠. 그런데 이들은 앞날을 생각하지 않고 닥치는 대로 광석을 파헤치다가 그만 섬을 농사도 관광도 불가능한 황무지로 만들고 말았습니다. 그리고 2000년대 들어 마침내 인광석이 바닥을 드러내자 세계 최고의 부자 나라였던 나우루는 세계에서 가장 비참한 거지 나라로 전락하고 말았습니다. 지금은 오스트레일리아와 타이완의 지원을 받아 근근이 연명하고 있죠. 물론 공짜는 아닙니다. 오스트레일리아는 불법 체류자나 중범죄자 수용소로 나우루 섬을 사용하고 있으니까요.

모의심 서남아시아나 북아프리카의 석유 생산국들도 정신이 번쩍 들 사례이네요.

1908년에 나우루에서 중국인 노동자들이 인광석을 채취하고 있는 모습입니다.

사　선　그렇습니다.　중동 지역 나라들 역시 미래를 생각하지 않고 석유에만 의존하여 살아간다면 절대 지속 가능한 경제가 되지 못할 것입니다.　석유로 얼마든지 돈을 벌 수 있다고 생각해서 외채를 무모하게 끌어다가 쓸모도 없는 고층 빌딩들을 건설했던 두바이가 2009년에 국가 부도 위기에 처했던 사례도 있고요.　그래서 **국가행복지수**(NIW)에서는 환경오염, 사회적 연대, 인적자원의 확보 등과 같은 요인들을 평가하여 그 나라의 생산 실적이 얼마나 지속 가능한지, 혹은 미래의 가능성을 갉아먹고 있는 것은 아닌지를 평가합니다.

그런데 이렇게 국가행복지수를 산출했더니, HDI 기준으로 세계 15위로 영국이나 덴마크보다도 앞에 있던 우리나라가 다시 25위로 내려앉고 말았습니다.　그리고 미국은 순위권에서 아주 사라지고 말았습니다.　반면 HDI가 우리보다 낮았던 룩셈부르크나 덴마크가 다시 상위권으로 올라섰음을 확인할 수 있죠.　HDI에는 포함되지 않았던 어떤 지표들 때문에 이런 일이 일어난 것이지요.　결국 우리나라나 미국은 복지 제도가 미약하고, 노동강도가 세고, 환경에 대해 유럽만큼 신경을 쓰지 않아서 분배의 형평성이나 지속 가능성에서 낮은 점수를 받은 것입니다.　소득은 높지만 스스로를 행복하지 않다고 생각하는 국민들이 더 많다는 뜻이죠.

그 외에도 소득뿐 아니라 국민들의 행복까지 감안하여 그 나라 국민의 생활수준을 측정하려는 지표들이 몇 가지 더 있습니다.　부탄왕국에서 개발해 최근에 널리 알려진 국민총행복(GNH)이라는 지표가 대표적이죠.

장공부　그런데 행복이라고 하는 건 너무 주관적이지 않나요?　GDP같이 확실하게 측정되는 것만큼 신뢰성이 있을 것 같지는 않은데요?

사　선　네, 그게 문제랍니다.　국민이 느끼는 행복감이라는 것이 너무도 주관적이기 때문에 이것을 어떻게 객관적으로 측정하느냐의 문제가 아직 해결되지 않아서 공식적인 지표가 아직 채택되고 있지는 않답니다.　하지만 국민들의 행복을 늘려주지 못하는 경제 발전이 무슨 소용이 있겠습니까!　아무리 그 나라에서 많은 상품이 생산되고 많은 돈을 벌어들인다 하더라도 말입니다.　실제로 사르코지 전 프랑스 대통령 등이 노벨 경제학상 수상자들인 아마티아 센, 조지프 스티글리츠 두 분에게 의뢰해서 이른바 스티글리츠 지수라고 하는 것을 개발하기는 했습니다.　하지만 유엔에서 격론 끝에 이것을 채택하지 않기로 했다고 합니다. 그 이유는 스티글리츠의 주장을 들어 보면 짐작할 수 있습니다. 스티글리츠는 새로운 경제지표를 다음과 같은 원칙에 따라 만들었다고 밝혔습니다.

① 생산보다는 소득과 소비에 주목하라. ② 가계의 입장을 강조하라. ③ 소득과 소비를 재산과 함께 고려하라. ④ 소득, 소비, 재산의 분배를 좀 더 부각시켜라.

아마티아 센

이 원칙에 따르면 기존의 GDP에 기반한 지표는 지나치게 기업 중심이었다고 할 수 있습니다. 그러니 이제는 기업이 얼마나 생산하느냐 하는 것보다는 그 나라 국민들이 어떻게 생산의 결과를 누리는가를 더 강조하라는 것입니다. 만약 어떤 나라가 저임금을 통해 수출을 많이 해서 큰 수익을 올린다면 GDP는 많이 올라가겠죠. 하지만 그것이 노동자들에게 공정하게 분배되지 않고 기업가들의 주머니만 채운다면 스티글리츠의 지수로는 오히려 경제가 퇴보하는 것으로 나올 수 있는 것입니다. 자, 이쯤 되면 스티글리츠 지수를 누가 반대했는지 짐작이 가죠?

장공부 하지만 GDP는 여전히 중요하지 않나요? 분배니 공정이니 하는 것도 결국 어느 정도 소득이 있어야 가능한 것이잖아요?

사 선 물론입니다. 실제로 지구상에는 분배니 행복 지수니 하는 것보다는 우선 GDP가 어느 정도 수준에 이르는 것이 당면 목표일 수밖에 없는 나라들이 많이 있습니다. 우리나라는 이미 그 단계는 한참 지났고요. 아시아에서는 일본, 한국, 타이완, 싱가포르, 말레이시아 정도가 이미 GDP의 높고 낮음이 아니라 GDP가 어떻게 국민의 행복에 기여하느냐가 더 중요한 단계에 와 있다고 봅니다. 반면 북한이나 소말리아 같은 나라에서는 우선은 가장 기본적인 생산력의 회복이 더 급한 과제일 수 있겠죠.

모의심 생각해 보면 그것도 너무 불공평한 것 같아요. 결국 잘살기 위해서는 일단 잘사는 나라에 태어나야 하는 거잖아요?

장공부 그냥 불공평하다고 하면 어떻게 해? 자기 나라를 잘사는 나라로 만들려고 노력해야지. 잘사는 나라도 결국 국민들 한 사람 한 사람이 열심히 일해서 그렇게 된 게 아닐까?

모의심 아무리 국민들이 열심히 일해도 그 나라 경제체제가 비효율적이고 부정부패가 만연하면 잘사는 나라가 되지 못할걸.

장공부 그러니까 시장경제를 해야 한다고.

모의심 하지만 나는 멀쩡히 잘살던 나라가 자유시장경제를 도입하고 폭삭 망한 경우도 많이 봤다고. 그렇죠, 선생님?

사 선 음, 그 주제는 나중에 다루어 보기로 해요. 어쨌든 한 가지 확실한 것은 이렇게 개별 소비자나 기업 수준이 아니라 국가 수준에서 경제를 살펴볼 필요가 있다는 것입니다. 이것을 국민경제라고 부른답니다. 지금까지 나라마다 다른 국민경제 수준을 측정하기 위한 다양한 지표들에 대해 배웠습니다. 하지만 모든 지표들에 빠지지 않고 들어가는 것은 GDP입니다. 즉 삶의 질을 결정하는 것은 'GDP+알파(α)'라고 할 수 있습니다. 10여 년 전만 해도 GDP만으로 선진국 여부를 판단했지만 오늘날에는 다양한 '알파'들의 중요성에 대해 모두 인정하고 있습니다. 하지만 아무리 알파를 인정한다 해도 GDP가 늘어나는 것이 중요하지 않은 것은 아닙니다. GDP의 증가는 중요합니다. 다만 GDP의 증가가 환경, 정의와 같은 다른 가치들을 훼손하지 않는 범위 내에서 말이죠.

GDP가 늘어나면 경제가 성장한 것인가?

장공부 그럼 GDP가 늘어나려면 어떻게 해야 하나요?

사 선 그건 국민경제의 성장에 대한 권위자이신 미국의 경제학자 솔로 교수님을 소환해서 들어 보도록 할까요? 솔로 교수님! (솔로 소환된다.)

솔 로 뭐가 궁금하시죠?

장공부 어떻게 하면 부자 나라가 되죠? 시장경제를 해야 하죠? 그리고 나라가 잘

로버트
솔로

살게 되면 국민도 잘살게 되는 거 맞죠?

솔 로 하하하. 아주 어려운 질문이네요. 그런데 우리 경제학자들은 부자 나라, 이런 말을 쓰지 않아요. 중요한 건 지금 부자냐 아니냐가 아니라 소득이 늘어나느냐 줄어드느냐 하는 거니까요. 이건 개인도 마찬가지랍니다. 부자와 고소득자는 다르죠. 부자는 현재 소유하고 있는 재산이 많은 사람이지만 고소득자는 재산이 큰 폭으로 늘어나고 있는 사람이죠. 그렇다면 재산과 소득, 이 둘 중 어느 쪽이 더 중요할까요? 아무리 재산이 많아도 소득이 없으면 조만간 곤란에 처할 것입니다. 하지만 지금 재산이 많지 않아도 소득이 많다면 재산은 금방 모이겠죠. 국민경제도 마찬가지입니다. 나라의 재산이 아무리 많더라도 늘어나지 않고 그대로라면 그 나라의 경제는 활력을 잃습니다. 하지만 그 나라의 재산이 많지 않더라도 소득이 꾸준히 늘어나고 있다면 투자도 늘어나고 일자리도 늘어나고 결국 국민들의 삶도 더욱 윤택해집니다. 용어를 써서 표현하자면 국가 자산은 적어도 GDP가 높은 나라의 국민이, 국가 자산은 많아도 GDP가 낮은 나라의 국민보다 더 윤택하게 살 수 있다는 것입니다. 그렇기 때문에 정부는 국민경제의 규모를 계속 늘리려고 합니다. 한마디로 GDP를 계속 높이려고 한다는 겁니다. 이렇게 GDP가 늘어나는 것을 가리켜서 **경제성장**이라고 하며, 전년도에 비해 GDP가 늘어난 정도를 경제성장률이라고 부릅니다.

장공부 해마다 올해 성장률은 4퍼센트다, 5퍼센트다 그러는 거 말씀하시는군요? 그런데 그건 어떻게 산출하나요?

솔 로 경제성장률을 계산하는 가장 간단한 공식은 $\frac{\text{금년 } GDP}{\text{작년 } GDP} \times 100$ 입니다. 그런데 문제는 GDP가 최종생산물의 가격의 합이기 때문에 물가가 올라가도 높게 나온다는 것입니다. 가령 생산량은 전혀 변하지 않고, 다만 물가만 10퍼센트 올라도 GDP는 10퍼센트 상승한 것으로 나온다는 것입니다. 따라서 물가 상승의 영향을 제거하기 위해 GDP를 현재 가격이 아니라 어떤 기준 연도의 물가를 기준으로 계산하게 됩니다. 이렇게 산출한 GDP를 실질 GDP라고 해서 단순히 '최종생산물×가격'의 합인 명목 GDP와 구별하며, 경제성장률을 산출할 때는 실질 GDP를 사용합니다. 따라서 경제성장률의 공식은 다음과 같습니다.

경제성장률= $\dfrac{W_I P_S}{W_0 P_S}$ ×100 (W_1: 금년도 최종생산물, W_0: 전년도 최종생산물, P_S: 기준가격)

이렇게 구한 2010년과 2011년의 여러 지역의 경제성장률을 비교해 보겠습니다.

세계경제 성장률 추이와 전망

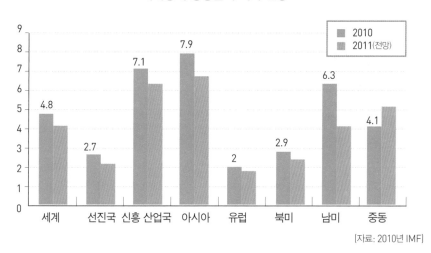

[자료: 2010년 IMF]

그런데 이 그래프를 보면 선진국일수록 오히려 경제성장률이 낮다는 것을 알 수 있습니다. 유럽과 북미의 성장률은 평균 이하이며, 아시아와 남미의 성장률은 높습니다. 하지만 여기에 나와 있지는 않지만 아프리카의 성장률은 낮습니다. 그렇다고 선진국들에 큰 문제가 생긴 것은 아닙니다. 대체로 어느 나라든지 경제성장 과정을 살펴보면 후진국 시절에는 경제성장률이 미미해서 해가 아무리 바뀌어도 소득이 크게 증가하지 않습니다. 하지만 신흥국 단계에 들어서면 급속하게 경제가 발전하면서 매우 높은 경제성장률을 보여 줍니다. 특히 이 시기에는 기초산업이

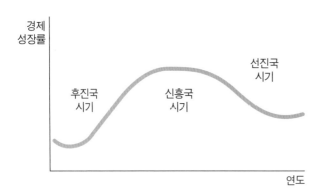

나 인프라(도로, 항만, 철도, 수도, 학교 등처럼 산업이나 생활의 기반이 되는 중요 시설) 등에 대한 대규모 투자가 이루어지기 때문에 경제가 더욱 활기찹니다. 그러다가 선진국 수준에 이르면 경제성장률이 떨어집니다. 그래서 신흥국 단계에서는 10퍼센트 내외의 초고속 성장을 하다가도 선진국 단계에 들어서면 잘해 봐야 4퍼센트 내외에 머무르게 됩니다.

진단순 그럼 선진국 되지 말아야겠네요. 돈도 못 벌고.

솔 로 하하. 그렇지는 않습니다. 워낙 경제 규모가 커서 퍼센트가 얼마 안 되는 것일 뿐이죠. 미국 GDP의 1퍼센트이면 웬만한 후진국의 전체 GDP와 맞먹거든요. 하지만 선진국 경제가 신흥국 경제보다 활력이 떨어진다는 느낌을 주는 것은 사실이죠. 아무래도 고도로 발전하다 보니 뭘 더 어떻게 할 여지도 적고요. 그렇다고 해서 선진국의 경제성장률이 정체되어도 된다는 것은 아닙니다. 애덤 스미스도 말했지만 어떤 나라의 부가 가장 많을 때가 아니라 가장 많이 늘어나고 있을 때 국민들이 가장 잘 사니까요. 그러니 이미 부가 많이 축적된 선진국이라 하더라도 경제성장은 계속되어야 합니다. 안 그러면 만성적인 실업이나 투자 부족으로 시달리게 됩니다.

그런데 문제는 어떻게 경제를 성장시키는가 하는 것입니다. 이걸 잘못 이해하는 사람들은 나라에 돈이 많아지면 경제가 성장하는 것이라고 생각합니다. 애덤 스미스 이전의 중상주의 학파들이 그랬죠. 심지어 오늘날에도 수출로 달러를 많이 벌어들이는 것만이 살길이라고 외치는 사람들이 있는데, 참으로 해괴한 발상입니다. 경제가 성장한다고 하는 것은 GDP가 늘어나는 것입니다. 즉 그 나라의 생산이 중대하다는 것입니다. 생산은 그대로인데 돈만 많으면 뭐합니까? 그 돈으로 살 것이 없는데. 경제성장이란 한마디로 그 나라의 **생산 가능 곡선**을 넓힌다는 것입니다. 아래의 그래프를 봅시다.

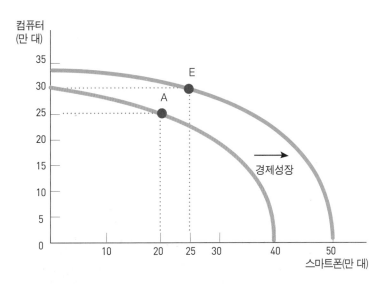

계산을 쉽게 하기 위해 어떤 나라가 컴퓨터와 스마트폰을 만들 능력을 가지고 있다고 칩시다. 안에 있는 곡선을 2009년 상황, 바깥의 곡선을 2010년 상황이라고 합시다. 그럼 2009년에는 이 나라의 모든 자원과 능력을 총동원하면 1년에 스마트폰 40만 대 혹은 컴퓨터 30만 대를 만들 수 있다는 뜻입니다. 스마트폰만 만들든, 컴퓨터만 만들든 혹은 두 상품을 적절히 섞어서 만들든 간에 이 나라에서 생산할 수 있는 스마트폰과 컴퓨터의 배합은 이 곡선을 벗어날 수 없습니다. 그래서 이 나라는 2009년에는 1년에 스마트폰 20만 대와 컴퓨터 25만 대를 생산하고 있었습니다. 그런데 어떤 계기로 그 곡선이 바깥으로 확장되어 2010년에는 스마트폰 50만 대 혹은 컴퓨터 33만 대 수준이 된 것입니다. 이렇게 되면 2009년과 같은 수준에서 이 나라는 스마트폰 25만 대 컴퓨터 30만 대를 생산할 수 있게 됩니다. 간단히 말하면 경제성장이란 그 나라의 생산 가능 곡선을 바깥쪽으로 확장시키는 것입니다.

장공부 그럼 어떻게 하면 생산 가능 곡선을 확장시킬 수 있나요?

솔 로 생산이 증가하기 위해서는 노동의 투입이 늘어나거나 아니면 자본의 투입이 늘어나야 합니다. 우선 노동이 증가하는 경우를 봅시다. 가장 손쉽게 생각할 수 있는 경우는 인구가 늘어나는 것입니다. 실제로 전근대사회에서는 인구가 국력의 상징이기도 했잖습니까? 하지만 근대 산업사회 이후에는 막무가내로 인구만 늘어난다고 해서 노동이 늘어나지는 않습니다. 적절한 수준의 교육을 받은 사람들이라야 노동력을 가지고 있거든요.

다음으로 생각할 수 있는 것은 자본이 늘어나는 것입니다. 그런데 자본은 흔히 '지연된 소비'라고 합니다. 즉 더 많은 이윤을 위해 잠시 지연된 소비가 누적되어

194

큰 밑천이 되는 것입니다. 따라서 자본은 우선 저축으로부터 시작합니다. 저축률이 높을수록 자본 투입도 늘어난다고 볼 수 있죠. 그렇다고 소비를 줄이고 돈을 장롱 속에 꼭꼭 숨겨 두는 것은 소용없고요. 은행 등의 금융기관에 저축해서 돈이 필요한 사람에게 융자해 줄 수 있어야 자본 투입이 늘어납니다.

후진국들의 경제성장이 어려운 까닭도 여기 있습니다. 우선 후진국들은 사는 게 어렵기 때문에 저축할 만한 유휴자금이 발생하지 않습니다. 먹고살기 바쁜데 남는 돈이 생길 수 없는 것이죠. 게다가 전근대적인 관행이나 불합리한 금융 제도 때문에 남는 자금이 생긴다고 하더라도 기업에 투자되지 못하고 뒷거래에 사용되거나, 장롱 속의 비자금이 되거나, 아니면 단지 방탕한 지배층의 사치에 소모되는 경우가 많습니다. 또 노동력의 경우도 교육을 제대로 받은 노동력이 비생산적인 부문에 종사하는 경우가 많습니다. 전근대적인 나라에서는 생산적인 노동은 천대받고 비생산적인 일은 우대받아서 교육받은 노동력이 그리로 몰리는 경우가 많거든요. 그래서 경제가 성장하려면 그 나라 사회가 근대화, 합리화할 필요가 있습니다. 사회가 합리화, 근대화가 되면 유휴자본은 장롱 속에 있지 않고 은행에 들어가서 자본이 필요한 기업가에게 투자됩니다. 또 의무교육 체제 등이 잘 정착하면 어린이들은 착실하게 성장해서 산업에 투신하게 되어 노동 또한 큰 폭으로 늘어납니다. 이렇게 되면 폭발적으로 경제가 성장하는 신흥국 단계에 들어서게 되는 겁니다.

모의심 어떻게 들으니까 좀 무섭네요. 그럼 중국의 문화혁명 같은 것도 교수님 말씀에 따르면 경제성장에 크게 기여한 게 되네요? 각종 전통문화, 전통예술에 종사하던 사람들이 어쩔 수 없이 소위 생산적인 노동을 해야 했으니까요. 그것도 일종의 합리화이잖아요? 경극 같은 것을 봉건 퇴폐 문화라면서 파괴하고, 결국 예술이나 문화에 투입될 자본과 노동력이 공장이나 농장에 투입된 셈이니까요.

사 선 모의심한테는 미안하지만 우리는 실제 솔로 교수를 모신 것이 아니라서 대답을 제대로 못 할 수 있습니다. 소환기 성능을 업그레이드해야 되는데 …

솔 로 (모의심 말은 들은 척도 않고) 그래서 신흥국 시절에 폭발적인 경제성장을 경험한 나라들은 다시 한계에 부딪칩니다. 자본과 노동은 수확체감의 법칙의 적용을

서양 중세의 대장간 모습입니다. 전근대적인 사회에서는 생산적인 노동은 천대를 받거나 귀족이 아닌 평민이나 노예들이 해야 하는 일로 취급을 받는 경우가 많았습니다.

받기 때문입니다. 자본과 노동의 투입을 늘리면 늘릴수록 1단위 추가할 때마다 올릴 수 있는 수익은 점점 줄어들게 되고, 어느 시점에 이르면 자본과 노동을 추가로 투입하여도 더 이상 수익이 증가하지 않는, 나라 전체로 보면 경제가 성장하지 않는 지점에 이른다는 것입니다. 따라서 이 지점에 이르면 더 이상 노동력의 투입을 늘린다고 해서 경제가 성장하지 않습니다. 저축을 아무리 해도 이제는 더 이상 기업들이 자본 투입을 늘리려 하지 않기 때문에 투자할 곳도 찾기 어려워지고요. 그래서 금리는 거의 0에 가깝게 떨어지고 저축률도 서서히 떨어지게 됩니다.

이럴 때는 그 나라 경제의 성장을 위해서 노동과 자본을 더 투입해 봐야 소용없습니다. 그래서 내가 새로 개발한 경제성장 공식이 있는데 그게 바로 내 이름이 붙은 공식인 $Y = K^\alpha + \alpha L^{1-\alpha}$ (Y: 산출, K: 자본, L: 노동력)입니다. 아름답지 않습니까? 여기서 가장 주목할 것이 뭐냐 하면 L 앞에 계수가 붙었다는 것입니다. 즉 같은 양의 노동을 사용하더라도 생산량이 달라질 수 있게 된 겁니다. 저는 이 'α'를 노동생산성이라고 부릅니다. 선진국 경제가 계속 성장하려면 자본과 노동의 한계 생산 체감을 극복해야 하고 이를 위해서는 바로 이 노동생산성을 높여야 하는 것입니다. 노동생산성을 높이는 것은 노동 방식을 혁신하거나 새로운 기술이나 기계를 도입함으로써 가능합니다. 기술에는 수확체감의 법칙이 적용되지 않습니다. 새로운 기술은 언제든지 생산성을 높일 수 있기 때문에 선진국 경제에서는 오직 신기술 개발과 혁신만이 경제성장의 동력이 되는 것입니다. (솔로 사라진다.)

고위 경제 관료 (별안간 나타난다.) 거 듣자니 정말 답답한 말씀만 하고 계십니다.

사　선

어, 누구시죠?

고위 경제 관료 저는 경제 분야에서 일하는 관료입니다.

사　선 관료라뇨? 소환기로 부르지 않은 분이신 것 같은데.

고위 경제 관료 아, 나도 내가 여기 왜 왔는지, 여기가 어딘지 모르겠어요. 그런데 아까, 어, 그 사람 어디로 갔지? 하여간 그 미국 어르신 말하는 거 듣다 보니 답답해서 견딜 수가 있어야죠. 사실 경제라고 하면 나만큼 잘 아는 사람이 없죠. 학자들은 나라가 부자가 되는 방법을 몰라요. 학자들이 말하는 건 이론이죠. 실물은 다릅니다. 자, 먼저 GDP가 뭘로 구성되어 있나 좀 봐야 합니다. 막무가내로 최종 생산물 가격의 합이라고 할 게 아니라요. 많이 생산만 하면 뭐합니까? 그걸 팔아야 돈이 되지. 그럼 누가 그걸 삽니까? 민간에서 사거나, 정부에서 사거나, 아니면 다른 기업에서 사겠죠. 또 다른 나라 소비자들이 사겠죠. 그래서 만약 생산한 상품들을 다 팔아 치워서 돈을 번다고 가정한다면 GDP는 민간인들의 소비지출, 기업의 투자지출, 정부의 재정지출, 그리고 다른 나라 소비자들이 지출한 순 수출의 합과 같아져야 하는 겁니다. 이걸 '$GDP = C+I+G+(X{-}M)$'이라고 표시할 수 있습니다. 여기서 C는 소비지출, I는 투자지출, G는 정부 재정지출, X는 수출, M은 수입을 뜻합니다. 그러니까 (X-M)은 무역수지 흑자가 되겠죠. 그러니 경제를 성장시키려면 C, I, G, (X-M)이 늘어나야 하는 것입니다.

그런데 소비지출이나 투자지출이 늘어나면 이건 수요를 증가시키니까 물가 상승을 불러옵니다. 물가가 올라가면 경제성장률은 도루묵이 됩니다. 정부지출이 늘어나면 결국 세금을 더 걷어야 하니 역시 경제성장은 도루묵이 됩니다. 그렇다면 남는 것은 오직 하나, 수출입니다. 수출을 많이 해야 경제가 성장합니다. 수출을 많이 하려면 다른 나라 기업과의 경쟁에서 이겨야 합니다. 다른 나라와 경쟁에서 이기려면 우리 국민이 일치단결하고, 사회를 혼란스럽게 하는 세력들을 모두 척결하고, 좌파들을 몰아내고, 국가 경쟁력을 떨어뜨리는 복지 포퓰리즘을 경계해야 합니다.

모의심 뉘신지 모르지만 그 말씀이 썩 논리적인 것 같지는 않은데요. 앞부분은 이해하겠는데, 갑자기 왜 포퓰리즘, '좌빨' 타령이세요?

고위 경제 관료 뭐라고? 이봐 학생. 내가 누군지 알아? 감히 내 말에 토를 달다니, 너 좌빨이지?

사 선 관료님, 지나친 반응은 삼가시고요. 수출 이야기는 나중에 국제경제를 다룰 때 하도록 해요. 이 시간에는 이 정도까지만 해 두죠. 국민경제를 읽을 수 있는 여러 지표 이야기, 그리고 경제성장에 대해서 정리하도록 합시다. 그럼 이제 이 주제에서 더 나아가 봅시다. 어떤 나라가 시장경제 체제를 선택하여 계속 경제를 성장시켜 나간다고 합시다. 그렇다면 이 나라는 순조롭게 경제를 성장시킬 수 있을까요, 아니면 중간에 여러 가지 어려움을 경험하게 될까요? 그리고 어려움을 경험한다면 이건 이 나라 경제 지도자들의 잘못일까요, 아니면 시장경제를 채택한 이상 반드시 감수해야 할 일종의 대가일까요?

GDP가 커졌다고 잘 사는 나라가 되는 것일까?

〈자료 1〉

■ 한국인 삶의 질, OECD 꼴찌(32개국 중 31위) "신뢰 부족한 나라"

우리 국민의 삶의 질이 OECD(경제협력개발기구) 소속 32개국 가운데 31위에 불과하다는 분석이 나왔다. OECD 회원국 중 1인당 소득 순위(22위)에 훨씬 못 미치는 성적표다.

26일 OECD가 작성한 'OECD 국가의 삶의 질 결정 요인 탐색' 보고서에 따르면 한국인의 삶의 질은 전체 회원국 32개국 중 31위로 나타났다.

이번 조사는 미국 미시간 대학 WVS(World Values Survey, 세계가치조사)팀이 1981년부터 2008년까지 수행한 5회 조사 결과를 바탕으로, OECD가 32개 회원국의 행복지수를 산출한 결과이다.

행복지수는 일과 삶에 대한 만족도, 사회적 신뢰, 정치적 안정, 포용성, 환경, 소득 등 10개 변수를 종합해 산출하는데, 한국 점수는 10점 만점에 6점대 초반에 머물렀다. 삶의 질 1위 국가는 8점대를 받은 덴마크였고, 스위스, 아이슬란드, 오스트리아 등이 그 뒤를 이었다.

한국은 특히 집단 간 포용력 등 신뢰 부문에서 낮은 평가를 받았다. OECD는 "한국은 체코, 에스토니아 등과 함께 사회 구성원 사이의 신뢰가 매우 낮은 군에 속해 있다"며 "신뢰 등 사회적 자본을 좀 더 탄탄히 구축할 필요가 있다"고 지적했다.

OECD는 또 "삶의 질이 낮은 국가는 소득 격차가 커 구성원 사이에 박탈감이 형성되거나, 사회 전체적으로 경쟁 압력이 지나치게 높은 경우가 많았다"고 분석했다.

[출처: "조선일보", 2012년 2월 27일]

〈자료 2〉

■ 삶의 질을 측정하는 대안 GDP

유엔 인간개발지수 (HDI)	* 국가별 1인당 국민소득, 교육 수준(성인 문맹률), 평균수명, 유아 사망률, 1인당 구매력 등을 종합 평가해 지수를 산출 * 2009년 우리나라의 HDI 지수는 182개 국 중 26위(유엔 '인간개발보고서 2009')
행복 GDP	* 조지프 스티글리츠 미국 컬럼비아 대 교수 주도로 2008년 9월에 제안된 새로운 사회 발전 지표 * 생산 중심의 GDP 대신 '소득과 소비' 수준을 정확히 측정해 지표로 삼고 가사 노동을 비롯한 '비시장적 활동'도 통계에 포함해야 한다는 것
부탄 국민총행복지수 (GNH)	* 부탄에서 1970년대에 만들어 낸 행복 개념 * 경제적 산출물이 사회적으로 필요한지, 또는 바람직한지를 따지는데, 심리적 웰빙, 건강, 시간 활용, 문화, 교육, 좋은 거버넌스, 생태계, 지역사회의 생명력, 생활수준 등 9개 핵심 영역에서의 성취 수준을 측정함
캐나다 웰빙지수 (GIVV)	* 예술과 문화 레크리에이션, 시민 참여, 지역사회 생명력, 시민교육, 생태계 건강, 건강한 국민, 생활수준, 시간 활용 등 8개 영역에서 삶의 질의 변화를 측정 * 이 지표는 웰빙에 영향을 미치는 많은 요소들을 연결해 좀 더 종합적인 관점에서 공공 정책을 결정하는 데 효과적임
순경제후생 (NEW) 지표	* 상품생산에 수반되는 비경제재(환경오염)와 육아, 여가 활동 등 시장에서 거래되지 않는 가계 활동 등의 가치를 시장가격으로 환산해 GDP 집계에서 차감하고, 개인의 효용 증대에 기여하지 못하는 출퇴근 비용, 교통 혼잡, 치안, 국방 비용 등은 GDP에서 제외해야 한다고 제안

1. 우리나라 사람들이 1인당 GDP에 비해 행복지수가 낮은 이유는 무엇일까?

2. GDP와 1인당 GDP가 국민의 삶의 질을 제대로 보여 주지 못하는 이유는 무엇 때문인가?

3. 〈자료 2〉를 바탕으로 국민의 삶, 또는 행복 지수를 측정하려고 할 때 고려되어야 할 기준을 마련해 보자.

07
시장경제라는 이름의 롤러코스터

사 선 우리는 지난 시간에 국민경제를 측정하는 지표들, 그리고 경제성장에 대해 공부했습니다. 그리고 시장경제 체제를 채택한 나라들의 경제가 빠르게 성장한 것도 사실이라는 것을 확인했습니다.

장공부 그럼 시장경제를 계속 유지하면 결국은 모두가 잘살게 되는 거 아닌가요?

모의심 하지만 시장경제 체제를 도입하고 나서 오히려 더 고통스럽게 된 사람들도 많다고 들었어요. 나라 경제의 평균은 높아졌을지 몰라도요. 오히려 빈부 격차도 커지고 삶도 불안해졌다고 하던데.

장공부

아까부터 계속 물어보고 싶었는데,
의심이는 왜 그렇게 시장경제에 비판적이니?

모의심

그럼 넌 왜 그렇게
호의적이야?

장공부 가난한 집이 있다는 것은 부잣집도 있다는 뜻이고, 그건 기회가 열려 있다는 뜻이잖아. 아무도 가난하지 않고 모두 비슷하게 산다면 무슨 의욕이 있고 무슨 꿈이 있겠어. 하지만 누구나 노력하여 부자가 될 수 있는 사회라면 부지런하고 합리적인 사람과 그렇지 못한 사람 사이에 격차가 나기 마련이니 오히려 열심히 사는 사람들에게 힘을 불어넣어 준다고. 사실 우리 부모님도 가난한 노동자에 불과해. 하지만 그건 그분들이 경쟁에서 실패했거나 비합리적인 목표를 세웠기 때문이니 누굴 탓할 일이 아니지. 시장경제는 기업가, 노동자, 지대 소득자, 정부가 저마다 자신의 역할을 충실히 하면 적절한 균형점을 스스로 찾아가는 경제이니까, 그 속에서 누구든 자기가 한 만큼의 대가를 받기 마련이고, 그분들이 할 수 있었던 역할이 그 정도였던 것이지. 그게 억울하면 저축을 해서 자본을 축적하거나 아니면 자기 계발을 해서 노동력의 가치를 높이든가. 그래서 나는 열심히 공부해 S대학교 로스쿨에 들어가려고 해. 그리고 경제학 공부도 열심히 해서 대기업의 경제 고문 변호사가 될 거라고. 그럼 나는 높은 가치를 가진 노동력을 가지게 되니까 높은 임금을 받으며 고소득자가 될 수 있겠지. 그리고 그 고임금을 사치스럽게 쓰지 않고 부지런히 저축해서 국제법 컨설팅 회사를 세울 거라고.

누구도 피할 수 없는 위험, 실업

모의심 하하. 어쩌면 그렇게 생각하는 게 순진하냐. 귀엽다, 야. 너는 정말 각자 자기 위치에서 열심히 최대한 합리적으로 살아가면 만족할 만큼 돈도 벌고 행복하게 살 수 있다고 믿고 있어? S대 법대? 그 얘기가 나와서 이제야 밝히는데, 우리 아버지가 S대 법대 나와서 우리나라에서 제일 큰 은행의 법무 담당자로 일했던 분이야. 그러니까 네가 세운 목표랑 비슷하게 살았던 분이지. 그럼 별문제 없고 행복하게 살았어야 하잖아. 그런데 지금 어떤지 알아? 2008년 금융 위기 때 멀쩡하던 은행이 휘청거리더니 외국 펀드인가 뭔가한테 넘어간 거야. 새 은행 주인이 된 외국계 펀드는 직원들의 3분의 1을 해고한 거고. 그래서 수천 명이나 되는 은행원들이 하루아침에 실업자가 되었는데, 우리 아버지도 그중 하나였단 말이지. 그래서 지금 우리 집 상태는 거의 최악이야. 그 전까지는 넉넉하게 살았고 평수 큰 아파트 한 채 가지고 있었다는 이유 때문에 사회적 배려 대상자로 분류되지 않아 복지 혜택도 하나 누리지 못해. 그럼 어쩌라고? 집 팔아서 그 돈으로 야금야금 먹고 사는 수밖에. 그렇게 3년이 지나면서 집 판 돈도 다 까먹고 난 '알바'를 뛰고 있다고. 이걸 과연 우리 아버지만의 책임이라고 할 수 있어? 아버지가 그 은행 직원들 중 하위 3분의 1에 들 만큼 무능했기 때문에 잘려 마땅했다, 이렇게 말할 수 있느냐고? 설사 그렇다 할지라도 직원들에게 충분히 대비할 시간을 주었어야지. 어떤 해에는 하루아침에 3분의 1이 잘리고, 또 어떤 해에는 30퍼센트나 직원을 더 뽑고, 이런 식이면 어떻게 해? 아버지가 그렇게 무능했나? 우리 아버지 '스펙' 정도가 하위 3분의 1에 들 정도로 우리나라가 대단했나? 아니면 아버지가 지나치거나 비합리적인 목표를 세웠던가? 그냥 다섯 식구 오순도순 안정적으로 살아가고 적당한 문화생활 할 수 있을 정도의 소득이 아버지 정도의 스펙으로 그렇게 무리한 목표였어? 그런데 왜 이렇게 된 거지?

아버지뿐 아니라 그때 해고된 은행원들, 또 쌍용 자동차 같은 회사들의 노동자들도 그래. 이 사람들은 게으른 사람들이 아니었어. 다 어떤 역할을 맡아서 열심히 일하고 저축해서 투자했고, 그러면 잘살 수 있을 거라고 믿었던 사람들이었어. 큰 욕심도 부리지 않았어. 그저 식구들 배고프지 않을 정도의 소득만 정년 때까지 꾸준히 얻을 수 있었으면 했던 게 꿈이었다고. 거저 달라고 했던 것도 아니잖아. 일을 하겠다고 했잖아. 큰돈도 아니고, 대박 노리는 것도 아니고, 그저 안정적인 소득을 올릴 수 있는 일자리라도 있었으면 했던 거잖아. 이 꿈이 그렇게 과한 꿈이야? 시장경제에서는 이것마저 장담할 수 없단 말이야? 왜? 왜?

사 선 너무 슬퍼하지 마세요. 사실 시장경제는 활발하게 성장하는 경제체제이고 또 그 전에 있었던 어떤 경제체제보다 효율적인 경제체제이지만 작동하는 과정에서 많은 사람들을 고통스럽게 만들기도 한답니다. 그중 가장 고통스러운 것은 바로 실업이죠. 모의심의 아버지뿐 아니라 많은 사람들이 실업 때문에 고통받고 있답니다. 그러면 오늘은 시장경제 체제의 문제점을 살펴보고, 그중에서도 실업 문제부터 이야기해 보도록 합시다. 그런데 먼저 실업의 정의를 내려야 하겠죠?

진단순

일자리가 없는 게 실업 아닌가요?

사 선 그렇긴 합니다만 일자리가 없다고 해서 다 실업이라고 하지는 않습니다. 예를 들면 지금 여기 있는 여러분들은 어떤 일도 하고 있지 않지만 여러분들을 실업자라고 부르나요?

진단순 우린 미성년자인데요? 그리고 학생이고.

사 선 그래요. 여러분들은 학생이죠. 그 밖에도 일하고 있지 않지만 실업자로 불리지 않는 사람들은 또 누가 있을까요?

장공부 그러니까 문득 이상한데요. 우리 어머니는 밖에서 일을 안 하시고 살림을 하시거든요. 하지만 스스로 실업자라고 생각하지는 않는 것 같아요. 그런데 우리 언니도 일을 안 하고 집안일 거들고 있는데 자기를 실업자라고 하거든요.

사 선 그건 바로 장공부 어머니는 임금을 받고 하는 노동을 하려는 뜻이 없지만 언니는 있기 때문입니다. 즉 실업자는 일할 의사와 능력이 있음에도 불구하고 일자리가 없어서 일을 하지 않고 있는 사람을 뜻하죠. 이렇게 **일할 능력과 의사가** 있는 사람들을 '경제활동인구'라고 하며, 이 경제활동인구 중에서 일자리를 구하지 못한 사람들을 실업자라고 부르는 것입니다. 그래서 실업률 $= \dfrac{\text{실업자 수}}{\text{경제활동 인구}} \times 100$ 이 되는 것이죠.

실업의 피해는 심각합니다. 우선 일자리를 잃어버리면 생계가 위험해지거나 어려워질 수 있습니다. 게다가 가장이 실업자가 되면 자녀들의 교육에 문제가 생겨서 청소년 비행을 저지르거나 각종 사회문제가 될 수도 있습니다. 물론 실업자들 자신이 생계에 쪼들린 나머지 범죄자로 전락하는 경우도 있습니다.

하지만 이런 경제적인 피해 외에 심리적, 사회적 피해도 심각합니다. 어떤 일을 하고 있다는 것은 우리가 사회에 어떤 형태로든 기여하고 있다는 뜻입니다. 따라서 일자리의 상실은 자신이 쓸모없는 사람이 되었다는 심리적인 타격을 주는 경우가 많습니다. 특히 우리나라처럼 일단 일자리를 잃고 나면 달리 할 일을 찾기가 어려운 나라에서는 더욱 그렇습니다. 어떤 일을 하고 있다는 것은 사회에서 내밀 그 사람의 이름표 같은 것입니다. 왜, 보면 어른들끼리 만났을 때 반드시 물어보는 말 중의 하나가 "무슨 일을 하고 계십니까?" 하는 거잖아요. 또 명함을 꼭 교환하고요.

일을 자꾸 쉬니까 기술이 예전 같지가 않아.

실업상태 → 실업상태 →

더군다나 실업 기간이 길어지면, 즉 일을 하지 못하고 노는 기간이 길어지면 노동 능력에도 문제가 생깁니다. 기술이 퇴보한다거나, 숙련도가 떨어진다거나, 새로운 기술이나 지식을 습득하지 못해서 나중에 재취업을 하더라도 예전보다 나쁜 조건으로 일을 하는 경우가 많습니다. 게다가 실업과 재취업이 빈번한 상황이라면 일자리를 얻더라도 언제 해고당할지 모르기 때문에 그 분야에 헌신하지 않을 수도 있습니다. 따라서 실업은 사회적으로도 큰 손실입니다. 꾸준히 한 분야에서 숙련도를 높일 수 있었을 노동자의 능력을 점점 쇠퇴시킬 수 있으니 말입니다.

장공부 하지만 그렇다고 기업이 손실을 입으면서까지 노동자들을 평생 고용할 수는 없잖아요. 시장 상황이나 기업 실정에 따라 고용하는데 상황이 나빠지면 고용을 줄일 수밖에 없는 것 아닌가요? 게다가 교과서에 나온 그래프를 보니까 실업률도 그렇게 심각한 건 아니던데요. 많아 봐야 6~9퍼센트 정도인데 뭐가 문제라는 거죠? 열 명 중 한 명도 안 되는 사람들이 노는 것에 불과한데.

진단순 그런데 이상해요. 내가 아는 형들 중 절반이 집에서 노는데, 저 표에는 겨우 5퍼센트라고 나와요.

사 선 그건 경제활동인구를 산출하는 방식과 취업자를 산출하는 방식 때문입니다. 실업률은 일자리가 없는 모든 사람들을 산출하는 것이 아니라 경제활동인구 중에서 실업자만을 계산합니다. 따라서 학생, 주부, 군인, 죄수, 장애인, 종교인, 대학원생, 고시생 등은 비경제활동인구로 간주하여 실업률 계산에 넣지 않습니다. 또 최근 일주일 이내에 적극적으로 구직 활동을 하지 않은 사람들 역시 실망실업자 혹은 구직 단념자라 하여 실업률 통계에서 뺍니다. 결국 여기서 말하는 실업자란 일할 능력이 있고, 일할 의사가 있으며, 일자리를 적극적으로 구했음에도 불구하고 일자리를 구하지 못한 사람입니다.

진단순 아이고, 그럼 내가 아는 형들은 실업자도 못 되는 거잖아요? 면접에서 계속 떨어지더니 이젠 면접 보러 가지도 않더라고요.

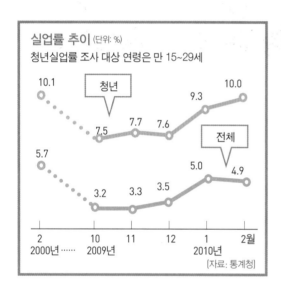

실업률 추이 (단위: %)
청년실업률 조사 대상 연령은 만 15~29세

사 선 그럴 겁니다. 비경제활동인구가 되어 버리니. 게다가 일자리를 구했다는 기준도 여러분 생각과는 많이 다릅니다. 일주일에 여덟 시간 이상 돈을 받고 일하는 자리를 구했으면 모두 취업한 것으로 간주됩니다.

진단순 그게 무슨 일자리예요? '알바'도 안 되겠다.

사 선 그러니까요. 실업률이 6퍼센트라고 하더라도 열 명 중 한 명 미만이 일자리가 없다는 뜻이 아니란 것입니다. 이건 전체 인구가 아니라 일할 능력과 의사가 있는 사람들 중 실망하지 않고 구직 활동을 계속하지만 아르바이트 자리조차 구하지 못한 사람이 6퍼센트란 뜻입니다. 그런데 아르바이트 자리를 오락가락하는 사람들이 일자리를 구했다고 생각하겠습니까? 아무런 전망도 없이 취업 공부하고 있는 사람들은 또 어떻고요? 면접 열 번 떨어지고 기운이 빠져서 쉬고 있는 사람들은 자기들이 실업자로도 분류되지 못한다는 걸 알면 또 얼마나 슬프겠습니까? 이를 다 감안하면 실업률이 5퍼센트를 넘어간다는 건 매우 심각한 문제입니다. 게다가 우리나라는 초단기 계약 근로자, 다시 말해 아르바이트의 급여가 매우 적어서 도저히 취업 상태라고 보기 어려울 지경입니다. 다음의 그림은 맥도날드에서 아르바이트를 한 시간 하면 '빅맥' 몇 개를 살 수 있는가를 나라별로 비교한

한국	0.8개	독일	1.3개	영국	1.6개
4,320원(시급) 5,200원(빅맥 세트)		7.5유로 5.99유로		6.5파운드 4.09파운드	

프랑스	1.6개	스웨덴	1.8개	일본	1.2개
9.0유로 5.5유로		105크로나 59크로나		800엔 650엔	

[2011년 기준]

것입니다.

우리나라에서는 맥도날드에서 한 시간 아르바이트를 하면 빅맥 세트 하나를 사 먹지 못합니다. 하지만 비교 대상이 된 선진국들은 모두 한 시간 아르바이트 수입으로 빅맥 세트를 사 먹고도 돈이 남습니다. 이런 나라에서라면 아르바이트를 하고 있는 사람들을 취업자라고 부를 수 있겠지만 우리나라 같은 경우는 과연 아르바이트하는 사람들을 취업자라고 부를 수 있을까 하는 문제 제기가 충분히 가능합니다.

물론 시장경제 체제에서는 노동력 역시 상품이니 만큼 수요, 공급에 따라 임금이나 고용이 변하면서 실업이란 불안을 감수할 수밖에 없겠죠. 하지만 실업자들의 생계가 어려워지거나 노동력의 손상이 발생하지 않도록 복지 제도, 혹은 사회적 안전망이 잘 갖춰져 실업에 대한 불안을 완화시킬 필요는 있습니다.

장공부 하지만 복지 제도를 강화하려면 세금을 올려야 하고, 그럼 결국 소비가 위축되고 기업의 투자가 줄어들어 산업 생산이 감소하지 않을까요?

뉴라이트 대변인 (멋대로 소환되어 온다.) 옳으신 말씀입니다. 복지가 지나치면 노동자들이 열심히 일할 동기를 가지지 않습니다. 일자리를 잃으면 배가 좀 고파야죠. 그래야 일할 의욕이 생기지 않겠습니까? 일을 안 해도 그럭저럭 먹고살 길이 있다면 누가 일을 하려 하겠습니까? 좀 덜 벌어도 좋으니 그냥 놀겠다면서 실업

급여나 타 먹으려 하겠지요. 그러니 제대로 안 하면 먹고살기 힘든 실업자가 된다고 해야 겁이 좀 나서 경쟁을 하지 않겠습니까?

사 선

아니, 이게 왜 이러지? 고장이 났나?

(뉴라이트 대변인 사라진다.) 아, 이제 제대로 작동하네요.

장공부 저도 사회복지가 잘된 복지국가일수록 실업률이 높다는 이야기를 들은 적이 있어요. 실업자가 되어도 살기에 불편하지 않으니까 굳이 일하려 하지 않는다고요.

모의심 설마요. 복지국가는 선진국일 텐데, 선진국 실업률이 더 높을까?

사 선 그런 점도 있겠죠. 일반적으로 실업률은 후진국이 제일 높고요, 그다음이 선진국입니다. 그리고 중진국(신흥국, 개발도상국)은 일반적으로 실업률이 낮은 편이지요. 후진국은 일하고 싶어도 일자리가 없으니 국민이 모두 가난한 상태이고요. 선진국은 실업에 대한 공포가 덜하기 때문에 취업에 덜 적극적인 편이죠.

진단순 와, 그럼 선진국이 되면 안 되겠네요.

(모두 웃음)

사 선 그렇게까지 생각할 일은 아니고요. 실업은 자본주의 시장경제 체제를 채택하고 있는 모든 나라에 공통적으로 발생하는 문제라고 이해하는 것이 좋겠네요. 여기에 대해 경제학자들의 좀 전문적인 설명을 들었으면 합니다. 먼저 실업이란 자본주의 시장경제 체제에서 감수해야 할 비용이라고 생각하시는 오스트리아의 하이에크 교수님입니다. (소환기를 작동한다.)

하이에크 음, 저는 실업이 그렇게 심각한 문제는 아니라고 생각합니다. 시장경제에서는 모든 상품이 수요와 공급의 균형을 찾아가게 되어 있습니다. 처음부터 딱 맞는 가격에 수요와 공급이 맞춰지는 경우는 드물죠. 상품이 남다가 모자라다가 해 가면서, 즉 가격이 너무 비싸다가 너무 싸다가 해 가면서 균형을 찾아가죠. 노동력도 상품인 이상 그 가격인 임금에 따라 수요와 공급의 균형을 찾아가는 과정이 필요한 법입니다. 즉 앞에서 배운 이야기대로라면 노동력이란 상품이 청산되기 위한 과정에서 일시적인 실업이 있을 수 있단 뜻입니다. 결국 실업률이 높다는 뜻은 현재 노동력의 가격인 임금이

프리드리히
하이에크

높다는 뜻이며, 앞으로 임금이 떨어질 것이라는 신호입니다. 만약 임금이 떨어지면 기업은 노동력에 대한 수요, 즉 일자리를 늘릴 것이고, 그럼 실업률은 낮아지겠죠.

모의심 아니, 그럼 선진국들의 실업률이 높은 이유는 뭐죠?

하이에크 그건 노동력의 가격, 즉 임금이 시장 원리에 따라 자연스럽게 오르내리는 것을 가로막는 **인위적인 장벽**이 있기 때문입니다. 예를 들면 노동조합이나 최저임금제 같은 것들이 그렇죠.

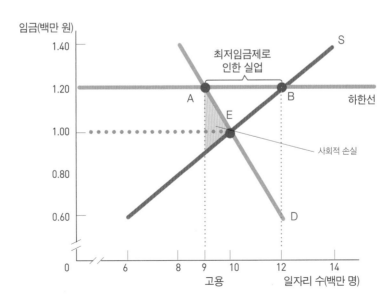

자, 앞 그래프를 좀 보세요. 이건 요소시장에서 거래되는 노동력의 수요와 공급을 표시한 것입니다. 만약 시장에게 맡겨 둔다면 임금이 100만 원일 때 수요와 공급이 균형을 이루는 것을 확인할 수 있습니다. 100만 원이라면 일하고자 하는 사람들과 고용하고자 하는 기업이 균형을 이루어 모두 1천만 명의 고용이 창출됩니다. 따라서 노동시장이 균형을 이룰 때까지 인위적인 개입을 하지 않는다면 노동시장은 스스로 균형을 찾아서 완전고용에 이르게 됩니다. 즉 자유 시장이 유지되는 한 실업 문제는 발생하지 않습니다. 단지 약간의 자발적 실업자만 있을 뿐이죠. 그런데 강력한 노동조합이 있어서 120만 원 이하로는 절대 임금을 낮출 수 없다며 버틴다고 합시다. 혹은 포퓰리즘 정부가 있어서 120만 원 이하로 임금을 낮추는 기업을 규제한다고 합시다. 그럼 어떻게 될까요? 임금이 높기 때문에 기업은 노동력의 수요를 줄일 것입니다. 하지만 임금이 높기 때문에 일을 하려는 사람은 늘어날 것입니다. 결국 일자리에 비해 구직자 수가 늘어나서 실업이 발생하는 것이죠. 그 결과는 최저임금보다 낮은 균형임금만 받고도 충분히 일할 마음이 있었던 성실한 노동자들까지도 일자리를 구하지 못하는 것이고, 기업도 그만큼 생산을 못하는 것이니 결국 사회적 손실이 발생합니다. 그래서 저는 이렇게 결론 내립니다. 실업의 원인은 정부 혹은 노동조합이 노동시장에 인위적으로 개입했기 때문에 발생한다고요.

물론 실업자의 모습을 보는 것은 가슴 아픈 일입니다. 하지만 실업자가 어떻게 없을 수가 있습니까? 실업자가 없는 상태를 완전고용이라고 하고, 케인스 학파 경제학자들은 국민경제의 목표가 완전고용이 되어야 한다는 등의 헛소리를 하는 모양인데, 그러나 이렇게 억지로 시장에 개입하는 온정주의적 접근이 오히려 실업 문제를 더 어렵게 만듭니다. 어느 정도의 실업은 있을 수밖에 없습니다. 단 그 정도의 실업은 경제체제에서 비롯되었다기보다는 노동자 자신의 선택의 결과이니까 자발적 실업이라고 해야겠죠. 저는 그래서 한 3퍼센트 정도의 실업률을 **자연 실업률**이라고 부르면서 사실상 실업이 없는 상태로 간주했습니다. (하이에크 사라진다.)

자발적 실업

모의심

자발적 실업이라뇨? 모순된 말 아닌가요? 세상에 스스로 실업자가 되고 싶어 하는 사람이 어디 있어요? 어, 가버리셨네.

사　선 하하하. 실업이 자발적이라고 하니까 약간 이해하기 어렵죠? 조금 자세히 설명해 볼게요. 모의심이 대학을 졸업하고 어떤 회사에 입사가 확정되었다고 합시다. 그런데 그 회사에 입사가 확정되었다고 할지라도 졸업과 동시에 출근하지 않을 수 있습니다. 임금이나 근로조건을 협상할 수도 있고, 혹은 사전 교육을 받을 수도 있습니다. 그리고 그 회사에 들어갔는데 적성에 맞지 않고 대우도 생각보다 신통치 않다고 합시다. 그때 다른 회사에서 더 좋은 조건을 제시했다고 합시다. 그럼 당연히 그만두고 다른 직장으로 옮기겠죠? 하지만 사표를 쓴 날에 바로 새 직장에 출근하지는 않을 겁니다. 그 사이에 며칠 동안의 공백 기간이 생기기 마련입니다. 혹은 다른 직장을 구하지 않은 상태에서 단지 그 회사가 마음에 들지 않는다고 일단 사표를 냈을 수도 있습니다. 그렇다면 새 직장을 구하기 위한 탐색과 조사를 해야 하고, 새로 들어갈 회사와 여러 가지 조건들을 놓고 협상해야 합니다. 이렇게 노동자들의 구직 의사와 실제 취업 시점 사이에는 시간 차이가 있습니다. 이 시간 차이 기간 동안에는 실업자로 남을 수밖에 없겠지만 이건 우리가 흔히 말하는 비참한 실업과는 거리가 멀죠. 오히려 구직 탐색, 협상 기간이라고 봐야 하겠죠. 이런 실업을 '마찰적 실업'이라고 합니다.

이번에는 모의심이 수상 안전 요원이 되었다고 합시다. 아마 6월에서 8월 사이에는 정신없이 바쁘게 일할 겁니다. 하지만 다른 계절에는 일하는 시간보다 노는 시간이 더 많겠죠. 소위 말하는 한철 장사인 셈입니다. 만약 스키장에서 일한다면 정반대로 겨울에 바쁘고 여름에는 한가하겠죠? 또 농업 노동자들 같은 경우에는 봄에서 가을까지는 취업 상태였다가 겨울에는 실업 상태가 되는 일이 일어납니다. 이렇게 하는 일 자체의 특성상 1년 중 특정한 기간 동안에만 작업이 이루어지는 경우 주기적으로 취업과 실업을 반복할 수 있습니다. 이런 종류의 실업을 '계절적 실업'이라고 합니다. 하지만 그 직업을 선택할 때 이 사실을 알고 선택한 것이

라면 이미 충분히 대비하고 있을 것이기 때문에 이런 실업은 크게 문제가 되지 않습니다.

또 이런 경우도 있습니다. 만약 어떤 나라의 산업구조가 농업과 광업 중심이라고 합시다. 대부분의 노동자는 농업이나 광산 노동자이겠죠. 그런데 이 나라에 산업혁명이 일어나서 경제의 중심이 정보·통신 산업으로 급속히 바뀌면 어떤 일이 일어날까요? 농업과 광업 분야는 점점 축소되면서 이 부문의 일자리가 줄어들 것입니다. 하지만 정보·통신 분야의 일자리는 엄청나게 늘어나면서 전체적으로 일자리의 수는 오히려 늘게 될 것입니다. 물론 그러면 실업자가 없어야 하지만 문제는 농촌이나 광산에서 일하던 사람이 하루아침에 정보·통신 분야에서 일하기는 어렵다는 것입니다. 준비 기간이 필요하죠. 새로운 분야에서 일하기 위한 기술이나 지식이 필요하고, 또 경우에 따라서는 이사를 가는 등의 물리적인 이동 시간도 필요하죠. 따라서 이 경우에도 어느 정도의 실업 기간이 발생합니다만 오래지 않아 취업할 여건이 충분하니까 크게 심각한 문제는 아닙니다. 이렇게 산업구조의 변화에서 비롯되는 일시적인 실업을 '구조적 실업'이라고 합니다.

자, 지금까지 살펴본 계절적, 마찰적, 구조적 실업은 일자리가 모자란다기보다는 일종의 시간 차 때문에 발생하는 것이어서 약간의 시간이 지나면 다 해결이 되는 것들이며, 시장경제에서는 불가피하게 발생하는 것들이고, 노동자들도 이를 스스로 선택한 결과로 받아들이는 경향이 강합니다. 그래서 이런 실업들을 '자발적 실업'이라 하고, 이런 자발적 실업자들이 있기 때문에 나타나는 실업률을 **자연 실업률**이라고 부르는 것입니다. 통상 실업률이 3퍼센트 정도이면 자연 실업률이라고 보아 사실상 완전고용으로 간주한답니다. 그리고 신고전파 경제학, 오스트리아 학파, 통화주의 학파에서는 원칙적으로 시장이 스스로 균형을 찾아갈 것이기 때문에 시간이 지나면 자발적 실업 외의 실업은 모두 사라져서 완전고용에 도달할 것이라고 가정합니다.

하지만 케인스 학파에서는 여기에 동의하지 않습니다. 신고전파에서는 '노동시장의 균형=완전고용'이지만 케인스는 비자발적 실업이 있는 상태에서 노동시장이 균형을 이룰 수도 있다고 봅니다. 그렇게 되면 비자발적 실업이 장기간 이어지며, 외부에서 누군가가 시장에 개입하지 않는 한 사실상 해결이 불가능해지는 것이죠. 그럼 케인스 교수님을 소환해 보도록 하겠습니다. (소환기를 작동한다.)

시장경제의 부작용들

케인스 (소환되자마자 열변을 토한다.) 시장은 절대 **비자발적 실업**을 해결할 수 없습니다. 일부 신고전파와 오스트리아 학파는 마치 외부에서 노동시장을 간섭하지만 않으면 노동시장이 자연스럽게 청산되어 사실상 완전고용과 다름없는 자연 실업률 수준으로 돌아간다고 믿는데, 그렇게 주장하는 것은 학문이라기보다는 차라리 신앙고백이라고 해야 될 것입니다. 현실은 그것과 전혀 다르기 때문이죠.

물론 계절적 실업이나 마찰적 실업, 혹은 구조적 실업은 자발적 실업입니다. 이 경우들은 모두 사

존 메이너드
케인스

회 전체의 일자리에는 큰 변동이 없고 다만 분야나 위치만 이동하는 것이라고 생각할 수 있습니다. 그런데 만약 사회 전체의 일자리가 큰 폭으로 줄어든다면 어떻게 될까요? 경기가 침체해 기업들이 대거 파산하거나 투자를 축소해서 일자리가 30퍼센트쯤 줄어들었다고 합시다. 이때 발생하는 실업자들도 자발적이라고 부르시겠습니까? 아니면 자연 실업률이니까 그냥 내버려 두라고 하시겠습니까?

여러분은 대공황에 대해 잘 알고 계실 겁니다. 1929년, 이른바 검은 월요일에 미국의 주식이 대폭락을 하면서 삽시간에 북아메리카, 유럽은 물론 전 세계경제가 언제 끝날지 모를 장기 침체에 빠지지 않았습니까? 그래서 1932년까지 미국만 해도 노동자의 4분의 1이 일자리를 잃었습니다. 유럽에서도 수백만 명의 노동자가 일자리를 잃었습니다.

내가 이렇게 말하자 신고전파 경제학자나 오스트리아 학파에서는 불황이나 공황은 과잉투자와 과잉생산으로 발생한 공급과잉 때문에 일어난다고 합니다. 그래서 그 잉여분이 시장에서 청산될 때까지는 공장 규모가 줄어들고, 노동자들도 일을 덜해야 하니 실업은 불가피하다고 합니다.

참으로 무책임한 사람들입니다. 수백만, 수천만 명의 노동자들이 일거에 일자리를 잃었습니다. 이런 상황에서 시장의 힘을 믿을 수 있나요? 설사 믿는다 하더라도 수천만 명의 노동자들에게 "지나치게 팽창한 경제가 진정될 때까지 기다려라, 시장이 스스로 균형을 회복할 것이다"라는 말 외에 해 줄 것이 아무것도 없나요? 그래서 수천만 명이 평생 동안 모은 저축을 다 까먹고 무일푼이 되거나 혹독한 생활고에 허덕이다 죽어 가야 한단 말입니까? 이걸 방치하고서 경제학자, 경제학 교수들은 무슨 낯으로 봉급을 받는단 말입니까?

물론 장기적으로는 시장이 다시 균형을 찾을지 모릅니다. 그래서 장기적으로는 다시 고용이 안정되어서 실업자들은 다시 일자리를 얻을 수 있을지도 모릅니다. 하지만 그게 언제일까요? 안타깝게도 우리 인간들의 수명은 한정되어 있습니다. 그리고 한창 젊은 시절은 기껏 10여 년에 불과합니다. 만약 그 10여 년 동안 내내 불황이 계속되면서 시장이 회복되기를 기다리기만 해야 한다면 그 사람의 인생은 뭐가 될까요? 단지 그때 태어났다는 이유만으로 이런 고통을 겪어야 할까

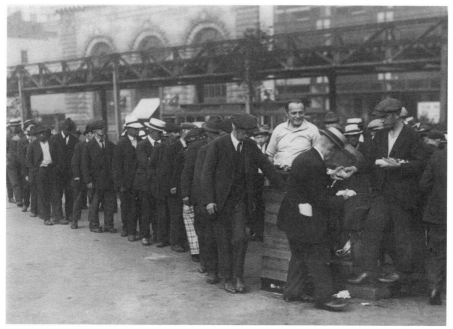

1920년대 미국의 대공황 때 일자리를 잃은 노동자들이 끼니를 해결하기 위해 빵과 수프를 무료로 배급받고 있습니다.

요? 그래서 나는 장기적으로 시장은 균형을 되찾는다고 말하는 사람에게 꼭 이렇게 말했던 것입니다. "장기적으로 우리는 죽는다"라고 말입니다. (케인스 사라진다.)

장공부 아, 대공황 얘기는 저도 알아요. 그때 엄청나게 많은 기업들이 문을 닫고, 그래서 실업자들이 속출하며, 결국 전체주의가 창궐하게 되어 제2차 세계대전의 원인이 되었다고요.

사 선 잘 알고 있네요. 그럼 대공황 같은 일이 일어나면 이때 발생하는 실업이 노동자들의 의사와는 전혀 관계없는 자발적 실업이자, 자연 실업이라고 가볍게 받아넘길 수 있는 수준이 아니라는 것도 이해할 수 있겠죠?

모의심 내가 말하던 게 바로 이거예요. 수백만 명이 한꺼번에 일자리를 잃는 것이 정상인가요? 이러고도 시장을 믿어라? 시장경제가 다 해결할 것이다?

사 선 자, 마음을 가라앉히시고요. 우선 정리부터 합시다. 이렇게 불황으로 인해 발생하는 실업을 경기순환적 실업이라고 부르고요, 이런 경기순환적 실업은 비자발적 실업이라고 한답니다. 이걸 이해하려면 먼저 경기순환이라는 것을 알아야 합니다. 앞에서 경제성장에 대해서 배웠었죠? 그리고 $\dfrac{\text{금년도 실질 } GDP \text{ 증감분}}{\text{전년도 실질 } GDP} \times 100$ 을 경제성장률이라고 한다는 것도 이미 알고들 있죠? 그런데 해마다 경제성장률을 산출해 보면 어느 나라이건 일정한 수치를 보여 주는 것이 아니라 들쑥날쑥합니다. 어떤 해는 10퍼센트 가까이 고속 성장을 하는가 하면 어떤 해는 1퍼센트 미만의 저속 성장, 심지어는 마이너스 성장을 하기도 합니다. 그래서 A 나라의 경제는 1960년부터 2010년까지 해마다 평균 5퍼센트 성장했다고 할 때 이 말은 해마다 경제성장률이 5퍼센트였다는 뜻이 아닙니다. 오르락내리락하는 가운데 그 정도 성장했다는 뜻이죠. 경제가 활발하게 성장하는 기간과 경제가 침체하거나 오히려 축소하는 기간이 교대로 나타나면서 성장하는 것이죠. 이때 활발하게 성장하는 기간을 호황이라고 부르며 침체하는 기간을 불황이라고 합니다. 그리고 이렇게 호경기와 불경기가 번갈아들면서 나타나는 것을 **경기순환**이라고 하죠. 그림으로 한번 볼까요?

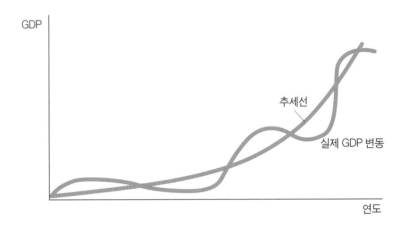

이 그래프는 어느 나라의 50년 동안의 경제 성장을 그려 본 것입니다. 이 나라는 전반적으로 꾸준하게 경제가 성장한 나라라고 할 수 있습니다. 하지만 세상일

저는 지금 등산 중일까요, 하산 중일까요? 그처럼 지금 경제가 불황으로 가는 것인지, 호황으로 가는 것인지 헷갈린답니다.

이 다 그렇듯이 미끈하게 쭉 성장한 것이 아니라 오르락내리락하면서 성장하였죠. 이때 추세선보다 위에 있을 때를 경기가 호황이라고 말하고, 추세선보다 아래에 있으면 경기가 불황이라고 말합니다. 그리고 불황에서 호황으로 올라가는 시기를 호경기, 반대로 호황에서 불황으로 내려가는 시기를 불경기라고 합니다. 꼭 등산하는 것 같지 않나요? 우리가 등산을 한다고는 하지만 정상에 도달할 때까지 계속 오르막길로만 가는 것은 아니죠. 한참 가파르게 올라갔다가 도로 왕창 내려가기도 하고, 또 한동안은 거의 평지 길로 가기도 하고, 이러면서 크고 작은 봉우리

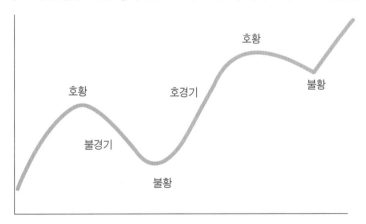

들을 넘어야 정상에 도달합니다. 그래서 아까부터 10분 동안 계속 내리막길을 걷고 있더라도 정상을 향해 가고 있으면 하산한다고 말하지 않고 "지금 등산 중"이라고 말하는 것입니다. 전체적으로 보면 어쨌든 올라가고 있으니까요.

이걸 좀 더 단순화해서 앞의 그래프처럼 그려 볼 수 있습니다.

호경기일 때 기업은 투자를 늘리고 노동자를 더 많이 고용하면서 생산 규모를 늘립니다. 물론 그러면 비용도 더 많이 들겠지만 전체적으로 소득이 증가하기 때문에 그만큼 수요도 늘어나서 상품을 팔지 못할 걱정은 없습니다. 그런데 호황기가 끝나고 경제가 불경기로 내려앉게 되면 이때부터 문제가 발생합니다. 경제가 전반적으로 위축되고 수요도 줄어들 것이며 팔리지 않고 남는 재고도 늘어나게 됩니다.

장공부 그럼 기업은 호황 때보다 상품생산 규모를 줄여야죠. 안 그러면 재고가 너무 쌓여서 큰 손실을 보게 되잖아요.

사 선 그렇죠. 결국 기업은 생산 규모를 줄여야 합니다. 이건 기업이 투자를 줄인다는 뜻이고, 기업이 투자를 줄인다는 것은 결국 이전보다 자본재를 적게 구입하는 것은 물론 노동자를 적게 고용한다는 뜻입니다. 그러니 당연히 실업자들이 늘어나게 됩니다. 게다가 불경기, 불황일 때는 모든 기업들이 다 어렵기 때문에 거의 모든 기업들이 노동자를 덜 고용하려고 합니다. 따라서 호황기에 고용되었던 노동자들 중 상당수가 실업자로 전락합니다.

더 나쁜 것은 실업자로 전락한 노동자들은 소득이 거의 없기 때문에 소비지출을 줄일 수밖에 없다는 것입니다. 실업자가 늘어나면 그만큼 수요도 줄어든다는 뜻이죠. 수요가 줄어들면 기업은 또 생산량을 줄여야 하며, 그럼 다시 또 실업자가 늘어나는 악순환이 일어날 수 있습니다. 그런데 상황이 이렇게 되면 상태가 별로 나쁘지 않은 기업조차 미래를 비관하면서 투자를 줄이거나 철회하고, 불안해진 은행들이 기업에 대출한 자금을 일제히 회수하려 들 수 있습니다. 그럼 그 나라의 경제가 와르르 무너지다시피 하고 대량의 실업자들이 쏟아져 나오는 거죠. 자, 이렇게 경제 전체가 불황이 되면서 일자리를 잃은 사람들, 즉 경기순환 실업자들을 과연 자발적 실업자라고 할 수 있나요?

장공부 불황이 되면 실업자가 늘어나고, 그 실업이 자발적이 아닌 것은 이해하겠는데요, 케인스는 그걸 너무 과장한 건 아닐까요? 불황이 계속 나락으로 빠져드는 것은 아니잖아요? 불황은 오히려 더 큰 기회가 아닌가요? 불황이 오면 다음에는 호황이 오기 마련이니, 불황 때 미리 투자를 준비하면 호황 때 더 큰돈을 벌 수 있고, 불황 때 자기 계발을 열심히 하면 설사 실업자라 하더라도 호황기 때 더 좋은 조건으로 고용될 것이니까요.

사 선 네. 물론 불황이 끝나면 호황이 오고, 그럼 실업자들은 다시 고용되겠죠. 하지만 그게 언제가 될지 아무도 모른다는 게 문제입니다. 불황이 1년을 갈지 10년을 갈지 아무도 알 수 없습니다. 만약 불황이 몇 년 이상 길어진다면 실업은 아버지가 하고 재취업은 그 아들이 하게 될지도 모른다는 겁니다. 게다가 이렇게 실업 기간이 길어질 경우에는, 제아무리 우등생이라 할지라도 오랫동안 공부를 안 하면 열등생으로 전락하는 것과 마찬가지로 노동자가 노동력을 제대로 유지하기 어렵게 됩니다. 그러니 재취업을 하더라도 점점 더 나쁜 일자리로 밀려나게 되고요.

장공부 하지만 경기순환에는 어떤 주기가 있지 않을까요? 10년이면 10년, 30년이면 30년, 이런 식으로요. 그렇다면 호황기에는 불황을 대비하고, 불황일 때는 호황을 준비하면서 미리 대비할 수 있을 것 같은데요? 인간은 모두 합리적이잖아요?

사 선 한때 '쥐글라 파동'이니 '콘드라티예프 파동'이니 하면서 10년 혹은 30년 단위로 호황과 불황이 주기적으로 교체된다는 주장도 있었습니다. 하지만 오늘날 대부분의 경제학자들은 경기순환의 존재만 확인할 수 있을 뿐, 그 주기가 어떻게 되는지, 또 장차 경기가 불황으로 갈지 호황으로 갈지 등을 예측하기 어렵다는 데 동의합니다. 정확한 예측이 불가능하다는 점에서 경제학자와 기상학자는 비슷한 처지인지 모릅니다. 하지만 기상학자는 적어도 지금 날씨가 비가 오는 날인지 맑은 날인지는 알 수 있지만 경제학자는 지금이 호황인지 불황인지도 정확히 말할 수 없는 처지입니다.

만약 지금이 호황이란 걸 알 수 있다면 기업들은 앞날에 대비해 서서히 투자를 줄일 준비를 하고, 노동자들은 실업에 대비해 저축을 하겠죠. 또 지금 불황이 바닥이란 걸 알 수 있다면 기업은 서서히 투자를 준비하고, 실업자들도 다시 일할 준비를 하겠죠. 하지만 그걸 알 수 없다는 게 문제입니다.

다음 그림을 보십시오. 지금까지 호황이 계속되고 있다고 합시다. 그렇다면 장차 호황이 끝나고 불경기가 올까요, 아니면 지금의 호황은 더 큰 호황으로 가는 중간 단계일까요? 반대로 계속 경기가 침체되고 있다고 합시다. 이제 불황이 끝나고 호경기가 올까요, 아니면 더 깊은 불황으로 가는 중간 단계에 불과한 것일까요? 누구도 여기에 대해 정확한 답을 줄 수 없습니다.

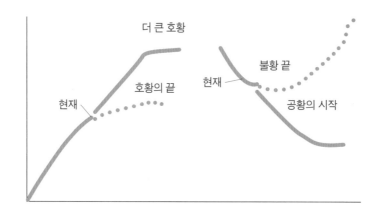

진단순 와, 이거 시장경제를 살아간다는 것은 정말 무서운 일이네요. 저 그림을 보니까 짱 무서운 롤러코스터 같은데요.

사 선 하하하. 그 비유가 참 적절하네요. 시장경제는 코스를 예측할 수 없는 롤러코스터라고 할 수 있습니다. 우리는 안심하고 기다려야 할 순간과 긴장해야 할 순간을 미리 예측할 수 없습니다. 여기에서 위험하다는 것보다 **불확실성**이라는 게 더 문제일 수 있습니다. 위험은 그것이 아무리 크다고 할지라도 미리 알면 대비할 수 있습니다. 하지만 불확실한 것에는 대비할 수 없습니다. 불황은 별안간 닥치는 일이라서, 그 누구도 그동안 쌓아 온 노력과 경력을 물거품으로 만들며 직업을 잃고 실업자로 전락하게 하는 일을 미리 알아서 대비할 수 없습니다. 물론 몇 가지 징후를 통해 날씨를 예측하듯이 경제학자들도 '경기 선행지표(경기의 변동에 앞서 나타나는 경향을 보여 주는 지표)'라는 몇 가지 징후를 가지고 경기의 방향을 예측하긴 합니다만 날씨보다 정확성이 훨씬 떨어집니다. 롤러코스터로 치자면, 우리는 이게 롤러코스터라는 것만 알고 있을 뿐 그 코스의 강도나 속도가 어느 정도일지, 다음 코스가 올라갈지 내려갈지 혹은 360도 회전할지 전혀 예상할 수 없는 그런 놈을 타고 있는 셈이죠.

진단순 뭐가 이래요! 돈 버는 일은 정말 무섭네요. 우리가 아무리 열심히 노력하고 최선을 다하더라도 경기가 불황으로 내리꽂히면 우린 꼼짝없이 망하거나 실업자가 되는 거네요?

10년 저축이 도로아미타불이 되는 인플레이션

모의심 게다가 물가도 오르잖아요? 아무리 열심히 일해서 돈을 벌어도 물가가 왕창 올라 버리니까 돈을 번 게 소용없게 되었다고 부모님이 만날 탄식하시던데.

사　선 그래요. 시장경제에서 우리를 불안하게 만드는 일로는 실업뿐 아니라 물가 상승도 있습니다. GDP 계산할 때도 배웠지만 화폐의 가치는 그것과 교환할 수 있는 상품의 양과 같습니다. 어제까지는 천 원을 가지고 연필 한 자루를 살 수 있는데 오늘은 3천 원을 가지고 연필 한 자루를 살 수 있다면 어제까지 100만 원이었던 월급이 오늘부터 300만 원이라 할지라도 실제로는 소득이 한 푼도 늘어난 게 아니죠.

진단순 어, 그러고 보니까 우리 엄마도 만날 물가 탓을 해요. "이놈의 물가가 자꾸 올라서 못 살겠다" 이러면서요.

사　선 그렇습니다. 물가가 전반적으로 계속 올라간다면 이것도 우리의 경제생활에 문제가 되겠죠. 이렇게 물가가 전반적으로 계속 올라가는 현상을 인플레이션이라고 합니다.

진단순 듣고 보니 좀 짜증이 나네요. 그냥 가만히 있으면 좋을 텐데 물가는 왜 자꾸 올라가요? 그냥 물가가 제자리에 있으면 좋잖아요.

사　선 자, 그럼 이제 인플레이션에 대해 공부하도록 하죠. 그 전에 먼저 물가라는 말이 무엇인지부터 알아봅시다. 물가와 가격을 헷갈리는 경우가 많은데요, 물가란 상품 하나하나의 가격이 아니라 사회의 모든 상품의 가격을 통칭할 때 사용하는 말입니다. 예컨대 연필 가격이 폭등하더라도 다른 학용품 가격이 그대로라면 물가가 올랐다고 하지 않습니다. 하지만 학용품 가격이 전반적으로 다 오르고 있고, 참고서에 과자 값까지 다 오르고 있다면 물가가 오르고 있다고 할 수 있죠.

장공부 그런데 신문을 보면 "올해 물가 상승률을 3퍼센트에서 잡겠다", 이런 식으로 말하잖아요? 그런데 그걸 어떻게 알죠? 우리 동네 문방구만 해도 판매하는 상품 종류가 수백 가지인데, 전국적으로 그 많은 상품들의 가격을 어떻게 조사해서 물가가 몇 퍼센트 올랐다고 알 수 있나요?

사 선 물론 정부는 모든 상품들의 가격을 다 조사하지는 않는답니다. 그러려면 모든 공무원이 다 가격 조사에만 달려들어야 할 겁니다. 그래서 정부에서는 가상의 바구니를 하나 설정해 두고 이 바구니에 일반적인 가계에서 소비하기 위해 구입하는 상품들을 따로 골라서 집어넣은 뒤 이 상품들의 평균 가격들을 합산하여 물가지수를 산출합니다. 이렇게 산출한 물가지수를 '소비자 물가지수(CPI, Consumer Price Index)'라고 합니다. 현재 우리나라 소비자 물가지수 바구니에는 489개의 상품이 포함되어 있습니다. 그런데 사회는 늘 변하고 발전하기 때문에 이 바구니에 들어갈 상품의 목록은 해마다 갱신되어야 합니다. 예컨대 20년 전만 해도 휴대전화

무수히 많은 상품들

일부만 선택하여 가상의
바구니에 넣음

중요도에
따라 가중치
부여

나 노트북 컴퓨터 같은 것들은 사치품으로 분류되어 소비자 물가지수에 들어 있지 않았습니다. 또 바구니에서 빠지지는 않더라도 예전보다 중요성이 높아지거나 낮아진 상품들이 있습니다. 그래서 489개 품목들의 가격을 모두 그대로 사용하지 않고 중요성에 따라 가중치를 부여합니다. 예컨대 똑같이 가격이 100원인 상품이라도 소비생활에 주는 영향력에 따라 어떤 것은 110원으로 계산하고 어떤 것은 88원으로 계산할 수 있는 것입니다.

장공부 와, 물가를 계산하는 일은 굉장히 어려울 것 같아요.

사 선 그렇습니다. 그래서 우리나라 통계청이 하는 일들 중 '인구 주택 총조사'와 '소비자 물가지수' 산출이 가장 중요한 업무로 되어 있는 것입니다. 그럼 이렇게 산출된 최근 몇 년간의 우리나라와 주요 선진국들의 소비자 물가지수를 살펴볼까요?

OECD 국가 소비자 물가지수 추이

(단위: %, 전년 동기 대비 증감률기준)

구분	2010				2011					
	9	10	11	12	1	2	3	4	5	6
일본	-0.6	0.2	0.1	0	0	0	0	0.3	0.3	0.2
프랑스	1.56	1.6	1.58	1.77	1.75	1.66	2	2.08	2.03	2.12
독일	1.31	1.31	1.5	1.67	1.96	2.14	2.13	2.41	2.31	2.31
이탈리아	1.6	1.74	1.74	1.88	2.15	2.38	2.49	2.62	2.65	2.75
멕시코	3.7	4.02	4.32	4.4	3.78	3.57	3.04	3.36	3.25	3.28
캐나다	1.92	2.44	2	2.35	2.35	2.16	3.29	3.28	3.7	3.1
미국	1.14	1.17	1.14	1.5	1.63	2.11	2.68	3.16	3.57	3.56
에스파냐	2.13	2.33	2.33	2.99	3.27	3.59	3.6	3.78	3.51	3.19
그리스	5.57	5.21	4.92	5.17	5.2	4.39	4.5	3.92	3.29	3.33
한국	3.61	4.06	3.26	3.51	4.12	4.54	4.7	4.15	4.06	4.42
영국	3.05	3.13	3.21	3.73	4	4.34	4.05	4.47	4.46	4.19
OECD평균	1.74	1.9	1.83	2.08	2.17	2.38	2.66	2.94	3.17	3.1
비교순위	7	5	6	7	4	2	2	6	6	3

모의심 좀 이상하네요. 우리가 느끼기에는 물가가 엄청나게 많이 올라간 것 같은

데, 저 표로는 겨우 4.5퍼센트만 올라갔어요. 우리 참고서 값만 해도 한 학기가 지
날 때마다 10퍼센트씩 오르는데요?

사 선 그건 소비자 물가지수가 수십만 가지 상품들 중 수백 개에 불과한 상품들을
바탕으로 만들어지기 때문입니다. 수백 개의 표본에 포함되시 않은 상품들은 아
무리 가격이 올라가도 물가지수에는 반영되지 않죠. 또 가중치가 낮은 상품 가격
이 많이 올라가더라도 가중치가 높은 상품들의 가격이 큰 변화가 없으면 물가지수
는 그렇게까지 많이 올라가지 않습니다. 그래서는 안 되지만 그 때문에 정부는 종
종 자신들의 경제정책을 미화하기 위해 바구니에 포함되는 상품의 목록이나 그 가
중치를 조작하여 물가지수를 실제보다 낮게 나오도록 하려는 유혹을 느낄 수도 있
죠. 그러니 아무래도 소비자 물가지수는 실제 소비자들이 체감하는 물가보다는
조금 낮을 가능성이 크죠.

그런데 신고전파 경제학자들은 물가가 오르는 것에 너무 민감할 필요가 없다고 주
장합니다. 엄밀히 말하면 물가가 오른다는 건 단지 같은 상품을 구입하기 위해 지
불해야 하는 화폐의 양이 늘어날 뿐인데 이 둘 사이에는 정의 상관관계가 있기 때
문에 언제나 둘 사이의 비율은 일정하다는 것입니다. 그러니까 물가가 10퍼센트
오르고 시중의 통화가 10퍼센트 늘어나는 것은 아무런 문제가 되지 않는다는 것이
죠. 이런 주장을 '화폐수량설'이라고 부릅니다. $MV=PY$ (M: 통화량, V: 화폐유통 속
도, P: 가격 수준, Y: 상품생산량)이 이들의 주장인데, 화폐유통 속도는 일정하고, 상품생

산량을 결정하는 것은 화폐의 양과 무관하기 때문에 결국 $M = P, P = \dfrac{MV}{Y}$ 즉 물가

가 올라가면 돈도 늘어나고, 돈이 늘어나면 물가도 올라간다는 뜻입니다. 같은 상
품을 더 많은 돈을 주고 사야 한다면 기분이야 썩 좋지 않겠지만 사실은 별문제는
없습니다. 복잡할 이야기일 수도 있는데, 여기서는 그냥 돈의 양이 많고 돈의 회전
속도가 빨라지면 물가가 올라간다고 알아 두시면 됩니다. 더 자세한 얘기는 다른
기회에 하죠.

진단순 그런데 물가가 오르는데 어째서 별문제가 안 되나요?

사 선 참! 그랬지요. 계속하겠습니다. 신고전파 경제학자라면 이렇게 설명할

것입니다. 여기 볼펜이 있습니다. 볼펜 값은 천 원입니다. 그런데 만약 이 볼펜이 천 원에서 1천100원으로 올랐다고 합시다. 문제일까요? 그렇지 않습니다. 물가는 볼펜 하나가 아니라 모든 상품들의 가격이 전반적으로 오르는 것입니다. 그런데 이 상품들에는 노동력도 포함됩니다. 따라서 노동력의 가격인 임금도 올라갈 것입니다. 월급이 100만 원이라면 110만 원으로 오를 겁니다. 뭐가 달라졌죠? 달라질 게 없습니다. 상품을 구입할 때는 돈을 더 내야 하지만 그만큼 돈을 더 벌고 있으니까요. 따라서 물가는 해마다 꾸준히 올라가는 게 보통이지만 앞에서 본 것처럼 경제성장률의 범위, 즉 소득의 증가를 벗어나지 않는 물가 상승은 크게 문제될 게 없습니다. 그래서 통상 3퍼센트 정도의 물가 상승은 자연 인플레이션이라 해서 크게 문제 삼지 않습니다.

문제는 이런 자연스러운 물가 상승이 아니라 우리가 감내하기 어려운 물가 상승입니다. 물가가 너무 빠르게 혹은 크게 상승하여 문제가 될 경우 우리는 인플레이션 문제가 발생했다고 말합니다. 여러분들이, 또 여러분의 부모님들이 물가 상승에 대해 가지고 있는 부정적인 인식은 바로 **인플레이션 문제**를 보여 주는 것입니다. 인플레이션이 일어나면 다음과 같은 문제가 발생합니다.

우선 임금 소득자들이 피해를 봅니다. 물론 물가가 올라가면 임금도 올라가게 되어 있습니다. 하지만 그 속도와 간격이 문제입니다. 대부분의 상품, 특히 생활필수품의 경우 인플레이션이 발생하면 시장가격은 이것을 즉시 반영합니다. 하지만 임금은 대개 1년 단위로 갱신됩니다. 따라서 인플레이션이 발생하더라도 한동안 기존의 임금만 받아야 하니, 노동자들은 상당 기간 임금을 깎이는 결과가 됩니다. 월급이 200만 원인데 물가가 5퍼센트 상승했다면 사실상 200만 원을 가지고 190만 원어치 상품만 구입할 수 있다는 이야기가 되니까요. 그렇다고 임금에 인플레이션이 반영될 때까지 생필품을 안 살 수는 없지 않습니까? 게다가 1년 뒤에 기껏 임금을 올렸더니 인플레이션이 또 발생할 수도 있고요. 노사 관계에서 힘의 균형이 이루어지지 않으면 인플레이션이 일어났다고 해서 임금이 인상되지 않을 수도 있습니다. 경우에 따라서는 자본가들이 인플레이션을 노동자들의 임금을 큰 저항 없이 삭감하는 수단으로 쓸 수도 있으니까요. 월급을 깎겠다고 하면 노동자들의 거센 저항에 직면하지만 인플레이션이 10퍼센트인 상황에서 월급을 5퍼센트 인상한다고 하면 사실은 삭감이지만 도리어 박수를 받을 수도 있으니까요.

반면 기업가나 재산소득자는 이득을 보거나 적어도 손해는 보지 않습니다. 기업가는 같은 월급을 주고 사실상 더 많은 노동을 시킬 수 있어서 이득이고, 상품 가격이 올라 더 많은 현금을 벌 수 있으니 또 이득입니다. 재산소득자 역시 임대료를 높일 수 있어서 이득을 봅니다.

그 밖에도 남에게 돈을 빌려 준 채권자들이 손해를 봅니다. 1억을 빌려 주고 1년 뒤에 돌려받는데 그동안 물가가 10퍼센트 이상 올랐다면 사실상 9천만 원만 받는 셈이 되니까요. 반면에 돈을 빌린 채무자는 물가가 오른 만큼 부채가 탕감된 셈이니 이득을 보게 됩니다.

장공부 그런데 그게 뭐가 문제이죠? 결국 인플레이션은 상품에 비해 **화폐의 가치**가 떨어지는 것에 불과하잖아요? 그러니까 재산으로 되도록 화폐보다는 실물을 보유하면 되는 것 아닌가요? 예금을 줄이고 그 돈으로 부동산이나 주식을 사면 되잖아요?

사 선 물론 해마다 일정한 비율로 물가가 올라간다면 그런 계획이 가능합니다. 하지만 인플레이션의 가장 큰 문제는 예측하기 어렵고 불안정하다는 것입니

226

다. 일단 물가가 뛰기 시작하면 사람들은 앞으로도 물가가 더 오를 것이라고 짐작하는 경향이 강합니다. 그래서 물가가 크게 오를 것을 염두에 두고 경제적 행위를 하게 됩니다. 이걸 '인플레이션 기대 심리'라고 합니다. 그래서 상품을 판매하는 사람들은 균형가격보다 훨씬 높은 가격을 부릅니다. 어차피 값이 오를 것이라고 생각하니 조금 먼저 그 값을 부른다고 한들 뭐가 문제겠습니까? 또 물건을 구입하는 사람들도 앞으로 그 물건 값이 크게 오를 것이기 때문에 현재 필요한 양보다 훨씬 더 많은 양을 미리 구입합니다. 이렇게 되면 시장 질서가 무너집니다. 시장경제의 신호등이 가격이라고 했죠? 그런데 사람들이 모두 지금의 상품 가격은 안정적이지 않으며 언제든지 또 오를 것이라고 생각하고 있는 상황에서 어떻게 시장이 수요와 공급을 조절하겠습니까? 도저히 시장경제의 법칙으로 설명되지 않는 한국의 아파트 가격은 바로 이런 인플레이션 기대 심리가 만들어 놓은 괴물인 것입니다. 이렇게 되면 우리는 미래에 대해 합리적인 계획을 세우기가 어렵게 됩니다. 그래서 일단 사 놓고 보자는 식의 무분별한 선택을 하게 되는 거죠. 역사상 가장 악명 높았던 1920년대 독일의 하이퍼인플레이션 때는 물가가 하도 많이 올라서

1920년대 독일에서 인플레이션이 심할 때의 모습입니다. 왼쪽은 돈뭉치를 쌓으며 놀고 있는 어린이들이고, 오른쪽은 화덕에서 장작 대신 돈으로 불을 피우고 있는 모습입니다.

난방용 장작보다 그 장작 값으로 지불할 돈을 때는 쪽이 훨씬 더 오래 탔다고 합니다. 맥주를 마시는 동안에도 맥주 값이 오를 수 있기 때문에 맥주는 되도록 큰 병을 사서 마셨다고 하고요.

진짜 문제점은 빈부 차가 확대된다는 것

장공부 결국 시장경제의 문제점은 예측이 어렵고 불안정하다는 것이네요. 하지만 그 대신 많은 부와 번영을 약속할 수 있다면 그 정도의 문제점은 충분히 감내할 수 있는 것 아닐까요?

사 선 물론 그렇게 주장할 수도 있겠죠. 기본적으로는 문제가 없고, 단지 부작용에 불과하다고요. 그런데 여기에 대해서 자본주의가 결정적인 문제점을 가지고 있다는 주장도 만만치 않게 나오고 있습니다. 하일브로너 교수님을 불러서 말씀을 한번 들어 보도록 하겠습니다. (소환기를 작동한다.)

하일브로너 (느닷없이 강의를 시작한다.) 자본주의가 그 어떤 경제체제보다 더 많은 부를 생산한 것은 사실입니다. 하지만 자본주의는 그 어느 경제체제보다 가장 큰 빈부 격차를 생산한 경제체제이기도 합니다. 또 자본주의는 역사상 그 어느 경제체제보다도 자연을 크게 훼손한 경제체제이기도 하고요.

물론 이렇게 반박할지 모르겠습니다. "나 역시 **빈익빈 부익부**가 바람직하지 않다는 데 동의한다. 하지만 빈부 격차가 없는 사회가 있을 수 있느냐? 억지로 그렇게 만들면 생산 활동에 대한 유인이 사라져서 사회 전체의 후생(생활을 넉넉하게 하는 일)이 크게 줄어들 테니 더 큰 비용을 치르게 될 것이다", 이렇게 말입니다. 또 "시장의 조정 능력을 방해하는 여러 가지 간섭과 나쁜 관행들을 제거하고, 제때에 적절한 통화를 공급해 주기만 한다면 자발적 실업자 외에는 거의 일자리를 얻을 수 있게 될 테니 빈부 차가 일정 수준 이상으로 커지지는 않을 것이다", 이렇게 말입니다.

로버트
하일브로너

하지만 노동자가 실업과 취업이 반복되면서 삶이 점점

228

더 어려워지고 가난해진다면 과연 이게 문제없는 경제체제일까요? 그리고 자꾸 실업의 문제점만 강조하다 보면 간과하는 것이 있는데, 이 문제는 일자리만 구한다고 해결되지 않습니다. 바로 멀쩡히 취업해서 일 잘하고 있는 노동자의 삶도 점점 어려워진다는 것입니다. 심지어 최근 10년 동안에는 중산층이라고 불리던 계층의 삶도 점점 어려워져서 생활고에 빠지는 경우가 늘고 있습니다.

이 차이가 어느 정도의 차이라면 오히려 노동자에게 분발을 촉구하는 유인이 될 수도 있겠습니다. 하지만 이게 도저히 넘을 수 없는 벽처럼 벌어지면 도리어 동기가 상실되고 사회적 갈등만 늘어날 수 있습니다. 게다가 노동자들 사이에서도 소위 지식, 전문 노동자와 반숙련, 미숙련 노동자의 소득 격차가 점점 벌어지고 있습니다. 다음의 표를 보시기 바랍니다. 한국에서 가장 임금이 높은 대기업의 노동자들조차 임원들과 비교하면 너무도 터무니없이 적게 받고 있음을 알 수 있습니다. 아니 거꾸로 임원들이 너무 많이 받는다고 해야 하겠죠.

순위	기업명	직원 연봉	임원 연봉
1	삼성 전자	8,640만 원	59.9억 원
2	SK 이노베이션	6,072만 원	39.8억 원
3	삼성 물산	6,840만 원	32.3억 원
4	삼성 SDI	6,900만 원	30.3억 원
5	CJ	5,200만 원	30억 원
6	한화 케미컬	7,280만 원	28억 원
7	한화	4,900만 원	22.1억 원
8	현대 상선	5,670만 원	19.7억 원
9	KT	5,867만 원	15.1억 원
10	신세계	3,360만 원	13.1억 원

(2011년 기준)

여기서 평균 임금에는 일반 직원뿐 아니라 상당한 엘리트 직원인 부장급들까지 포함되어 있습니다. 그러니 유능한 부장급 직원과 이사, 상무 등의 임원의 능력 차이는 그리 크지 않다고 봐야겠죠. 설사 차이가 있다 해도 수십 배나 되는 임금이 정당화될 정도의 차이는 있을 수 없습니다. 같은 월급쟁이들끼리도 이토록 엄청난 장벽이 생기는 판인데, 노동자와 자본가의 차이는 오죽하겠습니까? 게다가 이 차이가 다음 표에서 보는 것처럼 최근 20년 사이에 걷잡을 수 없이 커졌다는 것입니다. 옛날에는 이사는 직원과 달리 2년 만에 해고될 수 있다고들 했습니다만 지금은 언제든지 해고될 수 있는 위험에 처하기로는 임원이나 직원이나 마찬가지입니다. 게다가 실업 이후 재취업 가능성조차 불평등합니다. 높은 임금을 받고 일하던 지식·전문 노동자가 저임금 노동자들에 비해 훨씬 쉽게 새 일자리를 구합니다. 저임금 노동자들은 실업 기간도 더 길고, 또 설사 일자리를 얻어도 예전보다 더 나쁜 조건에서 일해야 합니다. 그러니 일단 한번 실업을 겪으면 실업과 재취업을 반복하면서 삶은 점점 나락으로 빠져듭니다.

장공부 그럼 공부를 열심히 해서 전문직에서 일할 수 있는 고급 지식이나 기술, 정보를 갖추면 되잖아요?

하일브로너 문제는 그런 일자리를 얻기 위해 필요한 교육의 양과 질이 갈수록 많아지고 높아진다는 겁니다. 학비도 학비이지만 필요한 교육 시간도 길어져서 상당히 긴 시간 동안 돈을 벌지 않고 공부만 해야 합니다. 높은 학비와 상당히 긴 교육 기간, 이 두 조건은 일반적인 노동자 집안의 자녀들이 감당하기 어려운 것들입니다. 만약 고등교육이 국가의 지원을 받아 무상으로 제공되고, 각종 아르바이트 임금이 생활을 유지할 정도로 충분하여 공부와 생계를 상당 기간 병행할 수 있으면 모를까, 지금 같은 상황에서라면 전문직·기술직이 되기 위한 교육은 자본가나 혹은 전문직·기술직처럼 이미 사회적·경제적 자본을 갖춘 사람들 자녀들의 전유물이 될 것입니다. 이게 바로 부의 대물림으로, 우리는 지난 20년 동안 갈수록 심각해지는 빈부 격차를 확인할 수 있습니다. (사라진다.)

장공부 빈부 격차? 너무 막연한 말 같은데요? 그냥 빈부 격차가 심해졌다라고 말할 게 아니라 뭔가 측정이 가능한 지표라도 있어야 하는 것 아닐까요?

사 선 물론 그런 지표는 있습니다. 여러 가지 지표들이 있는데요, 비교적 간편한 지표로는 5분위 배율, 빈곤선 이하 인구 비율이 있고요, 다소 정밀한 지표로는 지니계수가 있습니다.

먼저 쉬운 것부터 알아볼까요? 5분위 배율은 상위 20퍼센트의 소득이 하위 20퍼센트의 소득보다 얼마나 많은지 그 비율을 표시한 것입니다. 여러분은 학생이니까 시험 점수로 표시해 보겠습니다. 한 반이 30명이라고 하면 1등부터 6등까지의 학생들의 점수를 모두 합치고, 이것을 25등부터 30등까지 한 학생들의 점수로 나눈 것입니다. 만약 1등부터 6등까지의 학생들의 점수가 평균 94점이고, 25등부터 30등까지의 학생들의 점수가 평균 40점이라면 이 수치는 2.35라고 나오겠죠.

빈곤선 이하 인구 비율은 소득이 그 나라 중위 소득의 60퍼센트에 미치지 못하는 사람들이 모두 몇 퍼센트나 되는지 구한 것입니다. 역시 한 반이 30명인 경우로 예를 들어 보겠습니다. 이 반에서 중간인 15등을 한 학생이 70점이라고 합시다. 그럼 70점의 60퍼센트인 42점이 안 되는 학생들이 세 명이라고 한다면 그 수치는 전체 30명의 10퍼센트가 됩니다. 2000년대 들어서 우리나라의 빈부 격차가 심해졌다고 막연하게 말하는 것보다는 빈곤 인구율이 10퍼센트대 중반까지 올라와 우리와 소득수준이 비슷한 타이완의 2퍼센트와 차이가 크다고 말하는 게 훨씬 명확하겠죠.

또 부의 편중 정도를 알아보기 위해 소득 상위 1퍼센트가 그 나라 소득에서 얼마나 많은 부분을 가져갔나를 측정하기도 합니다. 1퍼센트라고 하면 단지 상류층 정도가 아니라 극소수이기 때문에 1퍼센트가 소득의 상당 부분을 가져갈 경우 그 나라 경제는 대단히 불평등하다고 할 수 있습니다. 미국의 경우 1950년대에서 1970년대까지는 이 비율이 10퍼센트 미만이었지만 2000년대 들어서는 20퍼센트를 넘기고 있습니다. 반면에 하위 계층과 중위 계층의 차이가 미미하여 사실상 중산층이 붕괴했음을 확인할 수 있죠. GDP라는 것은 단지 소득의 총합에 불과합니다. 소득의 총합이 아무리 많아도 이렇게 소수의 손에 부가 집중된다면 그 나라 국민들의 대부분은 가난에서 벗어나지 못하고, 그 나라의 행복의 총합도 낮을 수밖에 없으니 못사는 나라라고 말할 수밖에 없게 됩니다.

이런 나라를 경제학자들은 행진으로 비유하기도 합니다. 만약 사람들의 소득을 키에 비유한다면 가장 낮은 사람은 난쟁이 정도가 아니라 아예 땅에 파묻혀 있고 (소득은커녕 빚을 지고 있어서), 소득이 가장 높은 사람은 얼굴이 구름 위에 있을 것이라고 말입니다.

이제 빈부 격차의 정도를 보여 주는 지표로 가장 널리 사용되는 **지니계수**에 대해 알아봅시다. 지니계수는 한마디로 그 나라가 완전 평등으로부터 얼마나 벗어났는 가를 수치로 보여 주는 것입니다.

완전 평등 정도를 구하는 방법은 간단합니다. 아까 예를 들었던 그 학급으로 돌아가 봅시다. 30명 모든 학생의 점수가 70점으로 똑같다고 합시다. 그럼 학급 총점을 구하기 위해 공부를 가장 못하는 학생의 점수부터 잘하는 학생의 순서로 학생들의 점수를 차례차례 더해 봅시다. 당연히 학급 총점은 70점씩 올라갈 것입니다. 이것을 국민들의 소득으로 옮겨 봅시다. 학급 총점은 GDP가 될 것이며, 성적순은 소득순이 됩니다.

자, 이제 모든 국민들을 가난한 순서로 번호를 매겨 봅시다. 제일 가난한 국민의 번호는 1번이 될 것이며, 가장 부유한 마지막 국민의 번호는 그 나라 인구와 같은 숫자가 될 것입니다. 이 숫자가 늘어나는 정도를 '누적 인구 분포'라고 하며 x축에 둡시다. 그리고 이 순서대로 차례차례 소득을 합산해 나갑시다. 그럼 가장 마지막 번호인 제일 부유한 국민의 소득까지 더하면 그 나라의 GDP가 됩니다. 이것을 누적 소득이라고 합시다. 만약 모든 국민들의 소득이 똑같은 완전 평등 국가가 있다면 Y와 X가 같은 45도 직선을 그리게 될 것입니다. 이 선을 '완전 평등선'이라고 합니다. 하지만 실제로 이것은 불가능합니다. 가난한 사람들 소득을 합산할 때는 누적 소득이 완만하게 증가하다가 상위권 사람들의 소득이 추가될 때 가파르게 증가하는 것이 보통입니다. 따라서 누적 인구와 누적 소득의 관계는 45도 직선이 아니라 아래로 볼록한 곡선이 됩니다. 이 곡선을 '로렌츠곡선'이라고 합니다. 지니계수는 바로 이 로렌츠곡선 45도 선(완전 평등선)에서 얼마나 멀리 떨어져 있는지 산출한 것입니다.

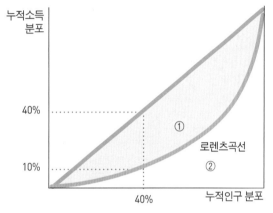

산출하는 방법은 아주 간단합니다. 오른쪽 그래프의 삼각형의 면적, 즉 ①과 ②를 합한 면적에서 ①의 면적이 차지하는 비율을 구하면 됩니다. 완전 평등 국가에서는 ①이 나타나지 않기 때문에 0이 되며, 완전 불평등 국가에서는 ①이 삼각형을 모두 잠식하기 때문에 1이 됩니다. 따라서 지니계수는 0과 1 사이의 어떤 값을 취하게 되는데, 통상 0.3을 넘으면 불평등을 우려하고, 0.4가 넘으면 불평등하다고 봅니다. 자, 이제 아래 그래프를 보고 우리나라 지니계수가 어떻

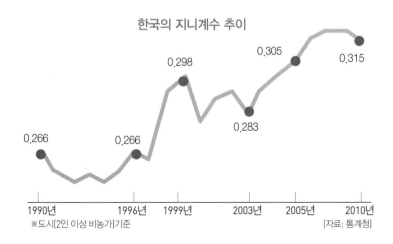

한국의 지니계수 추이

0.266   0.266   0.298   0.283   0.305   0.315

1990년   1996년   1999년   2003년   2005년   2010년
※도시(2인 이상 비농가)기준   〔자료: 통계청〕

게 변해 왔는지 알아봅시다. 1998년부터 10년 사이에 10퍼센트 이상 늘어났음을 확인할 수 있습니다.

장공부 하지만 오히려 교과서에는 우리나라를 지니계수로 볼 때 세계적으로 평등한 나라에 속한다고 나와 있는데요? 지도와 함께요.

사   선 그건 사실입니다. 우리나라의 지니계수는 0.31을 조금 넘는 정도인데, 아시아에서 낮은 편에 속하는 것은 물론 세계적으로도 낮은 편에 속합니다. 특히 북유럽 국가, 독일 등은 지니계수가 가장 낮아서 빈부 격차가 적은 편에 속합니다. 우리나라는 대부분의 유럽 국가와 캐나다, 오스트레일리아와 더불어 두 번째로 빈부 격차가 작은 그룹에 속합니다. 반면 미국은 빈부 격차가 비교적 심한 편이며, 라틴아메리카와 아프리카는 빈부 격차가 극심한 지역으로 나타나고 있습니다.

세계 여러 나라의 지니계수

[자료: 위키피디아]

그런데 한 가지 이상한 현상이 있습니다. 대부분의 경우 빈부 격차가 적을수록 국민들의 삶의 만족도가 높습니다. 따라서 지니계수와 국민들의 삶의 만족도를 각각 X축과 Y축으로 놓고 서로의 상관관계를 구해 보면 대부분의 나라들이 2사분면과 4사분면에 위치합니다. 즉 지니계수가 낮으면서 국민 만족도가 높은 나라, 지니계수가 높으면서 국민 만족도가 낮은 나라가 대부분이라는 것입니다. 그런데 우리나라와 일본, 슬로바키아와 헝가리는 지니계수가 낮으면서도 국민 만족도가 낮은 나라에 속합니다.

이를 놓고 소득 평등과 국민의 만족도는 관계가 없다는 증거가 나온 게 아니냐고 말할 수도 있습니다. 그렇다면 지니계수가 높음에도 불구하고 국민 만족도가 높은 나라 역시 있어야 하겠지만 그런 나라는 찾기 어렵습니다. 다른 나라들을 보면, 대체로 소득 불평등의 정도가 높은 나라들은 만족도가 낮고, 불평등 정도가 낮은 나라들은 만족도가 높습니다. 따라서 이 네 나라만의 어떤 특성에서 원인을 찾는 것이 더 타당합니다.

OECD 회원국을 대상으로 한 지니계수와 삶의 만족도 조사

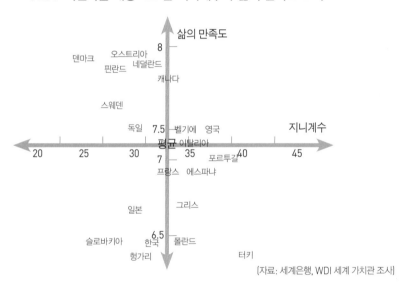

[자료: 세계은행, WDI 세계 가치관 조사]

그 원인으로 다음의 몇 가지 가능성을 생각해 볼 수 있습니다. 첫째는 지니계수는 빈부 격차를 모두 보여 주는 것이 아니라 다만 1년 단위의 **소득수준의 격차**만을 보여 준다는 것입니다. 예를 들면 지니계수로는 똑같이 실업자라 소득이 없는 사람이라도 은행에 잔고가 10억 원이 있는 사람과 당장 생계가 위태로운 사람의 차이가 드러나지 않습니다. 그런데 우리나라와 일본은 부동산 자산의 불평등이 심하

다는 공통점을 가지고 있습니다. 둘째, 지니계수는 소득수준이 어느 정도인지를 기준으로 작성되지, 그 소득이 발생하는 과정을 따지지 않습니다. 예를 들어 똑같이 월급이 200만 원이라도 하루 여섯 시간 일하는 사람과 열두 시간 일하는 사람의 입장은 다를 것입니다. 실제로 우리나라는 공립학교 교사의 소득과 대기업 생산직 노동자의 소득이 거의 비슷합니다. 일부 생산직 노동자의 소득이 더 많을 수도 있고요. 하지만 젊은이들이 공립학교 교사가 되기 위해 다른 직종보다 훨씬 높고 치열한 경쟁을 벌이는 이유는 소득이 아니라 바로 노동시간, 노동강도, 작업장 환경 등에서 더 우월하기 때문입니다. 우리나라와 일본이 세계적인 장시간 노동 국가임을 감안한다면 이들 나라에서는 소득은 비교적 평등하지만 노동시간과 노동강도의 편차가 커서 불만의 요인이 될 것이라 예상할 수 있습니다. 셋째, 지니계수에는 사회적 지위, 존중, 안정감 등이 만족도에 미치는 영향이 들어 있지 않습니다. 따라서 소득수준의 불평등은 다른 나라보다 덜하더라도 사회적인 지위, 존중, 안정감 등의 격차는 매우 클 가능성이 있습니다. 마지막으로 이들 나라는 비록 지니계수가 낮은 편에 속하긴 하나 최근 들어 급격히 상승하고 있다는 점을 들 수 있습니다. 즉 똑같은 지니계수 0.31이라 하더라도 수십 년째 0.30에서 0.32 사이를 오르내리는 상황과 0.28에서 5년 만에 0.31로 올라간 상황은 다릅니다. 이런 경우 국민들이 느끼는 것은 우리나라가 비교적 평등한 사회라는 것이 아니라, 요즘 빈부 차가 점점 심해지고 있다는 것입니다. 최근 몇 년 사이에 우리나라와 일본 국민들은 비교적 평등한 소득이 아니라 날이 갈수록 벌어지는 소득 격차를 경험하고 있었던 것입니다.

지금까지 시장경제 체제에서 피해 갈 수 없는 고통들인 실업, 인플레이션, 그리고 빈부 격차에 대해 알아보았습니다. 물론 시장경제 체제가 치러야 할 비용은 이 세 가지 말고도 더 많이 있습니다.

모의심 그렇다니까! 역시 자본주의는 문제투성이 경제체제야.

장공부 그렇다고 이걸 확 포기하거나 뒤집을 수도 없잖아. 그리고 어차피 모든 일에는 그 비용이 있어. 시장경제가 아무리 훌륭한 경제체제라도 치러야 할 비용은 있는 법이라고. 그러니까 이 비용을 잘 치르고 최소화하면 시장경제는 거의 완벽

자본주의가 성장하며 빈부의 격차가 커지자 이를 지적하는 사람들이 많아졌습니다. 위 그림은, 부르주아 계급을 대변하던 프랑스 국왕 루이 필리프가 소시민과 노동자들의 고혈을 빨아서 자신의 뱃속을 채우는 것을 풍자한 그림입니다. 프랑스의 화가이자 시사 만화가였던 오노레 도미에의 1832년 작품입니다.

한 경제체제가 되는 것이지. (사선을 바라보며) 그렇죠, 선생님?

사　선　음, 글쎄요. 거기에 대해서는 여러 가지 다른 의견들이 있을 것 같아요. 어떤 학자들은 단지 부작용에 불과하니 그것만 살짝 제거해 주면 된다고 하고, 또 어떤 학자들은 시장의 자기 조정 능력 자체가 환상에 불과하니 정부가 적극적으로 개입해야 한다고 하고, 다른 학자들은 시장경제 체제 자체 아니 자본주의 자체가 틀렸으니 완전히 다른 새로운 경제체제로 가야 한다고 주장하기도 하죠. 그러니 이들 입장들을 모두 살펴보는 시간을 갖는 것이 좋겠네요.

실업

일반적으로 경제학자들은 GDP(국내총생산)이 두 분기 연속으로 지난해 같은 분기보다 낮아지는 경우를 '불황', '불경기'라고 합니다. 경기가 나빠지면 기업의 고용이 적어지면서 실업률이 증가합니다. 그러다가 경제가 회복되어 경기 호황이 찾아오면 실업률이 다시 감소하게 되죠. 그러나 현실에서는 경제가 회복된다고 해도 일자리가 자동적으로 다시 생겨나지는 않습니다. 즉 경기 회복기에도 마땅한 일자리를 찾기 어려운 사람들, 일명 '저급 인력'으로 분류되는 장기 실업군이 형성되는데, 이를 '구조적 실업'이라고 합니다.

불경기로 인해 일자리를 잃거나 새로운 기계가 도입됨으로써 실업자가 되는 사람들은 언제나 존재합니다. 흔히 '완전고용'이라고 말하는 것은, 모든 사회 구성원이 일자리를 가져야 한다는 뜻은 아닙니다. 경제학자들은 실업률이 2~3퍼센트까지 내려가면 그것을 완전고용 상태라고 합니다. 완전고용이란 누구든지 지체하지 않고 새로운 일자리를 찾을 기회를 갖는 것을 뜻한다고 할 수 있습니다.

청년 실업과 88만 원 세대

〈자료 1〉

'88만 원 세대'란 대학을 졸업하고도 정규직이 아닌 비정규직이라는 일자리를 통해 미래에 대한 불안 속에 사회생활을 시작해야 하는 20대를 비유한 말이다. 여기에서 88만 원은 우리나라 비정규직의 평균임금인 119만 원에 20대의 평균 소득 비율 74 퍼센트를 곱해서 산출한 금액이다. 88만 원 세대의 선배라고 할 수 있는 386세대는 선동렬 학점이라는 0점대 학점을 받아도 대기업에 정규직으로 취직하는 것이 가능했다. 그에 비해 88만 원 세대는 대학을 졸업한 뒤 사회생활의 첫발을 아르바이트나 비정규직으로 시작하는 경우가 많다. 1990년대부터 기하급수적으로 늘어난 경쟁력 없는 대학교와 대학생도 88만 원 세대가 등장하는 데 한몫을 했다. 한국의 88만 원 세대는 일본의 '버블 세대'나 유럽의 '천 유로 세대', 미국의 '빈털터리 세대'와 유사한 점이 있다. 하지만 사회적 약자에게 더 가혹한 한국 사회의 현실을 생각한다면 이들이 피부로 느낄 비참함은 훨씬 심각하다고 할 수 있다.

〈자료 2〉

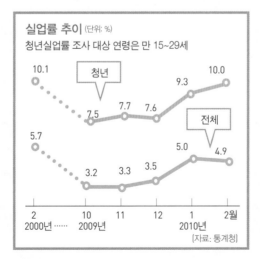

실업률 추이 (단위: %)
청년실업률 조사 대상 연령은 만 15~29세

청년
10.1
7.5 7.7 7.6 9.3 10.0

전체
5.7
3.2 3.3 3.5 5.0 4.9

2
2000년 …… 10 11 12 1 2월
2009년   2010년

[자료: 통계청]

1. 실업과 관련된 용어 정리를 해 보자.

실업자	
경제활동인구	
실업률	

2. 〈자료 2〉와 같이 전체 실업률에 비해 청년 실업률이 높은 이유는 무엇 때문일까?

3. 청년 실업의 문제점은 무엇이며, 이를 해결할 수 있는 방안은 무엇인가에 대해 토론해 보자.

08

자본주의는 문제들을 해결할 수 있을까?

사　선　지금까지 자본주의 시장경제 체제에서 나타나는 문제점들인 실업, 인플레이션, 그리고 빈부 격차에 대해 알아보았습니다.　그런데 여기에서 문제로 삼은 실업은 불황이 원인이 되어 일어나는 비자발적 실업입니다.　따라서 앞으로는 실업을 불황으로 대체해, 불황과 인플레이션과 빈부 격차의 문제를 살펴보겠습니다.　어떤 사람들은 이런 문제점들이 다만 자본주의 시장경제가 거쳐 가는 과정의 한 부분으로 여깁니다.　그들은 심지어 시장에 대한 국가의 개입에 대해 경고하는 신의 축복이라고까지 합니다.　반면 어떤 사람들은 자본주의 시장경제의 부작용이라고 하며, 또 다른 사람들은 이것들이 자본주의가 피해 갈 수 없는 치명적인 약점이라고 합니다.　문제점의 성격과 원인을 어떻게 보느냐에 따라 또 그 해법도 달라지겠죠.　몇 분을 소환해서 이 문제들을 어떻게 해결할 수 있는지 알아봅시다.

시장을 믿고 기다리고 견뎌라?

사　선　먼저 불황 혹은 공황에 대해 재앙이 아니라 신의 축복이라고까지 한 **오스트리아 학파**의 주장을 들어 봅시다.　하이에크 교수를 소환합니다.(소환기를 작동한다.)
하이에크　공황 혹은 불황은 참으로 가슴 아픈 현상입니다.　엄청나게 많은 노동자들이 일자리를 잃고, 너무 많은 기업가들이 파산하며, 너무 많은 회사들이 문을 닫습니다.　하지만 그것은 불가피한 일이며 어떤 의미에서는 고마운 일이기까지 합니다.

다들 알고 있다시피 시장에는 가장 적합한 균형가격과 균형 생산량이 있습니다. 하지만 어느 정도의 가격이 균형가격인지 미리 알 수 있는 사람은 아무도 없죠. 균형은 단번에 이루어지는 것이 아니라 오르락내리락하는 과정에서 이루어집니다. 좌우로 흔들리던 추나 그네가 서서히 움직임이 줄어들면서 정지하는 과정을 본 적이 있죠? 시장도 마찬가지입니다.

불황은 한마디로 시장이 수용할 수 있는 정도를 넘어선 공급이 이루어졌다가 이 초과분이 청산되어 균형을 찾아가는 과정입니다. 예를 들어 우리나라 시장에서 1년에 소비하는 연필이 1억 자루라고 합시다. 그런데 연필 생산에 과잉투자가 일어나서 2억 자루의 연필을 생산할 수 있는 연필 공장이 세워지고, 그만큼 많은 노동자가 고용되었다고 합시다. 그렇다면 시장에서는 연필 1억 자루가 남아돌겠죠. 당연히 연필 값의 대폭 하락, 연필 공장들의 도산, 그리고 연필 공장 노동자들의 실업이 잇따르겠지요. 그런데 만약 연필 공장 노동자들의 지지를 기반으로 대통령이 된 정치가가 있다고 합시다. 그래서 자기 정치 기반의 붕괴를 막기 위해 남아도는 1억 자루의 연필을 전부 정부 보조금으로 구입했다고 합시다. 하지만 그렇다고 해서 연필 산업의 붕괴를 막을 수는 없습니다. 오히려 1억 자루가 남아돌던 연필의 초과 공급이 점점 누적되어 3억, 4억 자루가 남아도는 일이 생깁니다. 결국에는 정부도 더 이상 손쓸 수 없을 지경이 되면 처음 1억 자루가 청산될 때보다 훨씬 더 고통스러운 청산 과정이 옵니다. 이게 바로 공황입니다.

이 그림을 보시기 바랍니다. 중앙의 균형점보다 더 높이 올라간 추는 결국 아래로 내려가야만 합니다. 그런데 이걸 억지로 잡아 올리면 어떻게 될까요? 일시적으로는 올라가겠지만 결국 떨어지는 높이만 더 높아질 뿐입니다.

사실 이런 의미에서 불황은 호황에 도취되어 있던 사람들을 각성시키는 역할을 합니다. 호황기가 되면 기업가들은 미

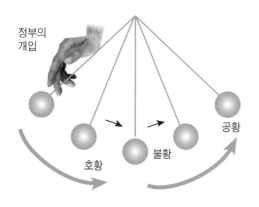

정부의
개입

호황

불황

공황

242

래를 낙관하면서 투자를 늘립니다. 기업의 규모를 늘리고 더 많은 노동자를 고용합니다. 노동자들도 앞날을 낙관합니다. 일자리는 언제든지 있을 것이라 생각하면서 소비를 늘립니다. 꼭 필요한 것만 따지며 구입하는 대신 '묻지 마' 구매가 판을 칩니다. 이렇게 되면 이게 또 실제 이상으로 부풀려진 수요를 만들어서 기업가들에게 잘못된 신호를 보내고 더 많은 상품을 생산하게 만듭니다. 악순환이 일어납니다. 누구도 앞날을 대비하지 않으며 시장이 감당할 수 없는 수준의 생산을 하고 소비를 합니다. 이걸 한마디로 뭐라고 하죠? 거품입니다. 그리고 거품은 언제고 터지기 마련입니다. 이렇게 악순환이 계속되다가 어느 순간 거품이 펑 하고 터지는 것, 그게 바로 불황입니다. 거품은 가능하면 빨리 터져야 합니다. 터지려는 거품을 억지로 안 터지게 하면서 방치하면 결국 엄청나게 큰 폭발을 하게 되니까요.

모의심 그럼 아무 대책이 없는 거잖아요?

하이에크 대책이 없는 것이 아니라 억지로 대책을 만들어서 개입하면 안 된다는 겁니다. 물론 기업이 도산하고 노동자가 일자리를 잃는 것은 안타깝습니다. 하지만 원래 있어야 할 규모보다 더 커진 기업이며, 원래 일해야 할 사람들보다 더 많이 고용된 노동자들입니다. 만약 이들에게 동정심을 느낀 정부가 나서서 도산을 지연시키고 실업을 억제한다면 오래지 않아서 거의 감당하기 어려운 도산과 실업의 대폭발에 직면하게 될 것입니다. 그러니 시장이 스스로 거품을 가라앉히고 균형을 찾을 때까지 개입을 억제하는 것, 그게 불황에 대한 유일하면서도 가장 확실한 대책입니다.

시계추를 보면 알 수 있듯이 시장이 단번에 균형점을 찾아가지는 않습니다. 그래서 **일시적인 호황** 뒤에는 **일시적인 불황**이 오는 것입니다. 그럴 경우에는 일시적으로 과잉 고용된 인원보다 더 많은 사람들이 실업자가 될 수 있습니다. 하지만 대부분의 실업자들은 시장이 다시 균형을 되찾으면서 새로 생기는 일자리에 취업하게 될 것입니다. 그러니 우리는 이때까지 기다리지 못하고 조바심을 내서 시장의 자유로운 활력을 경직되고 불합리한 정부의 손아귀에 내주려는 유혹을 뿌리쳐야 합니다. 그것은 우리를 국가의 노예로 전락시키는 첫걸음이기 때문입니다. (사라진다.)

모의심 저분 말씀은 너무 무책임한 것 같아요. 그냥 기다리라는 거잖아요. 아무리 괴롭더라도 시장이 결국 해결할 때까지 기다리라니!

장공부 하지만 '긁어 부스럼'이란 말도 있잖아요? 시장이 해결할 때까지 기다려야 하는데, 그 순간의 고통을 줄여서 인기를 얻으려는 정치가들이 공연히 시장에 개입 하면 더 큰 재앙이 온다고 하잖아요.

모의심 시장이 언제 제자리를 찾을지 알고요? 그러다 굶어 죽으면요? 사람 위해 시장이 있는 거지 시장을 위해 사람이 있나요?

장공부 하지만 일부 실패자들에게 동정심을 발휘하다가 시장이 망가지면 결국 모 두 다 굶어 죽는다고요.

사 선 지금 두 학생이 의견이 평행선이네요. 100년 전에도 역시 이 문제를 놓고 앞의 주장과 평행선을 그린 경제학자가 있었답니다. 그럼 이번에는 존 메이너드 케인스 경을 다시 불러서 이야기를 들어보도록 해요. (소환기를 작동한다.)

시장을 믿고 기다리라고?

케인스 (소환되자마자 격렬하게) 신고전파와 오스트리아 학파의 주장은 비현실적인 이 상론이자, 시장만을 절대적으로 믿는 신앙고백에 불과합니다. 이들의 주장은 사 람으로 비유하자면 비만으로 동맥경화나 고혈압 등을 일으킨 환자에게 적정 체중 에 도달할 때까지 굶으면서 기다리라는 것인데, 이런 무책임한 주장이 어디 있습니 까? 만약 체중이 20킬로그램 초과라면 20킬로그램이 빠질 때까지 그냥 굶으란 말 입니까? 하지만 체중이 20킬로그램이 빠질 때까지 굶는다면 아마 체중을 감량하 기 전에 사람이 먼저 죽고 말 것입니다.

시장도 마찬가지입니다. 물론 장기적으로 내버려 두면 시장은 분명히 어떤 균형 점을 찾을 것입니다. 하지만 균형을 찾는 데 걸리는 시간이 적어도 일 년, 심지어 는 십 년 이상씩 걸린다면 어떻게 될까요? 그토록 긴 실업 상태를 견디고 살아남 을 사람은 별로 없을 것입니다. 그래서 나는 "장기적으로 우린 죽는다"라고 말했 던 것입니다.

사실 장기적이라는 말을 집어넣으면 세상 모든 일 중에서 해결 못할 일이 하나도 없습니다. 히틀러를 왜 힘들여 응징합니까? 그냥 내버려 둬도 히틀러는 물론 나치 당원들도 장기적으로는 자연의 힘에 의해 저절로 죽습니다. 하지만 그 장기간 동안 히틀러와 나치가 가하는 고통이 너무 커서 견디기 어렵기 때문에 응징해야 하는 것 아니겠습니까? 마찬가지로 시장이 장기적으로 균형을 찾을 때까지 마냥 기다릴 것이 아니라 우리가 다 죽기 전에 뭔가를 해야 하지 않겠습니까? 무서울 정도로 쏟아져 나오는 실업자들의 행렬 앞에서 해 줄 수 있는 말이 "기다리라. 그럼 일자리가 다시 생기리라"라는 말밖에 없다면 대체 경제학자들은 무슨 까닭으로 그 많은 연봉을 받으면서 그 자리에 있습니까? 이건 마치 페스트가 창궐할 때 "기도하라"라는 말만 하며 근엄하고 오만하게 자리만 지키고 있었던 성직자와 뭐가 다릅니까?

게다가 불황의 원인을 과잉투자, 과잉생산에서 찾는다는 전제부터가 틀렸습니다. 이들의 주장은 A라는 나라의 전체 구매력이 10억 달러인데, 12억 달러어치의 상품이 생산될 정도의 과잉투자와 고용이 이루어졌다면 이 거품은 꺼져야 하고, 그것이 불황이라는 형태로 나타난다는 것입니다. 결국 기업가의 과욕과 소비자의 과소비가 불황의 원인이라는 것인데, 과연 그럴까요? 원, 천만에요. 이건 시장경제 체제 자체가 가진 약점 때문입니다. 즉 시장경제 체제를 유지하는 한 불황은 피할 수 없다는 것입니다. 게다가 시장경제 체제의 특성상 일단 불황에 빠지면 정부나 그 누가 개입하지 않는 한 좀처럼 여기서 빠져나오기 어렵습니다. 아마 시장에 그냥 맡겨 둔다면 실업자들이 다 늙어 죽거나 자살이라도 해서 청산될 때 비로소 불황의 끝이 보일 것입니다. 끔찍하죠.

장공부 하지만 교과서에는 보이지 않는 손이 조정하는 것처럼 시장은 스스로 균형을 찾아간다고 되어 있어요.

케인스 자유시장주의자(libertarian)들은 시장의 자기 조정 능력을 너무 과신하는 것 같습니다. 그런데요, 시장의 자기 조정 능력은 가격, 수요, 공급이 얼마나 빠르고 정확하게 서로에게 반응하느냐에 따라 결정됩니다. 이걸 경제학자들은 '가격 신축성'이라고 부릅니다. 공급이 초과하면 가격이 떨어지고 그럼 수요가 늘어나서 초과분을 사들이고, 이런 과정이 바로바로 일어나 줘야 하는 것입니다. 그런데 문제는 실제 시장이 이렇게 신축적이지 못하다는 것입니다. 그렇게 되면 시장이 균형을 찾기까지 한동안 사람들은 고통을 받게 됩니다. 예를 들어 공급이 초과하면 바로 가격이 하락할 거라고 말은 쉽게 할 수 있지만 이 가격 하락의 과정은 메뉴판에 숫자만 바꿔 쓰는 그런 과정이 아닙니다. 늘어나는 재고를 감당하지 못해서 몇몇 기업이 파산하고, 남은 기업들은 한바탕 피비린내 나는 가격 인하 경쟁을 벌이고, 그 사이에 무수한 노동자들이 일자리를 잃게 되는 그런 과정이죠.

게다가 생산요소인 노동력, 토지, 자본 시장은 일반 상품보다 더욱 비신축적입니다. 아무리 노동력이 초과 공급된다 해도 그 사회의 최소한의 생계 수준 이하로 임금이 곤두박질칠 수는 없습니다. 공장, 설비 등이 아무리 초과 공급되었다고 해도 기업가 입장에선 비싼 돈 들여 구입한 공장과 설비를 단숨에 멈추거나, 폐기하거나, 값싸게 팔아 치우거나 할 수 없습니다. 그 밖에도 **시장의 비신축성**을 보여 주는 사례는 무수히 많습니다. 시장이란 것은 신축성을 발휘하도록 계속 누군가가 손을 봐야 하는 기구이지, 그냥 내버려 두면 저절로 균형을 찾는 기구가 절대 아니란 것입니다. 사람에 비유하자면 대부분의 병이나 상처는 가만 내버려 두어도 저절로 낫거나 아뭅니다. 하지만 그렇다고 그냥 내버려 두면 안 됩니다. 회복될 때까지 많은 고통을 느낄 것이며, 합병증이 발생할 수도 있고, 또 만성질환이 될 수도 있고, 또 설사 다 아물었다고 하더라도 심각한 후유증이 남을 수 있기 때문입니다. 균형이란 외부의 간섭이 없다면 아무런 변화 없이 현 상태가 계속 유지되는 상태를 말합니다. 그러니 만성질환도 균형이며, 심각한 후유증도 더 이상 심각해지지 않는다면 균형입니다. 경제도 마찬가지입니다. 시장이 균형을 찾기는 하겠죠. 하지만 그 균형이 만성적 실업 상태일 수도 있고, 또 이미 많은 노동자들과 가계가 오랜 실업 기간 중에 만신창이가 된 다음일 수도 있습니다. 이렇게 망가질 대로 망가진 다음에 찾은 균형이 무슨 소용이겠습니까?

장공부 하지만 그렇다고 무턱대고 손댈 수는 없잖아요? 어디가 다치고 병들었는지, 그 원인이 무엇인지 알고 손을 대야 하는 것 아닌가요?

케인스 (장공부를 전혀 의식하지 못하고) 그렇다면 이제 경제학자가 할 일은 왜 불황과 실업이라는 고통스러운 일이 주기적으로 반복하고, 왜 시장이 이것을 해결하지 못

미국의 대공황 때 무료 급식을 기다리는 뉴욕의 실업자들입니다.

하는지 그 원인을 찾아내는 것입니다. 그리고 저는 공급과잉이 불황의 원인이 아니라 유효수요(실제로 구매하려는 수요)의 부족이 불황의 원인이라고 말씀드리겠습니다. 그런데 많은 신고전파 경제학자들은 유효수요가 부족해진다는 것을 전혀 이해하지 못했습니다. 왜냐하면 그들은 공급과 수요는 균형을 이루며, 공급초과나 부족이 발생하는 것은 일시적인 불균형에 불과하다고 보기 때문이죠.

그들이 신봉하는 공식 하나 소개해 드리겠습니다.

GDP = 임금 + 이자 + 지대 = 소비지출 + 투자지출 + 정부지출 = 총소비 + 총저축

이 공식은 자유 시장을 신봉하시는 분들이 전제하고 있는 이른바 국민소득의 3면 등가의 법칙이라는 것입니다. 나라 안의 모든 기업이 생산한 상품의 가치를 합하

면 GDP가 된다는 것은 아실 것입니다. 그리고 이 GDP와 그 나라 국민들의 소득의 합이 같다는 것, 즉 모든 임금·이윤·이자·지대의 합과 같다는 것도 아실 것입니다. 만약 다르다면 누군가 검은돈(뇌물처럼 정당하지 못하게 비밀리에 주고받는 돈)을 벌고 있다는 뜻이니까요. 그래서 국내총생산과 국내총소득은 같게 되는데, 문제는 사람들이 벌어들인 소득을 다 쓰느냐 하는 것입니다. 소득을 소비해야 수요가 되는 거죠. 그러니까 총소득은 바로 **총유효수요**인가를 따져야 하는데, 이 공식에는 그걸 따지지 않습니다. 그래서 이들은 이런 그래프를 그립니다.

X축에는 GDP를 표시합니다. 그리고 Y축에는 그 나라의 모든 지출의 합계를 표시합니다. 만약 그 나라에서 생산된 모든 상품이 모두 소비된다면 Y는 X가 되니까 45도 직선처럼 나오겠죠. 물론 그렇다고 모든 기업이 상품을 모두 팔아 치운 것은 아닙니다. 창고에는 재고 물량이 남아 있을 것입니다. 하지만 이 재고는 안 팔린 것이 아니라 언제든 팔아 치울 수 있다는 예상하에 불규칙한 상품수급에 대비하기 위해 기업이 스스로 보유하는 것이니 기업의 투자로 봅니다.

그러니 신고전파 경제학에서는 기업은 얼마나 팔릴지 걱정할 것이 아니라 얼마나 잘 만들지만 걱정해야 한다고 주장합니다. 만약 상품이 팔리지 않아서 도산한다면 그것은 단지 경쟁 기업보다 더 못 만들어서 패배한 것에 불과할 뿐이라는 것이죠. 이게 납득이 가십니까? 그럼 현실의 불황과 공황은 대체 뭐란 말입니까?

모의심 그러게요. 나만 해도 버는 족족 다 쓰지는 않는데. 그리고 우리 아버지와 어머니도 돈이 좀 있다고 다 쓰는 게 아니라 저축을 하시고.

케인스 여기에 대해 주류 경제학자들은 이렇게 말해 왔습니다. 지금 당장 쓰지 않고 저축한 돈이라 해도 이건 사실상 지출이나 마찬가지다. 왜냐하면 저축이라는 것은 나중에 큰돈을 지출하기 위해 하는 것이니 유보된 지출에 불과하며, 또 은행에 저축한 돈은 기업이나 돈이 필요한 사람에게 대출되기 때문에 결국은 지출된다. 이렇게 말입니다. 하지만 과연 그럴까요? 사람들은 장차 지출할 것을 미리 계획하지 않고서도 저축합니다. 이걸 뭐라고 설명할까요? 심리적 안전감 같은 것이죠. 돈이 좀 쌓여 있어야 마음이 놓인다고나 할까요. 그리고 사람들은 실물보다는 화폐를 보유하고 있는 걸 선호하는 경향이 있습니다. 그러니 돈을 벌어서 되도록 다 쓰지 않고 화폐로 가지고 있으려고 합니다.

시장경제에서는 유효수요가 공급보다 항상 부족하다

소득이 적을 때는 먹고살기에 바빠서 저축은커녕 도리어 빚을 지고 사는 경우가 많습니다. 그런데 소득이 늘어나면 저축을 하는 등 벌어들인 돈의 상당 부분을 쓰지 않은 채 보유하고 있으려 합니다. 소득이 늘어나면 늘어날수록 저축이 늘어나는 것은 당연한데, 단지 저축액만 늘어나는 것이 아니라 한계저축성향(소득 증가에 따른 저축 증가의 비율)도 같이 증가합니다. 즉 월 100만 원을 벌면서 10만 원을 저축하던 사람의 소득이 200만 원이 되면 20만 원을 저축하는 것이 아니라 40만 원을 저축하는 것입니다. 반면 소득이 증가할수록 소득에서 지출이 차지하는 비중은 점점 줄어듭니다. 월 100만 원을 버는 사람은 빚까지 지면서 110만 원을 지출해 겨우 살

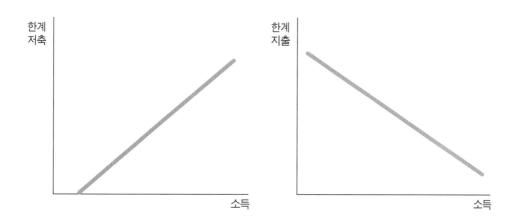

아가는데, 월 400만 원을 버는 사람은 440만 원을 지출하는 것이 아니라 250만 원을 지출하고 150만 원을 저축한다는 것입니다.

즉 사람들은 더 많이 벌수록 상대적으로 덜 쓰고 저축을 많이 한다는 것인데, 이 저축도 투자나 미래의 소비를 위한 것이 아니라 단지 저축을 위한 저축, 화폐를 많이 보유하기 위한 저축에 불과합니다. 즉 투자도 소비도 되지 않을 저축입니다. 결국 자본주의 시장경제는 소득보다 지출이 부족하게 되어 있으며, 그것도 소득이 늘어날수록 점점 더 부족하게 되어 있습니다. 경제 규모가 커지고 소득수준이 높아질수록 유효수요도 점점 더 모자라게 된다는 것입니다.

자, 다음 그래프를 보세요. 이 나라의 국민소득, 즉 국내총생산량이 Y1이라고 합시다. 그렇다면 이 나라 국민들이 A만큼을 지출해 줘야 생산물 중 팔리지 않는 물건이 생기지 않을 것입니다. 그런데 앞에서 말했듯이 사람들은 버는 만큼 지출하지 않기 때문에 소득과 지출의 관계는 선 R과 같이 45도보다 완만합니다. 이 직선에 Y절편이 있는 까닭은 소득이 0원인 사람도 생존하기 위해서는 얼마간의 지출을 하기 때문입니다.

결국 국내총생산이 Y1일 때 생산된 상품이 다 판매되지 못하는 유효수요 부족 사태에 직면합니다. 이게 아주 황당한 상황입니다. 기업들은 최선을 다해 질 좋고 값싼 제품을 시장에 내놓았습니다. 그리고 소비자들도 기업에서 이 제품들을 다 구입할 정도의 임금, 이자, 배당 등을 받았습니다. 그럼에도 불구하고 이 소득 중 일부가 저축으로 들어가 더 이상 유통되지 않으면서 상품에 비해 돈이 모자라게 되었습니다. 따라서 수요가 모자라게 되어 가격은 하락하고 문을 닫는 기업이 속출합니다. 이 국민경제가 균형을 다시 찾으려면 생산 규모를 Y2 수준으로 줄여야 합니다. 그 말은 바로 더 많은 공장이 문을 닫고, 더 많

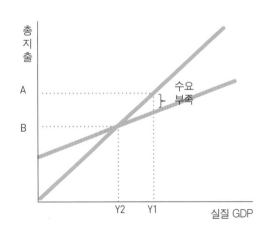

은 노동자를 해고해야 한다는 뜻입니다. 이건 그만큼 실업자가 늘게 되었다는 뜻이며, 그만큼 놀고 있는 공장과 설비가 늘었다는 뜻이며, 'Y1-Y2'만큼 국민소득이 줄었다는 뜻입니다. 노동자들이나 그 나라 경제나 능력이 없는 게 아니라 능력이 충분히 차고 넘치는데도 그 능력이 다 활용되지 못하면서 경제도 어려워지는 어처구니없는 상황이 된 것입니다.

그런데 Y2에서 균형을 이루었다고 해서 문제가 해결된 것은 아닙니다. 균형을 이루었다는 것은 앞으로 더 이상 변하지 않는다는 뜻이기도 하니까요. 결국 국민소득은 줄어들고, 기업도 줄어들고, 실업자가 늘어난 그 상황에서 그만 균형이 이루어져 버린 것입니다. 그렇다면 이미 일자리를 잃어버린 실업자들은 다시 일자리를 구할 가망이 없다는 뜻이며, 지금 쓰이지 못하고 놀고 있는 공장과 설비는 결국 폐품이 되고 말 것이라는 뜻입니다. 그러니 시장에 아무리 맡겨 놓고 기다린들 이런 비자발적 실업자는 절대 구제될 수 없습니다.

이 얼마나 엄청난 역설이며 비효율입니까? Y1만큼 생산하던 시절에 멀쩡히 일 잘했던 노동자들과 잘 써먹던 각종 시설을 'Y1-Y2'만큼 놀리고 있다는 뜻이니까요. 자본주의 이전의 경제 문제는 결핍이 문제였습니다. 흉작이 되고, 기근이 일어나고 말입니다. 그런데 이제는 인력과 물자가 충분히 남아도는데도 불구하고 많은 사람들이 끝을 알 수 없는 불황 속에서 허덕여야 하는 것입니다.

유효수요를 늘리기 위해서는 정부가 개입해야 한다

게다가 일단 균형에 이르렀다고 해도 안심할 수 없습니다. 경제는 심리입니다. 만약 소비자와 기업가가 이런 상황에서 앞날에 대해 더 비관적이 된다면 이 비관은 사회 전반에 공포심을 유발할 것입니다. 그럼 사람들은 불안한 앞날에 대비하기 위해 소비를 더욱 줄이고 소득 중 더 많은 부분을 저축하려 할 겁니다. 즉 한계저축성향이 늘어나고 한계지출성향이 줄어들겠죠. 다음의 그래프를 보십시오. 현재 이 나라의 한계지출성향이 t1, GDP가 Y1이라고 합시다. 그럼 총생산수준이 Y1인 상태에서도 생산과 소비가 균형을 이루고 있으니 수요와 공급이 딱 맞습니다. 그런데 이런저런 이유 때문에 국민들이 그 나라 장래에 대해 불안을 느끼게 되

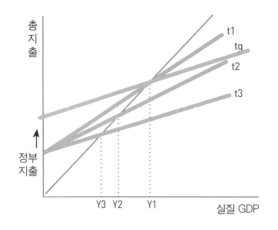

였다고 합시다. 그럼 국민들은 앞날을 대비하기 위해 소득 중 더 많은 부분을 저축하려 할 것이고, 소득이 늘어나더라도 꼭 필요한 지출 외에는 그 증가분을 대부분 저축하려 할 것입니다. 그렇게 되면 t1 직선은 더 완만해져서 t2가 될 것이며, 그럼 총생산을 Y2까지 줄여야 겨우 균형을 찾게 될 겁니다. 하지만 그렇게 되면 많은 기업이 도산하고 노동자들이 실업자로 전락할 것이며, 이걸 본 국민들은 더욱 불안해져서 저축을 더 늘리려고 할 겁니다. 그럼 t2가 다시 t3로 완만해지고 그럼 총생산도 다시 줄어들고 도산과 실업이 또 증가할 겁니다. 이쯤 되면 기업에 대출해 준 은행들도 원금과 이자를 받지 못해 부실해지고, 공포에 질린 예금주들이 일제히 은행에서 돈을 빼려 할 겁니다. 이걸 '뱅크 런'이

은행이 위험하다는 소식을 듣고 겁에 질린 예금주들이 돈을 빼기 위해 일제히 은행 창구로 몰려들고 있습니다. 이를 뱅크 런(bank run)이라고 합니다.

라고 하는데요, 이렇게 되면 경제가 완전히 끝장이 나는 겁니다.

장공부 그럼 이런 불황을 대체 어떻게 극복해야 하죠?

케인스 원인을 알면 해법이 보여요. 불황은 생산능력에서 문제가 생긴 게 아니라 소비와 지출이 부족해서, 즉 **유효수요가 부족**해서 일어난 불행한 사태입니다. 그리고 충분히 느꼈겠지만 이것은 시장에게 맡긴 채 아무리 기다려도 해결되지 않습니다. 애초에 사람들이 소득의 일부분을 지출하지 않고 모아 두려고 하는 것은 앞날에 대한 불확실성 때문에 그러는 것입니다. 거기에 불황까지 오면 불확실성을 더 크게 느낄 테니 더 많은 화폐가 시장에서 퇴장할 것이고 사태는 더 악화됩니다. 그러니 누군가가 개입해서 이 문제를 풀어야 합니다. 그게 누구이겠습니까? 결국 정부일 수밖에 없습니다.

정부는 두 가지 일을 해야 합니다. 우선 경기가 후퇴할 때 경제주체들의 마음을 진정시키고 미래에 대한 낙관적인 생각을 불러일으켜서 더 이상 지출 성향이 곤두박질치지 않게 해야 합니다. 조금 전에, 사람들은 미래가 불확실하다고 생각해서 버는 만큼 지출하지 않고 돈을 쌓아 두려 한다고 했죠? 따라서 정부는 국민들이 미래를 불안히 여기지 않게 해야 합니다. 갑자기 큰 병에 걸리거나 자녀가 진학하더라도 의료비와 학비가 더 들지 않는다면 사람들은 저축을 상당히 큰 폭으로 줄일 겁니다. 여기에 실업자가 되더라도 생계는 유지할 수 있을 만큼 복지 혜택이 주어진다면 소득 중 저축은 줄고 지출이 늘겠죠.

다음으로 정부는 스스로 과감하게 **재정지출**을 늘림으로써 부족한 유효수요를 보충해 주어야 합니다. 그럼으로써 경제가 다시 활기를 찾게 하고, 또 기업가와 소비자들에게 낙관적인 분위기를 퍼뜨려서 지출이 잇따라 확대될 수 있게 해야 합니다. 앞의 그래프를 보시기 바랍니다. GDP가 Y1인 국가의 지출이 t1이었다가 한계지출성향이 뚝 떨어져서 t3이 되었다고 합시다. 그럼 이 나라의 GDP는 Y3까지 줄어들게 될 것입니다. 불황에 빠진 거죠. 하지만 이때 정부가 지출을 늘림으로써 t3 선을 푸른색의 tg 선까지 끌어올린다면 다시 GDP는 Y1으로 회복될 수 있는 것입니다. 실업자들은 다시 일자리를 얻고, 놀던 공장과 설비들은 다시 가동될 것입니다. (케인스 사라진다.)

유효수요를 늘리기 위한 정부의 개입은 어떻게 이루어질까?

장공부 뭔가 알듯 말듯 해요. 좋아요. 그렇다 치고 그럼 어떻게 해결해요? 정부 지출을 늘린다면 정부가 돈을 막 찍어서 사람들한테 뿌리나요?

사 선 어이쿠, 그런 건 아니죠. 정부가 지출을 늘림으로써 유효수요를 증가시키는 것을 재정정책이라고 하는데, 나라의 재정을 마구잡이로 쓸 수는 없죠. 재정정책은 주로 두 가지 방식으로 이루어집니다. 하나는 세금을 줄이는 것입니다. 정부가 세금을 예전보다 덜 걷게 되면 당연히 지출을 더 많이 하는 효과가 나타나겠죠? 또 다른 하나는 정부가 여러 가지 공공사업을 집행하는 것입니다. 만약 정부가 고속도로, 철도, 공항, 항만 같은 대규모 사회간접자본 공사를 벌이면 그만큼 투자 지출이 늘어난 효과가 있겠죠.

모의심 하지만 세금은 덜 걷고 지출은 늘린다면 늘어나는 건 나랏빚이겠네요. 결국 정부는 적자를 보는 거잖아요? 소득을 늘린 만큼 빚을 지면 무슨 소용이죠? GDP가 1억 달러 늘어난들 정부가 1억 달러 적자를 내면 결국 나중에 다 세금으로 걷어 갈 것이니 아무 소용없잖아요?

사 선 네. 물론 이런 경우에 정부는 적자재정을 편성합니다. 하지만 재정 승수 효과(경제에 작은 변화를 주더라도 그것이 파급 효과를 낳아 처음보다 몇 배의 변화를 낳는 것)란 것이 있기 때문에 국민소득 1억 달러를 늘리기 위해 정부가 1억 달러 적자를 볼 필요는 없습니다. 실제로는 이보다 훨씬 적은 정부 지출만으로도 상당한 국민소득 상승을 가져올 수 있습니다. 왜 이런 효과가 일어나는지 한 번은 어렵게, 한 번은 쉽게 설명해 보겠습니다. 어떤 거 먼저 할까요?

모의심 에잇, 어려운 거 먼저요.

사 선 좋아요. 앞의 그래프에서 지출선을 방정식으로 표현해 보겠습니다. 수출과 수입이 전혀 없는 나라를 가정한다고 하면 GDP는 $Y = C(Y) + I + G$ 로 표시됩니다. 즉 '국민소득=소득 중 소비되는 부분+투자+정부 지출'이란 뜻이죠. 그런데 소득 중 소비되는 부분은 $C(Y) = a + bY$라고 할 수 있습니다. 이때 a는 소득이 전혀 없어도 지출할 수밖에 없는 것을 뜻하며, b는 소득 한 단위가 증가할 때 늘리고자 하는 지출의 단위 즉 한계소비성향입니다. 사람들이 돈을 버는 족족 다 쓰는게

미국 정부는 대공황을 탈출하기 위해 대대적으로 정부 지출을 늘리면서 사회간접자본 공사를 벌였습니다. 그 대표적인 공사가 금문교(위 사진)와 후버댐(아래 사진) 건설이었습니다.

아니기 때문에 이것을 그래프로 그리면 기울기가 45도보다 완만하게 나타나는데, 눈썰미가 있는 학생은 이미 알겠지만 이게 앞 그래프에서 t1, t2, t3의 방정식입니다. 그럼 이제 C(Y) 대신 $a + bY$ 를 대입하여 $Y = a + bY + I + G$ 라는 방정식을 얻을 수 있습니다. 이 식을 정리하면 $Y = \dfrac{1}{1-b}(a + I + G)$가 되며 이때 $\dfrac{1}{1-b}$이 바로 재정 승수입니다. 즉 정부 지출을 dG만큼 늘리면 $dY = \dfrac{1}{1-b}dG$만큼 증가하는 것입니다. 그런데 대개의 경우 사람들은 소득 중 30퍼센트 정도를 저축하려고 하는 경향이 있다고 합니다. 그럼 b는 0.7이 되며, 재정 승수는 $\dfrac{1}{1-\frac{7}{10}} = \dfrac{10}{3}$

이 되는 것입니다. 따라서 국민소득 1억을 늘리기 위해서 정부는 3천333만 원의 재정지출만 늘려도 된다는 것입니다. 그러니 이 정도 적자쯤은 세 배로 늘어난 국민소득에서 충분히 세금을 걷어서 메꿀 수 있는 것입니다. 자, 이해가 되세요?

모의심 한 절반쯤이요.

진단순 아니, 이걸 절반씩이나 알아들었다고?

사 선 음, 괜히 시간 낭비했나? 그럼 이번에는 쉽게 설명해 볼게요. 내가 정부인데 모의심이 운영하는 기업으로부터 10억짜리 상품을 구입했다고 합시다. 그럼 모의심은 10억을 벌었습니다. 그런데 의심이는 그 10억 중 3억은 저축하겠지만 7억은 사용하겠죠? 그래서 진단순한테 7억 원어치 물품을 구입했다고 합시다. 그럼 진단순은 7억을 번 것이죠? 그래서 2억1천만 원을 저축하고 4억9천만 원을 장공부한테 썼다고 합시다. 그럼 장공부는 4억9천만 원을 번 셈이 되죠. 이런 식으로 무한히 계속해 봅시다. 처음 투입한 돈은 10억이지만 이게 파생시킨 소득은 훨씬 더 많게 된다는 것을 금방 알 수 있죠? 이렇게 정부가 적자를 보는 정도 이상으로 경기가 활성화하기 때문에 경제가 충분히 회복되면 그때 흑자 재정을 편성해서 균형을 맞출 수 있게 됩니다.

장공부 (박수를 치며) 와, 훌륭합니다. 역시 내가 믿었던 대로 시장경제에는 큰 문제가 없다는 게 확인되었네요. 설사 불황이 와서 비자발적 실업이 늘어나더라도 정부가 지출을 늘려 주면 해결되는 거잖아요? 그리고 정부 재정이 적자가 나면 나중에 경기가 회복할 때 흑자 재정을 편성해서 균형을 맞추고.

밀턴
프리드먼

사　선 하지만 이런 **재정정책의 효과**에 대해 회의적인 의견도 있습니다. (소환기를 작동한다.)

프리드먼 (황급하게 나타나서) 이보세요. 말이 쉽지, 재정정책이 그렇게 쉬운 줄 아세요? 재정정책은 오히려 문제를 해결하기보단 불을 지르기 쉽습니다. 잘 들어 보세요.

우선 정책 시차 문제가 있습니다. 모든 민주국가에서 정부 지출을 늘리려면 국회에서 법률이 통과되고 예산 승인을 받아야 합니다. 이 과정이 어디 하루 이틀 걸립니까? 이 긴 과정을 거치게 되면 정작 예산을 지출할 시점과 재정정책이 처음 수립되었던 시점의 경제 상황이 전혀 달라질 수 있습니다. 경제가 불황이라서 적자 재정을 편성했는데, 국회에서 토론과 의결을 거쳐 마침내 집행되는 시점이 되면 속된 말로 이미 버스가 떠난 다음에 손든 격이 된다는 것입니다. 게다가 재정정책은 결정되는 과정에서 정치적인 압력 때문에 왜곡될 수 있습니다. 기왕 정부가 지출

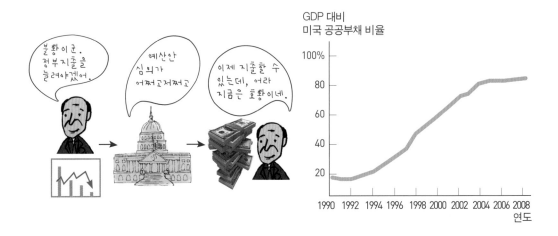

자본주의는 문제들을 해결할 수 있을까?

을 늘렸다면 그게 쓸모 있는 곳에 사용되어야 할 텐데, 그 돈을 사용할 곳이 정치적으로 결정되어 아무 효과가 없는 곳에 낭비될 수 있다는 것입니다. 그래서 돈은 돈대로 풀려서 물가는 올라가는데, 불황은 불황대로 계속되어서 실업자도 늘어나는 최악의 사태를 맞이할 수도 있다는 말입니다. 게다가 '**구축**(crowd out) **효과**'란 것이 있습니다. (사라진다.)

진단순 구축이요? 구축함이라고요?

장공부 잘 이해가 안 가는 말입니다. 제가 아는 구축은 뭔가를 튼튼하게 쌓는 것을 말하거든요.

사   선 어, 벌써 가버리셨네. 그럼 제가 설명을 드릴게요. '구축(驅逐) 효과'에서 구축은 그 무엇의 기초를 닦아서 세운다는 뜻이 아니라 몰아낸다는 뜻이랍니다. 영어의 'crowd out'이란 말이 오히려 더 이해하기 쉽겠네요. 이게 무슨 소리냐 하면 정부가 지출을 늘리면 일시적으로는 유효수요가 증가하지만 민간 수요를 몰아내기 때문에 결국 효과가 반감된다는 뜻입니다. 구축 효과는 두 가지 방향에서 나타납니다. 하나는 금리 때문에 비롯됩니다. 대부분의 나라에서 정부가 지출을 늘릴 때는 국채를 발행해서 적자재정을 편성하는데, 한마디로 빚을 낸다는 것입니다. 그렇게 되면 나라 전체적으로 저축이 크게 줄어들고 부채가 크게 증가하는데, 그럼 시중금리가 높아집니다. 그리고 금리가 올라가면 기업이나 가계가 필요한

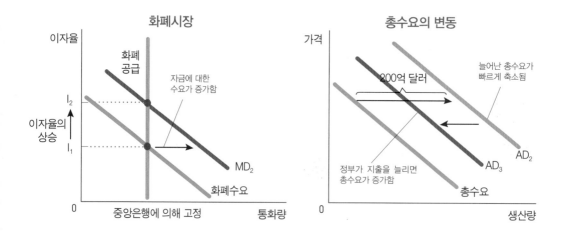

258

자금을 융통하기 어려워져서 결국 소비지출이나 투자지출을 줄이게 됩니다. 다른 하나는 민간 지출 위축의 측면에서 나타납니다. 정부가 공공사업을 크게 일으키면 그만큼 민간 기업의 일감을 정부가 빼앗아 가게 됩니다. 그렇게 되면 적자를 보는 만큼 가계나 기업이 지출을 줄이기 때문에 아무 효과도 없게 되는 셈이 됩니다. 오히려 괜히 이자나 물가만 올라가기 때문에 이전보다 더 나빠진다는 것입니다.

장공부 그럼 역시 재정정책 같은 거 쓰지 말고 시장에 맡겨 두는 게 답이겠네요?

사 선 꼭 그렇게만 볼 일이 아닙니다. 우선 구축 효과 같은 것은 늘어난 정부 지출을 민간 부문의 투자와 중복되지 않는 영역에 투자하면 해결할 수 있습니다. 예를 들면 도로, 항만, 교육 시설처럼 민간 기업이 투자하기는 어렵지만 큰 편익을 얻을 수 있는 사회간접자본과 공공재에 투자하는 겁니다. 그리고 정치적 편향의 문제는 시민과 경제학자들의 적극적인 참여와 감시로 해결할 문제이죠. 다만 정책 시차 같은 경우는 고민이 좀 필요한데, 정치 과정을 거치지 않고 재정정책이 자동으로 집행되는 제도적 장치를 마련하는 것도 한 방법이 될 수 있겠습니다. 이걸 흔히 '**자동 안정화 장치**'라고 부른답니다.

장공부 자동 안정화 장치요? 무슨 기계 같은 건가요?

사 선 자동 안정화 장치란 경기의 변동에 따라 자동적으로 재정정책의 효과를 볼 수 있도록 만들어진 제도입니다. 이 제도는 처음 만들 때만 정치적 의결 과정을 거치고 그 이후에는 저절로 작동하기 때문에 시차 문제나 정치적 개입을 배제할 수 있다는 장점이 있습니다. 가장 대표적인 자동 안정화 장치로는 누진세제를 들 수 있습니다.

누진세제란 소득이 늘어날수록 세금이 아니라 세율이 높아지는 제도입니다. 예를 들면 월 100만 원을 버는 사람은 세율이 5퍼센트인데 월 500만 원을 버는 사람은 세율을 20퍼센트로, 월 천만 원을 버는 사람은 40퍼센트로 설정하는 것입니다. 프리드먼 교수는 여기에 더해 마이너스 소득세까지 제안했었죠. 그러니까 소득이 일정 기준에 미달하면 세율이 0퍼센트, 더 나아가 오히려 국가로부터 돈을 받도록 하자고 한 겁니다. 자, 그럼 어떤 일이 일어날까요?

경기가 불황에 빠졌다고 합시다. 그럼 실업자가 늘어나고 국민들 중 저소득자의 비율이 높아질 것입니다. 그렇게 되면 낮은 세율을 적용받거나 심지어 마이너스 세율을 적용받아서 정부로부터 돈을 받는 사람들의 숫자가 늘어나기 때문에 자연스레 정부 지출은 증가하고 적자재정이 편성됩니다. 반면 경기가 호황을 누리면 어떻게 될까요? 고소득자가 늘어날 것이기 때문에 전반적으로 높은 세율을 적용받는 사람들의 비중이 커집니다. 이렇게 되면 정부 수입이 증가하고 지출은 감소하여 저절로 혹자 재정이 편성됩니다. 이러면 재정정책이 자동으로 작동하고 있다는 것을 알 수 있죠?

모의심 자동 안정화 장치 이야기를 들어 보니 복지 제도도 반드시 거기에 포함되어야 한다는 생각이 들어요.

사 선

어째서 그렇죠?

모의심 경기가 불황이면 빈곤층과 실업자가 늘어날 거잖아요? 그런데 만약 사회 복지 제도가 잘 갖추어져 있다면 그 복지 대상자들이 정부 보조금을 받을 테니 자동으로 정부 지출이 늘어나게 되잖아요? 경기가 호황이 되면 복지 대상자가 줄어들고 납세자 수는 늘어날 테니까 자동으로 지출이 줄어들고요.

사 선 물론입니다. 적극적인 복지 정책도 자동 안정화 장치로서의 기능을 충분히 할 수 있습니다. 그래서 실제로 미국 정부는 존슨, 닉슨 대통령 시절에 복지 제도를 크게 강화하기도 했습니다.

장공부 선생님! 그런데 교과서에서는 이런 식으로 정부가 선심성 복지를 펴거나 지출을 확대하면 물가 상승, 즉 인플레이션의 위험이 있다고 나오는데요? 그래서 불황 때 정부는 실업자나 빈곤층에게 직접 도움을 주는 쪽보다는 기업이 투자를 늘릴 수 있는 여건을 마련하는 데 그쳐야 하며, 기업의 투자가 늘어나면 자연히 고용도 확대되어 실업자도 줄어들 것이라고 나오는데요? 그래서 정부가 할 일은 통화량을 관리해서 인플레이션을 방지하는 것이라고요.

물가가 올라가면 소득 증가도 도로아미타불

사 선 아, 인플레이션이요. 그래요. **인플레이션**도 심각한 문제이긴 하죠. 그리고 인플레이션 역시 시장에게 마냥 맡겨 둔다고 해서 해결되는 문제는 아니고요. 그래서 역시 정부의 역할이 중요합니다. 다만 정부의 재정정책을 적극적으로 구사하여 실업자 구제에 나서는 것이 중요한가, 아니면 인플레이션 억제가 가장 중요한 정책인가 하는 점에서 여러 경제학자들이 논란을 벌이고 있답니다.

하지만 먼저 인플레이션이 발생하는 원인이 무엇인지 확실히 해 두어야 정부가 어떻게 대처할 수 있을 것인지, 그 답이 나오겠죠. 제가 자꾸 수학 공식을 들이대니까 좀 싫죠? 하지만 이런 공식들이 사실은 너무도 당연한 말들을 수식으로 옮긴 것에 불과하니까 미리부터 겁먹지 말고 익숙해져야 합니다. 이런 수식들에 대한 일반인들의 두려움을 이용해서 사람들을 경제 문제로부터 멀어지게 만들고, 그 틈을 이용해 혹세무민하는 나쁜 경제학자들이 있으니까요.

인플레이션은 통상 $\pi_t = \alpha(E\pi-\pi)+ \beta(Y-T-\bar{Y})+\gamma(M-\bar{M})+\sigma(E\pi$: 인플레이션 기대 심리, Y: 소득, T: 세금, M: 통화량, σ: 공급 충격)이라는 공식으로 표현됩니다. 간단히 말하면요, 인플레이션은 ① 인플레이션 기대 심리 때문에, ② 소득 증대 때문에, ③ 공급 쪽의 예기치 않은 충격 때문에, ④ 통화량의 증가 때문에 발생합니다.

인플레이션 기대 심리는 앞에서 설명한 대로 사람들이 미래에도 계속 물가가 오를 것이라고 생각하는 경향입니다. 그래서 소비자는 지금 구입하지 않으면 손해라는 생각에, 혹은 지금 사 놓으면 나중에 비싼 값에 팔 수 있다는 생각에 필요 이상으로 수요를 늘리고, 판매자는 인플레이션을 감안한 가격, 즉 균형가격보다 더 비싼 가격을 제시하는 겁니다. 소득 증대 효과는 소득이 증가하면 아무래도 씀씀이도 늘어날 테니 당연한 거고요. 결국 남는 것은 ③번 통화량의 증가와 ④번 공급 쪽의 충격입니다.

모의심 공급 쪽의 충격은 독과점 같은 것을 말하나요?

사 선 그렇습니다. 어떤 분야에 독과점이 발생하면 가격이 폭등하겠죠. 그리고 독과점 기업들이 장악한 분야가 매우 많다면 그 나라의 물가도 전반적으로 폭등할 겁니다. 하지만 독과점이 아니더라도 자연재해나 전쟁 등으로 인해 그 상품이나 그 상품의 제조에 필요한 원료의 공급량이 크게 줄어들 경우도 있답니다. 1995년에 일본에서, 1999년에 타이완에서 큰 지진이 발생하거나 2011년 태국에서 큰 홍수가 일어나자 전자 제품 가격이 폭등한 사례가 있죠. 또 가장 악명 높은 공급 충격으로는 산유국들이 동맹을 맺고 원유 값을 크게 올린 오일쇼크를 들 수 있죠. 이때의 인플레이션율은 정말 끔찍했죠. 마지막으로 이미 앞에서도 배웠지만 물가가 올라간다는 것은 화폐 가치가 떨어진다는 것으로 화폐의 공급, 즉 **통화량**이 증가하면 인플레이션이 발생합니다.

장공부 그럼 인플레이션을 막으려면 통화량을 조절하는 방법밖에 없겠네요?

사 선 음, 어째서 그렇게 생각하죠?

장공부 공급 충격이야 우리나라 외부에서 일어난 일이나 천재지변이니 어쩔 도리가 없고요. 한 길 사람 속도 모르는데 인플레이션 기대 심리를 어떻게 할 수 있겠어요? 그렇다고 소득을 줄일 수도 없으니 결국 남는 것은 통화량을 조절하는 것뿐이죠.

사 선 그래요. 그 때문에 대부분의 나라에서는 통화량을 적정한 수준으로 유지하는 것을 매우 중요하게 생각합니다. 그래서 중앙은행을 설치하여 오직 그 은행에서만 화폐를 발행하도록 하고 있고, 또한 여러 가지 수단을 사용하여 통화량을 조절하도록 하고 있답니다. 이렇게 중앙은행을 통해 통화량을 조절하는 것을 통화정책이라고 하죠. 그런데 이 통화정책은 주로 직접 화폐를 발행하기보다는 금융시장을 이용하기 때문에 금융정책이라고도 한답니다.

진단순 힝, 내가 좋아하는 돈 이야기인 것 같은데, 뭐가 이렇게 어렵고 복잡하지?

모의심 단순이만 아니라 저도 잘 이해가 안 가요. 금융시장을 이용한다는 것이 뭐죠?

사 선 음, 그러니까 통화량의 개념부터 시작해야 하겠네요. 통화량이란 시중에 발행된 화폐의 총합이 아닙니다. 실제로는 이보다 훨씬 많죠. 왜냐하면 돈은 사용한다고 해서 닳아 없어지는 상품이 아니고 언제든지 똑같은 가치로 계속 사용되면서 유통, 즉 돌아다니기 때문이죠. 통화량은 단순히 돈의 합계가 아니라 시중에 유통되는 돈의 양을 뜻합니다. 따라서 정부가 같은 양의 돈을 찍어 내더라도 유통되는 속도에 따라 많아지기도 하고 줄어들기도 합니다. 이것을 수식으로 다음과 같이 표현할 수 있습니다. $YP=MV$(Y: 생산량, P: 물가, M: 화폐의 양, V: 유통 속도)로 이 식을 정리하면 $P = \dfrac{MV}{Y}$ 가 되죠. 결국 인플레이션은 그 나라의 상품생산에 비해 통화량이 많으면 일어나는 것인데, M(돈의 양)뿐 아니라 V(돈의 유통 속도)도 같은 영향을 준다는 것이죠. 여기 두 나라가 있고, 각각 돈이 1천 원이 있다고 합시다. 그런데 A 나라는 무게가 10킬로그램이나 되는 화폐를 쓰고, B 나라는 공기처럼 가벼운 화폐를 쓴다고 합시다. 어느 나라에서 돈이 더 활발하게 사용될까요?

장공부 B이죠.
당연쥐!

사 선 그렇습니다. 이때 돈이 활발하게 사용되는 정도는, 한번 상품과 교환된 돈이 얼마나 빨리 다른 상품과 교환되느냐로 알 수 있습니다. 같은 1천 원이라도 두 배 빠르게 시장을 돌아다닌다면 사실상 2천 원이 돌아다니는 효과가 나겠죠? 그래서 우리는 실제 현금뿐 아니라 화폐의 유통 속도까지 고려해서 통화량을 산출하는 겁니다. 그럼 돈을 빨리 돌게 하는 기관, 즉 화폐를 유통시키는 기관은 어디일까요?

장공부 은행이요. 아, 은행(銀行)의 뜻이 그거네요. 돈을 가게 한다, 돈을 돌게 한다?

사 선 그렇습니다. 화폐의 유통 속도에는 은행과 같은 금융기관의 역할이 결정적입니다. 만약 은행이 없다고 해 보세요. 우리에게 돈이 100만 원이 있는데 50만 원어치의 물건을 구입해야 한다고 합시다. 그럼 우린 50만 원을 시장에 뿌리고, 나머지 50만 원을 집에 남겨 둘 것입니다. 이렇게 되면 집에 둔 50만 원은 다시 뭔가를 구입하러 시장에 나갈 때까지 통화량에서 제외됩니다. 하지만 은행이 있다면 우리는 이 돈을 집에 두지 않고 은행에 예금해 둘 것이고, 은행은 이 돈을 필요로 하는 사람에게 빌려 줄 것입니다. 은행이 있으면 돈은 쉴 틈 없이 계속 시장에서 돌아가게 되는 거죠. 이렇게 은행이 돈을 유통시키면서 시중에는 원래 있는 돈보다 더 많은 돈이 유통되는 효과가 나는데, 이를 파생통화라고 합니다. 오늘날 대부분의 경제통계에는 현금통화뿐 아니라 파생통화도 포함시킵니다. 이를 부호로 M1, M2, M3라고 부르는데, 최근에는 M3라는 말 대신 Lf라는 말을 사용합니다. 때

때로 **유동성**이라는 말을 들을 수 있는데, 이는 M1이 아닌 통화들이 M1으로 얼마나 빨리 바뀌는가 하는 것을 뜻합니다.

모의심 그럼 은행이 늘린, 아니 새로 불려 놓은 파생통화가 얼마나 되나요?

사 선 여러분이 상상한 것보다 훨씬 많답니다. 다음의 그래프를 한번 봐 주시기 바랍니다. 이건 1970년부터 2008년까지 본원통화(통화량 증감의 원천이 되는 돈)와 파생통화의 변동을 보여 주는 것입니다. 제일 아래의 하늘색이 본원통화량이죠. 그리고 그 위의 것들이 파생통화들인데 2000년대 들어서 M2와 M3가 폭발적으로 증가하고 있음을 한눈에 알 수 있습니다. 여기에 비하면 본원통화의 비중은 매우 미미합니다.

1970년 1월부터 2008년 10월까지 세계 총통화 공급량

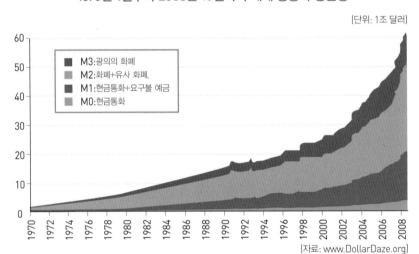

(단위: 1조 달러)

M3:광의의 화폐
M2:화폐+유사 화폐.
M1:현금통화+요구불 예금
M0:현금통화

(자료: www.DollarDaze.org)

그러니 오늘날 통화정책은 직접 화폐를 발행하거나 회수하지 않습니다. 오히려 금융시장에 개입하여 파생통화를 조정하는 것이 훨씬 효과적이죠. 통상 M1을 조절하는데, 요즘에는 M2나 심지어 M3까지 관리하기도 합니다.

진단순 와, 돈이 저렇게 뻥튀기처럼 늘어나는 걸 보니까 재미있네요.

장공부 그런데 어떻게 이렇게 파생통화가 엄청나게 늘어날 수 있죠?

정부가 통화량을 조절하면 경제가 안정될까?

사 선 그게 바로 은행의 마법이라고나 할까요. 경제학 용어로는 **신용창조**라고 하는 과정의 결과입니다. 아까 이야기한 재정 승수를 이해할 수 있다면 이것도 어렵잖게 이해할 수 있을 겁니다.

만약 갑돌이에게 100만 원이 있다고 합시다. 그리고 이 100만 원을 K 은행에 예금했다고 합시다. 그런데 우리가 은행에 돈을 예금할 때는 당장 찾아서 쓰지 않을 돈이니까 맡기겠죠? 아니라면 그냥 서랍에 넣어 두지 귀찮게 은행까지 갈 필요가 없죠. 그러니 갑돌이가 바로 100만 원을 모조리 찾을 가능성은 별로 없습니다. 기껏해야 필요할 때마다 한 10만 원 정도씩 찾아서 쓰겠죠. 그렇다면 K 은행 역시 100만 원을 고스란히 금고에 넣어 둘 이유가 없죠. 혹시 갑돌이가 인출할지도 모르는 일정한 비율만 금고에 두고 나머지는 돈이 필요한 다른 사람에게 빌려 줘서 이자를 받습니다. 이렇게 은행이 예금 인출에 대비해 금고에 넣어 두는 돈의 비율을 지급준비율이라고 합니다. 현재 지급준비율이 0.3이라고 합시다. 그럼 K 은행은 30만 원만 금고에 넣어 두고 나머지 70만 원을 돈이 필요한 을돌이에게 빌려 줄 수 있습니다. 그렇다고 은행에 100만 원을 넣어 둔 갑돌이는 자기 돈 70만 원이 사라졌다고는 전혀 생각하지 않을 것입니다. 그러니 결과적으로 은행은 갑돌이의 100만 원에다가 을돌이가 빌린 새로운 70만 원의 통화를 창조한 것입니다. 그런데 을돌이는 이 70만 원을 자기가 거래하는 U 은행에 예금할 것입니다. 그렇다면 U 은행은 그중에서 21만 원만 금고에 넣어 두고 49만 원을 돈이 필요한 병팔이에게 빌려 줄 것입니다. 병팔이는 이 49만 원을 자기가 거래하는 H 은행에 예금할 것이고, H 은행은 그중 34만3천 원을 돈이 필요한 정돌이에게 빌려 줄 것입니다. 그리고 이러한 과정이 무한히 계속될 것입니다. 결국 K 은행은 70만 원, U 은행은 49만 원, H 은행은 34만3천 원이라는 화폐를 새로 창조한 셈이 됩니다. 이걸 수식으로 쓰면 처음의 100만 원+100만 원×(1−0.3)+100만 원×(1−0.3)(1−0.3)+100만 원×(1−0.3)(1−0.3)(1−0.3) ……, 이런 식으로 진행된다는 것을 알 수 있습니다.

군이 여기서 수학 때문에 머리 싸맬 이유는 없지만 수학 울렁증을 극복하지 못하면 경제와 관련된 논의에서 시민으로서의 권리를 행사하기 어렵습니다. 그래서 한번 이걸 전개해 보기로 합시다.

위와 같은 일이 계속 반복되게 되면 결국 $m(1-r) + m(1-r)^2 + m(1-r)^3 + \cdots\cdots + m(1-r)^n$ (m: 원금, r: 지급준비율)만큼의 통화가 은행을 통해 새로 창조된다고 할 수 있겠습니다. 이것은 등비수열이기 때문에 $m\dfrac{1-(1-r)^n}{1-(1-r)}$ 이 됩니다. 그런데 이 과정을 무한히 반복하게 되면 $\lim\limits_{n\to\infty} m\left(\dfrac{1-(1-r)^n}{1-(1-r)}\right)$ 이 되며 (1-r)은 소수이기 때문에 $(1-r)^\infty$ 은 0이 되고, 결국 $m\dfrac{1}{1-(1-r)}$ 만큼의 통화를 새로 창조한다고 할 수 있습니다. 앞에서 최초의 돈이 100만 원이었고 지급준비율이 0.3이었기 때문에 갑돌이의 100만 원으로부터 은행들이 창조한 통화는

$$100\times\frac{1}{1-(1-0.3)} = \frac{100}{1-0.7} = \frac{100}{0.3} = 333.33333\cdots\cdots$$ 이 됩니다. 따라서 현재 시중에는 433.3333……만 원의 돈이 있는 셈이 됩니다. 따라서 중앙은행이 통화량을 조절하기 위해서 새로 화폐를 발행하거나 수거할 필요가 없는 것입니다. 단지 지급준비율만 바꿔도 되는 것이죠. 만약 중앙은행이 지급준비율을 0.1 높이면 어떻게 될까요? 그럼 $\dfrac{100}{1-0.6} = 250$ 이 되면서 시중에 350만 원의 돈이 유통되게 됩니다. 지급준비율을 10퍼센트만 인상해도 25퍼센트의 통화가 사라진 셈이 되죠. 만약 직접 화폐를 25퍼센트 수거하려 한다고 생각해 보세요. 무척 힘들겠지요.

이렇게 우리나라의 한국은행을 비롯한 세계 여러 나라의 중앙은행들은 인플레이션을 통제하기 위해 통화량이 급격히 늘어나지 않도록 적절하게 조절합니다. 화폐의 흐름을 물로 표현한다면 중앙은행은 댐의 수문을 관리하는 일을 맡고 있는 것이죠. 돈이 가뭄이 들면 즉 불경기가 오면 수문 대신 돈의 문을 열고, 돈이 홍수가 일면 즉 인플레이션이 일어나면 돈의 문을 닫습니다.

하지만 오늘날 중앙은행이 돈 문을 여닫는 방법으로 가장 많이 사용하는 것은 기준금리를 올리거나 내리는 것입니다. 중앙은행은 말하자면 은행의 은행입니다. 설

우리나라의 중앙은행인 한국은행입니다.

명하자면 좀 복잡하지만 간편하게 중앙은행은 시중의 여러 은행들에 돈을 빌려 준다고 합시다. 물론 이자를 받죠. 기준금리란 바로 중앙은행이 시중 은행들에 돈을 빌려 줄 때 받는 이자율입니다. 만약 중앙은행이 이자율을 높이면 시중 은행들은 그 이자를 내기 위해 시중금리를 높여야 하며, 중앙은행이 이자율을 낮추면 시중 은행들 역시 금리를 낮출 것입니다.

자, 그럼 어떤 일이 일어날까요? 이자율이 낮아지면 사람들은 보다 쉽게 은행에서 돈을 빌리려 할 것입니다. 그렇다면 파생통화가 크게 늘어나겠죠? 반대로 이자율이 오르면 사람들은 돈을 잘 빌리려 하지 않을 것이고, 빌린 돈이 있으면 갚을 것입니다. 따라서 파생통화는 축소되게 되어 있습니다. 이렇게 중앙은행은 지급준비율이나 기준금리를 통해서 돈 댐의 수문을 열었다, 닫았다 하는 것입니다. 가뭄이 예상되면 수문을 열듯이 불황이 예상되면 지급준비율이나 기준금리를 낮춰서 돈

문을 열고, 홍수가 예상되면 수문을 닫듯이 인플레이션이 예상되면 지급준비율이나 기준금리를 올려서 돈 문을 닫는 것이죠.

모의심 잠깐만요. 그럼 좀 이상한데요? 분명 불황을 해결하기 위해 돈 문을 연다고 하셨죠? 인플레이션을 잡기 위해서는 돈 문을 닫는다고 하셨고?

사 선 그렇습니다.

모의심 그렇다면 불황을 해결하는 것과 인플레이션을 해결하는 것은 서로 상충하는 목표 아닌가요?

사 선 모의심이 아주 예리하네요. 맞아요. 그렇습니다. 아까 그 인플레이션 공식이 기억나죠? 그걸 좀 무리하지만 이렇게 단순화해 봅시다. $\Pi = f(E, Y-T, M, S)$ 즉, 인플레이션은 기대 심리, 소득 증가, 통화량 증가, 외부의 공급 충격의 함수입니다. 여기서 소득을 좌변으로 옮기면 $Y = f(E, \Pi, M, S, -T)$ 이렇게 표시됩니다. 즉 소득과 인플레이션은 서로 함수관계입니다. 따라서 인플레이션을 떨어뜨리면 국민소득도 떨어질 각오를 해야 합니다. 경제학자들은 그걸 '인플레이션 희생률'이라고 부릅니다. 그런데 국민소득과 실업률은 서로 반비례하지 않겠습니까? 경기가 나빠지면 실업자가 늘어나니까요. 그래서 Y 대신 실업률을 뜻하는 U를 넣으면 $U = -f(E, \Pi, M, S, -T)$의 관계가 됩니다. 즉 실업률이 떨어지면 인플레이션이 증가하고, 인플레이션이 떨어지면 실업률이 증가하는 것입니다. 이것을 그래프로 옮긴 것을 **필립스 곡선**이라고 합니다.

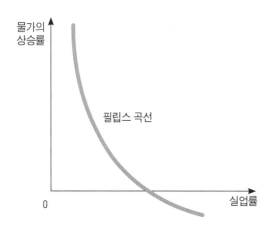

그래서 경제 당국은 경제성장과 물가 안정의 둘 중에서 하나를 분명하게 목표로 잡아야 합니다. 두 마리 토끼를 다 잡기란 참으로 어렵습니다. 물론 최근에는 실업률도 올라가고 인플레이션도 증가하는 스태그플레이션이란 기막힌 현상까지 나타나는 등 실업률과 인플레이션 사이의 상관관계가 엉망이 되고 있습니다만. 어쨌든 경제성장(혹은 실업률 감소)

과 물가 억제라는 두 마리의 토끼를 동시에 잡기는 어려워 보입니다. 그 사이의 적절한 지점을 찾는 것이 경제 당국이 해야 할 중요한 임무라고 봐야겠죠. 그런 점에서 중앙은행의 역할이 중요합니다. 아무래도 선거를 의식하는 정부는 지출을 자꾸 늘리려는 경향이 있거든요. 그럴 때 중앙은행이 금융정책을 통해 인플레이션을 억제하면서 균형을 유지해 주어야 하는데, 그러자면 중앙은행이 정부로부터 자율성과 독립성을 유지할 수 있어야 하겠죠.

장공부 와, 역시 시장경제는 참 훌륭한 경제체제인 것 같아요. 결국 불황과 인플레이션을 다 관리할 수 있는 거잖아요? 댐을 지어 놓고 홍수와 가뭄을 관리하는 것처럼 정부와 은행이 그 역할을 하면 어느 정도 경제가 관리되는 거네요. 불황이 우려되면 정부는 세금을 낮추며 정부 지출을 늘리고, 은행은 금리를 낮추면 되잖아요. 또 인플레이션이 우려되면 정부는 세금을 늘리며 정부 지출을 줄이고, 은행은 금리를 올리면 되고요. 마치 댐이 수문을 올렸다, 내렸다 하는 것처럼 말이죠.

모의심 글쎄요. 그게 과연 쉽게 될까요? 만약 쉬운 일이라면 적어도 필립스 곡선이 알려진 1960년대 이후로는 불황도 인플레이션도 없었어야 하잖아요? 하지만 1979년, 1997년, 그리고 2008년은 대체 뭐죠? 2008년은 흔히 1929년 대공황에 비견된다고들 하잖아요? 그럼 80년 동안 달라진 게 뭐죠? 과연 시장경제를 믿을 수 있는 것일까요? 게다가 호황과 불황이 반복하면서 부자는 이득을 보지만 가난한 사람은 점점 더 가난해지는 거 아닌가요?

사 선 음, 좋은 지적입니다. 사실 재정정책이나 금융정책은 호황과 불황을 조절하는 문제에만 관심이 있지 소득 격차를 해소하는 것에는 별 관심이 없는 정책입니다. 다만 경기가 호황에 이르면 일자리가 늘어나고 노동력에 대한 수요가 늘어나기 때문에 임금이 올라갈 거라는 정도만 말하고 있죠. 하지만 일찍이 애덤 스미스가 말했듯이 노동자들은 호황일 때는 약간의 임금 인상을 보장받지만 불황일 때는 당장 생계가 위협받는 수준으로 떨어지죠. 즉 호황의 이득은 그리 크지 않지만 불황의 위험은 고스란히 다 받는다고나 할까요. 그래서 호황이 아주 장기간 계속되지 않고 호황과 불황이 반복된다면 노동자들은 점점 더 가난해지는 경향이 있습니다. 그래서 바로 이 문제에 대해 설명해 주실 미국의 경제학자 폴 스위지 교수를

정부지출 축소

불황

정부

호황

보조금
수령자
증가

누진세 납부
대상 증가

정부지출 확대

소환해 보도록 하겠습니다. (소환기를 작동한다.)

빈부 격차가 존재하는 한 자본주의에서 불황은 피할 수 없다

스위지 (소환되자마자 황급하게) 이제야 제 차례가 왔군요. 불황부터 이야기를 하죠. 저는 불황의 원인에 대해 앞의 두 분과 생각이 다릅니다. 케인스 선생이 말한 유효수요의 부족이 불황의 원인이라는 말씀에는 동의합니다만 유효수요가 부족해지는 것이 한계저축성향 때문이라고 한 것에는 동의할 수 없습니다. 실제로 저축

폴 스위지

은커녕 빚까지 져야 하는, 그래서 한계지출성향이 1이 넘는 그런 계층들도 엄존하기 때문입니다.

그럼 왜 유효수요가 부족할까요? 저는 이에 대해 두 가지로 대답하겠습니다. 하나는 앞의 두 분이 기어코 언급하지 않으신 건데, **이윤의 본질**에서 유효수요는 부족할 수밖에 없다는 것이며, 또 하나는 자본주의(음, 저는 시장경제보다는 이 말을 선호합니다)는 본질적으로 불안정하기 때문에 경기변동은 필연적이라는 것입니다. 이 정도로는 이해가 잘 안

270

되시죠? 장공부 양에게 물어볼까요? 장공부 양이 기업을 하게 된다면 결국 무엇을 얻기 위해서죠?

장공부 제 모험심을 충족하고, 사회에 필요한 …….

진단순 헛소리하지 마! 돈 벌기 위해 하잖아?

장공부 굳이 말하자면 뭐 그렇지.

스위지 그리고 아까부터 자꾸 경기순환이니 경기변동이니 하면서 마치 정부가 지출을 늘려서 유효수요만 조금 늘려 주면 혹은 통화량만 적절히 조절하면 자본주의가 다소간 출렁거림은 있지만 잘될 것처럼 말씀하시는데, 그것처럼 새빨간 거짓말도 없습니다. 불경기 더 나아가서 공황이 유효수요의 부족 혹은 통화량 부족 때문에 일어나는 것은 맞지만 그 유효수요와 통화량이 왜 부족한지에 대해서는 말씀을 안 하시니 말입니다.

왜 유효수요에 비해 공급이 많은 것일까요? 왜 생산한 것에 비해 더 적은 화폐만 유통되는 것일까요? 사람들이 불안해서? 사람들이 저축을 좋아해서? 아니면 단지 우연? 이것은 부르주아 경제학의 테두리 안에서는 절대 이해할 수 없습니다. 왜냐하면 부르주아 경제학은 이윤이 도대체 어디서 발생하는지 결코 캐묻지 않기 때문입니다.

자본주의는 이윤을 추구하는 기업이 서로 경쟁하는 가운데 생산이 이루어지는 경제체제입니다. 이윤을 추구한다는 것은 결국 투입한 화폐보다 더 많은 화폐를 벌어들인다는 뜻이겠죠. 자본주의에서의 생산은 한마디로 다음 그림처럼 일정한 화

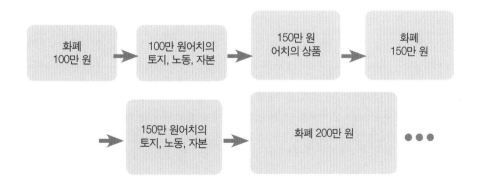

폐를 밑천으로 삼아 요소시장에서 토지, 노동, 자본, 즉 생산요소를 구입한 뒤 이걸 가지고 상품을 생산해서 상품 시장에서 더 많은 화폐로 바꾸어 오는 것입니다. 그리고 이 과정을 계속 반복하면서 돈이 점점 커지는 것이죠.

기업가, 혹은 자본가란 화폐 100만 원이 있을 때 이것을 더 많은 화폐를 벌어들이기 위해 사용하는 사람입니다. 그는 이 100만 원으로 소비재를 구입하는 게 아니라 노동자를 고용하고 자본재를 구입해서 상품을 생산하는 것이죠. 그리고 이때 생산된 상품의 가치는 처음 구입한 토지, 노동, 자본의 가치보다 더 커야 합니다. 즉 임대료, 임금, 이자의 합계보다 더 커야 합니다. 다시 말해 100만 원을 투입한 결과 150만 원어치의 상품이 생산되어야 한다는 것입니다. 안 그러면 시장에서 100만 원어치의 상품을 150만 원 받고 팔아야 하는데, 그 순간 그는 기업가가 아니라 사기꾼이 되죠. 그리고 어떻게 100만 원을 투하해서 150만 원어치 상품을 생산하느냐 하는 것은 4장과 5장에서 충분히 다루었고요.

그런데 문제는 150만 원어치의 상품을 생산했다 하더라도 시장에서 이게 다 팔려야 150만 원이란 화폐를 얻을 수 있다는 것입니다. 즉 시장에서 마주칠 소비자들에게 적어도 150만 원의 화폐가 있어야 자본가의 이윤이 실현된다는 것입니다. 그런데 여기서 그만 문제가 발생합니다. 이 150만 원에는 자본가의 이윤이 포함되어 있고, 이윤은 상품 판매 수익에서 비용을 공제한 것입니다. 즉 $M = PY - C$ (M: 이윤, P: 상품 가격, Y: 상품생산량, C: 비용)라는 것이죠. 그럼 상품을 생산할 때 들어가는 비용은 뭘까요? 그건 토지, 노동력, 자본을 구입하는 데 들어가는 돈이겠죠. 따라서 $M = PY - (W + R + I)$ (W: 임금, R: 지대, I: 이자)란 말이죠. 이 임금, 지대, 이자는 또한 노동자, 지주, 재산소득자의 소득이기도 합니다. 따라서 기업가가 자기 돈을 가지고 자기 상품을 구입하는 것이 아니라면 결국 모든 상품, 즉 PY로 환산되는 가치를 이들에게 판매해야 합니다. 하지만 앞의 식에 따르면 이미 $PY > W + R + I$라는 것이 자명하지 않습니까? 다른 계급들에는 소득인 것이 자본가에게는 비용이니, 결국 $PY = W + R + I = C$ 가 되는 유일한 조건 속에서만 시장에는 생산된 모든 상품을 소화할 수 있는 충분한 유효수요가 있게 됩니다. 하지만 $\begin{cases} PY = M + C \\ PY = C \end{cases}$ 를 만족하는 상황은 자명하지 않습니까? M(이윤)이 0이 될 때입니다. 하지만 이윤이 0이 되면 어떤 자본가가 기업을 하려 하겠습니까? 결국 자본가가 이윤을 포기하지 않는 한 유효수요는 부족할 수밖에 없습니다. 그런데 자본가가 이윤을 얻을 수 없으면 아예 생산 자체가 이루어지지 않으니, 결국 자본주의 경제체제에서 불황은 피해 갈 수 없는 운명이 됩니다. 기업 중 일부, 노동자들 중 일부는 반드시 주기적으로 망해야만 할 운명이라는 것입니다. 슘페터는 이걸 무슨 '창조적 파괴'라고 하면서 마치 우리 몸의 노쇠한 부분이 제거되고 새살이 돋아나는 것처럼 설명합니다.

하지만 자본주의 시장경제는 본질적으로 불안정합니다. 예측 불가능입니다. 시장경제는 불확실성으로 가득 차 있고, 누구도 앞날을 장담할 수 없습니다. 따라서 사람들은 필요 이상의 저축을 합니다. 언제 실업자가 될지 모르고, 언제 아플지 모르고, 언제 기업이 망할지 모르고, 언제 불황이 올지 모르니 말입니다. 그래서 조금이라도 위험한 조짐이 보이면 가계는 저축을 크게 늘리고, 기업은 이윤의 상당 부분을 재투자하지 않고 유보 이윤으로 쌓아 둡니다. 그 결과 불황에 대한 두려움이 도리어 불황을 재촉하게 되는 것입니다. 즉 자본주의 시장경제는 사소한 헛소문 하나에도 온 세계경제가 뒤흔들릴 수 있을 정도로 불안정한 것입니다. 왜 이렇게 불안할까요? 그것은 자본주의에서 기업은 상품과 화폐의 끊임없는 교환에 의존해야 하기 때문입니다.

자, 한번 살펴볼까요? 자본주의에서 생산의 주체가 기업이라는 것은 저도 동의하니까 기업 입장에서 설명해 보겠습니다. 기업 활동의 시작은 축적된 화폐, 즉 자본에서 시작합니다. 이게 물려받은 재산인지 아니면 미래의 투자를 위해 억제해 둔 과거의 소비들인지는 중요하지 않습니다. 어쨌든 현재 M_{t1}만큼의 뭉칫돈이 있다고 합시다. 그런데 자본가가 이 뭉칫돈을 그냥 써 버리거나 은행에 넣어 두지 않고 기업에 투자하는 것은 더 많은 돈 M_{t2}, 즉 원래 돈에다가 은행 이자를 합친 것보다는 더 많은 돈이 되어 돌아오기를 기대하기 때문입니다. 이걸 다음의 수식으로 표현할 수 있죠. $M_{t1} \rightarrow M_{t2}, M_{t2} > M_{t1} + M_{t1} r$ (r: 실질 이자율)

그런데 누가 시장에서 돈 만 원을 내놓고는, 이거 가져가는 대신에 1만천 원을 내놓으라고 한다면 미쳤다는 소리를 들을 겁니다. 따라서 화폐 M_{t1}을 화폐 M_{t2}만큼의 값어치가 있는 다른 어떤 재화나 서비스로 바꾸어야 합니다. 즉 이 돈으로 생산 요소를 구입하여 상품을 생산한 뒤 이 상품을 다시 돈으로 바꿔 와야 합니다. 이렇게 되면 이 과정은 $M_{t1} \rightarrow K + L \rightarrow Y \rightarrow M_{t2}$ (K: 자본, L: 노동력, Y: 생산물)가 되는 것입니다. 이게 돈이 투자되어 더 많은 돈, 즉 이윤이 붙어 증식된 자본으로 돌아오기까지 거쳐야 하는 기나긴 여정입니다.

모든 여행이 그렇듯이 이 여행도 온통 불확실성과 위험으로 가득 차 있습니다. 이 과정은 ① $M_{t1} \rightarrow K + L$: 요소시장, ② $K + L \rightarrow Y$: 생산과정, ③ $Y \rightarrow M_{t2}$: 상품 시장, 이렇게 세 과정을 거쳐야 하는데, 이 세 과정 중 어디 하나 편안한 길이 없습니다. 우선 요소시장에서 노동력과 자본의 가격, 즉 생산 비용은 기업가 뜻대로 움직이지 않습니다. 그래서 똑같은 돈을 가지고 바꿔 올 수 있는 생산요소의 양은 항상 변합니다. 이제 자본재를 사고 노동자를 고용해서 생산과정으로 넘어갔다고 합시다. 이번에는 노동이 문제입니다. 노동자가 받은 임금 이상의 생산을 해야 이윤이 발생한다는 것은 앞에서 설명했을 겁니다. 그런데 문제는 기계 앞에 앉혀 놓는다고 노동자가 열심히 일하는 것은 아니라는 겁니다. 이것 역시 5장의 '노동자와 기업가의 정치학'이란 부분에서 살펴보았습니다. 이미 정치학이란 말이 나온다는 것은 이 과정이 안정적이지 않다는 뜻입니다. 그런데 설사 이 과정이 안정적이라 하더라도 완성된 상품 자체는 기업가에게 아무 쓸모가 없습니다. 노동자나 재산소득자 등은 이미 준비된 돈 M_{t1}에서 자기 몫을 받아 갔습니다. 하지만 기업가는 상품 Y를 시장에서 팔아 치워야 M_{t2}만큼의 돈을, 아니 하다못해 M_{t1}이라도 회수할 수 있습니다. 이 세 번째 과정이 가장 어렵고 불확실하고 험난합니다. 이 마지막 과정은 상품 시장에서 결정되는데, 그 누구도 시장을 지배하지도 예상하지도 못하기 때문입니다. 시장의 선택을 받지 못한 상품은 끝내 화폐와 교환되지 못하고, 화폐와 교환되지 못한 상품은 시장경제에서는 쓰레기에 불과합니다. 그렇게 되면 자본가는 $M_{t2} > M_{t1} + M_{t1} r$ 은커녕 $M_{t2} = M_{t1}$도 장담하지 못하게 되며 결국 문을 닫게 되는 겁니다. 이렇게 기업이 문을 닫으면 고용된 노동자나 돈을 빌려 준 채권자나 지대를 받던 지주도 모두 더 이상의 소득을 거두지 못하게 됩니다. 그 다음에는? 바로 불황이라는 불행이 찾아오는 것이죠.

자, 자본주의 시장경제는 이렇게 **세 단계의 불안정한 과정**을 거쳐 화폐를 증식시키는 기업에 사회 구성원들의 삶이 달려 있는 그런 경제체제입니다. 그래서 제 눈에는 자본주의를 유지하면서 시장을 안정화하겠다는 주장은 기만적으로 보입니다. 차라리 불안정 자체를 시장의 한 속성으로 받아들이고 견디라고 강요하는 경제학자 밀턴 프리드먼이나 오스트리아 학파 쪽이 훨씬 더 솔직해 보입니다.

진단순

으악, 머리 아파!
그냥 돈 벌면 되잖아.
뭐가 이렇게 복잡해?

모의심

거봐.
시장은 믿을 게
아니라니까.

장공부 하지만 현실적으로 시장경제의 대안이 있다고 보기는 어렵잖아? 이렇게 비판을 하려면 대안이 있어야 하지 않을까요? 그렇다면 마르크스 경제학 쪽에서는 불황에 대한 다른 대책을 제안할 수 있을까요?

모의심 아, 그거 정말 궁금한데요.

스위지 아직 제 말을 제대로 이해하지 못한 것 같은데요. 불황을 극복할 수 있는 방법 같은 것은 없습니다. 불황은 이윤을 목적으로 생산하고 시장을 매개로 모든 생산, 분배, 소비가 이루어지는 자본주의 경제체제가 유지되는 한 잊을 만하면 한 번씩 반드시 거쳐야 하는 운명 같은 것이니까요. 굳이 대책을 마련하라고 한다면 저는 자본가들이 이윤을 독차지하는 대신 노동자들이나 자기들보다 작은 협력 업자들과 공유하고, 정부는 강력한 누진세 등을 실시하여 빈부 격차를 줄이는 것이 불황을 극복하는 가장 좋은 방안이라고 주장합니다. 이건 케인스주의의 재정정책처럼 정부가 빚을 지거나 지출을 늘릴 필요도 없는 문제입니다. 단지 부의 분포만을 바꿀 뿐이니까요. 그것만으로도 엄청나게 많은 유효수요를 추가로 창출할 수 있습니다. 왜 그럴까요? 그건 소득수준이 낮을수록 한계소비성향이 크기 때문입니다. (사라진다.)

모의심 어, 본론은 말씀 안 하고 가 버리시네.

사　선 (소환기를 두드리며) 이거 아무래도 업그레이드가 필요하겠는걸요. 그럼 나머지는 선생님이 설명해 볼게요. 이번 시간 시작할 무렵에 '한계소비(지출)성향'에 대해 배웠죠? 그리고 소득이 높아질수록 한계소비성향이 낮아진다는 것도 다들 아시죠?

장공부, 모의심 네!

사　선 그럼 바로 여기서 답이 나온 겁니다. 가난한 사람의 주머니에 천만 원을 넣어 줄 경우와 재벌의 주머니에 천만 원을 넣어 줄 경우를 봅시다. 어느 사람의 돈이 더 빨리 시장으로 나올까요?

장공부 그거야 가난한 사람이겠지요.

사　선 왜 그런지 설명할 수 있겠어요?

모의심 가난한 사람은 평소 사고 싶었지만 사지 못한 것들이 많을 테니까요. 계획과 꿈만 잔뜩 있었을 거예요. 그러다가 예상외의 소득이 생기면 그동안 미루었던 것을 다 하려고 할 거예요. 하지만 부자는 이미 쓸 만큼 쓰고 있으니 소득이 늘어난다고 당장 지출이 늘어나진 않을 것 같아요.

사　선 그렇습니다. 세계적인 부호 워런 버핏이 일반적인 중산층 방식의 소비를 하려면 날마다 만 명의 화가를 고용해서 초상화를 그리게 하는 등 어처구니없을 정도의 억지 소비를 해야 한다고 합니다. 그래서 버핏은 차라리 그만큼의 돈을 세금으로 공제하고, 그 돈으로 서민들에게 혜택이 돌아가는 일을 해야 한다고 주장했던 것이죠.

스위지 (다시 갑자기 나타나더니) 그래요. 바로 그렇기 때문에 마르크스 경제학이나 혹은 일부 케인스 경제학파에서는 빈부 격차를 줄이고, 저소득층에게 소득이 많이 흘러가도록 경제구조를 개선하는 것이 유효수요를 크게 창출할 수 있다고 주장하는 것입니다. 몇 해 전에 일본과 타이완에서 유효수요를 늘리기 위해 전 국민에게 15만 원 상당의 상품권을 돌린 적이 있었습니다. 하지만 그 효과는 기대 이하였죠. 하지만 전 국민에게 15만 원이 아니라 하위 40퍼센트에 30만 원씩을 돌렸더라면 아마 훨씬 더 큰 유효수요 증가의 효과를 보았을 것입니다.

장공부 하지만 그럼 정부 적자가 늘잖아요? 그렇게 퍼 주기 하는 걸 포퓰리즘이라

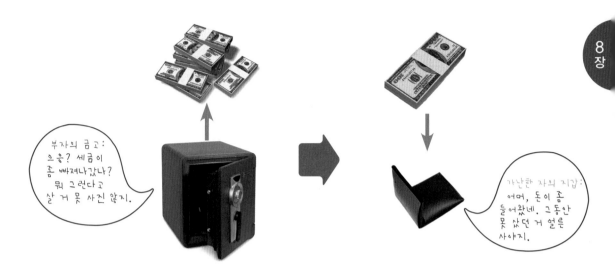

고 하지 않던가요? 그러다가 그리스처럼 될 것 같은데.

스위지 정부가 저소득층에게 무작정 퍼 주면 결국 재정 적자가 누적되어 큰 곤경에 처할 수 있습니다. 하지만 누진세제를 철저하게 적용하여 상위 10퍼센트의 세금을 올려서 하위 40퍼센트에 경제적인 혜택을 주는 등의 방식을 택한다면 정부는 적자를 걱정할 필요가 없습니다. 더 좋은 것은 최상위 1퍼센트의 세금을 크게 올리는 것입니다. 예를 들어 최상위 0.1퍼센트인 2만 가구에 해마다 10억 원씩의 세금을 더 걷는다 하더라도, 그들에게는 큰 티도 나지 않는 돈일 것이며 어차피 각종 금고에서 썩고 있었을 돈일 것입니다. 하지만 정부가 그렇게 걷은 10조 원을 하위 40퍼센트인 800만 가구에 125만 원 상당의 혜택을 준다면, 그들은 그 돈을 거의 남기지 않고 알뜰하게 지출할 것입니다.

물론 일각에서는 그러면 부자들의 조세 저항이 심각하고 세금이 늘어나는 만큼 소비가 줄어들어 유효수요를 떨어뜨릴 것이라고 말합니다. 하지만 사실 부자들은 워낙 소득이 많아서 세금 몇 퍼센트 오르내리는 것 때문에 소비가 늘거나 줄지 않습니다. 이건 사실상 한계저축성향이 높고 한계지출성향이 낮은 구간에 몰려 있는 돈을 뽑아다가 한계지출성향이 높고 한계저축성향이 거의 0에 수렴하는 구간으로 옮겨 놓은 것이니 유효수요 창출에 이것보다 더 좋은 방법이 어디 있겠습니까? 그리고 이렇게 유효수요가 창출되면 기업 활동이 다시 활발해질 수 있으니 결국 부자들에게도 이익이란 말입니다. 부자들은 어째서 주식시장이나 라스베이거스 같은 데서 영영 날려 버릴 수도 있는 수백만 달러는 투자라는 이름으로 쉽게 내던지면서, 가난한 사람들에게로 소득의 일부를 재분배하는 일은 그렇게 아까워하는지 모르겠습니다. 사실은 후자가 더 큰 이익이 될 수 있는데 말입니다.

하지만 누가 이런 일을 하겠습니까? 미국 대통령 선거는 부자들의 후원금 없이는 선거운동 자체가 불가능합니다. 크건 작건 자본주의를 채택한 거의 대부분의 나라에서 국회의원이나 대통령에 나서는 정치가들은 그 자신들도 부자들인 경우가 많은 데다가 부자들의 후원 없이는 선거를 치르지 못하는 경우도 많습니다. 그런데 누가 감히 부자들의 세금을 늘려서 서민들의 주머니를 두둑하게 해 주자는 법안을 만들어 통과시키겠습니까? 그러니 제가 지금까지 말씀드린 것은 다만 자본주의가 유지되려면 그래야 한다는 것이지, 실제 그럴 수 있다는 말은 아닙니다. 아마 현실에선 힘들 겁니다. (사라진다.)

불안한 국민에게는 백약이 무효다

사　선 네, 지금까지 시장경제 체제의 부작용이라 할 수 있는 불황과 인플레이션의 원인, 그리고 그것에 대한 여러 대책들을 들어 보았습니다. 하지만 이분들은 모두 정부가 중요한 역할을 해야 한다는 것에는 동의하고 계시는 것 같습니다. 그런데 한 가지 이야기하지 않고 넘어간 것이 있네요.

장공부 그게 뭔데요?

사　선 정부의 역할이 중요한 만큼 정부의 자질도 그만큼 중요하다는 것입니다. 이분들이 말씀하신 정부의 역할이 제대로 수행되기 위해서는 정부가 국민경제에 대한 지식이나 가치나 태도를 올바르게 갖추고, 자신의 사익이 아니라 국민경제 전체의 이익을 우선하는 신뢰할 만한 사람들로 이루어져야 합니다. 그렇지 않다면 정부의 정책을 국민들이 믿지 않게 됩니다.

예를 들어 재정정책을 통해 불황을 탈출하려 한다고 해 봅시다. 그런데 국민들이 이 정부가 제대로 해낼 것이라고 믿지 않는다면 어떻게 될까요? 국민들은 여전히

278

나라 경제의 미래를 불안하게 여길 것입니다. 그래서 정부가 아무리 지출을 늘린 다고 해도 유효수요를 늘리지 못합니다. 국민들은 여전히 미래를 불안하게 생각하고, 그것에 대비하기 위해 늘어난 돈을 죄다 저축해 버릴 것이기 때문이죠.

또 일자리가 많이 창출된다고 해도 그 일자리가 죄다 비정규직이라면요? 정규직 **노동자**와 **비정규직 노동자** 중 누구의 한계소비성향이 더 높겠습니까? 당연히 앞 날이 불안한 비정규직 노동자는 소득을 바로 지출하려 하지 않을 것입니다. 그런 데 정부가 일자리가 크게 늘어나서 실업률이 불황 이전 수준을 회복했다고 자랑만 하고 있다면 국민들은 이 정부를 거짓말쟁이로 여겨서 미래를 여전히 불안하게 생각할 것이고, 정규직 노동자들조차 비정규직으로 전락할 경우를 대비하기 위해 소비를 줄이고 저축을 늘리려 할 것입니다.

인플레이션도 마찬가지이죠. 금융정책은 주로 파생통화량을 조절하여 인플레이션을 잡습니다. 하지만 앞에서 배웠죠? 인플레이션의 원인에는 심리적 요인, 즉 인플레이션 기대 심리라는 것이 있습니다. 이건 현재와 미래의 물가 차액을 이용해서 돈을 벌려는 욕구, 즉 투기 심리의 영향을 많이 받습니다. 그런데 정부가 투기를 철저하게 억제하기는커녕 투기를 조장하거나 투기꾼들의 이익을 보호하고 있다면 어떻게 될까요? 예컨대 생산에 아무 기여한 바 없이 단지 부동산 가격의 오르내림을 이용해 막대한 수입을 거둔 사람들의 입장을 정부가 대변한다면 어떻게 되겠습니까?

모의심 정부가 국민의 신뢰를 받는 것이 가장 중요하겠군요.

장공부 또 정부는 그 상황에서 당연히 해야 할 조치를 한다는 믿음을 주어야 하고요.

사 선 그렇습니다.

모의심 하하하, 결국 결론은 투표를 잘하자는 것 같네요.

사 선 그렇게도 말할 수 있겠네요.

일본의 실패한 재정정책과 일본항공의 비극

"일본항공(JAL) 몰락의 본질에는 빚더미에 허덕이는 일본 정부의 실패가 있다." 일본항공 붕괴의 원인에 대한 "니혼게이자이신문"의 보도 내용입니다. 일본항공은 한때 세계 1위의 여객 수송 실적을 자랑했지만, 2조3천221억 엔의 엄청난 부채를 이기지 못하고 자회사인 일본항공 인터내셔널, 잘캐피탈 등과 함께 2010년 1월 19일, 도쿄지방재판소에 회사갱생법 적용을 신청했습니다. 일본항공의 부채액은 금융을 주력 사업으로 하지 않는 도산 기업으로선 일본 사상 최대 규모라고 할 수 있습니다.

전문가들은 법적 정리 수순에 들어간 일본항공의 문제는 관 주도에 익숙했던 일본 경제성장의 문제와 맞닿아 있다고 지적합니다. 1951년 일본 정부와 재계가 국가적 사업으로 설립한 일본항공은 1987년에 완전 민영화되었습니다. 그러나 1998년 일본항공 출신 사장이 출현할 때까지 줄곧 정부의 고위 관료 출신이 경영 책임자를 맡으며 변화하는 영업 환경에 적극 대처하지 못했죠. 1970년대 일본항공은 대형 항공기인 점보기 100대 이상을 들여온 뒤, 오일쇼크로 인한 기름값 급등 등으로 적자가 누적되어 왔습니다. 또한 정부와 관의 경영 개입이 체질화되다 보니, 채산성이 맞지 않는 지방 공항 노선 등에 취항하게 된 것도 경영 악화의 한 요인이 되었고요.

노조를 둘러싼 불협화음이 끊이지 않아 내부 개혁이 늦어진 점도 지적됩니다. 회사 쪽은 1960~1970년대 파업을 자주 일으키는 노조에 대항하기 위해 제2 노조 설립을 조종한 결과, 노조가 현재 여덟 개로 늘어나 오히려 노사 갈등만 부채질했습니다. 일본항공은 몇 차례 위기 속에서도 정부의 구제금융으로 살아난 경험 때문에 자립할 수 있는 체질 개선에 실패했던 것이죠. 경쟁사인 전일본항공(ANA)이 2008년 가을 이후 지속되던 세계적인 금융 위기 속에서도 2009년도에 715억 엔의 영업이익을 낸 데 비해 일본항공은 508억 엔의 적자를 기록했습니다.

돈을 풀어도, 풀어도 경기는 꿈적 않는 유동성 함정

유동성 함정은 금리를 인하하거나 재정지출을 확대하여 시중 통화량의 공급을 증대시키는 정책을 취해도 경기가 부양하지 않는 상태를 말합니다. 1930년대의 대공황 때 돈을 풀어도 경기가 살아나지 않은 것을 두고 통화정책이 함정에 빠진 것과 같다는 의미로 영국의 경제학자 케인스가 처음 사용하였습니다. 경기 부양책을 취하는 정부는 금리를 일정 수준 이하로 내리고 시중에 돈을 많이 풀면 사람들은 소비를 늘리고 기업은 낮은 금리로 자금을 차입하여 투자를 늘릴 것으로 기대합니다. 그러나 사람들은 과거의 경제난 고통의 경험과 장래에 대한 불안 때문에 현금을 보유하려는 성향이 강해지고, 기업도 경기가 나빠질 것을 우려하여 오히려 생산을 줄이고 투자를 미루게 되죠. 그 결과 중앙은행이 경기 부양을 위해 유동성을 공급하여도 화폐가 순환하지 않고 개인이나 기업 또는 은행의 수중에만 머무르면서 실물경제에 아무런 영향을 미치지 않게 됩니다. 유동성 함정의 사례로는 1990년대 일본의 장기 불황이 언급되곤 합니다. 당시 일본은 오랫동안 금리를 제로 수준으로 유지하는 저금리정책을 펴고 천문학적인 경기 부양 예산을 지출하였습니다. 그러나 늘어난 통화량은 소비 진작이나 기업의 투자로 연결되지 않았습니다. 저축 성향이 강한 일본 국민은 장래 불안에 대비해 은행에 예금하였고, 결과적으로 통화량 증가분은 금융권 안에서만 맴돌게 되었습니다. 오히려 일본의 저금리 엔화를 대출하여 금리가 높은 다른 나라에 투자하는 '엔 캐리 트레이드'만 유발하였을 뿐입니다.

통화량을 측정하는 여러 지표들

M1	= 현금통화 + 요구불예금 + 수시입출식 저축성예금
M2	= M1 + 정기예 · 적금 및 부금 + 시장형 상품 + 실적배당형 상품 + 금융채 + 기타(투신증권저축, 종금사 발행 어음)
Lf (종전 M3)	= M2 + M2 포함 금융상품 중 만기 2년 이상 정기예 · 적금 및 금융채 + 한국증권금융㈜의 예수금 + 생명보험회사(우체국보험 포함)의 보험계약준비금 + 농협 국민생명공제의 예수금 등
L	= Lf + 정부 및 기업 등이 발행한 유동성 시장금융상품(증권회사 RP, 여신 전문기관의 채권, 예금보험공사채, 자산관리공사채, 자산유동화 전문회사의 자산유동화 증권, 국채, 지방채, 기업어음, 회사채 등)

국가도 파산할 수 있다

〈자료 1〉

국가가 빚을 갚아야 할 시점이 되었지만 전쟁이나 천재지변, 공황 등으로 채무 상환이 어려워 이를 일정 기간 연기하거나 유예해야 하는 경우에 '모라토리엄 (moratorium, 채무 이행 유예)' 선언을 하게 된다. 제1차 세계대전 이후 독일은 1천329억 마르크라는 엄청난 배상금을 지불해야 하는 상황이었다. 그러나 1930년 나치의 등장으로 정치 불안이 가중되고 독일 은행이 줄줄이 도산하면서 독일은 모라토리엄을 선언했다. 이후 1980년대에는 멕시코, 아르헨티나, 브라질, 베네수엘라 등 남미 국가들이, 1998년에는 러시아가 모라토리엄을 선언한 적이 있다. 국가가 모라토리엄을 선언하면 부도 기업의 법정 관리와 같은 채무 조정 절차에 들어간다. 즉 채권국들과 채무 삭감, 이자 감면, 상환 기간 유예 등을 놓고 협상을 하게 된다. 이렇게 되면 그 국가의 신뢰성은 크게 떨어지고, 그로 인해 자본 유치 등이 더욱 어려워져 경제 전체가 상당 기간 침체에 빠진다.

모라토리엄이 빚을 갚는 시점을 뒤로 미루는 것이라면 디폴트(default)는 국가 파산 상태를 말한다. 디폴트란 다른 말로 '채무 불이행'이라고도 하는데 상환 만기일에 맞춰 채무를 이행하지 못하는 지불 불능 상태를 가리킨다. 일반적으로 디폴트 사태는 전쟁, 혁명, 내란, 외환의 고갈이 그 원인이 되어 일어난다.

〈자료 2〉

글로벌 재정 위기의 시발점이 된 그리스의 국가 부채는 3천400억 유로에 이른다. 2011년에 각국이 돈을 모아 1천100억 달러 규모의 구제금융을 그리스에 제공하고 2012년에 추가 지원에 합의했다. 그럼에도 불구하고 그리스 사태는 별로 나아지는 조짐이 없다. 영국의 BBC 방송은 "그리스가 디폴트를 선언하거나 유로존(유럽연합의 단일 화폐인 유로를 국가 통화로 도입하여 사용하는 17개 나라)에서 나가 버릴 수 있다고 말하는 전문가들이 적지 않다"고 보도했다. 유로존 내 금융권은 서로 긴밀히 연결되어 있어 만일 그리스가 디폴트 상황까지 가면 독일과 프랑스 은행들이 엄청난 손실을 볼 수 있다. 그리스에서 시작된 유럽의 재정 위기가 해결될 기미가 보이지 않는 가운데 PIGS(포르투갈, 이탈리아, 그리스, 에스파냐) 등 유로화를 사용하는 유로존의 국가 부채 위기에 대한 우려가 커지면서 글로벌 경제에 대한 위기의식이 다시 고조되고 있다.

유로존 재정위기국의 국가위험도 평가등급 비교표

(2010년 4월 15일)

평가대상국	S&P	Moody's	Fitch
그리스	BBB+/N(2010.3)	A2/N(2009.12)	BBB-/N(2010.4)
포르투갈	A+/N(2009.12)	Aa2/N(2009.10)	AA-/N(2010.3)
아일랜드	AA/N(2009.6)	Aa1/N(2009.7)	AA-/S(2009.11)
이탈리아	A+/S(2006.10)	Aa2/S(2002.5)	AA-/S(2006.10)
에스파냐	AA+/S(2009.1)	Aaa/S(2001.12)	AAA/S(2003.12)

P: 긍정적, S: 안정적, N: 부정적

[출처: 한국수출입은행 해외경제 연구소]

1. 1997년 우리나라의 외환금융 위기 때의 상황과 모라토리엄은 어떻게 다른가?

2. 과거 그리스 재정 위기의 주요 원인은 (2010년 기준으로 GDP 대비 113퍼센트에 이르는) 국가 부채의 증가였다. 그리스를 비롯한 남유럽 국가들의 국가 부채가 증가한 이유는 무엇인지 인터넷으로 찾아 이야기해 보자.

3. 일본과 미국의 국가 부채율도 각각 218퍼센트, 90퍼센트에 이른다. 일본과 미국이 남유럽 국가의 재정 위기와 다른 점은 무엇일까?

4. 기업이 디폴트 상황이 되면 회사가 매각되거나 없어지는 걸로 끝이 나겠지만 국가가 디폴트 선언을 하게 되면 어떤 결과가 일어날까?

09

국제경제

장공부 선생님, 질문 있어요. 케인스가 말한 대로라면 정부가 개입하지 않을 경우 유효수요가 점점 줄어들어서 엄청난 불황이 오고, 시장경제가 거의 작동을 멈출지도 모르잖아요? 그런데 시장경제가 본격적으로 시작된 게 영국에서는 18세기 중반부터라고 했는데, 어떻게 케인스가 활동할 20세기 중반까지 무너지지 않고 발전했던 것이죠? 100년 이상을 정부가 개입하지 않았다면 유효수요가 거의 0에 수렴했을 것 같은데요?

사 선 참 좋은 질문입니다. 그런데 8장에서 한 가지 빠뜨린 것이 있습니다. 이것을 찾아낸다면 장공부가 한 질문의 답을 쉽게 이해할 수 있을 것 같네요. 과연 무엇이 빠졌을까요?

장공부 음, 그리고 보니 8장에서는 외국의 투자를 받는다거나 외국에 수출한다거나 하는 것들이 나오지 않았어요.

사 선 그렇습니다. 8장에서는 불황이나 인플레이션의 원인을 분명하게 살펴보기 위해 국제 거래를 하지 않는 폐쇄 경제를 가정하고 이야기했던 것입니다. 하지만 실제 경제에서는 세계 여러 나라들은 서로 활발하게 거래하고 있죠. 그러니 유효수요에는 국내 수요뿐 아니라 해외 수요까지 포함되어 있는 것입니다. 이걸 이해하기 위해서는 GDP 공식을 다시 한번 살펴볼 필요가 있어요. 생산된 상품들이 남아돌지 않고 모두 팔리려면 'GDP = 총지출'이어야 하며, '총지출 = 소비지출+정부

재정지출+투자지출+순수출'이었죠? 기억나나요?

장공부 네.

사　선 그러니 소비지출이 줄어들고, 기업들이 몸을 사려서 투자지출도 줄어드는 상황에서 정부도 재정 적자가 누적되어 긴축재정(예산 규모를 줄여서 재정지출을 줄임)을 실시해야 하는 상황이라면 유효수요가 늘어날 수 있는 방법은 하나밖에 남지 않습니다.

장공부 하하하. 할아버지가 자주 하시던 말씀인데, 수출만이 살길이네요.

사　선 그렇습니다. 18세기에서 19세기에 이르는 동안 영국은 세계 곳곳에 엄청나게 많은 식민지들을 거느리고 있었고, 식민지가 아닌 나라들에도 엄청나게 많은 영국 상인들이 진출해 있었음을 염두에 둔다면, 당시 영국이 모자라는 유효수요를 무엇을 통해 채우고도 남았는지 짐작할 수 있을 것입니다.

인도에 세워진 영국의 동인도회사입니다. 동인도회사는 무역 독점을 통해 막대한 이익을 올렸는데 단순한 무역 회사에 그치지 않고 식민지 경영이라는 정치적 역할도 수행하였던 곳입니다.

장공부 아, 그렇구나. 우리나라 경제 발전에도 수출이 큰 기여를 했다고 들었어
요. 하지만 최근에는 FTA(자유무역협정)다 뭐다 해서 옛날처럼 마냥 수출하기가 점
점 어려워지는 추세라고 하고요. 또 경제의 해외 의존도가 높아서 걱정이라는 말
도 있고요. 기왕 말 나온 김에 세계 여러 나라들이 경제적으로 어떤 관계를 가지고
있는지 공부해 보면 안 될까요?
사 선 좋아요. 그렇게 할까요?

수출뿐 아니라 수입도 이득이다

사 선 사실 우리나라만 수출 의존도가 높은 것은 아니랍니다. 주요한 나라들의
수출, 수입 통계를 모아 놓은 표를 보면 거의 모든 나라에서 해외 부문이 상당히 큰

비중을 차지하고 있음을 발견할 수 있어요. $\frac{수출+수입}{GDP} \times 100$ 을 '무역의존도'라고

하는데요, 물론 우리나라는 이게 70퍼센트를 넘어서 상당히 높은 수준이지만, 선진
국들을 봐도 일본이나 미국같이 내수 시장이 발달한 나라를 제외하면 대부분 40퍼
센트를 넘고 있답니다. 그러니 세계 여러 나라들은 자기 나라 경제만 신경 써서는
안 되는 상황이 되었지요. 주요 수출 상대국 경제가 어려워진다면 그건 그 나라에
대한 수출이 어려워진다는 것이고, 즉시 유효수요가 크게 줄어든다는 뜻이니까요.
모의심 그러면 서로 싸움이 나지 않을까요? 예를 들어 우리나라가 순수출이 늘
어나서 유효수요가 늘어난다면 무역 상대국은 순수입이 늘어나서 유효수요가 줄
어든다는 뜻이잖아요? 그럼 모든 나라가 수입은 줄이고 수출은 늘리려고 할 텐
데, 모두 팔려고만 하고 사려고 하지 않는다면 무역 자체가 성립 안 되는 거 아닌
가요? 그런데 우리나라는 미국에 수입에 비해 수출을 훨씬 더 많이 하고 있잖아
요? 미국처럼 자원도 풍부하고 기술도 뛰어나고 국력도 훨씬 더 센 나라가 왜 우
리나라와 무역을 하면서 손해를 보고 있는 거죠?
사 선 아주 좋은 질문이에요. 모의심 군의 말처럼 모든 면에서 부족함이 별로 없
는 나라조차 굳이 다른 나라에서 수입을 하면서 다른 나라의 유효수요를 늘려 주는
것은 좀 이상해 보이죠? 하지만 수출만이 살길이라는 말과는 달리 무역은 수입하

는 쪽이나 수출하는 쪽이나 모두에게 이득을 준답니다.

장공부 무역을 하는 모든 나라에 이익이 생겨요? 잘 이해가 안 가는 걸요?

사　선 이건 아무래도 리카도 선생님을 모셔 와서 들어 보는 게 좋을 거 같아요. (소환기를 작동한다.)

리카도 (매우 성급하게 나타나서 등장하자마자 말을 시작한다.) 무역은 각 나라마다 서로 **비교우위**가 있는 상품이 다르기 때문에 발생합니다. 어느 나라나 한정된 자원과 노동력을 가지고 모든 종류의 상품을 다 생산하는 것보다는 비교우위가 있는 상품에 집중한 뒤, 서로 교환하는 것이 훨씬 더 큰 이익이라는 것이죠. 간단히 말해 직접 만들었으면 오히려 더 비싸게 구입했을 상품을 저렴하게 수입해서 사용하고, 그 대신 더 잘 만들 수 있는 상품을 더 많이 만들어서 그걸 수출하는 것입니다. 이러면 각 나라 국민이 소비할 수 있는 상품의 양이 더 많아지게 되는데 이게 바로 무역의 이득입니다.

(학생들 모두 멀뚱멀뚱)

리카도 아, 내가 너무 성급했군요. 먼저 비교우위부터 설명해야 하는 건데. 비교우위란 어떤 상품을 다른 나라에 비해 상대적으로 더 효율적으로 생산할 수 있는 경우를 말합니다. 여기 스머프의 나라와 가가멜 나라라는 두 나라가 있다고 합시다. 그리고 일단 두 나라가 생산하는 상품이 쌀과 옷, 두 종류만 있다고 가정합시다. 이어서 두 나라 노동자들이 일주일 동안 최선을 다해 일했을 경우 생산할 수 있는 쌀과 옷의 양을 표시해 봅시다. 쌀 한 섬과 옷 한 벌의 가격은 모두 100달러라고 합시다. 표를 보면 스머프 나라에서는 일주일의 노동으로 쌀 다섯 섬과 옷 다섯 벌을 생산할 수 있습니다. 가가멜 나라에서는 일주일 동안의 노동으로 쌀 네 섬과 옷 두 벌을 생산할 수 있습니다. 얼른 보면 쌀이나 옷 모두 스머프 나라가 가가멜 나라보다 우위에 있기 때문에 스머프 나라는 수출만 하고 가가멜 나라는 수입만 할 것 같습니다. 하지만 그게

데이비드
리카도

288

상품	스머프 나라	가가멜 나라
쌀	5	4
옷	5	2

그렇지가 않습니다.

모의심 어째서요? 생산력이 앞서는 스머프 나라의 쌀과 옷이 밀려 들어와서 가가멜 나라의 농부는 망하고 옷 공장은 다 문을 닫아야 정상 아닌가요?

리카도 그게 그렇게 간단하지 않답니다. 자, 먼저 스머프 나라를 볼까요? 스머프 나라는 쌀 한 섬에 들어가는 노동력과 옷 한 벌에 들어가는 노동력이 같습니다. 따라서 쌀 한 섬을 더 생산하려면 옷 한 벌을 덜 생산해야 하죠. 즉 '쌀 한 섬=옷 한 벌'입니다. 반면 가가멜 나라에서는 쌀 한 섬보다 옷 한 벌 생산에 들어가는 노동력이 더 많습니다. 옷 한 벌을 더 만들기 위해선 쌀 두 섬을 포기해야 하니, '쌀 두 섬=옷 한 벌'인 셈입니다. 그렇다면 스머프 나라는 가가멜 나라보다 옷 한 벌을 포기할 때의 기회비용이 더 작다는 것을 알 수 있습니다. 반면 가가멜 나라는 쌀 한 섬을 포기할 때의 기회비용이 더 작고요. 따라서 스머프 나라는 옷에, 가가멜 나라는 쌀에 비교우위가 있는 것입니다. 결국 스머프 나라는 모든 노동력을 옷을 만드는 데 투입하고, 가가멜 나라는 쌀을 생산하는 데 투입하는 것이 더 효율적입니다. 그 다음에 필요한 옷과 쌀은 서로 교환해서 충당하고요. 그럼 스머프 나라는 쌀 다섯 섬과 옷 다섯 벌을 만드는 대신 옷만 열 벌을 만들게 되고요, 가가멜 나라는 쌀 네 섬, 옷 두 벌을 만드는 대신 쌀만 여덟 섬을 만들게 되겠죠. 이렇게 비교우위가 있는 상품에만 전념하는 것을 '특화'라고 합니다. 그럼 두 나라가 생산한 상품들의 총합이 특화 이전과 이후 어떻게 달라지는지 볼까요? 보다시피 특별히 더 많은 노동력을 투입하지 않고 단지 각자 비교우위가 있는 상품에 특화만 했을

	특화 이전	특화 이후
두 나라가 생산한 쌀의 합	9섬	8섬
두 나라가 생산한 옷의 합	7벌	10벌
합계	1,600달러	1,800달러

뿐인데, 1천600달러어치 생산되던 것이 1천800달러어치로 늘어났습니다. 이 200달러는 어디서 나온 걸까요? 오직 특화의 결과일 뿐입니다.

그럼 무역의 이득은 어디로 갔을까요? 가가멜 나라와 스머프 나라가 각자 자기들이 보유하고 있는 남아도는 쌀과 옷을 네 섬과 네 벌의 비율로 교환했다고 합시다. 그럼 무역의 결과 스머프 나라는 옷 여섯 벌과 쌀 네 섬을 가지게 됩니다. 가가멜 나라는 쌀 네 섬과 옷 네 벌을 가지게 됩니다. 따라서 가가멜 나라는 힘들게 만들던 옷을 직접 만드는 대신 수입하게 되면서 200달러라는 이득을 보게 된 셈이죠. 자, 그러니 수출을 해서 돈을 벌어들이는 것이 무역의 목적이 아니라는 것을 확실히 알 수 있겠죠? (사라진다.)

	무역 이전	무역 이후	
스머프 나라	1,000달러	1,000달러	쌀 4섬 수입-옷 4벌 수출
가가멜 나라	600달러	800달러	옷 4벌 수입-쌀 4섬 수출

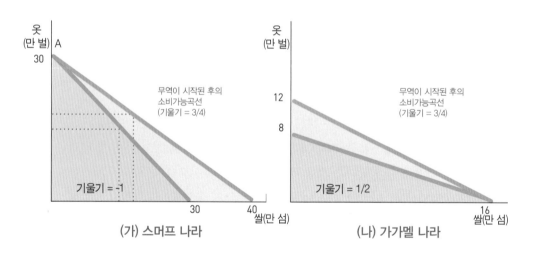

(가) 스머프 나라   (나) 가가멜 나라

장공부 아, 그럼 이렇게도 말할 수 있겠네요. 우리나라도 쇠고기를 생산할 수 있지만 우리나라는 쇠고기보다는 전자 제품 생산이 상대적으로 유리하고, 오스트레일리아도 전자 제품을 생산할 수 있지만 쇠고기를 생산하는 것이 상대적으로 유리하니 각자 전자 제품과 쇠고기에 집중한 뒤 서로 수입하고 수출하는 것이 모두에게 이익이라고 말이죠.

사　선 바로 그렇습니다.

모의심 그럼 여러 나라들이 비교우위가 똑같으면 어떻게 하죠? 예를 들면 모든 나라가 쌀에 비교우위가 있고, 옷을 만드는 게 힘들다면요?

사　선 그렇더라도 쌀에 비교우위가 조금이라도 더 있는 나라가 있지 않을까요? 모든 나라의 비교우위가 같다는 것은 비현실적인 가정입니다. 왜냐하면 우선 나라마다 기후나 토양 같은 자연환경이 다르고, 천연자원의 분포도 서로 다르죠. 또 나라마다 기술 수준도 서로 다르고요.

장공부 자원이나 기술의 차이 말고 다른 이유는 없을까요?

사　선 있습니다. 다른 예를 들어 스위스가 시계 산업에서 비교우위를 갖는 것은 이 나라가 오랜 기간에 걸쳐 시계 제조에 **특화**해 온 역사와 관련이 있죠. 오랫동안 계속되어 온 생산 경험의 축적을 통해 기술 그 이상의 노하우를 가질 수 있으니까요.

장공부

그렇구나!

그래서 각 나라의 특산품이라는 개념이 있겠네요. 세계적으로 유명한 명품의 생산이 바로 그런 것이겠죠? 스위스산 시계라든지 이탈리아의 의류 ……, 뭐 그런 거요. 그런데 하나 궁금한 것이 있는데, 어떻게 더 많은 원료나 노동력을 투입하지 않고 단지 특화한 것만으로 생산성이 향상되나요?

사　선 우선 규모의 경제를 들 수 있습니다. 생산 규모가 커질수록 평균비용(평균 생산비)이 더 낮아지는 규모의 경제가 나타나는 경우가 많다는 것을 앞에서 공부했죠? 한 나라가 기본적인 의식주에 충당할 상품들은 물론 자동차, 텔레비전, 냉장고, 약품, 선박 등 모든 상품을 전부 생산하여 자급자족해야 한다면 미국같이 큰 나라라면 몰라도 벨기에나 스리랑카처럼 조그만 나라에서는 규모의 경제를 활용할 여지가 거의 없죠. 하지만 무역이 이루어지면 아주 작은 나라라도 세계시장을 상대로 대규모 생산을 할 수 있기 때문에 협소한 국내시장의 상황에 제약을 받지 않게 됩니다. 우리나라도 수출 주도형 발전 전략을 추진하는 과정에서 규모의 경제를 아주 유용하게 활용한 경우라고 할 수 있어요.

그리고 특화하는 과정에서 생산성의 향상을 기대할 수 있는 또 다른 이유로 생산의 경험이 쌓이면서 생산 비용이 더 낮아지는 학습 효과가 있습니다. 학습 효과가 존재할 때 충분한 생산 경험을 쌓은 기업은 새로 시작하는 기업에 비해 비용 면에서 유리하죠. 그 격차는 시간이 흐름에 따라 점차 커지게 되겠고요.

모의심 그럼 세계 모든 나라가 아무런 제약 없이 활발하게 무역을 하면 모두가 이익이겠네요. 그런데 현실을 보면 선진국은 문을 열라고 외치는 반면, 후진국들은 한사코 자유무역(국가가 무역에 관세 부과, 수입 제한과 같은 간섭을 하지 않고 개인의 자유에 맡기는 무역)을 하지 않으려고 하는 것 같던데, 그건 왜 그렇죠?

사 선 아, 그건 보호무역(자기 나라의 산업을 보호하기 위해 국가가 개입해 제한을 하는 무역)의 문제랍니다. 그럼 이번에는 보호무역에 대해 알아볼까요? 이건 리스트 선생님을 한번 모셔서 들어 보도록 해요. (소환기를 작동한다.)

후진국이 선진국과 자유무역을 하는 것은 무모한 짓

리스트 (몽환적인 모습으로) 지금까지 우리는 음악에서 그것이 주는 메시지를 너무 무시해 왔습니다. 음악은 감정뿐 아니라 어떤 문학적 서사도 표현할 수 있어야 합니다. 나는 그런 모범적인 사례로 베를리오즈를 …….

사 선 (당황하며) 앗, 실수로 음악가 프란츠 리스트가 소환되었네요. 프리드리히 리스트를 소환하죠. (소환기를 다시 작동한다.)

리스트 (점잔을 빼며 나타난다.) 자유무역론자들은 그 나라의 생산성이 낮은 부문을 줄여서 비교우위가 높은 부문에 투자하여 더 큰 서로의 이익을 얻자고 합니다. 하지만 그런 이유로 생산성 낮은 부문을 포기하고 수입에 의존한다면 그 부문에서 일하던 노동자들은 모두 실업자가 될 수밖에 없습니

게오르크
프리드리히
리스트

다. 이론적으로야 그들이 특화된 부문에서 늘어날 일자리로 이동하면 되겠지만 평생 하던 일을 접고 전혀 다른 분야에서 일하는 것은 말처럼 쉬운 것이 아닙니다. 더군다나 자유무역으로 인해 위축되는 산업이 주로 사양산업(사회 변화와 기술혁신 등에 부응하지 못하고 뒤처지며 도태하는 산업)이라는 점에서 이 부문에서 발생하는 실업은 더 심각한 문제를 일으킵니다. 사양산업에서 직장을 잃은 근로자가 다른 산업, 특히 첨단산업에 다시 취업하는 것은 그리 쉬운 일이 아니니까요. 자유무역이 경제의 생산성을 향상시킨다고는 하지만 그 과정에서 매우 딱한 처지에 놓이는 사람들은 반드시 생겨나게 마련이죠. 자유로운 무역이 언제나, 누구에게나 명백한 이득을 가져다주지는 못한다는 것입니다.

모의심 내 생각도 한 나라가 다양한 산업을 균형 있게 발전시키는 것은 그 자체가 좋은 것 같아요. 다양한 직업에 종사하는 사람들이 어울려 사는 사회가 문화적으로도 훨씬 더 풍요로운 사회가 아닐까요?

리스트 게다가 다양한 분야의 산업을 균형 있게 발전시키지 못하고 소수의 상품생산에만 특화하는 것은 위험한 발전 전략일 수 있습니다. 예를 들어 어떤 나라가 초콜릿에만 주력하고 있는데 국제 상황이 변해서 초콜릿 수요가 급감하면 어떻게 되죠? 초콜릿만으로 살 수는 없는 노릇인데, 초콜릿을 팔지 못하면 필요한 재화와 서비스를 구입할 수도 없지 않습니까? 이때 만약 식량에 특화한 나라들이 식량 값을 올리겠다고 압력이라도 행사하면 주권조차 위태로워지지 않겠습니까?

게다가 선진국과 후진국을 어떻게 동등한 자격에 놓고 비교우위를 논할 수 있겠습니까? 예를 들어 볼까요? 1800년대 중반만 해도 독일과 미국은 농업에 비교우위가 있고, 영국은 첨단 공업에 비교우위가 있었습니다. 그렇다면 독일과 미국은 농업에 특화해야 했을까요? 지금은 어떻습니까? 오히려 독일과 미국의 공업 수준이 영국을 능가하고 있지 않습니까? 만약 그때 독일이 비교우위가 있는 농업에 특화했더라면 오늘날 우리는 독일인들의 뛰어난 기술로 만든 여러 공산품의 혜택을 보지 못하게 되었을 겁니다. 1800년대 초반에 독일이 공업에 비교우위가 없어 보였던 것은 사실은 아직 공업이 초기 단계, 즉 유치산업(장래성은 있으나 지금 당장은 국가가 보호하지 않으면 세계시장에서 경쟁력이 없는 산업) 단계에 있었기 때문입니다. 그러니

산업혁명 초창기의 영국 공장입니다. 최초로 산업혁명을 꽃피우며 첨단 공업을 발전시킨 영국에 맞서 미국과 독일은 보호무역을 통해 자국의 유치산업을 발전시켰습니다.

그 나라 산업이 성숙 단계에 들어서기 전까지는 어느 분야에 비교우위가 있는지 판별하기 어려우니, 선진국과의 무모한 자유무역을 자제하고 수입을 막아 국내 산업을 보호할 필요가 있다는 것입니다. 그래서 국내 산업이 충분히 성숙하면 그때 비로소 수입 문을 열어서 외국 상품들과 경쟁해야죠. 이걸 저는 **유치산업 보호론**이라고 합니다. (사라진다.)

국내 산업 보호를 위해 무역 장벽을 치는 경우들

모의심 무슨 말인지는 알겠어요. 그러니까 결국 국내 산업의 보호와 실업자 방지를 위해서 수입을 억제하고 수출을 장려해야 한단 뜻이잖아요? 그럼 구체적으로 어떤 방법이 있죠?

사 선 무역 규제의 목적은 자기 나라 산업을 보호하려는 것이죠. 그러므로 기본

294

적으로 수입품의 가격을 올려서 수입량을 줄이는 효과를 노리는 것이 주된 방법이에요.

모의심 아! **관세**를 부과하는 것 말씀이신가요?

사 선 맞아요. 관세(tariff)는 수입품에 일정 비율의 세금을 부과하는 것이죠. 무역 규제의 여러 방식 중에서 가장 흔하게 사용하고 있어요. 관세는 수입품의 가격을 오르게 만들어 국내 상품과의 경쟁에서 불리하게 만드는 것이죠.

이외에 반덤핑관세(antidumping duties)도 있습니다. 덤핑이란 자국 시장에서 독과점을 이용해 비싸게 판매할 수 있는 기업이 이 초과이윤을 이용해 다른 나라에서는 터무니없이 낮은 가격으로 판매해 시장을 교란시키는 행위입니다. 터무니없이 낮은 가격의 상품이 수입되면 그 상품과 경쟁해야 하는 국내 기업들은 망하겠죠. 따라서 외국 기업이 일부러 싼 가격에 수출을 하고 있다는 의심이 가는 경우에는 관세를 부과하여 가격 경쟁력을 떨어뜨리는 것이죠. 하지만 실제로 덤핑을 하고 있는지를 판단하는 것은 결코 쉬운 일이 아니어서 이 문제를 둘러싼 국제분쟁이 자주 일어나고 있어요. 또 다른 유형의 관세는 상계관세(countervailing duties)라는 게 있습니다. 이건 자국 정부의 보조금을 받는 기업에서 수출하는 상품이 수입될 경우 정부가 보조한 만큼 관세로 부과하여 가격 경쟁력을 떨어뜨리려는 것이죠. 하지만 정부가 노골적으로 기업에 돈을 주는 보조는 거의 하지 않기 때문에 어떤 기업이 정부의 보조를 받는 기업인지에 대한 기준이 애매해서 이것도 많은 분쟁의 원인이 되고 있답니다.

장공부 이쯤 되면 경제가 아니라 거의 정치이네요.

사 선 하하하. 우리 장공부 양도 이제 뭔가 깨달아 가고 있네요. 그럼 보다 정치적인 규제에 대해서 말해 볼게요. 이런 것들을 통상 비관세무역장벽이라고 한답니다. 수입되는 상품들에 관세는 부과하지 않지만 비공식적이고 은밀한 방법으로 그 수입품의 경쟁력을 떨어뜨리는 장벽들이죠. 예를 들어 외국에서 수입되는 농산물에 대해 까다로운 기준을 설정해 놓고 이를 충족시킬 경우에만 수입을 허가하는 것이 그 좋은 예죠. 특히 일본은 외국 상품의 수입 절차가 아주 까다롭고 복잡하기로 악명 높습니다. 표면적으로는 국내의 소비자들의 건강을 보호하기 위해

1808년 영국 런던의 세관 내부 모습입니다. 세관은 여행객들의 손짐이나 수출입 상품들에 대한 관세 부과 등의 업무를 하는 곳이죠.

이 정책을 쓴다고 말하지만 실질적으로는 수입을 억제하기 위한 목적으로 이런 절차들을 활용하고 있는 것이죠.

모의심 그런데 어떤 정책이 실제로 비관세무역장벽의 역할을 하고 있는지 어떻게 알 수 있나요? 자기 나라 국민의 건강을 보호하기 위한 것이라고 박박 우기면 되잖아요?

사 선 맞아요. 그래서 정치적이라고 하는 거예요. 모의심 군의 말처럼 규제 사실을 엄밀하게 구분해 내는 것도 무척 어려운 일이랍니다.

장공부 그럼 우리도 똑같이 하면 되겠네요. 어차피 무역은 총성 없는 전쟁이라고 하잖아요. 무한 경쟁의 시대라고도 하고요. 그러니까 수단과 방법을 가리지 말고 국가 경쟁력을 높여서 수출을 많이 해야죠.

너도 나도 보호무역을 하면 무역 자체가 안 된다

사 선 사실 그런 말 속에 위험한 함정이 숨어 있답니다. 흔히 외국 정부가 그 나라 기업들을 음으로 양으로 도와주고 있기 때문에 이들과 공정한 경쟁을 벌이는 것은 불가능하니 우리 정부도 마땅히 이에 상응하는 정책을 펼쳐야 한다는 주장을 합니다. 하지만 생각해 보세요. 미국 기업들은 일본이나 우리나라 정부가 수출 기업에 많은 혜택을 주어 자기들이 경쟁하기 어렵다고 하면서 미국 정부에 관세장벽을 높일 것을 요구합니다. 하지만 일본이나 우리나라 정부가 수출 기업에 정말로 지원을 해 주고 있다면 그 혜택을 누가 보게 되죠? 결국 좋은 제품을 저렴한 가격에 구입할 수 있게 된 미국 소비자들 아닌가요? 물건을 사는 사람들은 미국 국민들이니까요. 반면 우리는 미국산 농작물들을 저렴한 가격에 구입할 수 있게 되는 것이고요. 그래서 미국의 농업 기업들은 자유무역을 외치고, 자동차와 전자 기업들은 관세장벽을 요구하고 있는 거죠.

모의심 그것도 그러네요. 하지만 무역 장벽을 없애면 외국 기업들이 일단 싼값에 상품을 수출해 국내 기업들을 도태시킨 다음에 값을 올려 받기 시작한다면 그것은 문제가 되지 않을까요? 그러니까 장래성 있는 기업들은 정부가 보호할 필요가 있을 것 같아요.

사 선 물론 그 말도 타당해요. 하지만 현실의 정부는 갖가지 특수 이해 집단의 로비에 흔들리기 쉬워, 사실은 지원해 줄 필요가 없는 기업을 지원해 줌으로써 납세자의 부담만 무겁게 만드는 경우가 드물지 않답니다.

장공부   그래도 수출 많이 해서 국가 경쟁력을 키워야 하잖아요?

사 선 아하, 국가 경쟁력! 그런데 국제무역은 총성 없는 전쟁이 아니며, 그래서도 안 됩니다. 국제무역의 논리는 이에 참여하는 당사자가 이득을 본다는 점에서 우리가 보통 생각하는 게임과는 다르다는 것을 알아야 합니다. 일반적인 게임에서는 어느 한편이 이기면 다른 편은 반드시 지도록 되어 있지만 국제무역에서는 모두가 승자가 될 수 있고, 이런 점에서 본다면 경쟁이라는 말 자체가 적합하지 않을지 모르는 거죠. 무역의 목적은 흑자를 많이 남겨서 몇몇 기업이 돈을 많이 버는 것이 아니라 국민들의 삶의 질을 높이는 것이니까요. 우리나라가 수출을 더 많이 할 수 있다고 해서 그게 우리 삶의 질을 높여 주는 것은 아니랍니다. 수출 기업의 경쟁력을 높이기 위해 사용되는 자원이 다른 용도로 사용된다면 국민의 경제적 복지 수준이 더욱 높아질 수도 있습니다. 물론 그 나라의 기업이 잘되어야 국민의 경제적 복지가 어느 정도 향상될 수 있는 것도 사실이긴 하죠. 하지만 맹목적으로 기업의 경쟁력을 높이는 데 정책의 최우선 순위를 두는 것은 별로 현명한 일이 아니죠. 더군다나 교육정책이나 문화정책같이 경제정책과는 분리해서 생각해야 할 영역의 정책에서도 국가 경쟁력 제고라는 맹목적 논리를 적용하는 일은 위험스럽기까지 합니다. 무조건 국가 경쟁력 제고를 부르짖을 것이 아니라 균형 잡힌 시각으로 현실을 분석해 다른 더 시급한 과제가 있는지 찾으려는 자세가 필요하답니다.

자유무역을 요구하며 실제로는 보호무역을 하는 선진국들

장공부 선생님, 이론적으론 모든 나라가 자유무역을 하는 것이 세계경제 전체를 놓고 보면 이익이라는 것은 맞는 것 같아요. 하지만 다른 나라들이 전부 **보호무역**을 하고 있는데 우리나라만 무역의 이익을 운운하면서 자유무역을 하면 결국 우리만 손해 보는 거잖아요?

사 선 맞아요. 대부분의 나라 경제정책 책임자들도 같은 생각을 하고 있을 겁니다. 궁극적으로는 자유무역이 이루어져야 하는 것에 동조하고 있지만 무역 규제를 완화하는 문제에 대해서만큼은 다른 나라가 먼저 하면 그때 하겠다는 거죠. 그래서 무역 규제를 완화하고 자유무역을 실현하기 위해 세계의 여러 나라들은 갖가지 무역협정을 맺고 있답니다.

이런 노력은 우선 인접한 나라들끼리 자유무역협정을 맺으면서 시작되었습니다. 가장 대표적인 사례가 바로 유럽 여러 나라들이 무관세 협정을 맺고 유럽경제공동체(EEC)를 구성했다가 결국 유럽연합(EU)까지 발전한 것이죠. 또 아시아에서도 동남아시아의 5개국(태국, 말레이시아, 싱가포르, 인도네시아, 필리핀)이 동남아시아국가연합(ASEAN)을 결성한 것도 한 사례가 될 수 있습니다. 이들 나라끼리는 무역 장벽이 철폐되고 수출과 수입이 자유롭게 되어 무역의 이익을 공유할 수 있게 되는 것입니다.

모의심 그런데요, 선생님. 이렇게 주변 나라들끼리 무역 장벽을 철폐하려는 움직임을 보이는 것이 전 세계적인 차원에서의 자유무역에 반드시 도움이 된다는 보장이 있을까요? 어차피 이들은 자기들끼리 주고받는 자유무역의 혜택을 다른 나라들에는 제공할 리가 없잖아요?

사 선 모의심 군의 지적도 일리가 있어요. 지역주의를 추구하는 나라들이 세계적인 차원에서의 무역자유화에 적극적으로 협력하지 않는 한, 지역 밖의 나라에는 아무런 혜택을 주지 못한다고 볼 수 있죠. 이러한 이유로 '관세 및 무역에 관한 일반 협정(GATT)'은 국제무역의 여건이 변화할 때마다 소위 '라운드'라는 다국 간 협상을 통해 범세계적 차원에서 자유무역을 추진해 왔습니다. 이 기구는 1995년 발전적 해체를 통해서 세계무역의 문제를 전담하는 공식기구인 세계무역기구(WTO)로 변신하게 되었습니다. 하지만 이 안에서 선진국들과 개발도상국들의 이해관계가 엇갈리면서 일반적인 합의에 이르기가 어려웠답니다. 이미 경쟁력을 갖춘 선진국들은 당장 전 세계에 자유무역을 실시할 것을 요구하는 반면, 개발도상국들은 유치산업 보호론을 내세워서 개방 속도를 늦출 것을 요구했던 것이죠. 이들은 선진국들이 즉각적인 자유무역을 요구하는 것을 **"사다리 걷어차기"**라고 비난했습니다.

장공부

사다리 걷어차기요?

사 선 여기서 말하는 사다리란 보호무역이랍니다. 그러니까 선진국들도 사실상 보호무역 덕분에 선진국 지위에 올라갔으면서, 개발도상국들이 그 위치까지 올라가지 못하도록 사다리를 걷어찬다는 것이죠.

모의심 재미있는 비유이네요. 그런데 선생님, 그럼 FTA는 뭔가요? 왜 FTA에 대한 찬반 논란이 거센가요?

사 선 FTA는 자유무역지역(free-trade area)의 약자입니다. 전 세계적으로 무역 규제를 철폐하는 것을 합의하기가 어려우니 우선 협상 가능한 몇몇 나라들끼리 먼저 자유무역지역을 결성하는 것이죠. 그래서 참가국들 사이에는 모든 관세가 철폐되어 자유로운 무역이 이루어지게 하자는 것입니다. 하지만 여기에 참가하지 않은 다른 나라들과의 무역에 대해서는 각 나라가 원하는 대로 관세나 기타의 무역 규제를 가할 수 있어요. 한미 FTA를 예로 들면 그 협정의 효력은 한국과 미국에만 해당하고, 다른 나라들에 대해서는 보호무역을 할 수 있는 겁니다. 양안협정(ECTA)의 경우는 중국과 타이완만 자유무역을 하고 다른 나라에는 해당이 안 되고요. 그걸 원하지 않으면 다른 나라들과도 FTA를 맺으면 되겠지요.

모의심 그걸 자유무역을 위한 노력이라고 할 수 있나요? 결국 몇몇 나라끼리 편먹은 다음에 보호무역을 하자는 것이잖아요? 중국, 타이완, 홍콩, 싱가포르가 FTA를 한들 그게 자유무역인가요? 결국 같은 민족끼리 뭉친 다음에 다른 나라들과는 보호무역을 하자는 거잖아요? 한미 FTA, 한중 FTA 같은 것들은 원래 무역을 많이 하던 나라들끼리 뭉쳐서 신생 무역국을 따돌리자는 것이고요.

사 선 모의심이 정말 예리하네요. 맞아요. 그래서 FTA가 아니라 WTO 체제로 가야 한다고 주장하는 경제학자들도 많이 있답니다. 하지만 현실은 경제 이론대로 움직이지 않으니까요.

장공부 선생님. 그런데 왜 한미 FTA는 그렇게 절차가 까다로운가요? "두 나라 간에 모든 무역규제를 철폐한다. 땅땅땅!", 이러면 끝이잖아요? 그런데 왜 이렇게 밀고 당기고, 찬반이 엇갈리는 것이죠?

사 선 그것 역시 현실이 경제 이론대로 움직이지 않는 한 사례가 되겠죠. 우리나라와 미국의 비교우위가 서로 다르기 때문에 궁극적으로는 모든 무역 규제를 철폐한다고 하더라도 각 부문별로 철폐의 범위와 속도를 놓고 조금이라도 더 이득을 보려고 밀고 당기고 하는 것이죠. 참 우습죠. 무역의 이익은 수출과 수입에서 모두의 '윈윈', 즉 양쪽이 다 이득을 보는 것이니 무역 규제를 철폐해야 한다는 데 동의하고서도 철폐 과정에서 조금이라도 이익을 더 보겠다고 실랑이를 벌이니 말이죠. 게다가 무역 규제 중에서 비관세 규제에 대해서는 기준이 애매하기 때문에 서로 밀고 밀리는 협의를 계속할 수밖에 없습니다. 예를 들면 건강보험이 미국에서는 서비스 산업인데, 우리나라에서는 사회복지 정책이죠. 미국 입장에서는 우리나라의 건강보험을 자기네 나라 보험 산업이 진출하는 것을 가로막는 비관세장벽으로 보는 거죠. 그래서 이건 정책이다, 아니 비관세장벽이다, 이러면서 다툴 수밖에 없는 것이죠. 애초에 이런 다툼을 중재하는 전 세계적인 기구인 WTO가 있는데도 말이죠. (실수로 소환기를 누른다.) 앗, 실수했네요.

자유무역은 불황의 위험을 후진국에 전가하는 것?

스위지 (어리둥절하며) 내가 다시 불리어 왔군요. 뭐, 상관없습니다. 모의심 군의 궁금증에 대해서 듣고 있다가 한마디 하고 싶었으니까요. (비교우위 그래프를 보며) 비교우위론은 아름답기는 하지만 현실과는 거리가 멉니다. 우선 저 비교우위 그래프에는 쌀과 옷, 두 가지 상품만 있다고 전제되어 있습니다. 이게 현실적이라고 생각하십니까? 세상에는 쌀만 해도 여러 종류가 있고, 옷은 수없이 많은 종류가 있습니다. 웬만한 노동력만 투입하면 금방 만들 수 있는 옷이 있는가 하면 최첨단 기술이 필요한 고기능성 특수 의류도 있습니다. 이런 차이들을 무시하고 그냥 쌀과 옷, 이렇게 두 가지만 놓고 2차원 그래프를 그리는 건 매우 비현실적이죠. 물론 이 그래프는 현실이 아니라 실제의 복잡한 현실에서 우리가 알고자 하는 부분만 강조해서 구성한 모델이긴 하죠. 현실은 이 모델에서 전제했던 것들을 하나, 둘 제거해 가면서 어떤 변화가 일어나는지를 파악해 알아낼 수 있겠죠. 그런데 어디까지나 현실을 이해하기 위한 도구인 모델을 마치 현실인 것처럼, 그리고 현실이 마땅히 그렇게 되어야 하는 목표이자 이상인 것처럼 들이밀면 곤란하다는 것입니다.

사 선 그럼 교수님의 무역론은 어떤 것인가요?

스위지 우선 저는 무역을 하면 '윈윈'한다는 생각에 동의하지 않습니다. 무역의 이익은 서로 비교우위가 있는 부문에 특화하기 때문에 발생한다고 하셨지만 실제 선진국들이 무역을 통해 막대한 이익을 봤던 시절은 자유무역이 아니라 보호무역을 하던 시절이었습니다. 또 개발도상국도 보호무역을 하고 있을 때는 큰 이득을 보았지만 자유무역을 하면서 큰 손실을 본 경우가 많고요. 만약 정말로 비교우위 때문에 무역이 발생한다면 선진국과 후진국 모두 무역을 적극적으로 하고 싶은 유인을 가져야 할 텐데, 역사를 한번 살펴보세요. 후진국이 선진국에게 무역하자고 먼

중국에 막대한 은을 지불하며 차, 도자기, 비단을 수입했던 영국은 인도에서 재배한 아편을 중국에 수출하며 이를 만회하려 하였습니다. 중국 정부가 이를 막자 영국은 아편전쟁을 일으키며 중국을 침략하였고, 전쟁에서 패한 중국은 영국이 정치적, 경제적으로 진출할 수 있는 문을 열게 됩니다.

저 요구한 적이 있는지? 항상 **무역은 선진국의 요구로 시작**되었습니다. 선진국이 후진국에 심지어는 무력까지 동원해서 강제로 무역을 개시하지 않았습니까? 왜 그랬을까요? 결국 **자유무역은 선진국의 이익**이기 때문입니다.

장공부 그럼 선진국들은 왜 무역을 강요했나요?

스위지 자본주의가 고도로 발전한 나라들이 선진국들입니다. 이런 나라들은 시장경제가 아주 활발하게 작동하기 때문에 기업들 간의 경쟁이 치열해서 가격이 균형가격 수준까지 내려가 있을 것입니다. 아시겠지만 균형가격일 때 기업은 경제적 이윤이 0입니다. 겨우 손해나 안 보는 수준인 것이죠. 그런데 주류 경제학자들은 자본가들의 이윤 확장 욕구를 과소평가합니다. 자본가들은 수요량과 공급량이 비슷한 시장균형 상태에 결코 만족하지 않습니다. 이윤을 추구하는 기업 입장에서 보면 시장의 균형 상태는 포화 상태라는 말과 같습니다. 자본주의는 경쟁을 미덕으로 여긴다고 떠드는 사람들이 있지만 사실 자본주의에서 경쟁을 좋아하는 사람들은 아무도 없습니다. 기업가들은 노동자들이 경쟁하면서 일을 죽도록 하기를 바라지만 자기들은 경쟁하고 싶어 하지 않습니다.

장공부 '레드 오션(Red Ocean, 서로 붉은 피를 흘리며 경쟁해야 하는 시장)'이란 말씀이시죠?

스위지 잘 알고 있네요. 레드 오션에선 더 이상의 추가 이윤을 기대할 수 없습니다. 그럼 어떻게 할까요? 경쟁 기업들을 쓰러뜨려 독점 시장을 만들어서 독점이윤을 추가로 누리거나 아니면 경쟁 기업이 없는 다른 시장을 찾아 시장을 선점해서 독점이윤을 얻으려 하지 않겠습니까? 이때 후진국 시장이 얼마나 좋습니까? 경쟁자 없죠, 설사 있어도 상대도 안 되죠, 이제 막 개척되는 시장이니 당분간 수요가 계속 증가하면서 유효수요 부족으로 공황 위기에 처한 자국 경제의 충격을 완충할 수 있죠, 덤으로 저렴한 노동력을 고용할 수도 있고, 또 이런 나라는 정부가 체계적이지 않으니 잘 구워삶거나 교묘하게 속이면 특권적인 지위를 누릴 수도 있죠. 그런데 후진국은 무역을 해서 과연 무엇을 얻죠?

장공부 후진국도 얻을 게 많죠. 선진국 기업과 경쟁함으로써 자국 기업의 경쟁력이 높아지죠. 또 소비자들은 더 저렴한 가격에 더 좋은 상품을 사용할 기회를 얻고요.

스위지 자국 기업의 경쟁력이 높아지는 게 아니라 오히려 자국 기업의 경영이 악화되어 문을 닫겠죠. 게다가 파산한 기업가들과 실업자들이 쏟아져 나오면 결국 유효수요가 크게 줄어들어 그 나라 경제 전체가 어려워지고, 그렇게 되면 자본이 이동할 곳이 없고, 물론 노동도 이동할 곳이 없게 됩니다. 결국 그 나라에 진출한 선진국 자본에 일자리와 생산이 집중될 수밖에 없는데, 이걸 뭐라고 부를까요? 식민지 아니겠습니까?

장공부 너무 극단적인 말씀 같아요.

스위지 극단적이라고요? 그렇다면 자유무역을 해서 경제가 더 좋아진 후진국 있으면 한번 예를 들어 보십시오. 저는 그 반대의 예는 얼마든지 들 수 있습니다. 타이완이나 한국처럼 빠른 속도로 선진국을 따라잡은 나라들은 모두 보호무역을 한 나라들입니다.

장공부 그럼 북한은요? 세계로부터 문을 닫아걸고 담장을 높인 북한 같은 나라는 경제가 주저앉았잖아요? 반대로 중국은 장막을 걷고 경제를 개방하자 눈부시게 성장하고 있고요.

스위지 과연 그 눈부신 성장이 과거보다 더 나은 것이라고 장담할 수 있습니까? 물론 겉으로 드러난 부분은 눈부신 성장이고 발전이겠죠. 히지만 그게 꼭 중국 인민들을 더 행복하게 만들었나요? (사라진다.)

국제수지는 기축통화인 달러로 계산한다

장공부 참, 선생님! 수출과 수입이 균형을 이루어야 한다는 것은 알겠어요. 그런데도 대체로 사람들은 우리나라가 수출을 수입보다 더 많이 하면 흑자를 보았다고 좋아하잖아요? 경상수지가 흑자라면서요. 그건 왜 그렇죠?

모의심 저는 그보다 왜 꼭 흑자나 적자를 달러로 표시하는 것인지 궁금해요. 우리나라 돈이 아니라요. 100억 달러가 흑자다, 적자다 그러면서요. 그리고 환율이 올라가면 우리나라 돈의 가치가 떨어지는 건데, 왜 정부는 일부러 환율을 올린다고 하는 거죠?

사 선 이런, 질문들이 막 쏟아지네요. 그럼 장공부가 한 질문부터 볼까요? 우선 국제수지표를 이해해야 할 것 같네요. 국제수지표는 일정한 기간 동안 한 나라가 수행한 모든 대외 거래를 요약한 표랍니다. 국제수지표는 대체로 상단과 하단으로 나누어 상단에는 재화와 서비스의 거래인 경상거래를 기록하고 하단에는 국가 사이의 자산 거래를 뜻하는 자본거래를 기록합니다. 그래서 상단의 결과를 경상

계정	거래 유형	예
경상수지	무역 수지	재화의 수출과 수입
	무역외 수지	선박과 항공기 운임, 관광 수입, 통신, 보험 요금
	소득 수지	임금, 투자 소득
	이전 수지	해외 교포 송금, 기부금, 정부 간 무상 원조
자본수지	투자 수지	직접투자, 증권투자(주식, 채권)
	기타 수지	해외 이주비, 특허권 등의 자산 거래
	준비자산 증감	통화 당국이 보유하는 외환, 금 그리고 SDR의 증감

수지라고 하고 하단의 수지를 자본수지라고 하죠. 뭐 말은 복잡하지만 한마디로 국제수지표는 이유야 어찌 되었든 우리나라가 외국과 거래하는 과정에서 들어온 돈과 우리나라에서 나간 돈을 모두 기록한 다음 들어온 돈에서 나간 돈을 뺀 것입니다. 그래서 '경상수지+자본수지=0'이 되는 거죠.

장공부 그런데 신문이나 이런 곳에서는 주로 경상수지가 흑자나 적자라고 많이 말하는 것 같아요.

사 선 경상수지가 국제수지의 여러 개념 중 대외 거래의 건전성을 평가하는 기준으로 가장 중요하기 때문이죠. 경상수지의 대부분을 차지하는 것이 무역수지이죠. 경상수지가 대규모로 적자가 되거나 혹은 여러 해에 걸쳐 계속 적자가 누적된다면 분명 바람직하지 않죠. 수출산업의 침체가 이어진다는 뜻일 수 있고, 이렇게 순수출이 줄어들면 국민소득과 고용의 감소를 수반하는 경우가 많기 때문이죠. 하지만 반드시 그런 것은 아니랍니다. 오히려 경상수지의 적자는 국민경제가 건실하게 성장하고 있음을 알리는 징표가 될 수도 있어요.

진단순 예? 이해가 안 가요! 적자가 어떻게 건실함의 징표예요?

사 선 자! 잘 들어 보세요. 경상수지 적자는 그만큼 국내의 소비지출이 활발하다는 뜻일 수도 있습니다. 그러니까 수출도 증가하고 있지만 소비가 활발해지면서 다른 나라의 상품도 많이 수입하다 보니 적자가 되는 것이죠. 그런데 반대로 국내 소비지출이 위축되고 유효수요가 줄어들면 우선 외국 상품에 대한 수요부터 줄어들 것입니다. 그러면 수입이 줄어 경상수지는 흑자가 되겠지만, 이게 경제가 건강하다는 신호는 아닌 것입니다. 이런 것을 흔히 **불황형 흑자**라고 하죠. 물론 그렇다고 마냥 적자를 방치할 수는 없습니다. 어떤 나라가 지속적으로 경상수지 적자를 내고 있다면 이것은 우려할 만하죠.

진단순 좀 알아듣게 말해 주세요. 그러니까 경상수지 적자가 좋다는 건가요, 나쁘다는 건가요?

장공부 아, 참 단순하기는 ……. 그러니까 일반적으로는 좋지 않지만 꼭 나쁜 것은 아니고, 지속적으로 경상수지가 적자였을 때 문제라고 하시잖아.

사　선 하하하. 그래요. 이제 환율과 경상수지에 대해 알아보죠. 나라와 나라 사이의 거래에서는 어느 나라의 화폐를 가지고 대금을 지불하고, 어떤 비율로 한 화폐로 바꿔야 하는지의 문제가 생기지요. 한 화폐와 다른 화폐가 교환되는 비율을 환율이라고 부르는데, 환율은 상품과 자본의 거래에 매우 큰 영향을 미칩니다. 상품의 수출과 수입에 변화가 생길 때 국민소득뿐 아니라 물가에도 영향이 오게 되는데, 자본이 국내로 흘러들어 오거나 국외로 빠져나가는 것도 이에 못지않은 영향을 주게 됩니다. 환율이 어떻게 결정되고, 이것의 움직임은 구체적으로 국민경제에 어떤 영향을 주는지 알아볼까요?

진단순 선생님, 좀 쉽게 설명해 주세요.

사　선 알겠어요. 환율은 두 나라 화폐 사이의 교환 비율을 말합니다. 이건 알겠죠?

진단순 예.

사　선 미국의 달러화가 세계의 중심 화폐, 즉 기축통화(vehicle currency, 국제 거래에

외국과의 인적, 물적 교류가 활발해지면서 환율 시세를 알려 주는 서비스를 해 주는 곳이 많아졌습니다.

서 기본이 되는 화폐)로 사용되기 때문에 대부분의 나라에서 1달러가 자기 나라 화폐 얼마와 교환될 수 있느냐의 형식으로 환율을 표현하고 있어요. 환율이 1달러당 1천100원에서 1천200원으로 오르면 1달러를 구입하기 위해 더 많은 원화를 지불해야 합니다. 이는 달러화에 비해 원화의 가치가 상대적으로 떨어졌다는 것을 뜻하죠. 다시 말해 환율은 외국의 화폐, 즉 외환(foreign exchange)이라는 상품에 붙여진 가격을 뜻하므로 일반 상품의 가격이 수요와 공급에 의해 결정되는 것처럼 환율 역시 외환의 수요와 공급에 의해 결정된답니다. 외환의 수요와 공급이 만나 환율이 결정되는 곳을 뭐라고 부를까요?

장공부 외환시장(exchange market)인가요?

사   선 정답! 그럼 외환시장도 시장이니까 수요와 공급이 있겠죠. 외환에 대한 수요는 외국으로부터 상품이나 자산을 사들이려 할 때 발생합니다. 반면 외국 사람이 우리나라로부터 상품이나 자산을 사들이려 할 때는 원화를 얻기 위해 자기들 돈을 내놓을 것이니 외화를 공급하게 되겠지요. 이렇게 수요와 공급이 만나면서 환율이 결정되죠. 그러니까 환율은 한마디로 외국 돈의 가격이라고 생각하면 됩니다. 그래프를 보고 이해해 볼까요?

옆의 그래프는 달러화에 대한 수요곡선과 공급곡선을 보여 주고 있어요. 당연히 환율이 높으면 달러를 가진 사람은 이걸 외환시장에 팔아서 원화로 바꾸려 하겠죠. 하지만 외국 여행을 간다거나 하는 이유로 달러가 필요한 사람들은 환율이 낮을 때 달러를 구입하려 할 겁니다. 이건 다른 상품과 다를 바 없답니다. 그리고 다른 상품과 마찬가지로 가격이 높거나 낮으면 초과공급과 초과수요가 발생하여 균형을 찾게 되죠.

장공부 으음, 알듯 말듯 해요.

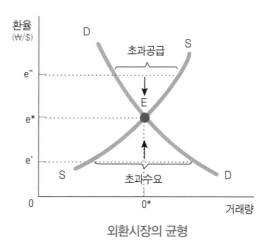

외환시장의 균형

경상수지에 영향을 주는 환율

사　선　우선 환율이 높은 경우를 생각해 볼까요? 원화의 달러에 대한 환율이 1천 원에서 1천200원으로 올랐다고 해 봐요. 그럼 1천 원짜리 상품을 10달러에 수출했었는데, 이제는 8달러에 팔 수 있다는 뜻입니다.

진단순
그럼 손해이잖아요?

장공부
바보야.
그럼 그만큼 가격 경쟁력이 높아져서
더 많이 팔 수 있게 된다고.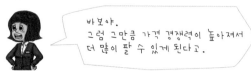

사　선　맞아요. 그렇게 되면 우리 기업이 수출하는 상품의 달러 가격이 내려가게 되어서 외국시장에서 예전보다 훨씬 더 많이 판매할 수 있게 된답니다. 그래서 우리나라의 수출은 늘어나게 되고 경상수지는 흑자가 되겠죠. 경상수지가 흑자가 된다는 뜻은 결국 우리나라로 들어오는 달러가 늘어난다는 뜻이죠. 그건 곧 달러의 공급이 늘어난다는 것입니다. 반대로 외국 상품의 원화 표시 가격은 오르면서 우리나라의 수입은 줄어들게 되겠죠. 이와 더불어 외국 자산의 원화 표시 가격도 올라갈 것이기 때문에 우리나라 사람들이 사들이는 외국 자산의 규모도 줄어들게 될 거고, 이는 환율이 올라감에 따라 달러화에 대한 수요량이 줄어들 거라는 의미예요. 자, 공급은 늘어나고 수요는 줄어든다면 달러의 가격, 즉 환율은 어떻게 될까요?

장공부 아, 내려가겠네요.

사　선　그렇습니다. 그럼 반대 경우도 생각해 볼 수 있겠죠? 환율이 낮다면 수출이 둔화되고 수입이 늘어나겠죠? 그럼 경상수지가 적자가 되면서 달러에 대한 수요가 늘어나고, 공급은 줄어들겠죠? 그래서 결국 다시 환율이 상승하는 것입니다. 따라서 외환시장의 균형은 어느 상품 시장의 경우와 마찬가지로 수요곡선과 공급곡선이 교차하는 점에서 이루어지며, 이것을 **균형환율**(equilibrium exchange rate)이라고 부른답니다.

308

모의심 그럼 환율 역시 이렇게 자동으로 조절되는 것만은 아니겠네요. 마치 완전 경쟁 시장의 가정이 비현실적이었던 것처럼 환율도 외환시장에서 이런저런 시장 실패를 겪을 수도 있고, 또 정부가 개입할 수도 있는 것 아닌가요?

사　선 그렇습니다. 실제로 환율이 모두 이렇게 외환시장에서 균형환율로 결정되는 것은 아니랍니다. 이건 앞에서 봤던 자유무역과 보호무역의 문제와 연결됩니다. 세계 여러 나라들은 자유무역이 궁극적으로 모두에게 이익이라는 것을 알면서도 남들이 자유무역을 할 때 나만 보호무역을 해서 특별한 이득을 거두려고 한다는 것을 앞에서 확인했지요? 마찬가지로 각국 정부들은 외환시장에 맡겨 두는 것이 가장 좋다고 생각들은 하면서도, 여기에 개입하여 자국 화폐의 가치를 떨어뜨려서(환율을 높여서) 자국 상품의 수출 경쟁력을 높이고 싶은 유혹에 빠지기 쉽습니다. 심지어 힘센 나라들은 상대국에 압력을 가해서 상대국 화폐의 가치는 높이고 자국 화폐의 가치는 낮추기도 합니다.

1985년에도 그런 일이 있었습니다. 미국은 당시 세계경제를 주도하던 일본에 1달러당 250엔인 환율을 1달러당 150엔으로 낮추라고 강요합니다. 이게 얼마나 무서운 일이냐 하면 미국에 100달러에 수출하던 제품을 이제는 170달러에 팔아야 한단 뜻입니다. 그러니 일본 기업들은 가격을 120달러 정도로 올리고 이윤의 대폭 감소를 감수하든가, 아니면 170달러로 올리고서 매출의 대폭 감소를 감수하는 선택의 기로에 선 것입니다. 흔히 말하는 일본의 잃어버린 10년은 **엔화의 절상**에서부터 출발한 것입니다. 지금도 엔화의 절상은 계속되어서 1달러당 80엔 내외까지 올라가 있습니다. 1985년과 비교하면 일본 제품의 달러 표시 가격이 네 배나 오른 것입니다. 반면 우리나라는 1989년에 1달러당 670원이던 환율이 지금은 1천100원대를 오르내리고 있습니다. 그러니까 원화의 가치가 1.64배나 떨어진 것입니다. 일본 제품의 달러 표시 가격이 네 배 올라갈 동안 우리나라 제품의 달러 표시 가격은 오히려 1.64배나 내려갔으니, 최근 세계시장에서 일본이 고전하고 우리나라가 선전하는 것은 꼭 우리가 잘나서 그런 것만은 아니라는 점을 알아야 합니다. 우리나라도 언제든지 미국이나 강대국이 원화 가치의 평가절상(통화의 국제적인 가치를 높이는 일)을 요구하면 같은 상황에 처할 수 있으니까요.

모의심 하지만 아무리 그렇다고 억지로 다른 나라 화폐의 가치를 높이라고 요구하
는 게 어디 있어요? 무슨 근거로?

사　선 사실 아무 근거가 없는 것은 아니랍니다.　예를 들어 볼게요.　미국에서 1
달러로 살 수 있는 물건을 한국에서는 0.7달러에 구입할 수 있다면 이건 무엇을 뜻
하는 것일까요? 1달러의 가치가 미국에서보다 한국에서 더 높다는 뜻, 즉 원화의
가치가 달러에 비해 낮다는 뜻이죠.　그러니 원화의 가치가 30퍼센트 절상되어야
균형이 맞는다는 결론이 나오는 겁니다.　이것을 **구매력평가**라고 하는데, 영국의
주간지 "더 이코노미스트(The Economist)"가 1986년부터 조사했던 이른바 '빅맥 지
수'가 대표적인 예이죠.　아시다시피 맥도날드 햄버거의 빅맥은 세계 어느 나라에
서나 똑같은 품질을 가지고 있습니다.　그러니 당연히 가격도 같아야죠.　그런데
각 나라 화폐로 표시된 가격을 달러로 환산해 본다면 전혀 다른 결과를 얻게 됩니
다.　이때 미국의 빅맥 가격보다 더 적은 달러를 내고 빅맥을 먹을 수 있는 나라는
그만큼 자국 화폐가치를 절상할 여지가 있다는 뜻이 되겠지요.　한번 표를 볼까요?
표를 보면 조사 대상 나라 중 노르웨이가 5.79달러로 빅맥의 가격이 가장 비싸고,

나라	달러 가격	고평가(+) 정도(%)
미국	3.54	-
아르헨티나	3.30	-7
오스트레일리아	2.19	-38
영국	3.30	-7
캐나다	3.36	-5
중국	1.83	-48
유로 지역	4.38	+24
일본	3.32	-9
노르웨이	5.79	+63
러시아	1.73	-51
한국	2.39	-32
스위스	5.60	+58
타이완	2.23	-37
말레이시아	1.52	-57

말레이시아가 1.52달러로 빅맥의 가격이 가장 싸죠. 즉 노르웨이의 크로네화가 63퍼센트 평가 절하되고, 말레이시아의 링깃화는 57퍼센트만큼 평가 절상되어야 균형이 맞는다는 뜻입니다. 우리나라나 타이완도 30퍼센트 정도 자국 화폐가치를 절상해야 한다고 나오네요.

모의심 그런데 이렇게 환율 인하 압력이 있다는 것은 정부가 인위적으로 환율을 높이거나 낮출 수 있다는 뜻이잖아요? 어떻게 그게 가능하죠? 환율은 일종의 외화의 가격인데 정부가 시장가격을 인위적으로 조절할 수 없잖아요?

사 선 물론 그렇죠. 하지만 정부는 외환시장에 어떤 신호를 주어서 원화 혹은 달러에 대한 수요를 자극할 수 있습니다. 가장 대표적인 방법이 이자율을 조정하는 것입니다. 만약 국내 이자율이 다른 나라의 이자율보다 더 높다면 우리 금융자산이 외국의 금융자산보다 더 높은 수익을 가져다주겠죠. 그렇다면 우리 금융자산이 외국 사람들에게 한층 더 매력적인 투자 대상이 될 테고, 이를 구입하려고 외국인들은 달러를 내게 될 것이며, 따라서 달러의 공급이 계속 증가하여 환율이 점차 내려가게 됩니다. 반대로 국내 이자율이 다른 나라보다 낮으면 원화를 보유하는 것이 별로 매력 없는 일이 되니 외국인들이 원화를 내다 팔고 다른 나라 돈으로 바꾸어 가겠죠. 그럼 원화의 가치가 떨어지고 환율은 올라가게 됩니다. 그리고 앞에서 배웠지만 이자율은 중앙은행에서 조정할 수 있기 때문에 이것을 통해 정부가 환율에 개입할 수 있는 것입니다.

모의심

다른 방법은 없나요?

사 선 사실 다른 나라 금융자산에 투자하는 외국인들은 이자율만 바라보지는 않습니다. 환율이 어떻게 변화할 것인가에 대한 예상에 따라 구입하죠. 즉 이자율은 그대로라도 앞으로 우리나라의 경상수지가 계속 흑자가 될 것이라고 예상한다면 외국인들은 원화 가치가 올라갈 것이라 보고 달러를 팔고 원화로 바꾸려고 할 것입니다. 그럼 환율이 떨어지겠죠. 반면 우리 정부가 다른 나라로부터 자꾸 외채를 들여온다거나 아니면 정부가 보유하고 있는 달러화를 계속 내다 팔거나 하면 원화 가치가 떨어질 것이라 예상해서 원화를 팔고 달러화로 바꾸려 할 것입니다. 그러면 환율은 올라가겠죠.

장공부 그럼 정부는 이자율을 되도록 낮추려고 하겠네요. 그러면 시중에 자금이 풍부해져서 유효수요가 늘어나고, 또 환율이 올라가서 수출에도 유리하니까요.

사 선 그런 면이 없지 않지만 만약 모든 나라가 그렇게 한다면 좀 곤란해지지 않을까요? 그리고 환율을 높여서 수출을 증대하려는 전략은 그렇게 바람직하지도 않답니다. 수출 상품의 달러 표시 가격이 떨어져서 가격 경쟁력이 높아지겠지만 그만큼 수입 상품의 원화 표시 가격이 올라가게 될 테니까요. 그런데 우리나라는 석유나 식량 같은 필수품들을 수입으로 충당하고 있습니다. 그러니 환율이 올라간다는 것은 그만큼 물가가 올라간다는 뜻이 되죠. 또 생필품을 만들어 파는 영세한 국내 기업들은 원료비 상승으로 큰 어려움을 겪을 수 있습니다. 예컨대 통조림 회사가 환율이 1천 원일 때 칠레에서 오렌지를 100만 달러어치 구입하기로 계약했는데, 환율이 1천100원으로 올랐다면 무려 1억 원이라는 돈을 추가로 지불해야 합니다. 이렇게 입게 되는 손실을 환차손이라고 하죠. 반면 수출 기업들은 가격 경쟁력이 높아져서 외국시장에 수출을 많이 할 수 있을 뿐 아니라 수출 대금으로 받아 온 외환의 가치가 높아졌기 때문에 환차익까지 올릴 수 있게 됩니다. 우리나라에서 주로 수출에 의존하는 기업들, 그러니까 소위 글로벌 경영을 한다는 회사들을 한번 생각해 보세요.

모의심 주로 대기업이잖아요? 그럼 결국 환율을 높게 유지해서 수출을 많이 해야한다는 주장은 대기업을 위해 우리더러 높은 물가를 감수하고, 중소기업더러 환차손을 감수하란 뜻이잖아요? 그런데 왜 정부는 자꾸 환율을 높이려고 하죠?

사 선 어쨌든 환율이 오르면 순수출이 증가하기 때문에 단기적으로는 국민소득이 증가하는 효과가 있거든요. 그러면 유효수요도 증가할 테니까 총수요곡선을 오른쪽으로 이동시키는 효과가 있겠죠. 하지만 여기에 너무 의존하는 것은 위험합니다. 환율의 상승은 수입 가격을 높이고, 우리나라처럼 자원이 부족한 나라에서는 생산 비용의 증가를 가져올 것이니까요. 그러면 공급이 줄어들고 물가의 상승을 불러오죠. 결국 국민소득 증가분을 물가 상승분으로 대체한 셈이 되니, 잠깐의 효과는 볼 수 있을지언정 장기적으로는 결코 바람직한 정책이라고 볼 수 없는 것입니다. 그래서 환율은 대체로 외환시장에 맡겨 두어야지 인위적으로 높게 유지하려고 할 일은 아닙니다. 오히려 정부가 해야 할 일은 환율의 오르내림을 이용해 시세 차익을 거두려는 환투기 자본들이 들어와서 시세 조작을 시도할 경우 이를 규제하는 것이랍니다. 하지만 그것도 정부가 직접 개입하는 것이 아니라 **토빈세**처럼 환투기로 벌어들인 수익에 높은 세금을 부과하는 방식이 좋겠죠.

노벨 경제학상 수상자인 제임스 토빈입니다. 환투기와 같은 단기적인 외환 거래에 부과하는 세금인 토빈세는 제임스 토빈의 이름에서 나왔죠.

심화학습

비교우위론이 아닌 두 가지 국제무역 이론

① 버넌(R. Vernon)의 제품 생애 주기론

제품 생애 주기 이론은 상품도 사람처럼 삶(생애)의 여러 단계를 거치기 때문에 어느 단계에 있느냐에 따라 수출품이 되기도 하고 수입품이 되기도 한다는 것입니다. 몇몇 나라만이 생산하던 상품이 이내 다른 나라들에 의해 대량생산되는 단계에 들어서는 전개 과정이 국제무역의 흐름과 밀접한 연관을 갖는다는 이론입니다. 어떤 상품이 개발 초기 단계에서는 그것을 개발한 나라가 주요한 수출국이 되지만 대량생산의 단계로 넘어가면 다른 나라가 수출의 주역으로 바뀐다는 것이죠. 사람이 생애의 각 단계를 거쳐 나이를 먹어가듯 하나의 상품도 생애의 여러 단계를 거친다고 보면서 제품 생애 주기 이론(product life-cycle theory)이라고 합니다.

가령 19세기에는 산업혁명이 가장 먼저 일어난 영국에서 면직물 생산을 주도했지만 지금은 면직물이 가장 낙후된 나라의 수출품이 되었습니다. 또 개인용 컴퓨터 산업도 미국이 주도했지만 지금은 오히려 한국이나 대만이 더 경쟁력을 갖추고 개인용 컴퓨터 수출을 주도하고 있습니다.

② 산업 내 무역 이론

같은 상품을 서로 사고파는 형식으로 이루어지는 교역을 산업 내 무역이라고 합니다. 상식적으로 생각하면 국제무역은 여건에 큰 차이가 나기 때문에 서로 다른 상품에 대해 비교우위를 갖는 나라들 사이에서 이루어질 가능성이 클 거라고 생각하기 쉽습니다. 예를 들어 독일과 프랑스 사이보다는 독일과 인도 사이에 더 많은 교역이 이루어질 것이라고 짐작한다는 것이죠. 그러나 현실에서 이루어지는 상황은 이 같은 생각과 큰 차이를 보이고 있습니다. 무역 통계를 보면 선진국 간의 무역이 전 세계 무역에서 압도적인 비중을 차지하고 있습니다. 즉 여건이 비슷한 나라들 사이의 무역을 선호하고 있다는 것입니다. 또 하나 재미있는 사실은 이들이 똑같은 품목을 수출하고 동시에 수입도 하는 경우가 상당히 많다는 점입니다. 크루그먼(P. Krugman)은 독점 경쟁 시장의 이론에서 나오는 상품 차별화(product differentiation)라는 개념을 통해 이 현상의 설명을 시도했습니다.

오늘날의 상품생산, 특히 공산품의 생산에서는 상품 차별화가 광범위하게 이루어지고 있다. 예를 들어 같은 승용차라 해도 회사마다 주행 능력에 중점을 두느냐, 쾌적한 승차감에 중점을 두느냐에 따라 조금씩 다른 승용차를 만들고 있습니다. 이 경우 한 나라가 모든 승용차를 생산할 수 있지만 수입을 하는 이유는 규모의 경제가 광범위하게 존재한다는 사실 때문입니다. 즉 규모의 경제 때문에 소수의 차종을 대량으로 생산하는 체제가 비용의 측면에서 유리하기 때문이라는 것이죠.

실제로 보면 우리나라에서 유럽에 수출하는 차들은 주로 대중들이 비교적 싼값에 살 수 있는 중소형 차들이 많습니다. 반면 한국이 유럽에서 수입하는 차들은 고급 차종이나 스포츠카의 비중이 높습니다.

선진국들의 사다리 걷어차기

산업혁명 초기, 후발 산업국인 독일의 경제학자 리스트는 영국이 자유무역의 이점을 설교하면서 후발 산업국들에게 이를 강요하는 것은 부당하다고 반박하였습니다. 당시 영국은 보호관세와 항해 규제를 통해 한자동맹, 네덜란드, 에스파냐 등 선진 국가들을 따라잡고 다른 국가들이 감히 경쟁에 나설 수 없을 정도로 산업과 운송업을 발전시켰습니다. 정작 영국은 이처럼 보호무역으로 성장했으면서도 이제는 다른 나라들에 자유무역을 강요하고 있다면서 리스트는 이를 선진국에 의한 '사다리 걷어차기'라고 비판하였습니다. 즉 리스트는 "사다리를 타고 정상에 오른 사람이 그 사다리를 걷어차는 것은, 다른 이들이 그 뒤를 이어 정상에 오를 수 있는 수단을 빼앗아 버리는 행위로 교활한 방법이 아닐 수 없다"며 영국의 위선을 공격하였습니다. 실제로 미국은 남북전쟁 이후 수입품에 대해 고율의 관세를 부과하고 자국의 유치산업을 보호함으로써 산업화에 성공하였습니다. 그러나 2차 세계대전 이후 세계 최강의 산업국이 되자 자유무역주의의 이점을 선전하면서 개발도상국들에게 이를 강요하는 것으로 입장이 바뀌었습니다.

그런 점에서 '사다리 걷어차기'는 선진국들 자신이 과거에 산업 발전을 위하여 사용했던 정책들을 개발도상국들에는 자유무역의 걸림돌이라며 제거할 것을 요구하는 모순을 지적하는 말이라고 할 수 있습니다. 선진국들은 자신들이 경제 발전을 도모하던 시기에는 보호관세와 정부 보조금을 통해 산업을 발전시켜 놓고 정작 지금에 와서는 개발도상국들에 자유무역을 채택하고 보조금을 철폐하라고 강요하고 있는 것입니다. 또한 자신들은 산업화 과정에서 다른 나라의 특허권과 상표권을 침해했으면서도 이제는 개발도상국들에 지적재산권을 선진국 수준으로 보호하라고 압력을 넣고 있기도 하고요.

북미자유무역협정 그리고 멕시코

1994년에 미국과 캐나다와 멕시코가 북미자유무역협정(NAFTA, 나프타)을 체결한 후 멕시코에는 어떤 변화가 생겼을까요? 나프타 발효 직후 멕시코에서는 실업률이 낮아지고 외국인 직접투자(FDI)가 세 배가량 폭증했습니다. 미국과의 교역량도 1993년에 비해 12년이 지난 후에는 약 180퍼센트 정도 늘었습니다. 각종 거시 경제지표는 멕시코가 미국과 담을 허문 뒤 매력적인 투자처로 등장했다는 점을 보여 줍니다. 그러나 시간이 지나면서 화려했던 초기 실적은 '빛 좋은 개살구'에 불과했다는 사실이 속속 드러나고 있습니다. 외국 자본은 값싼 임금을 찾아 중국이라는 더 큰 시장으로 빠져나가고 있고 노동자들은 일자리를 잃었습니다. 농민들은 고향을 버리고 도시로 떠나거나 미국 국경을 넘고 있습니다.

당초 멕시코가 미국과 나프타 협상을 시작한 주목적은 단순한 시장 개방이 아니었습니다. 1985년부터 시작된 무역자유화 정책으로 멕시코 시장은 이미 상당 부분 개방된 상태였습니다. 카를로스 살리나스 당시 대통령은 외국인 직접투자 유치를 슬로건으로 내걸었습니다. 나프타를 맺을 경우 미국 시장에 진입하기를 바라는 외국자본까지 멕시코로 끌어들일 수 있어 경제성장이 가속화된다는 논리였습니다.

실제 1994년에 나프타가 발효된 이후 직접투자는 급증했습니다. 1993년에 43억8천900만 달러였던 직접투자는 1994년에는 150억6천600만 달러로 1년 사이에 세 배 이상 증가했습니다. 그중의 대부분은 미국 자본이었습니다. 1994년에는 전체 직접투자의 46퍼센트였지만 2001년에는 78퍼센트를 미국 자본이 차지했습니다.

외국자본이 미국과의 국경 근처인 '마킬라도라'에 수출품 가공 및 조립 공장을 세우면서 일자리가 창출되었지만 임금은 낮았습니다. 1998년 미국 노동자의 최저임금이 한 시간당 5.15달러였던 반면 이곳 노동자는 하루에 3.4달러를 받았습니다. 그나마 2000년대 초반부터 멕시코에 진출했던 다국적기업들이 생산비가 저렴한 중국으로 떠나기 시작했습니다. 2002년 한 해 동안에만 공장 5천여 개가 문을 닫았고, 2000년 이후에는 25만 명이 넘는 노동자가 일자리를 잃었습니다.

멕시코 수출입에서 미국이 차지하는 절대적 위상도 멕시코 경제를 외부 충격에 취약하게 만들고 있습니다. 1980년 멕시코의 대미 수출 비중은 64퍼센트였지만 2000년에는 89퍼센트까지 증가했습니다. 같은 기간 수입도 61퍼센트에서 73퍼센트로 늘었습니다. 대미 수출은 점점 늘어 2006년 90퍼센트를 돌파하였습니다.

세계은행은 2003년 나프타 10년을 점검하는 보고서에서 나프타가 멕시코 경제에 미친 이득이 미미하다는 결론을 내렸습니다. 수출과 외국인 투자가 증가한 것은 사실이지만 대부분 나프타 가입 이전인 1985년부터 단행된 개혁 조치 때문이라는 것입니다. 카네기 국제평화재단의 보고서도 나프타가 실질적인 고용 증대 효과를 거두지 못했다고 분석했습니다. 수출 확대로 인한 일시적인 효과는 미국 경기가 침체되고 값싼 중국 제품과의 경쟁이 격화되면서 사라지기 시작했고 이 때문에 지난 10년 동안 미국과 멕시코의 소득 격차는 더욱 커지는 결과를 가져온 것입니다.

2002년 미국 워싱턴 소재 우드로윌슨 센터는 나프타가 미친 영향에 대해 멕시코인들을 상대로 설문 조사를 실시했습니다. 그중에서 응답자의 29퍼센트만이 나프타가 멕시코에 이득이 되었다고 답했습니다. 33퍼센트는 오히려 해가 되었다고 말했고, 33퍼센트는 나프타 이전과 이후에 별 차이가 없다고 응답했습니다. 1994년에 멕시코 정부가 약속했던 장밋빛 '멕시칸 드림'은 미국에 대한 종속만 심화시킨 채 여전히 실현되지 않은 꿈으로 남아 있습니다.

변동환율제와 고정환율제도

고정환율제도
정부가 환율을 일정한 수준으로 정해 놓고 외환시장 개입을 통해 이를 유지하는 제도

변동환율제도
외환의 수요와 공급에 의해 환율이 자유롭게 결정되는 제도

금본위제도
화폐의 가치가 금의 무게와 일정한 관계를 갖도록 만들어 놓은 제도

브레턴우즈 체제
제2차 세계대전이 끝난 직후 형성되어 1970년대 초반에 이르기까지 세계경제질서를 주도한 체제로 고정환율제도에 기초를 두고 있었습니다.

※ 고정환율제도하에서 외환시장에 불균형이 생기면 중앙은행이 외환을 사고파는 것을 통해 외환의 초과공급이나 초과수요 문제를 해결합니다. 이 과정에서 국내의 통화량에 변화가 생길 수밖에 없어 통화정책을 자유롭게 수행하지 못하는 제약에 직면하게 됩니다. 고정환율제도와 변동환율제도를 두고 어느 쪽이 더 바람직한가에

대해서는 경제학자들 사이에 의견이 엇갈립니다. 고정환율제도가 갖는 가장 중요한 장점으로는 환율 변동과 관련한 불확실성을 제거해 국제 거래를 촉진시킨다는 것을 들 수 있습니다. 그렇지만 해외의 경기 상황이 국내의 경기에 직접적인 파급효과를 미친다는 문제점을 안고 있기도 합니다.

1944년에 미국 뉴햄프셔 주에 있는 휴양지인 브레턴우즈(Bretton Woods)에서 열린 국제통화금융회의 모습입니다. 여기에서 맺은 협정에 따라 국제통화기금(IMF)이 설립되었습니다.

파괴된 중국의 농촌 공동체

중국 농촌의 생활수준이 도시에 비해 뒤떨어지고 있다는 것이 공식 통계에서도 여실히 드러나고 있습니다. 중국 국가통계국 발표에 따르면 2009년 공업 생산은 20.8퍼센트나 늘어난 데 반해 농업 생산은 3.7퍼센트 증가에 그쳐 전체 국내총생산(GDP) 증가율 12.8퍼센트를 크게 밑돌았습니다. 2009년의 1인당 소득도 도시 지역은

8.8퍼센트 늘어난 1천826위안(320달러)이었으나 농촌 지역은 5.9퍼센트 늘어난 784위안(1백38달러)에 그쳐 갈수록 소득 격차의 골이 깊어지고 있음을 반영했습니다. 지역별로는 소득수준 최하위인 구이저우, 윈난, 안후이, 칭하이 성이 눈부신 경제 발전을 거듭해 온 상하이, 베이징, 톈진과 광둥 성의 3분의 1에서 5분의 1 수준에 머물고 있습니다.

중국은 마오쩌둥 사망 이후 덩샤오핑이 집권하여 개혁개방 정책을 단행하였습니다. 농촌에서는 인민공사가 해체되고 1980년대 중반부터 농공 단지인 향진기업이 들어서 농촌 소득 향상에 기여해 왔습니다. 하지만 농업 소득 자체는 성장률이 매우 낮은데다 농촌 노동자의 임금수준도 선진 도시와는 격차가 큰 상태입니다.

중국의 농촌인구는 전체 인구의 약 60퍼센트인 7억2천만 명 정도이며 이 가운데 8천만 명가량이 연 소득 200위안 이하의 절대 빈곤층으로 추산됩니다. 또 농촌인구 중 대략 1억 명은 잉여 노동력으로서 거대한 경제 난민 집단을 형성해 해마다 도시로 일자리를 찾아 몰려드는 '맹류' 현상을 낳는가 하면 홍콩, 마카오, 러시아 등 해외로까지 밀려 나가고 있습니다. 도시로 몰려든 농공민들은 일자리 부족, 낮은 임금, 열악한 주거 여건 등으로 어려움을 겪고 있고 자녀들도 교육을 제대로 받지 못해 빈곤의 악순환이 계속되고 있습니다.

자동차 수입관세 8% → 4%로 … 미국산 캠리 130만 원 내려
한미 FTA(자유무역협정) 비준안이 통과함으로써 양국의 시장이 서로 활짝 열리게 됐다. 원칙적으로 공산품과 농축수산물의 관세장벽을 철폐하지만 양국의 민감한 품목이나 공공 서비스는 이번 협정 적용에서 배제되거나 유보되었다.

한미 FTA 주요 내용

품목	주요 내용
상품	- 우리나라가 7천218개, 미국이 6천178개 품목에서 관세 철폐 - 승용차는 FTA 발효 4년 후 철폐, 미국은 현 관세 2.5%를 한꺼번에 철폐, 한국은 현 8%에서 4%로 내리고 4년 후 완전 철폐 - 전기차는 미국이 관세 2.5%를 4년간 균등 철폐, 한국은 8%에서 4%로 내린 뒤 4년간 균등 철폐 - 명태는 15년, 민어는 12년에 걸쳐 완전 철폐
농업·섬유	- 쌀, 쌀 관련 제품은 FTA 협상에서 완전히 제외 - 오렌지·식용대두 등 국내외 가격 차 큰 품목은 현 관세 유지하고 일정 물량 수입 쿼터 마련 - 쇠고기는 15년, 돼지고기는 10년에 걸쳐 관세 철폐 - 쇠고기 등 30개 품목에 대해 수입량 급증하면 세이프가드 발동해 관세 부과
개성 공단	- 한미 공무원으로 구성된 '한반도 역외 가공 지역 위원회'에서 역외 가공 지역(OPZ)으로 지정하면 개성 공단 제품도 한국산과 같은 특혜관세 적용
무역구제	- 우리 수출품에 대한 반덤핑 조치를 완화할 수 있는 제도적 장치 확보 - 양국은 반덤핑 조사를 개시하기 전 상대국에 통보하고 협의하는 것을 의무화 - 우리 기업 입장을 대변할 수 있는 무역구제위원회 설치
투자·서비스	- 도박·금융 등을 제외한 모든 서비스 분야에서 내국민대우·최혜국대우·시장 접근 제한 조치 도입 금지·현재 주재 의무 부과 금지 등 네 가지 의무 적용(단, 공교육·의료 등 공공성 강한 분야는 유보) - 방송 채널 사용 사업자(PP)에 대한 직접투자는 현행대로 49%까지로 한정
지적재산권	- 저작권 보호 기간이 저작자 사후 또는 저작물 발행 이후 50년에서 70년으로 연장(단, 협정 발효 후 2년간은 적용 유예) - 냄새 또는 소리로만 구성된 상표도 상표권 인정

[출처: "조선일보", 2011년 11월 23일]

1. 일반적으로 FTA가 체결되면 무역이 증가한다. 그 이유는 무엇인가?

2. 한미 FTA 내용으로 볼 때 우리나라가 비교우위에 있는 품목은 무엇이고, 이런 산업의 수출 경쟁력을 키우기 위한 방안은 무엇인가?

3. 한미 FTA로 인해 피해가 예상되는 품목과 이들 산업을 보호할 수 있는 방안에 대해 이야기해 보자.

10

자본주의 위기와 경제윤리, 경제민주화

장공부 선생님, 지난 두 시간에는 조금 우울했었어요. 어쨌든 우리는 지금 자본주의 체제 속에서 살아가고 있는데, 자본주의의 위기는 정부가 개입하거나 국제 거래가 활성화되어도 결국 해결할 수 없는 것인가요?

모의심

해결할 수 없어!

진단순 설마 …….

사 선 우리가 자본주의의 고유한 위기 때문에 고통받고 있고, 또 그러한 위기를 해결할 수 있는 수단이 잘 보이지 않는 것이 사실이지만 그렇다고 너무 낙담하진 마세요. 사실 어떤 체제도 완벽할 수는 없다는 사실을 다시 한번 생각해 볼 필요가 있습니다. 한때는 최선인 것처럼 보였던 체제나 제도가 일정 시간이 지나고 나면 처음과 같은 역할을 하지 못하는 것처럼, 지금 문제가 많다고 해서 무조건 비관적으로 보기만 할 일은 아니지요.

그러면 이번 시간에는 학생들의 걱정을 더는 의미에서 앞에서 이야기되었던 것과는 다른 차원에서 자본주의의 위기를 해결할 수 있는 방안을 찾아보도록 할까요?

학생들

네!

경제는 윤리적인 사회에서 더 발전할까?

사　선 여러분들 혹시 **경제윤리**란 말을 들어 본 적이 있나요?

모의심 네. 들어 보기는 했는데, 윤리와 경제는 좀 안 맞는 거 아닌가요?

장공부 저도 그렇게 생각해요. 꼭 돈 때문은 아니겠지만 어쨌든 윤리적으로 행동한다고 해서 경제가 더 잘 운영되는 것은 아니지 않나요? 저는 오히려 자본주의가 발달할수록 윤리의 가치가 땅에 떨어진다고 한탄하는 말들을 많이 들었거든요.

사　선 시작부터 의견들을 활발히 이야기해 주니 고맙네요. 오늘 수업은 다른 수업보다 더 활기차게 진행될 거라는 생각이 듭니다. 먼저 의심이 질문에 대해 간략히 대답해 보죠.

일단 경제가 잘 운영되든, 그렇지 않든 윤리는 지켜야 하는 경우가 많습니다. 가령 국민경제가 발전할 수 있다고 해서, 다른 나라 사람들을 잡아다가 노예로 판다거나 이웃 나라를 침략해서 식민지로 삼는 짓을 해서는 안 되겠죠. 경제가 아무리 중요하다고 해도 기본적인 윤리는 지켜야 하는 것입니다. 심지어 경제와 윤리는 별개라고 주장하는 경제학자들조차 이런 사실을 부인하지는 않죠. 하지만 우리가 여기에서 이야기하는 윤리는 그런 기본적인 윤리에 대한 것이 아니라 '경제윤리'에 대한 것입니다. 즉, 경제적인 상황을 윤리적으로 통제하거나 규제하는 것이 과연 타당한가 하는 것입니다. 프리드먼이나 하이에크 같은 신자유주의 경제학자들이 강력하게 반대하는 것도 이 지점이고요.

진단순 프리드먼, 하이에크?

사　선 보충 설명을 하겠습니다. 주류 경제학의 흐름을 보면 신자유주의적 경제학에 동의하지 않는 경제학자들도 경제와 윤리는 별개라는 견해를 가지고 있었습니다. 이 부분에 대해서만큼은 지금 서로 앙숙으로 싸우고 있는 크루그먼이나 맨큐와 같은 경제학자들도 다 같이 공유하고 있죠. 그런데 이런 흐름에 쐐기를 박고 나선 것이 바로 앞의 강의에서도 언급한 적이 있는 인도 출신의 노벨 경제학상 수상자 아마티아 센입니다. 센은 경제체제가 윤리적, 정치적 함축을 갖는다고 주장합니다. 가령 동유럽 사람들이 시장경제 체제를 선택한 것은 시장경제 체제가 단순히 경제적으로 효율적이기 때문이 아니라 그것이 자유(생산과 소비와 생활의 자유)

와 연결되어 있기 때문이라는 것이죠.

나아가 센은 경제학의 원조, 애덤 스미스의 『도덕감정론』이라는 책을 재해석하면서 시장경제 체제는 그것을 건전하게 유지할 수 있도록 해 주는 윤리학적 조건이 충족되지 않으면 지탱될 수 없다는 주장을 합니다.

학생들 보충 설명이 더 어려워요.

사 선 알고 있습니다. 조금만 참아 주세요. 이제 쉬운 이야기로, 아니 덜 어려운 이야기로 넘어갑니다. 여러분 혹시 **사회적 자본**(social capital)이라는 말 들어 보셨나요?

학생들 아니요.

사 선 예를 들어 보지요. 여러분이 아이스크림 가게에 가서 서른한 가지 맛 중에 세 가지를 골랐다고 합시다. 그런데 여러분은 혹시 가게 주인이 아이스크림을 우

유와 크림이 아니라 이상한 화학물질로 만들었거나, 딸기 아이스크림이 실제로는 몸에 해로운 딸기 맛 색소 덩어리라거나, 원가는 100원에 불과한데 4천 원을 받고 있는 거 아닌가 하는 등의 걱정을 하나요? 만약 그런 걱정이 들면 어떻게 할래요?

진단순 글쎄요. 그런 걱정은 별로 안 해 봤어요. 그런 걱정까지 하면 뭘 사 먹을 수 있겠어요?

모의심 저는 다른 가게들을 조사해서 가격을 확인하고, 아이스크림의 품질을 꼼꼼하게 확인한 다음에, 만약 상품에 문제가 있으면 한국소비자원에 확인해서 바로 환불받고 필요하면 고발도 하겠어요.

진단순 저는 그냥 먹고 말래요. 설마 먹고 죽기야 하겠어요? 만약 이상하면 그 집에 다시 안 가면 되죠.

장공부 고발까지 하지는 않을 것 같아요. 하지만 블로그나 트윗으로 그 집에 대한 정보를 공유해서 사람들에게 경고할 거예요.

사 선 그래요. 각자 적절한 조치를 취하면 되겠지요. 그런데 만약 그렇게 의심스러운 가게가 한두 곳이 아니라 수두룩하다면 어떨까요? 단순이 같은 사람은 손해를 많이 보겠죠? 경우에 따라서는 유독 물질을 우유라고 속여서 팔지도 몰라요. 그리고 의심이나 공부는 상품을 조사하고 다른 가게의 품질과 가격을 알아보느라 아마 신발 밑창이 다 닳아질 것이고요. 실제로 경제학자들은 이렇게 조사하는 데 들어가는 비용을 **구두창 비용**이라고 부른답니다. 이렇게 구두창 비용이 많이 드는 나라라면 다른 나라와 똑같은 생산을 하더라도 그만큼 낭비되는 자원이 많겠죠. 구두창 비용뿐 아니라 의심 가는 가게에 대한 신고를 받을 공무원, 또 규제할 공무원, 경찰도 더 필요하겠고요. 그래서 사회가 건전하면 건전할수록 사람들이 경제활동을 할 때에도 전체적으로 비용이 덜 드는 것이랍니다. 이런 비용이 다른 나라보다 덜 드는 나라는 경제 규모가 같더라도 사실상 더 많은 자본을 가진 것이 됩니다. 이처럼 사람들의 경제활동을 도와주는 유형무형의 신뢰도나 규범 등을 사회적 자본이라고 한답니다. 하나 더 예를 들어 볼까요? 어떤 나라에 사기꾼이 많아서 돈을 빌려도 잘 갚지 않는다고 해 봐요. 그러면 어떻게 될까요?

진단순 경찰들이 바쁠 거예요.

사　선 물론 그렇겠죠. 그런데 지금은 경제에 대해 이야기하고 있으니까, 경제적으로 판단해 볼까요? 만약 돈을 갚지 않는 풍토가 만연한 나라라면 누구라도 돈을 잘 빌려 주지 않으려 하겠죠. 그리고 설사 빌려 주더라도 아마도 아주 높은 이자를 받아야만 빌려 주려 할 겁니다. 그만큼 돈을 떼일 위험이 큰 사회이니까요. 이런 나라에서 기업을 하려면 아주 어렵지 않겠어요? 필요한 자본을 융통하기도 어렵고, 또 설사 어렵사리 융통했다 하더라도 이자를 많이 내야 하니 이윤의 대부분을 금융 비용으로 까먹고 말 테니까요. 구두창 비용도 그렇고, 이런 금융 비용도 그렇고 모두 경제윤리 수준이 높은 나라였다면 치르지 않아도 되는 비용이라고 할 수 있습니다. 자, 어떤가요? 경제활동에도 윤리가 있어야 한다는 말의 의미가 이해되나요?

장공부 확실히 이해할 수 있겠어요. 그러면 이제 구체적으로 어떤 윤리 규범이 필요한지 말씀해 주세요.

사　선　이에 대해서도 너무 많은 이야기들이 되고 있어서 한마디로 이야기하기는 어려우니까 세 가지로 나누어서 설명할게요. 경제윤리와 관련해서는 대체로 세 가지 영역에서 이야기가 진행되고 있어요. 첫째는 기업 윤리, 둘째는 소비자 윤리, 셋째는 시민사회와 정부의 역할에 대한 것이죠. 하나씩 살펴보도록 할까요?

기업의 이익은 소유주만의 것이 아니다

사　선　시장경제에서 대부분의 생산을 기업이 담당하는 만큼 기업과 관련된 윤리 문제부터 이야기하는 것이 좋겠네요. 여러분은 기업 윤리, 또는 윤리적 기업 하면 어떤 생각이 떠오르나요?

진단순　기부를 많이 하는 기업이 아닌가요? 아니면 봉사 활동 많이 하는 기업?

장공부　그건 아닌 것 같아. 기업이 자선단체는 아니잖아. 상황에 따라 다르겠지만 우리나라 같으면 수출을 많이 해서 국가 경제에 기여하는 기업이 아닐까요?

모의심　수출을 많이 해서 돈을 많이 벌면 뭐해? 만약 그게 노동자들에게 저임금과 중노동을 강요한 결과라면? 그러니까 윤리적인 기업은 노사 관계가 좋은 기업이 아닐까요?

사　선　모두 맞는 이야기이긴 한데, 가장 먼저 이야기해야 할 것이 빠졌네요. 좋다, 나쁘다 하는 것은 이루어야 할 목표에 따라 달라지는 것이니까요. 여러분은 기업의 목표가 무엇이라고 생각하세요?

진단순　돈을 많이 버는 것 아닌가요?

장공부　합리적이고 효율적인 생산으로 국민경제에도 도움이 되어야 하지 않나요?

모의심

기업의 목적이 뭐 따로 있나요? CEO나 회장님이 정하면 그게 목적이지.

사　선　네, 참 의견들이 다양합니다. 실제로 기업의 목적이 무엇이냐에 대해서는 많은 의견들이 있습니다. 그런데 사람들이 대체로 합의하고 있는 기업의 목적은 좁게 본다면 법을 어기지 않는 범위에서, 넓게 본다면 보편적인 윤리 규범을 할 수 있는 한 준수하는 가운데 이익을 극대화하는 것입니다. 그런데 여기에서 문제가 되는 것은 4장에서도 말했지만 기업은 어떤 주체가 아니라 여러 경제주체들이 활동하는 장소(혹은 영역)라는 것입니다. 그러니 기업이 이익을 거두었다고 할 때 이 '이익'이 누구의 이익인가 하는 문제가 생긴답니다. 프리드먼 같은 사람은 이때의 이익은 기업을 소유하고 있는 사람의 이익이라고 주장합니다. 오늘날의 기업들은 대부분 주식회사이니까 여기에서의 주인이란 주식을 가지고 있는 주주들이겠죠. 그러니 프리드먼은 기업이 극대화해야 하는 이익이란 '주주(shareholder)의 이익'이라고 주장하는 것입니다. 하지만 캐롤과 같은 학자들은 기업이 극대화해야 하는 이익은 주주를 포함하여 **이해관계자(stakeholder) 모두의 이익**이라고 주장합니다. 여기서 말하는 기업의 이해관계자는 좁게는 주주와 노동자와 소비자를 의미하고, 넓게는 거기에다 지역사회와 환경까지 포함시킨 개념입니다. 여러분 생각은 어떤가요?

진단순 프리드먼 이야기가 맞는 것 같아요.

모의심 저는 캐롤 말이 맞는 것 같아요. 하지만 이런 경우는 어떻게 되나요? 가령 법망을 교묘하게 피하고 환경을 파괴하면서 주주의 이익을 극대화하는 기업이 있다고 해요. 하지만 법적으로 그 기업을 문 닫게 할 수는 없단 말이죠. 그러니 설사 캐롤 말이 맞는다고 해도 결과적으로는 기업의 목표가 주주의 이익 극대화인 것과 마찬가지가 된단 말이죠. 아무런 제약이 없다면 모든 기업이 주주의 이익을 극대화하는 쪽으로 갈 테니까요.

장공부 그러게요.

진단순

그럼 법을 만들어서 잡으면 되잖아요?

장공부 몇몇 나쁜 기업을 잡으려고 자꾸 법을 만들어서 기업을 제약하려고 하면 시장이 잘 움직이지 않아서 경제를 망칠 수도 있다고.

사 선 음. 의심이가 미묘한 문제를 제기했네요. 기업의 목표가 무엇인가, 무엇이 기업이 지켜야 할 윤리인가 하는 문제도 어렵지만 그런 목표와 윤리가 정해지

산업혁명 이후 자본주의가 급속히 발
전했지만 경제윤리가 엄격하지 않던
시절에는 어떤 일들이 있었을까요?

↘ 공장에서 일하는 소녀 방적공
↑ 시커먼 연기를 가득 내뿜는 공장들
← 석탄 광산에서 하루 14시간씩 일
하던 소년 광부들

더라도 이걸 어느 수준까지 법을 만들어서 기업을 규제해야 하느냐 하는 문제는 더 어렵죠. 가령 윤리적인 측면에서 기업의 목표가 이해관계자의 이익을 극대화 하는 것이라고 해도 그것을 법으로 규정해야 하는가 하는 것은 무척 어려운 문제 이죠. 생각해 보세요. 만약 "기업은 해마다 최하 3퍼센트의 이익을 올려서 주주 에게 배당해야 한다. 이를 위반한 경영자는 3년 이하의 징역 혹은 3천만 원 이하 의 벌금형에 처한다", 이런 식의 법이 있으면 어떻게 될까요? CEO들이 스트레스 를 너무 받아서 건강을 해치거나 하청 업체를 쥐어짜고 노동자를 착취할 수도 있겠 죠. 더 나아가 이익을 극대화하기 위해서는 수단과 방법을 가리지 말아야 하니 독 과점을 시도하거나 폐기물을 몰래 버리며 환경을 파괴할 수도 있겠죠. 그러니 기 업의 목표가 모두 법으로 규정되기는 어렵다는 것을 이해할 수 있을 겁니다.

모의심 그건 기업의 목표가 꼭 주주의 이익을 극대화하는 것이라고 한정했기 때문 이 아닐까요?

사 선 물론 그래요. 그럼 이번에는 기업의 목표가 주주의 이익이 아니라 여러 이 해관계자의 이익을 고려해야 하는 것이라고 바꿔 볼까요? 그럼 기업과 관계되는 이해관계자들이 끊임없이 나올 것이고, 이것을 일일이 법을 만들어서 규제한다면 사실상 모든 기업 활동의 자유가 사라지고, 이를 통제하는 정부가 막강한 힘을 갖 게 되는 결과가 빚어지겠지요. 그렇다고 아무런 법이 없다면 기업은 결국 주주의 이익만 챙기거나, 심지어는 CEO가 주주들을 속이고 자기 이익을 챙기려고 할 수도 있겠죠. 그러므로 기업 윤리는 적절한 수준에서 법제화되어야 하는데, 대체로 다 음과 같은 사항들이 법제화될 필요가 있다고 생각하고 있습니다. 투명한 경영 공 시 체계, 특히 대기업과 중소기업 간의 공정 경쟁 시스템, 노동권 보장 및 소비자에 대한 적절한 의무의 이행, 친환경적 생산, 공익을 위한 기업 지배 구조의 확립, 이 러한 윤리의 실행을 위한 실질적 기구의 확보 등이죠.

장공부 그런 것들이 필요하기는 한 것 같은데, 저희가 아직 어려서 그런지 잘 모르 겠어요.

사 선 그럼 예를 들어 말씀드려 볼까요? 먼저 **투명한 경영 공시제**입니다. 기업 의 주인이 주주라고 한다면 주주들은 어떻게 주인이 되었을까요?

장공부 그거야 증권시장에서 주식을 샀기 때문이죠.

사　선 그렇다면 주주들은 그 기업의 주식을 왜 샀을까요? 그 기업이 경영이 잘되어서 이윤이 많이 발생할 거라고 기대했기 때문이겠죠? 그러니 지금 많은 수익을 올리고 있거나, 아니면 장차 많은 수익이 발생할 그런 기업의 주식이 값도 비싸고, 또 주주들도 기꺼이 그런 기업에 투자하겠죠. 하지만 그 기업의 현재 수익이나 앞으로의 수익 전망을 알 수 없다면 주주들은 불안해서 투자하지 않을 겁니다. 자,

1810년의 런던 증권
거래소 모습입니다.

이쯤 되면 무슨 말인지 알 수 있을 텐데요?

모의심 그러니까 기업의 경영 상태와 경영 전망 같은 것을 솔직하게 공개하지 않으면 주주들이 제대로 된 투자를 할 수 없단 말씀이시죠?

사 선 그렇습니다. 만약 지금 적자를 보고 있는 기업인데 흑자를 보고 있는 것처럼 정보를 제공하거나 아니면 사양산업이어서 철수를 준비하고 있는 기업인데 마치 장래가 촉망되는 기업인 것처럼 정보를 제공한다면 이 정보를 보고 주식을 산, 즉 투자한 주주들은 사기를 당하거나 바가지를 쓴 꼴이 아니겠습니까? 이것도 한두 번이지 만약 이런 일이 반복된다면 결국 이것은 주식시장 전체에 대한 불신으로 이어지며 주주들의 투자 의욕을 저하시켜, 기업이 자본을 확보하는 것을 어렵게 만들 것입니다. 주주뿐이 아닙니다. 소비자들도 건전하고 건강하게 경영되는 기업의 제품을 선호하는 경향이 있습니다. 정부 역시 건전한 기업을 육성하는 것을 중심으로 정책을 짜고 예산을 편성합니다. 그러니 기업이 자기 경영 상태를 투명하게 공시하지 않고 속이거나 감춘다는 것은 주주뿐 아니라 이해관계자 모두를 기만하는 행위가 되는 것입니다. 하지만 이걸 기업가들의 양심에만 맡길 수 있을까요? 그렇기 때문에 기업의 경영 정보를 엄격하게 공시하도록 법으로 정해 놓는 것입니다. 미국에서는 주식시장에 경영 정보를 허위로 공시한 기업가에게 그의 나이가 70이 넘었음에도 불구하고 징역 80년을 선고한 사례도 있습니다. 죽을 때까지 감옥에 있으란 뜻이죠.

시장경제는 '공정한' 경쟁에 바탕해야 한다

모의심 그럼 대기업과 중소기업 간의 공정 경쟁 시스템은 무엇인가요?

사 선 시장경제라고 하면 경쟁을 생각하고, 어떤 분들은 경쟁을 하면 무조건 효율적이 될 것이라고 주장하는데, 실제로는 전혀 그렇지 않습니다. 시장경제의 목적에 부합하는 것은 여러 기업들이 오직 가격과 품질만으로 정정당당하게 경쟁하는 것입니다. 승리하기 위해 수단과 방법을 가리지 않는 것을 경쟁이라고는 하지 않죠. 만약 그렇게 되면 덩치가 큰 대기업이 무조건 이기게 되고, 그럼 시장경제가 가장 두려워하는 상황인 독과점 상태가 됩니다. 그런데 대부분의 기업들은 독과점 상태를 꿈꿉니다. 독과점이 되면 초과이윤을 더 거둘 수 있는데 왜 마다하겠습니까? 그래서 경쟁사를 무너뜨리기 위해 가격, 품질 이외의 다른 방법을 동원하기도 합니다. 특히 자본의 규모가 큰 대기업들은 자신들의 우월한 위치를 이용하여 새로 시장에 진입한 경쟁사의 싹을 밟아 버리려는 경향이 있습니다.

장공부 어떤 방법으로요?

사 선 예를 들면 의심이가 아주 큰 맥주 회사를 가지고 있다고 해요. 그런데 공부가 새로 맥주 회사를 차린다고 합시다. 그러면 의심이가 맥주 값을 50퍼센트 할인해서 파는 겁니다. 손해를 보면서 말이죠. 안 그래도 규모의 경제가 있기 때문에 공부는 그 가격에 맥주를 팔아서는 도저히 회사를 운영할 수 없게 됩니다. 하지만 이미 더 큰 회사가 그렇게 값을 내리면 시장가격이 그렇게 결정되어 버리기 때문에 장공부의 회사는 그 가격 이상을 받기가 어려워집니다. 그럼 돌아오는 결과는 망하는 것밖에 없겠죠. 혹은 공부가 새로 맥주 회사를 세운다는 계획을 알아낸 의심이가 공부네 공장이 문을 여는 시점에 맞춰 맥주 공장을 두 배로 확장합니다. 그럼 맥주 공급이 엄청나게 늘기 때문에 시장가격이 떨어지겠죠. 그럼 역시 결과는 장공부 회사의 파산입니다. 이런 방법이 통하는 이유는 의심이네 회사는 대기업이라 자본이 풍부해서 꽤 긴 시간 동안 적자를 견딜 수 있지만 공부네 회사는 새로 생긴 중소기업이라 수익이 없으면 유지되기 어렵기 때문이죠.

장공부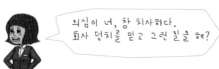

의심이 너, 참 치사하다.
회사 덩치를 믿고 그런 일을 해?

모의심 내가 그럴 리는 없지만 어쨌든 그 회사가 치사한 건 사실이네.

사 선 하지만 우리가 의심이를 무조건 비난만 할 수는 없습니다. 모든 사람이 의심이처럼 행동하는 경제 상황에서는 그런 식으로 행동하지 않기가 매우 어려울 테니까요. 의심이 입장에서는 기업가의 유일한 목적인 이윤 극대화를 추구하는 행위가 잘못된 점이 무엇이냐고 반문할 것입니다. 하지만 이런 일이 계속되면 시장경제 자체가 무너지겠죠. 물론 개별 기업은 시장경제의 유지에도 관심이 없습니다. 당장의 이윤이 목적이니까요. 따라서 이건 개별기업, 또는 기업가를 비난할

332

문제가 아니라 모두가 의견을 모아 법으로 정해서 규제해야 할 일입니다. 그래서 시장경제가 발달한 대부분의 선진국들은 대기업들이 이런 공정하지 못한 경쟁을 하는 것을 규제하는 법과 기구를 가지고 있습니다.

장공부 어휴. 듣고 보니 기업을 경영하려면 이런저런 윤리에도 신경을 무척 많이 써야 할 것 같네요. 무작정 돈만 벌자고 하면 안 된다는 거죠. 그러면 정부나 시민 단체와 관련된 경제윤리는 어떤 것이 있나요?

소비자가 지켜야 할 윤리가 있다

사　선 그전에 먼저 소비자 윤리를 살펴볼까요? 정부 및 시민단체와 관련된 윤리를 살펴볼 수도 있지만 사회 전체적인 문제를 다루기 전에 개인적으로 가능한 부분과 또 그런 개인적인 차원에서 겪게 되는 한계를 먼저 서술하는 것이 좋겠다는 생각이 드네요. 자, 그러면 소비자가 지켜야 할 윤리에는 어떤 것이 있을까요?

진단순 저는 이해할 수 없어요. 소비자는 돈을 내고 상품을 사는 사람인데 소비자에게도 윤리가 필요한가요? 그냥 값이 맞고 물건이 마음에 들면 사면 되는 거 아닌가요? 아니면 값을 과도하게 깎으면 안 된다, 판매원에게 무례하게 굴어서는 안 된다, 뭐 이런 것들이 있나요?

장공부 그런 것 말고. 너는 **공정 무역** 같은 말도 안 들어 봤니? '아름다운 가게' 같은 곳에 가면 있잖아? 우리는 농민들을 착취하는 회사의 커피를 사용하지 않습니다, 어쩌고저쩌고하고 말이야.

모의심 글쎄 그 공정 무역한다는 것, 그냥 모두 회사를 홍보하려고 하는 말이라던데.

장공부 또 의심 시작이다. 그냥 좀 믿고 사면 안 되냐?

모의심 글쎄. 나는 이런 의심하는 자세가 오히려 소비자의 미덕이라고 생각해. 합리적인 소비를 한다는 거잖아. 그냥 덮어 놓고 판매자를 믿는 게 소비자 윤리인가?

사　선 하하. 얘기가 분분하네요. 그런데 소비자 윤리는 단순이가 이야기한 것처럼 값을 깎으면 안 된다거나 예의바르게 행동해야 한다는 것은 아니에요. 물론 가격표시제(정찰제)를 실시하는 곳에서 상품 가격을 깎아 달라고 터무니없이 요구한다면 문제가 되겠지만 그렇지만 않다면야 별문제가 되지는 않습니다. 또 상품을 판매하는 사람에게 최소한의 예의를 지켜야 하는 건 물론 당연한 말이지만 그것은 소비자라서 지켜야 하는 윤리가 아니라 사람이라면 누구나 지켜야 하는 공중도덕에 해당하는 것이죠.

모의심 그럼 소비자 윤리란 대체 뭐죠?

사　선 소비자 윤리는 소비가 단순히 상품을 구매해서 사용하는 행위일 뿐 아니라 생산하는 방식을 결정하는 행위이기도 하다는 사실을 자각하고서 소비하는 태도나 가치를 뜻합니다.

학생들 어려워요.

사　선 그럴 줄 알았어요. 그럼 여기에 축구공이 두 개가 있다고 해 봅시다. 두 축구공이 품질과 가격이 동등하다고 합시다. 그런데 그중 하나는 14세 미만의 어린이들을 저임금으로 고용해서 생산한 것이고, 다른 축구공은 정상적인 노동 활동을 통해서 생산한 것이라고 하면 여러분은 어느 축구공을 구매하겠어요?

학생들 정상적으로 생산된 축구공을 사겠지요.

사　선 왜요?

장공부 아동노동을 시키는 회사는 물건을 팔지 못해서 문을 닫아야 하니까요. 그러자면 그런 회사의 제품은 시장에서 선택되지 말아야죠.

사　선 바로 그거예요. 우리의 소비 행위는 실제로는 생산하는 행위와 연결되어 있지요. 우리가 어떤 제품을 구입하고 선호하느냐에 따라 어떤 생산 활동이 이루어지느냐가 결정될 수 있다는 것입니다. 그럼 이번에는 더 어려운 문제를 내 볼게요. 이번에도 축구공 두 개를 예로 듭시다. 아까처럼 두 축구공의 품질은 똑같다고 합시다. 하지만 아동노동을 시킨 회사의 축구공은 저임금을 지출했기 때문에 가격이 5천 원인데, 정상적인 고용을 한 회사의 축구공은 임금 비용이 많이 들어서 1만 원이라고 합시다. 아니 1만2천 원쯤이라고 해 볼까요? 자, 그럼 어떤 축구공을 사겠어요?

장공부 음. 그거 어려운데요? 아동노동을 시키지 않은 회사에서 생산한 축구공을 사야 할 것 같은데, 가격이 …….

334

진단순 아니 뭐가 고민거리예요? 값이 7천 원이나 차이가 나는데. 7천 원이면 아르바이트가 두 시간이잖아요?

모의심 제 생각도 그래요. 사람들이 말로는 공정 무역을 이야기하지만 결국은 가격이 싼 제품을 구입할 것 같아요.

사 선 안타깝지만 그럴 것 같지요? 실제로 축구공이 팔릴 때에는 소비자들이 그 축구공이 어떻게 생산되었는지를 알 수 있는 방법이 없죠. 축구공에 무슨 녹화 장치가 달려 있는 것도 아니고요. 그러니 소비자들은 오직 가격으로만 판단할 수밖에 없을 겁니다. 아동노동으로 만든 제품이라는 걸 알아도 싼 가격에 이끌리는데, 알 수 있는 방법도 없는 상황이라면 오죽하겠어요? 그래서 많은 국가에서 아예 아동노동 자체를 법으로 금지하는 것이죠. 하지만 현실적으로는 이것도 애매한 경우가 많아요. 앞에서 공정 무역에 대한 이야기가 나왔는데 가령 커피 이야기를 해볼게요. 우리나라에서 지금 커피 소비량이 급격히 상승하고 있어요. 그렇다고 여러분은 커피 너무 많이 마시지는 말고요. 아무튼 커피가 이렇게 잘 팔리면 누가 이득을 볼까요?

진단순 커피 농사를 짓는 사람이요.

장공부 커피 체인점 운영하는 사람이요.

모의심 항상 중간에 이득을 보는 사람이 따로 있던데.

사 선 경우에 따라 다르겠지만 의심이 말대로 커피 도매상들이 이익을 보는 경우가 많습니다. 그래서 커피를 공정 무역을 해야 한다고 생각하는 사람들은 커피 원두 생산자와 소비자가 직거래를 할 수 있도록 함으로써 커피 원두 생산자들에게 적정한 이익을 보장해 주려고 합니다.

장공부 그러면 소비자도 싼 가격에 구입할 수 있으니까 서로 이득이네요.

사 선 그런데 꼭 그렇지는 않습니다. 커피 도매상들은 대규모로 구입을 하고 판매를 하기 때문에 규모의 경제를 실행할 수 있어요. 반면에 공정 무역 운동가들은 그렇게 할 수 없는 경우가 많거든요. 또 커피 생산에서 원두 값이 차지하는 비중이 실제로 그렇게 크지 않기 때문에 소비자가 체감할 수 있도록 가격이 떨어지지는 않습니다. 그래서 실제로 공정 무역 커피는 비슷한 품질의 다른 커피들보다 가격이 조금 비싼 경우가 많습니다.

모의심 공정 무역 커피 가격이 조금 비싼 것이 아니라 많이 비싸다고 하던데 …….

사　선 그것도 무척 안타까운 일인데, 일부 커피 회사에서 공정 무역을 한다고 하면서 원두 값을 약간 더 지불하고 커피 가격은 많이 인상한 경우가 있었습니다. 공정 무역을 하면 가격이 인상된다고 생각하는 소비자의 심리를 이용해서 이득을 취하고, 동시에 홍보 효과도 노린 상당히 악질적인 경우라고 할 수 있지요. 소비자들의 더 세심한 주의가 필요한 부분이기도 합니다. 그래서 많은 경우에는 소비자와 생산자가 서로 조합을 형성하기도 합니다. 그러면 서로 믿을 수 있을 뿐 아니라 생산량이나 소비량을 서로 예측할 수 있기 때문에 여러모로 효율적이라고 할 수 있지요. 우리나라에도 이미 이러한 생활 조합이 많이 만들어져 있습니다.

모의심 선생님, 그런데 모든 상품에 대해서 이처럼 정부 규제나 조합을 통한 공정 거래가 가능한 것은 아니지 않나요?

사　선 그렇습니다. 그래서 어떤 상품이나 상품을 생산하고 거래하는 방식에 문제가 있는 경우에는 피해자들이 모여서 집단적으로 소송을 하거나 불매운동 등을 벌여서 문제를 해결하게 됩니다. 하지만 이게 공정한 싸움이 되기 어렵습니다. 아무래도 기업, 더구나 대기업을 상대로 하니까요. 대기업은 이런 문제에 체계적으로 대처할 능력과 담당 변호사, 심지어는 전담 기관까지 갖추고 있는 반면에 소비자는 흩어져 있고 각자 생업이 있기 때문에 체계적으로 대처할 수 없는 경우가 많지요. 그래서 일반적으로 정부에서는 이러한 소비자들의 어려움을 극복할 수 있도록 전문 기관(우리나라의 경우는 한국소비자원)을 설치해서 소비자들을 돕고 있죠. 또 시민들이 자발적으로 소비자단체를 설립하여 활동하기도 합니다. 이야기를 하다 보니까 화제가 자연스럽게 경제윤리와 관련된 시민사회와 정부의 역할로 이어지네요. 다음에는 이 문제에 대해 이야기해 보도록 하지요.

시민사회와 정부가 지켜야 하는 경제윤리

사　선 먼저 정부와 관련된 이야기부터 시작해 볼까요? 혹시 여러분 **윤리라운드**라고 들어 보셨나요?

진단순 윤리 때문에 돌았단 뜻인가요?

사　선 하하. 그거 웃자고 한 말이죠? 잘 모르는 것 같으니까 '우루과이라운드'부터 이야기를 시작해야 하겠군요. WTO(세계무역기구) 체제가 출범하기 전에 세계 주요 국가들이 우루과이에 모여서 WTO 출범을 위한 협상을 벌였는데 이것을 '우루과이라운드'라고 합니다. 그 이후에 여러 나라들이 모여서 하는 협상을 '라운드'라고 부르는 것이 유행하였는데 가령 환경 문제를 논의하는 협상은 그린라운드, 노동조건 문제를 논의하는 협상은 블루라운드, 이런 식이죠. 윤리라운드는 기업의 생산이나 판매 행위와 관련된 윤리적 조건을 통일하자는 것인데, 아직도 진행 중이랍니다.

모의심 윤리라운드의 목적은 뭐죠?

사　선 윤리라운드는 선진국 기업들이 후진국이나 개발도상국의 경제 관행에 문제를 제기하면서 시작되었습니다. 대체로 선진국은 기업 윤리에 대한 법적인 규제가 철저한 반면에 후진국이나 개발도상국의 기업들은 그러한 규제를 덜 받으니까 서로 공정한 경쟁이 될 수 없다고 주장한 것입니다. 예를 들면 선진국에서는 아동노동이 철저히 금지되고, 노동자를 착취하기 어려우며, 환경오염 물질을 배출하면 회사가 문을 닫을 수도 있지만 개발도상국에서는 이런 규제가 느슨해서 선진국 기업들은 가격 경쟁력을 갖추기가 힘들다는 것이죠.

모의심 의도가 별로 순수해 보이진 않네요.

사　선 맞아요. 그래서 개발도상국 측에서는 윤리를 빙자한 또 다른 보호무역이다, 선진국의 사다리 걷어차기다 하면서 크게 반발했었죠. 하지만 개발도상국이라고 해서 기업이 윤리적이지 않아도 된다는 주장은 설득력이 떨어지죠. 그래서 이미 국제 협약이 상당 정도 진행되고 있는 추세랍니다. 그러니까 이제 후진국 기업들도 윤리 문제를 마냥 무시할 수는 없는 상황이 된 것이죠.

진단순 예전에 어떤 기업 드라마를 보니까 우리나라 사람들이 로비를 잘해서 중동의 건설공사를 따내는 장면이 있던데, 그런 것이 옳지 않다는 것이죠?

사　선 그렇습니다.

장공부 하지만 기업의 활동이 위축되지 않을까요?

사 선 그렇지만은 않아요. 기업이 윤리적이면 경제적 관점에서도 좋은 점이 몇 가지 있습니다. 기업 윤리가 정착하면 기업들은 로비, 저임금, 허위 과장 광고, 경쟁사 타격 같은 방법이 아니라 오직 제품의 품질과 가격으로만 경쟁하게 됩니다. 그러니 결국 기술 개발과 합리적 경영 체계를 갖추기 위해 노력하게 되고, 이것이 경제를 성장시키는 것은 물론 소비자들에게 좋은 제품을 공급하고 기업 자신들도 경쟁력을 높일 수 있는 계기가 되는 것이죠. 비유를 들자면 시험 칠 때 커닝이나 여타의 부정행위가 엄격히 규제되지 않는다면 학생들이 공부가 아니라 편법만 익히게 되는 것과 같은 이유죠. 또 기업 윤리가 엄격하게 지켜지는 나라는 투자를 유치하는 데에도 유리한 점이 많습니다. 선진국에서는 기업 경영과 관련된 윤리적 문제가 발생하면 주가가 크게 하락하는 경향이 있습니다. 그래서 투자자들은 가능하면 윤리적인 기업, 적어도 윤리적인 문제가 없는 기업에 투자하려고 하죠. 기업 입장에서도 홍보를 위해서 구단을 운영하거나 운동선수들을 후원하기도 하는데 기업 윤리를 충실히 실행해서 소비자들에게 윤리적 기업이라는 이미지를 심어 줄 수 있다면 더할 나위가 없겠죠.

그런데 중요한 것은 여기에서 정부의 역할입니다. 우선 정부는 국제적으로 공인된 윤리적 기준을 개별 기업이 충실히 준수하는지 감시, 감독해야 합니다. 특히 국제 거래를 하는 기업이 윤리적 기준을 지키지 않으면 그 기업뿐 아니라 국가 전체의 이미

세계 여러 나라는 우리나라의 공정거래위원회와 비슷한 기구를 두고 소비자 보호와 시장에서의 공정한 거래를 도모하고 있습니다. 위로부터 한국의 공정거래위원회, 미국의 연방거래위원회, 독일의 연방카르텔청, 일본의 공정취인위원회의 로고입니다.

338

지가 훼손되기 때문에 정부가 그런 상황이 발생하는 것을 막을 필요가 있는 것이지요. 동일한 맥락에서 정부는 빈곤 국가에 대한 원조나 봉사 활동을 조직함으로써 국가 이미지를 제고할 필요가 있습니다. 개별 기업이 하지 못하는 일을 정부가 조직, 주도함으로써 적은 비용으로 큰 효과를 올릴 수 있는 측면도 있고요.

장공부 경제윤리와 관련해서 정부가 할 일이 적지 않군요. 그런데 아까 시민사회의 역할이라고 하셨는데, 그건 뭐죠? 사실 저는 시민사회가 무엇인지도 잘 모르겠네요.

사 선 '시민사회'에는 여러 가지 뜻이 있지만 여기에서는 정부 기관이 아닌 시민들의 독립적인 모임이나 단체 정도로 생각해도 무방합니다. 앞에서 예를 들었던 소비자단체 같은 경우가 대표적이죠.

진단순 그런데 시민들이 왜 경제윤리 문제에도 나서야 해요? 정부가 법으로 딱 막아 버리면 되잖아요?

사 선 두 가지 정도 이유가 있답니다. 우선 어떤 기업이 비윤리적인 방식으로 생산이나 판매를 하지만 법에 어긋나지는 않는 방식으로 할 수 있습니다. 이럴 경우 정부는 이를 제어할 방법이 없습니다. 하지만 시민 단체에서는 정부보다 자유롭게 불매운동이나 항의 시위 등을 함으로써 비윤리적 기업을 제재할 수 있죠. 기업, 특히 경영진의 입장에서도 실제로 이런 일이 벌어지면 심한 경우에는 주가가 반 토막 나기도 하기 때문에 선진국 기업들은 회사에 윤리 강령 같은 것들을 두고 비윤리적 행위를 엄격히 규제합니다.

경제에도 민주주의가 필요할까?

장공부 정부와 시민사회가 나와서 말인데요, 요즘 사람들이 **경제민주화**란 말을 많이 하는 것 같아요. 정치도 아니고 경제인데 왜 민주주의가 나오는 거죠?

사 선 지금까지는 대체로 민주주의는 정치 용어로 사용해 온 경향이 있습니다. 하지만 현대사회가 전개될수록 경제민주화 없이 정치민주화가 어렵다는 것이 밝혀지고 있습니다. 빈부 차가 크고 부가 편중된 사회일수록 독재 정권이 들어서는 경우가 많았거든요. 하지만 현재로서는 경제민주화가 무엇을 의미하는지에 대해서 서로 다른 의견들이 존재하는 상황입니다. 그런 면에서 경제민주화에 대한 다양한 의견들만 이해하여도 경제민주화의 의미에 대해서는 충분히 알 수 있지 않은가 싶네요. 또 어렵다고 할지 모르겠지만 하나씩 설명해 보겠습니다. 조금 지루할 수도 있는데…….

모의심 지루해도 좋으니까 듣고 싶어요.

사 선 우선 경제민주화를 경제적 평등과 연결시키는 경우를 봅시다. 자본주의의 큰 문제점 중의 하나인 **빈익빈 부익부 현상을 경제민주화를 통해서 개선**해야 한다는 것이죠. 이를 위해서는 대체로 두 가지 방법이 제안되는데 하나는 누진세나 복지를 강조함으로써 빈부 격차를 완화하는 방식이 있고, 다른 하나는 소유 체제를 개선함으로써, 즉 상속세를 강화하거나 종업원들에게도 적정한 수준의 주식을 배분하는 방식으로 몇몇 사람들이 국가의 부를 과도하게 소유하지 못하게 하는 방식이 있습니다. 현실적으로 가장 널리 수용되고 있는 방법이고, 특히 서유럽 복지국가들이 많이 사용하고 있는 방식이지요.

모의심 하지만 이익을 골고루 나눠 가진 걸 가지고 민주주의라고 한다면 그건 민주주의를 너무 좁게 보는 것 같아요.

사 선 물론 그런 생각이 충분히 가능합니다. 그래서 독일, 네덜란드, 그리고 일부 북유럽 국가들에서는 경제민주화를 노동자의 경영 참여와 연결시키는 경향이 있습니다. 이러한 입장은 경제민주화는 국가 차원뿐 아니라 개별 기업의 차원에서도 이루어져야 하고, 동시에 결과뿐 아니라 과정도 민주적이어야 한다는 것이라고 할 수 있지요.

장공부 하지만 제 생각에는 자본주의 경제의 무대는 시장이기 때문에 평등이든 자유이든 간에 이 모든 것들이 시장에서 구현되어야 한다고 봅니다.

사 선 중요한 지적입니다. 시장에서 경제주체들이 자유롭고 평등한 것이 경제민주화라는 관점 역시 중요하거든요. 예를 들면 시장에서 독과점이나 대기업의 횡포를 막는 일, 혹은 시장에서 반칙을 하는 경우가 없도록 하는 일이 되겠지요. 마이크로소프트사가 윈도에 익스플로러를 끼워 팔았다는 이유로 미국 정부에서 천하의 마이크로소프트사를 강제로 쪼개려 했던 것 기억나요? 마이크로소프트사

같은 세계적인 대기업조차도 그 지위를 이용해서 다른 기업들을 핍박하면 강한 제재를 받는다는 경고를 준 것이죠.

모의심 그런데 이렇게 기업, 소비자, 정부 및 시민 단체 등이 윤리적으로 행동하면 정말 자본주의의 위기가 해결될까요? 다들 착하게 경제윤리를 잘 지켜도 불황에는 견딜 장사가 없을 것 같은데요.

사   선 의심이 말이 맞습니다. 아니 그보다는 선진국에서도 이러한 경제윤리가 충분히 실행되고 있지 않은 상황이기 때문에 아직 알 수 없다고 하는 것이 더 정확한 표현이겠네요. 현실이 이렇다 보니, 어떤 사람들은 경제윤리로 자본주의의 위기를 해결하려는 것은 자본주의의 구조적 모순을 은폐하려는 수단이라고 비판하기도 합니다. 자본주의의 위기는 생산과 소비의 불균형이라는 자본주의의 구조적 모순 때문에 발생하는 것인데, 경제윤리를 강조하는 것은 마치 우리가 비윤리적이어서 경제 위기가 닥치는 것처럼 사람들을 호도하는 말이라는 것이죠. 하지만 그렇다고 하더라도 우리가 경제윤리를 무시하거나 소홀히 할 일은 아니라고 생각합니다. 경제구조의 문제가 어떻든 윤리적으로 행동하는 것이 자본주의의 위기를 조금이라도 완화시킬 것은 분명하기 때문이지요. 물론 그렇더라도 경제구조를 개선하는 것은 여전히 해결되어야 할 문제로 남겠지만요.

불매운동의 사례들

우리나라에서도 불매(보이콧) 운동이 종종 일어나고 있습니다. 2007년 7월에 이랜드 비정규직 사태가 불거진 적이 있습니다. 이랜드가 여성 계산원과 같은 비정규직 직원들을 대량 해고하면서 노동조합을 탄압하였던 것입니다. 이 소식이 알려지자 소비자들은 인터넷 등을 중심으로 '나쁜 기업 이랜드 불매 시민행동' 등을 조직해 이랜드 계열사인 홈에버, 뉴코아 등에 대한 불매운동을 벌였습니다. 이러한 캠페인은 농성 중인 비정규직 노동자들을 지원하며 회사 측의 부당한 행위를 알리자는 의미를 담고 있었습니다. 이는 윤리적 소비 운동의 하나라고 할 수 있을 것입니다.

이러한 불매운동은 해외에서도 쉽게 찾아볼 수 있습니다. 다국적 석유 회사인 셸이 1995년에 북해의 원유 채취선인 '브렌트 스파'를 바다에 침몰시키겠다는 계획을 발표했습니다. 셸의 발표에 따르면 '브렌트 스파'를 육지로 끌어와서 철거하는 것이 그냥 통째로 바다에 침몰시키는 것보다 오염이 더 많이 일어난다는 것이었습니다. 하지만 이러한 셸의 입장은 독일을 비롯한 유럽 소비자들의 강력한 반대에 부딪쳤습니다. 유럽 소비자들이 셸에 대해 불매운동을 벌였고, 결국 셸은 소비자들의 항의 앞에서 자신들의 계획을 철회해야 했습니다. 이후 셸은 기업 환경과 경영을 바라보는 시각에 중대한 수정을 합니다. '성장과 이윤의 추구'라는 기존의 목표만으로 기업을 경영하는 것에 한계를 느꼈던 것입니다. 그리하여 1976년에 셸은 인권(human rights)과 지속가능한 개발(sustainable development)이라는 이념을 '경영 원칙(business principle)'에 추가하게 되었습니다.

'ISO 26000'이란 무엇일까요?

ISO 26000은 기업·정부·사회단체 등이 져야 할 사회적 책임에 관한 국제적 표준입니다. 2005년 3월 브라질 살바도르 첫 총회를 시작으로, 2010년 5월 덴마크 코펜하겐의 마지막 총회까지 총 여덟 차례의 총회를 거친 끝에 이 표준이 만들어졌습니다. 국제표준화기구(ISO) 기술관리국 산하에 사회적 책임 표준 작업반이 만들어졌고, 그 아래에 있는 6개의 태스크 그룹이 표준안을 만들었습니다.

그동안 ISO는 각종 기술 규격과 품질에 관한 표준을 만드는 일을 해 왔습니다. 세계가 하나의 시장으로 통합하면서 ISO의 이런 역할은 더 중요해졌다고 할 수 있습니다. '세계화' 흐름과 '표준' 제정은 동전의 양면이라고 할 수 있기 때문입니다. ISO는 기계 분야의 표준화 작업에서 출발해 이제는 거의 모든 산업의 표준화 작업을 맡고 있습니다. 그런데 이처럼 기술 표준을 주로 다루었던 ISO가 왜 기업의 사회적 책임을 강조하고 나섰던 걸까요? 그것은 과거보다 기업의 힘이 훨씬 커졌다는 점에서 그 원인을 찾을 수 있습니다. 공룡과 같은 글로벌 기업들이 출현하면서 이들은 국제

사회에서 웬만한 정부보다 강력한 영향력을 발휘하고 있습니다. 그렇다면 그에 걸맞은 책임이 따라야 하는데, 국경을 넘나들며 활동하는 이들 기업에 책임을 지우기 위해선 ISO와 같은 국제기구가 제격이었던 셈입니다.

ISO 26000은 기업 조직의 지배 구조, 인권 및 노동 관행, 생태계에 대한 고려, 공정 거래 관행, 소비자 이슈, 지역사회 참여 등을 다루며 이들 분야에 대한 세부적인 표준을 다루었습니다. 여기서 기준이 되는 게 사회적 책임의 일곱 가지 원칙입니다. 설명 책임, 투명성, 이해관계자의 이해 존중, 국제 행동 규범 존중, 인권 존중 등의 원칙입니다. ISO 26000은 이런 원칙에 따른 표준안이라고 할 수 있습니다.

그런데 ISO 26000은, 다른 ISO 표준안과 달리 인증제가 아닌 검증제 방식입니다. 평소에는 일종의 가이드라인 역할을 하고, 문제가 생기면 검증하는 방식입니다. 그래서 기업 입장에선 만만하게 볼 수도 있습니다. 평소에는 강제성이 없기 때문입니다. 하지만 문제가 터졌을 때 검증 결과가 부정적으로 나오면 기업 이미지에 심각한 타격을 줄 수 있습니다. 또 ISO 26000이 사회 책임 투자의 기준 역할도 하기에 이를 무시했다가는 다른 지역의 진출에도 어려움이 생길 수 있습니다. 이쯤 되면 ISO 26000이 이야기하는 사회적 책임에 관한 원칙은 단순한 윤리적 문제에 그치지 않고 돈 문제에까지 영향을 미치고 있다고 할 수 있겠습니다.

1989년 동유럽의 경제 자유화 이후, 초기에는 각국의 경제개혁이 제대로 진행되지 못해 경제난이 심화되었습니다. 헝가리, 폴란드, 체코 등 시장경제 체제로의 전환을 추진한 주요 동구 국가들은 세계적인 경기 침체의 영향을 받아 무역 부진, 농업 개혁 지연, 국영기업 경영 악화 등에 시달렸습니다.

헝가리의 경우, 1993년 1/4분기 수출은 전년 동기 대비 30퍼센트나 줄었고 1992년 농업 생산도 전년 대비 23퍼센트나 줄어서 1993년에도 회복 조짐을 보이지 않았습니다. 폴란드도 1993년의 GDP 성장률이 전년에 비해 2퍼센트 정도 신장될 것으로 전망했으나 농업은 여전히 부진을 면치 못했습니다. 재정 적자도 1조500억에 달해 당초 GDP의 5퍼센트 이내로 수습하겠다던 정부의 목표가 불투명해지기도 하였습니다.

1989년 이후의 10년 동안을 볼 때, 러시아는 GDP가 절반으로 우크라이나는 GDP의 3분의 2가 감소할 정도로 혹독한 시련을 겪기도 했습니다. 급기야 러시아는 1998년 8월에 모라토리엄(대외 채무 지급유예)을 선언하는 위기를 맞기도 했습니다.

그러나 에스토니아, 라트비아, 리투아니아 등 발틱 3국과 폴란드, 헝가리, 체코 등은 민주화와 시장경제 이행기의 혼란을 혹독하게 겪기도 하였지만 1994년 이후에는 뚜렷한 상승 곡선을 그리며 평균 4퍼센트 이상의 고도성장을 기록하고 있습니다.

홍콩의 물가를 높이는 중국인들

홍콩 시민들이 밀려오는 중국인들 때문에 불편이 가중되고 있다고 합니다. 홍콩의 인구는 600만 명이지만 그와 비슷한 숫자의 중국인들이 홍콩을 방문하기 때문에 거리는 언제나 복잡합니다. 그런데 중국인들은 홍콩까지 와서 출산을 하고, 분유나 차 같은 일상적인 식품을 구입해 간다고 합니다. 그 때문에 정작 홍콩 시민들이 이용할 병원과 분유가 부족하고 마침내 생필품 가격이 급등하는 피해까지 입고 있다는 것입니다. 홍콩 시민들의 중국에 대한 반감이 높아지면서 최근 홍콩인들을 대상으로 한 설문조사에 따르면 스스로를 중국인이라고 생각하는 사람의 비율이 16.6퍼센트로 12년 만에 최저치를 기록했다고 합니다. 3년 전 조사 때 홍콩 주민 38.6퍼센트가 스스로를 중국인이라 생각한다고 답한 것과 비교하면 차이가 크죠. 왜 중국인들은 굳이 홍콩까지 와서 명품도 아니고 자기 나라보다 훨씬 비싼 값을 주고 먹을거리를 구입해 가는 것일까요? 이것은 사회적 신뢰와 같은 사회적 자본이 중국 본토에 결여되어 있어서 나타난 결과가 아닐까요?

활동지

브레이크 없는 '사적 이익 행위'와 브레이크 있는 '사적 이익 행위'

〈자료 1〉

■ "환경 파괴 · 인권 침해 기업에 투자 말아야"

자본은 무자비하다. 이익 극대화라는 목표를 달성하려고 열 살 난 어린이를 하루 1

달러에 일을 시키고, 지구의 허파인 아마존 밀림을 파괴한다. 그래선 미래가 없다는, '착한 자본'으로 모두를 살려야 한다는 반론이 있다. 바로 '사회 책임 투자(Socially Responsible Investment)'다. 투자자의 이익 극대화를 뛰어넘어, 환경과 인권을 보호하는 기업에만 투자해야 한다는 얘기다.

다음은 노르웨이 정부 연기금 윤리위원이자 오슬로 대학 법학 교수인 안드레아스 폴레스달(이하 '안')을 "한겨레21"(이하 '한')에서 12월 1일에 만나 나눈 인터뷰다. 노르웨이 정부 연기금 윤리위원회는 정부 연기금 투자 현황을 '도덕적'으로 감시하는 기구다.

(한) 노르웨이 정부 연기금의 규모는 얼마나 되나? 또 투자하는 기업은 몇 곳인가?

(안) 3천100억 달러 정도로, 아시아 · 아프리카 등지의 7천여 기업에 투자하고 있다. 노르웨이 국내 기업에는 투자하지 않는다.

(한) 윤리위원회는 어떤 계기로 만들어졌나?

(안) 특별한 사건이 있었던 건 아니다. 공공의 연기금이 환경을 파괴하거나 인권을 침해하는 기업에 투자하지 않는 건 당연한 일 아닌가. 사회당이 오래전부터 "외국의 기업들에선 광범위하게 인권 문제가 발생할 수 있기 때문에 도덕적 가이드라인을 만들어야 한다"고 주장해 왔고 다른 당들을 설득해 2004년 국회에서 합의가 이뤄졌다. 또 연기금 투자를 담당하는 재무부 장관은 사회당 출신이기도 하다.

(한) 윤리위는 어떤 방식으로 연기금 투자를 감시하나?

(안) 연기금이 투자한 외국 기업에 문제가 있다고 판단되면 투자를 중지하도록 재무부에 권고한다.

(한) 투자를 중지한 사례를 소개해 달라.

(안) 한국의 풍산 · 한화는 집속탄 생산과 관계돼 있어 투자 대상에서 제외한 바 있다. 월마트는 아동노동, 노동시간 위반 등 인권침해가 심각해 투자를 철회했다. 몬산토는 인도에서 면화씨를 생산하면서 12살 미만 아동 노동력을 동원하고, 농약을 뿌릴 때 방독면조차 지급하지 않았다. 윤리위는 현장을 확인해 이런 비윤리적 행위가 줄어드는지를 지켜본 뒤 투자 철회 여부를 결정하기로 했는데, 2년 동안의 감시 활동 끝에 현장의 문제가 많이 개선됐다.

(한) 저개발 국가의 경우 환경이나 인권보다 당장 하루 먹고살 일을 하는 게 중요할 수도 있다. 부도덕한 기업들에 투자를 끊어 버리면 당장 그들의 생계를 위협할 수도 있지 않나?

(안) 때때로 맞는 얘기고, 어려운 딜레마다. 전기를 쓰려면 댐을 만들어야 하는데, 그러면 그곳 주민들은 다른 곳으로 강제로 이주해야만 하는 것처럼 말이다. 하지만 선진국의 기준을 강요하는 게 아니다. 일을 시키려면 임금을 제대로 지급하라는 거다. 정부와 기업이 부패로 얽히고, 부당하게 열대우림을 파괴해선 안 된다는 얘기다. 숲을 해쳐서 주민들이 얻을 수 있는 혜택은 아무것도 없지 않나.

(출처: "한겨레21", 2008년 12월 12일)

⟨자료 2⟩

최근 가격 대비 품질을 따지는 합리적 소비 성향이 환경보호와 기업의 사회적 책임이라는 사회적 가치를 고려하는 윤리적 소비로 발전하고 있다. 윤리적 소비란 상품을 선택할 때 가격과 품질뿐만 아니라 상품이 만들어지는 '과정'을 고려하는 것이다. 윤리적 소비는 '공정 무역'으로 거래된 제품을 사는 것에서부터 저탄소, 저에너지 제품, 재활용 제품, 동물 보호 제품 사용 등 다양한 형태로 발전하고 있다.

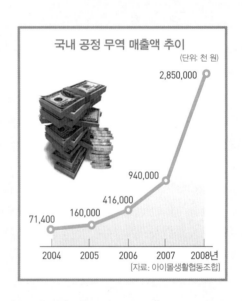

국내 공정 무역 매출액 추이
(단위: 천 원)

2,850,000

940,000

416,000

160,000

71,400

2004　2005　2006　2007　2008년

[자료: 아이쿱생활협동조합]

1. 위 자료에서 제시하고 있는 경제활동의 효과에 대해 이야기해 보자.

2. 우리 사회에서 자료 1, 2와 같은 구체적 사례를 찾아보자.

11
자본주의와 한국 경제

사　선 자, 처음에는 선생님이나 여러분이나 조금 막막했었는데, 이제 조금 그림이 그려지나요? 여러분들은 어떠세요?

진단순 막막하다가 이제는 먹먹해요.

장공부 조금 그림이 그려지기는 한 것 같은데, 너무 일반적인 이야기만 많이 한 것 같아요. 우리 현실에 적용해 보면 좀 더 명확해지지 않을까요?

모의심 선생님, 저도 이제 우리나라 이야기를 좀 해 봤으면 좋겠어요.

사　선 네, 좋습니다. 그러면 오늘은 우리나라 경제에 대해서 공부해 보도록 하지요. 그런데 공부할 주제가 적지 않은데, 어느 것부터 할까요?

진단순 전에 텔레비전 토론에서 보니까 한 분은 1960년대까지만 해도 세계에서 가장 못살았던 우리나라가 지금은 세계적인 경제 대국으로 성장한 것은 다 박정희 대통령 덕분인데, 그걸 김영삼 대통령 때 'IMF 사태'로 다 말아먹고, 김대중과 노무현의 좌파 정부 10년을 거치면서 북한에게 '퍼주기' 하고, 복지 포퓰리즘 하면서 완전히 엉망이 된 거라고 하던데 사실인가요?

모의심 말도 안 되는 이야기! IMF 사태만 봐도 박정희 대통령 때 잘못 맨 첫 단추가 나중에 터진 거라고.

장공부 넌 왜 그렇게 박정희 대통령을 싫어하니?

사 선

눈부시게 성장한 한국 경제는 과연 박정희 때문일까?

사 선 우리나라에 본격적으로 **근대 자본주의가 도입**된 건 광복 이후라고 할 수 있습니다. 배웠겠지만 1945년에 일제가 패망하고 1948년에 대한민국 정부가 수립되기까지 미국이 3년 동안 군정을 실시했죠. 이때 우리나라는 미국의 경제 원조를 많이 받았고, 그러면서 본격적으로 자본주의의 길로 들어서게 된 것입니다.

모의심 하지만 이상해요. 그렇다고 미 군정이 들어서기 전에 우리나라가 봉건제였던 것은 아니잖아요? 미 군정 이전에도 자본주의 비슷한 거라도 있지 않았을까요?

사 선 물론입니다. 일제강점기 때 일본이 제한적으로 발전시킨 근대적인 자본과 기술이 있었죠. 그래서 어떤 학자들은 일본이 우리나라 자본주의 시장경제의 기틀을 마련했다고 주장하기도 하는데요. 글쎄요. 일본은 어디까지나 한반도를 식량 수탈지이자 대륙 침략을 위한 병참기지로 발전시켰을 뿐이니까요. 물론 산업 시설이나 철도 같은 것을 만들어 놓은 것은 사실이지만 이 역시 자기들 군수물자 수송에 유리하도록 건설한 것일 뿐, 한반도의 경제성장을 위해 한 것은 아니었죠. 그러니 이것은 한국 경제 근대화에 도움이 된 하나의 요인 정도로 보아야 할 겁니다. 어쨌든 남한은 미 군정 3년을 거치고 1948년에 단독으로 대한민국 정부를 출범시켰고, 건국 헌법에서 시장경제 질서를 기본으로 하면서 민주주의 정체를 유지하겠다고 선언하였죠. 하지만 아시다시피 불과 2년 만에 한국전쟁의 참변을 겪고 전 국토가 폐허가 되고 말았습니다. 게다가 전쟁 이후 남한은 북한에 비해 훨씬 불리한 처지에 있었다고 합니다.

장공부 어째서요?

사 선 일제가 건설한 중화학공업 시설이 대부분 북한 지역에 있었거든요. 그 때문에 전후 남한은 독자적인 생산 기반이 전무하다시피 했습니다. 그래서 미국의

348

원조에 크게 의존할 수밖에 없었죠.

진단순 아! 그거 알아요. 드라마에서 봤어요. 미군이 다니면서 애들한테 사탕 주고 초콜릿 주고, 어른들이 줄 서서 고무신 받아 가고 하던 거요.

사 선 하하. 미국의 원조라 하면 흔히 식량이나 소비재 같은 구호물자를 생각합니다. 하지만 미국의 원조는 실제로는 전력, 교통, 통신 등 사회간접자본에 대한 투자가 전체 원조의 61.5퍼센트에 이르렀습니다. 반면 당장의 경제성장에 직접적 영향을 미치는 광공업 부문에는 원조의 약 19퍼센트밖에 투입되지 않았죠. 그러니까 박정희 대통

일제강점기에 북한 지역에 건설된 부전강 수력발전소 내부 모습. 일제가 북한 지역에 많은 댐과 발전소, 중화학공업 시설을 건설한 바람에 해방 후 남북 분단이 되자 남한 지역은 경제적으로 더 불리한 상황에 처했습니다.

령 등장 이전에 경제성장률이 낮고 못살았던 것은 대부분의 자원이 전쟁으로 파괴된 사회간접자본 재건에 투입되었기 때문입니다. 그러니 1950년대는 이후 도약을 위한 움츠림의 시기 같은 것이었죠. 이때 미국의 경제원조는 거의 32억 달러에 이르는 막대한 분량이었습니다. 32억 달러라면 당시 우리나라 GDP와 비슷한 큰돈입니다.

장공부 역시 미국은 우리의 우방이고 은인이군요. 대단해요.

모의심 꼭 그렇게만 볼 건 아닐걸요. 미국도 뭔가 목적이 있었으니까 돈을 퍼부었겠죠. 그때가 냉전 시기였고, 우리나라가 미국과 소련 세력의 경계선이었으니까요.

사 선 네. 두 측면이 모두 있어요. 실제로 미국의 경제원조는 우리나라 경제가
자본주의 근대화를 이루는 데 큰 기여를 하였습니다. 그러나 미국의 원조는 기본
적으로 우리나라를 **자본주의 세계경제에 편입**시키고자 하는 목적에서 이루어진
것이라는 비판도 있습니다. 그래서 우리나라가 독자적인 경제구조를 가지지 못
하고 이후에도 계속 경제의 대외 의존도가 높아진 원인이 되었다는 것이죠. 게다
가 미국의 경제원조는 한국의 공산화를 막아서 공산주의의 확산을 저지한다는 군
사적 목적도 가지고 있었습니다. 실제로 막대한 군사원조를 하기도 했죠. 역설적
으로 우리나라의 기계, 건설, 토목 등에 대한 기술은 당시 군사원조 시절의 무기 생
산, 기지 건설 등 군사기술을 통해 익혔다고 합니다. 이런 군사원조까지 포함하면
해방 이후 미국의 경제원조의 규모는 48억 달러가량이 되어서 한국의 경제성장 기
반을 다지는 데 큰 영향을 주었죠. 하지만 이후 우리나라 경제의 대미, 대외 종속
이 심화되어 수치상의 경제성장과 실제 국민들의 삶이 다른 현상이 나타나기도 했
습니다. 어쨌든 전쟁의 상처를 어느 정도 복구한 뒤 우리나라는 미국 원조에 의존
하여 제분, 제당 등 소비재공업을 발전시켜 갔습니다. 하지만 이런 공업들은 대부
분 외국에서 수입한 원자재를 가공해서 소비재를 만드는 것으로, 원조가 끊어진 뒤
원조품을 대신하는 물품을 생산하는 것에 불과하였죠.

더군다나 원자재뿐 아니라 이런 물품을 생산하는 시설, 기계 등을 수입해야 했기
때문에 경상수지 적자가 계속 늘어났습니다. 그래서 이 적자를 개선하고자 50년
대 후반부터 일부이긴 하지만 국내 경공업 제품을 해외에 수출하기 시작했습니
다. 당시 우리나라는 인건비가 매우 저렴했기 때문에 노동 집약 산업에서 유리했
으니, 저가 제품으로 해외시장을 개척하여 돌파구를 마련하고자 한 것입니다.

모의심 그때 우리나라가 요즘 중국이나 베트남이군요. 그러니까 저임금에 바탕을
둔 저가품 공세요.

사 선 음, 요즘의 중국보다는 10년 전 중국이라고 생각하면 되겠네요.

장공부 그럼 수출 정책을 처음 실시한 대통령은 박정희 대통령이 아니네요?

사 선 그렇습니다. 또 이른바 체계적인 경제개발계획을 세워서 추진한 것도 이
미 1950년대 때부터 준비되고 있던 일입니다. 전후 복구 과정에서 미국 원조가 점

차 줄어들고 있었고, 또 마냥 미국 원조에만 의존할 수도 없는 노릇이었기에 자립 기반을 모색했던 거죠. 다만 이게 미처 자리를 잡기 전에 쿠데타로 정권이 바뀌었을 뿐이죠. 우리가 알고 있는 경제개발5개년계획은 경제성장을 최우선의 목표로 삼아 정권의 정당성을 찾으려 했던 박정희와 군부 정권이 1950년대의 경제개발계획 사례를 참고하여 수립, 추진한 것입니다.

장공부 딱 5년 만에 경제개발을 했나요?

사 선 아, 그건 아니고요. 5년 단위로 모두 7차가 계획되어 있었습니다. 이걸 한 번 표로 정리해 보겠습니다.

연도	차수	중점 과제	주요 육성 산업
1962~1967	1차	에너지 공급원 확보, 기간산업 확충과 사회간접자본 충족, 공업 고도화의 기반 조성, 국제수지 개선을 위한 수출 증대와 수입 대체 촉진	전력, 비료, 정유, 합성섬유 (나일론사), 시멘트, PVC
1967~1972	2차		합성섬유(폴리에스테르사), 석유화학, 전기기기(텔레비전, 냉장고)
1972~1977	3차	중화학공업 건설로 공업의 고도화, 과학기술 향상과 인력 개발, 투자 자원의 자력 조달, 산업구조의 개편과 고도화	철강, 수송용 기계·전자기기, 가정용 전자기기(텔레비전, 트랜지스터), 조선, 석유화학
1977~1982	4차		철강, 산업용 기계, 전자기기 및 부품, 조선
1982~1987	5차	고도성장과 더불어 물가 상승, 외채 누적, 지역별·산업별 불균형 문제 등에 대응. '경제사회발전 계획'으로 전환	정밀기계, 전자, 지식정보산업
1987~1992	6차		기계, 자동차, 전자, 조선

표를 전체적으로 볼 때, 경제개발의 초기에는 주로 사회간접자본과 경공업에, 1970년대 중반 이후에는 중화학공업의 육성에 역점을 두었음을 알 수 있습니다.

장공부 어쨌든 이런 경제개발계획을 수립하였기 때문에 우리나라 경제가 성장한 것이잖아요? 박정희 대통령이 아니었으면 어려웠을 것 같아요.

사 선 물론 박정희 군사정부는 정권 초기에는 급속한 경제성장의 달성을 통해 국민에게 쿠데타를 정당화시켜야 한다는 목표 때문에 경제개발계획의 수립과 실행을 서둘렀습니다. 하지만 앞에서도 말했듯이 박정희 대통령의 경제개발계획이 처음은 아니었음을 알아 두어야 합니다. 한국전쟁 직후의 '한국 경제 재건 계획'인 일명 '네이산 보고서'(1954~1958), 경제기획원의 전신으로 경제를 총괄하는 역할을 한 부흥부가 추진한 1958년부터의 7개년계획, 4·19혁명 이후 제2공화국 시기의 5개년계획이 수립되어 추진되었습니다. 다만 네이산 보고서는 유엔이 원조 정책의 일환으로 제시한 것으로 공식 채택되지는 않았고, 7개년계획은 계획경제에 대한 이승만 대통령의 부정적 견해로 미루어지다 4·19혁명을 맞았죠. 혁명 이후 집권한 장면 총리의 제2공화국 정부 때 이르러 비로소 **7개년계획의 연장선상에서 5개년계획을 수립**했는데, 계획 확정 발표 며칠 뒤 쿠데타가 일어났던 것입니다.

장공부 그래서 그걸 잘 계승하여 이행한 것이죠?

박정희 정권의 경제개발은 어떻게 이루어졌나?

사　선 그게 그렇게 쉽지는 않았습니다. 박정희 대통령과 군사정부의 경제개발계획은 주로 제2공화국 때 만들어진 것을 바탕으로 급조한 것이었죠. 그래서 투자 재원의 부족, 정부 각 부처 간의 유기적 협조를 통한 지속적 실천의 어려움 등의 문제점이 있었어요. 특히 충분한 투자 자금을 찾기가 어려웠습니다. 그래서 군사정권은 사람들이 돈을 장롱 속에 숨기고 꺼내지 않거나 지하경제(불법적이거나 정부의 공식 통계에 잡히지 않는 경제활동)에서 사용하는 등 유휴자금이 많아서 그럴 거라는 생각에 숨겨 둔 돈을 꺼낼 수밖에 없도록 **화폐개혁**을 전격적으로 단행했습니다.

진단순 화폐개혁이 뭔가요?

사　선 당시 우리나라 화폐 단위는 '환'이었습니다. 그런데 군사정권은 환화의 유통을 정지시키고 은행에서 새로 발행하는 원화로 바꿔야만 사용할 수 있게 했습니다. 이렇게 하면 장롱 속에 있거나 지하경제에서 유통되던 돈이 백일하에 드러나지 않을 수 없기 때문이죠. 하지만 예상외로 유휴자금이 많지 않았어요. 여전히 모자란 자본은 외국에서 빌려 올 수밖에 없었습니다. 결국 1964년부터 적극적인 외자도입 정책이 시행되었습니다. 한편에선 국내의 투자 자금 조성을 위해 1965년 9월 3일에 예금 금리를 일시에 30퍼센트로 올렸고요.

모의심 으악, 예금 금리가 30퍼센트요? 그럼 돈 있는 사람들은 아무런 일도 안 하고 은행에만 넣어 두면 무조건 버는 거네요?

사　선 거꾸로 말하면 돈을 장롱 속에 둘 경우 1년에 30퍼센트씩 손실을 본다는 뜻이기도 하죠.

장공부 사람들이 돈을 웬만하면 은행에 저금하려 할 테니 저축률이 높아졌겠어요.

사　선 그렇습니다.　높은 이자율을 제시하면서 시중의 자금을 은행으로 끌어들여서 산업화에 필요한 투자 재원을 조달하려 한 것입니다.　또한 1965년에 **한일 국교를 정상화**하면서 대일 청구권 자금인 유ㆍ무상 원조 8억 달러가 경제개발에 투입됩니다.　이 돈은 한국이 자본주의 발달 초기의 자본을 축적하는 데 있어 소중한 종잣돈이 되었습니다.　하지만 일제강점기 때의 수많은 굴욕과 희생을 겨우 8억 달러에 팔아넘기는 것에 대한 반발도 만만치 않았습니다.　사실 요즘 일본 정부가 위안부 할머니 문제 등에 대해 미온적인 것도 "당신들 그때 8억 달러 받고 다 끝낸 거 아니야?", 이런 입장이거든요.

모의심 그건 정말 아닌 것 같아요.　식민지 통치에 대한 사죄와 배상을 어떻게 경제

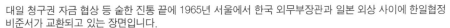

대일 청구권 자금 협상 등 숱한 진통 끝에 1965년 서울에서 한국 외무부장관과 일본 외상 사이에 한일협정 비준서가 교환되고 있는 장면입니다.

개발 종잣돈과 바꿀 수 있겠어요.

장공부 하지만 어쩌겠어요? 그럼 앉아서 굶으라고요? 그거라도 못 받아 냈으면 우리가 어떻게 경제성장을 했겠어요?

사 선 그 시절에도 바로 그런 주장들로 치열한 논쟁이 있었습니다. 하지만 더 큰 문제는 따로 있었답니다. 한일 국교 정상화는 당시 경제 발전을 위한 초기 자본, 즉 종잣돈을 모으는 것이 얼마나 힘들었나를 보여 주는 한 사례입니다. 그리고 아무리 예금을 늘리더라도 외국 자본이 없으면 그것이 불가능했고요. 그래서 당시 정부는 여러 나라에서 외채를 끌어왔습니다. 이렇게 투자 재원이 부족한 상태에서 고금리와 외채로, 심지어 매국노 소리까지 들으면서 힘겹게 모은 종잣돈을 어떤 분야의 어떤 기업에 투자하느냐 하는 칼자루를 쥐고 있었던 것은 정부였습니다. 그래서 이 시대의 경제가 과연 시장경제가 맞는가에 대해 논란이 있습니다. 심지어 어떤 학자들은 이 시대를 **개발독재**라고 부르기도 합니다.

동아시아 경제모델은 개발독재?

장공부 왜 독재라고 부르죠?

사 선 정부가 모든 경제와 기업 활동을 통제할 수 있었기 때문입니다. 경제개발 계획이란 말에서 알 수 있듯이, 당시에는 정부가 어떤 산업 분야에 자본을 얼마나 투자할 것인가를 결정했죠. 만약 앞으로 5년 동안 자동차 산업을 육성한다고 결정하면 그쪽으로 투자를 집중하는 것이고, 조선 산업을 육성한다고 하면 또 그쪽으로 투자를 집중하는 것이죠. 기업 입장에서는 당연히 정부의 투자가 집중되는 쪽 분야의 회사를 세우고 싶어 하겠지만 어떤 기업에 그 티켓을 주느냐 하는 것까지도 정부가 칼자루를 쥐고 있었습니다. 경우에 따라서는 '산업합리화'란 이름으로 특정 분야에 투자된 자금을 회수하기도 했는데, 그럼 그 기업은 해체되는 수밖에 없었고요. 그러니 대부분의 기업들은 '산업합리화' 대상이 되지 않고, 집중 육성 분야에 들어가기 위해 정부의 눈치를 보지 않을 수 없었죠.

모의심 반공, 반공 그러더니 정작 남한의 경제도 시장경제라고 보기는 어려웠군요.

사 선 실제로 박정희 정권 시절의 우리나라 경제를 시장경제라고 보기는 대단히

354

어려웠습니다. 하지만 같은 시기의 타이완, 싱가포르, 그리고 심지어 일본 역시 시장경제라고 보기 어려운 국가 주도 경제였습니다. 이를 일컬어 어떤 학자들은 **아시아적 자본주의**라고 부르기도 합니다. 그 이름이야 뭐가 되었건 간에 이들 나라의 공통점은 정부가 산업 방향을 좌우하며, 기업이 정부에 의해 상당히 많이 통제되었다는 것입니다. 그러니 우리가 앞에서 배웠던 전형적인 자본주의 시장경제와 큰 차이가 있음은 분명합니다. 어쨌든 박정희 정부의 경제개발계획은 고도 경제성장의 결실을 맺어 성공을 거두었습니다.

장공부 역시 박정희!

사 선 하지만 이게 꼭 정부의 공로라고 할 수는 없습니다. 우선 그 당시 미국을 중심으로 한 세계경제가 호황을 누리고 있었음을 간과할 수 없습니다. 특히 2차 계획 기간 동안에는 세계경제의 자유무역화가 크게 진전되던 시기여서 저임금에 바탕을 둔 가격 경쟁력을 무기로 한 우리나라의 수출이 크게 늘어날 수 있었습니다. 물론 결과적으로 우리나라 경제는 1차 계획 기간의 연평균 성장률이 8.3퍼센트에 달하고 2, 3차 계획 기간에는 각각 10퍼센트, 11.2퍼센트를 달성하면서 급속히 성장하였습니다. 또 수출도 비약적으로 증가하여 1966년에 2억5천500만 달러, 1971년과 1976년에 각각 10억6천700만 달러와 78억1천500만 달러를 달성하고 1981년에 200억 달러를 돌파하였습니다.

하지만 다음 표에서 보는 것처럼 당시 우리나라의 높은 경제성장률은 특별할 것이 없었습니다. 동아시아 국가들은 모두 그 정도의 경제성장률을 기록하고 있었고, 오히려 우리나라는 싱가포르나 타이완에 조금 못 미치는 경제성장률이었으니까요. 그러니까 우리나라의 1960년대와 1970년대의 놀라운 경제성장을 설명하기 위해서는 동아시아의 어떤 독특한 제도나 정책을 거론해야지 특별히 박정희를 거론하기는 어렵다고 봅니다.

게다가 당시 우리나라의 수출이라는 것이 주로 원자재를 수입해서 조립·가공하여 미국 등에 수출하는 무역이었기 때문에 수출이 늘어날수록 원자재와 중간재의 수입도 늘어나는 구조였습니다. 그래서 수출 신장과 함께 국제수지의 적자도 늘어나 1960년대 후반부터 수출 주도 정책의 문제점이 나타나기도 하였습니다.

동아시아 국가의 성장률 추이

(단위: %)

	1960~69	1970~79	1980~89	1990~95	1996	1997
일본	10.5	5.1	4.0	2.0	3.5	1.8
한국	7.6	9.3	7.8	7.8	7.1	5.7
중국	-	9.6	9.5	10.7	9.7	8.8
타이완	9.1	10.2	8.1	6.4	5.7	6.8
홍콩	8.7	8.9	7.3	5.0	4.9	5.3
싱가포르	8.7	9.4	7.3	8.6	6.9	7.8
말레이시아	-	8.0	5.8	8.9	8.6	7.8
태국	8.0	7.3	7.3	9.0	5.5	-0.4
인도네시아	3.0	7.7	5.3	8.0	8.0	5.0
필리핀	4.8	6.1	1.9	2.3	5.7	5.1

(자료: IMF, 각국 통계)

특히 1960년대 후반부터 노동 집약적 경공업 정책이 한계에 도달합니다. 경공업 제품을 생산하기 위해 원자재 및 중간재 수입이 늘면서 국제수지의 적자가 계속 누적된 결과였죠. 게다가 1970년대 들어와 석유 등 원자재 값 상승으로 인하여 물가가 가파르게 상승하였고 중국, 동남아시아 등 개발도상국들이 더 낮은 임금으로 한국의 수출 시장을 파고들었습니다. 1970년대의 무역 환경도 일본과의 무역에서 적자가 누적된 선진국들이 보호무역의 장벽을 치면서 악화되고 있었습니다.

벽에 부딪힌 박정희식 경제성장

장공부 박정희 대통령은 그 어려움도 잘 헤쳐 나간 거죠?

사 선 그게 그렇지만은 않습니다. 1973년에 1차 오일쇼크가 왔거든요. 이스라엘과의 전쟁에서 패색이 짙어진 아랍의 산유국들은 이스라엘을 일방적으로 지원한 미국 등 서방 선진국에 대한 보복 심리와 석유 자원을 국가와 민족의 발전에 이용하려는 자원 민족주의의 영향으로 원유가를 대폭 인상하는 조치를 취합니다. 그 결과 불과 두 달 만에 국제 원유가가 네 배 이상 폭등하면서 영국이 공장 가동을 월 3주로 제한하는 등 석유를 대량 소비하던 선진국들은 큰 타격을 받았습니다. 이것

356

이 1차 석유파동인데 원유 수입의 90퍼센트 이상을 중동에 의존하며 수출에 주력하던 우리나라는 늘어난 생산 비용과 선진국의 불황으로 인한 수출 부진으로 직격탄을 맞게 되었습니다.

진단순 저런. 그래서 어떻게 되었나요? 그래서 IMF가 온 건가요?

모의심 야, 저건 1970년대 때 얘긴데 무슨 IMF야.

사 선 하하. 여러분한테는 1970년대나 1990년대나 어차피 다 까마득한 옛날이죠? 여러분들이 말하는 IMF, 그러니까 1997년의 외환금융 위기는 아니고요. 당시 불행 중 다행으로 원유 값을 올려서 큰돈을 번 중동 산유국에 건설 붐이 일어났는데, 여기에 우리나라의 기업과 노동자들이 대거 진출

1970년대에 일어난 오일쇼크 때문에 전 세계가 충격에 휩싸인 가운데 차량들이 주유소 앞에 멈춰 있습니다.

함으로써 1970년대 중반 이후 1차 위기를 넘길 수 있었답니다.

모의심 한국 경제가 비싼 교훈을 얻었겠네요?

사 선 그렇습니다. 이제 원유 값을 비롯하여 등 원자재 가격이 올라가고, 노동자들의 임금도 전반적으로 올라가면서 우리나라는 낮은 임금에 기반을 둔 저가 경쟁

력이 아닌 새로운 돌파구가 필요했습니다. 그래서 정부는 섬유, 신발 등 노동 집약적 산업에서 자동차, 제철, 조선 등 기술 집약적이고 고부가 가치가 가능한 중화학공업으로 방향을 틀게 되었습니다. 마침 이 무렵 선진국들은 임금 상승과 친환경주의로 인해 조선, 철강, 정유 등 노동 집약적이거나 환경 부담이 큰 중화학공업을 개발도상국에 이전하는 추세였기 때문에 그 빈틈을 적절히 잘 파고들 수 있었습니다. 중화학공업에 대한 집중 투자 역시 정부가 주도하였습니다. 중화학공업에 투자하려는 기업에 정책금융 지원이나 세금 우대, 혹은 국내의 독과점적 지위를 부여하거나 관세장벽에 의하여 보호하는 등의 방법을 적용했습니다. 정부는 제철, 조선, 자동차, 화학 등의 주력 업종과 해당 기업을 선정하여 집중 지원하였고요.

장공부 이거 완전히 **보호무역**이잖아요?

사 선 그렇습니다. 우리나라가 자유무역을 실시한 역사는 그리 길지 않아요. 어디 그뿐인가요? 적절한 기업 투자가 이루어지지 않을 경우에는 포항제철 같은 거대한 기업을 정부가 직접 세우기도 했죠. 사정이 이러다 보니 대기업들이 경쟁적으로 중화학공업에 투자하면서 국가 전체적으로는 과잉 중복 투자의 문제가 생겨나게 되었습니다. 중화학공업 공장이 너무 많았던 것입니다. 하필 이럴 때 1970년대 후반에 2차 석유파동이 다시 찾아왔습니다.

모의심 이런! 중화학공업은 석유도 더 많이 먹잖아요?

사 선 그러게 말입니다. 게다가 당시 우리 정부는 초기 투자 비용이 큰 중화학공업 투자를 위해 외채를 많이 끌어다 쓰면서 외채도 엄청나게 누적된 상황이었습니다. 엎친 데 덮친 격이죠. 그 결과 두 자릿수 성장률을 자랑하던 우리나라는 처음으로 마이너스 성장을 기록하는 등 심각한 후유증을 겪게 됩니다. 1980년에는 무려 –5.7퍼센트 성장이라는 어려움을 겪었고요. 하지만 재벌들이 과도한 외채를 끌어다 중화학공업 부문에 과잉 중복 투자를 하는 행태는 개선되지 않아서 1990년대까지도 계속되었고, 이는 1997년의 외환금융 위기, 이른바 IMF 사태를 거치고서야 정리되었습니다. 어쨌든 1979~1980년 사이의 엄청난 불황은 1981년에야 서서히 진정되었습니다.

358

1970년대 한국의 중화학공업을 대표하는 곳들입니다. 포항 제철(위)과 현대 중공업(아래)을 세우는 공사가 한창입니다.

성장에서 안정으로 눈을 돌렸으나

모의심 그때는 전두환 독재 시절 아닌가요?

사 선 그렇습니다. 하지만 개발독재와는 조금 거리가 있었던 시절입니다. 당시 5공화국 정부는 성장 드라이브 정책의 한계를 인정하고 물가 안정과 안정적 성장 기반의 확립을 우선 과제로 설정합니다. 우선 중화학공업에 대한 과잉 중복 투자 문제를 해결하려 했는데, 주로 대기업 간 업종 전문화를 위한 '상호 교환(빅딜)'을 유도함으로써 해결하려 했습니다. 즉 재벌들이 저마다 전자 회사, 자동차 회사, 철강 회사 등을 거느리는 것이 아니라 서로 주력 부문을 정한 뒤 주력 부문이 아닌 기업을 그것을 주력으로 삼는 기업에 넘기는 방식이었습니다. 이른바 문어발 재벌을 개혁하려 한 것입니다.

또한 5공화국 정부는 한국 경제의 규모가 커지고 복잡해지면서 정부의 역할에는 한계가 있다는 것을 인정하고 정부가 경제의 큰 틀을 정해 주는 정도의 역할에 초점을 맞추었습니다. 그러던 1980년대 중반 이후 세계시장의 환경이 금리, 유가, 달러의 약세라는 3저 호황으로 바뀌면서 상황은 급변하였습니다. 수출이 호조를 보이면서 국제수지 흑자가 누적되었고, 기업들은 외채를 빠른 속도로 갚아 나갈 수 있었습니다. 한국 경제는 1990년대에 수출 1천억 달러를 돌파하고 2011년에는 수출과 수입을 합쳐서 1조 달러를 달성한 세계 10대 무역국으로 성장하게 되었습니다. 장공부 선생님. 우리나라의 경제성장 과정을 쭉 들어 보면 시장경제 국가의 발전 과정으로 들리지 않아요.

사 선 그래요. 아까도 말했지만 이건 급속한 경제성장을 달성한 동아시아 국가의 전반적인 특징이기도 하답니다. 정도의 차이는 있지만 국가가 시장경제에 적극 관여한다는 것이지요. 한국의 경제성장 과정을 보면 처음에는 정부가 거의 전적으로 경제를 조정하다가 차차 민간에게 주도권이 넘어가는 흐름을 보여 주고 있습니다.

경제성장 초창기에는 외국 차관을 들여와 정부 주도로 시멘트, 정유, 철강 산업 등을 발전시켜 왔습니다. 섬유, 신발 산업 등 경공업은 민간이 주도하였지만 정부가 경제개발계획을 세우고 금융, 세금, 무역 등의 특혜를 주었다는 점에서 완연하게 정부 주도였습니다. 그러나 1960년대의 경제성장 과정에서 삼성, 현대, LG 등의 민간 기업들이 성장하고 1970년대의 중화학공업 정책으로 대우, SK 등의 기업들이 새로 진입하고 경제에서 차지하는 비중이 커지면서 점차 민간 주도로 바뀌었죠. 경제 규모가 커지면서 적어도 표면적으로는 경제 전체에서 정부 주도 경제 활동의 비중이 작아지고 민간 기업들이 주축이 되었습니다. 물론 1970년대 이후에도 정부가 경제개발계획을 입안하고 추진하는 주도권을 쥐었다고 할 수 있으나 경제성장의 구체적 성과는 기업들에 의존했다는 점에서 역할에 제한이 있었습니다. 특히 1970년대 후반 이후에 화학, 철강, 조선, 자동차, 전기 전자, 반도체 공업

서울 강남의 삼성 그룹 사옥입니다. 경제의 주도권이 정부가 아니라 민간 기업에 있음을 보여 주려는 듯 하늘 높이 치솟아 있습니다.

을 중심으로 기업들이 규모 면이나 업종 수에서 급성장하면서 경제의 주도권은 기업으로 넘어가게 되었습니다.

1980년대 이후는 한국 경제가 **국가 주도에서 기업 주도**로 본격적으로 체질이 바뀌는 시대이기도 합니다. 이제 한국 경제는 경제 규모가 커지고 복잡해지면서 더 이상 정부가 주도하는 방식으로는 시장을 이끌 수 없게 되었습니다. 오히려 정부가 섣불리 개입했다가는 1997년의 외환금융 위기와 같은 재앙을 초래할 수도 있습니다. 김영삼 정부는 중진국 수준의 한국 경제를 선진국권에 진입시키기 위해 조급하게 선진국 클럽인 경제협력개발기구(OECD)에 가입하였고 OECD가 요구하는 경제 개방을 실현하기 위해 외환시장을 개방하였습니다. 그 결과 태국, 인도네시아에서 시작된 외환금융 위기 때 한국도 연쇄적으로 파급되는 위기의 충격파를 견디지 못하고 무너졌던 것이죠.

장공부 그러면 1990년대 이후에는 정부의 개입이 줄어들었으니 시장경제가 잘 작동해서 더 좋은 결과를 거둘 수 있지 않았나요?

사 선 그게 꼭 그렇지는 않았습니다. 자유시장경제는 우리나라 안에서만 하는 게 아니거든요. 1990년대 이후 세계화가 활발해지면서 정부의 기능을 줄이고, 보호무역에서 자유 개방 경제로 전환한 우리나라는 급격히 세계화의 흐름에 편입되면서 또 다른 어려움에 직면하게 됩니다.

세계화란 국경을 초월하여 상품, 서비스뿐 아니라 자본, 노동, 기술 등이 자유롭게 이동함으로써 경제적으로 통합되어 가는 현상을 말합니다. 선진 산업국들은 1980년대 이후에 이미 세계화 현상을 경험하고 있었다고 할 수 있는데 1990년대 들어 정보화와 자본 이동의 자유화가 진전되면서 세계화의 가속도가 붙게 되었습니다. 우리나라는 김영삼 정부 들어서 이런 세계화의 흐름을 적극 이용하고, 국가의 시장 개입을 줄인다는 방침 아래 외환시장을 개방하는 등 개방화, 세계화 정책을 펼쳤습니다.

하지만 이것은 상황을 오판한 것으로 급기야 1997년에 외환금융 위기를 맞이하게 된 원인이 되었습니다. 세계화는 무한 경쟁을 의미하고 강자에게 유리한 환경을 제공하는데, 그때까지는 중진국 수준이었던 우리 경제를 지나치게 과대평가한 것이 문제였습니다.

세계화는 복지와 관련해서도 부정적인 영향을 미쳤습니다. 아시다시피 사회복지를 위해서는 많은 세금이 필요합니다. 국가의 복지 서비스가 확대될수록 세율은 올라가죠. 여러분도 잘 아는 것처럼 복지가 잘되어 있는 유럽 선진국들의 세율은 상당히 높죠. 그런데 문제는 자본, 상품이 자유로이 국경을 넘나드는 세계화의 추세 속에서 기업들도 낮은 세금을 찾아 자유롭게 이동할 수 있게 되었다는 것입니다. 기업들이 자유로이 떠날 수 있는 상황에서 정부는 보편 복지를 위하여 세금을 더 내라고 요구하기는 어려워졌고, 오히려 기업들로부터 다른 나라와 비교하여 세금을 낮추지 않으면 다른 나라로 이전하겠다는 압박을 받게 되었습니다.

한국의 경우도 마찬가지입니다. 대기업들과 그들의 주장에 동조하는 사람들은 세계화 추세와 함께 기업 활동과 관련한 세금을 줄여 주지 않으면 외국 기업의 투자를 유치할 수 없고 기존의 국내 기업조차도 높은 세금이나 인건비를 피해 해외로 이전할 수 있다는 논리를 펴고 있습니다. 또한 금융 자유화로 우리나라의 주식시장 등이 해외 자본 흐름의 변화에 민감한 체질을 갖게 되었습니다.

우리나라는 유럽 나라들처럼 충분한 복지 혜택이 있는 것이 아닙니다. 그럼에도 불구하고 세계화로 복지 지출 축소나 감세 압력을 받는다는 점에서 문제가 심각합니다. 과잉 복지라고 지탄받는 제도들은 사실은 최소한의 인간다운 삶을 위한 사회 안전망이라고 할 수 있습니다. 사회 안전망은 직장을 잃거나 큰 병을 앓는 등의 어려움에 처했을 때 최소한의 삶을 보장하는 수준의 복지를 말합니다. 그런데 세계화의 영향으로 기업들이 떠나고 해고자가 속출하며, 여기에 더하여 사회 안전망마저 축소되면서 2중, 3중의 고통을 겪게 된 것입니다. 요즘에 '묻지 마' 범죄가 많이 나타나는 것도 이런 고통스런 현실과 무관하지 않습니다.

고도 경제성장 뒤의 그림자, 노동문제와 재벌

장공부 물론 이런저런 문제는 있겠지만 어쨌든 우리나라가 세계에서 가장 못사는 나라였고 지금은 선진국 대열에 들어선 것은 사실이잖아요? 그러니까 저는 박정희의 과오만 얘기할 것이 아니라 공로도 인정해야 한다고 생각해요.

사 선 물론 그런 주장도 가능합니다. 흔히 1960년대 이후 박정희 군사정부의 개발독재가 없었으면 경제성장은 불가능했을 것이란 주장이죠. 박정희 군사정부가 겨레의 조국 근대화 염원을 강력한 수출 주도 정책을 통하여 실현함으로써 소위 '한강의 기적'을 일구었다는 것입니다. 이때 흔히 예로 드는 것이 여론의 반대에도 불구하고 한일 국교 정상화를 이루고 대일 청구권 자금 8억 달러를 포항 제철, 경부 고속도로 건설 등에 투자함으로써 초기 자본 형성에 성공한 박정희의 리더십과 혜안입니다. 하지만 이는 박정희 개발독재의 긍정적 측면만 부각시키고 전체적 측면은 보지 못하는 관점입니다. 물론 군사정부가 세계시장을 겨냥한 수출 주도 정책을 추구한 것이 성공하여 오늘날의 경제 기적을 달성한 것은 사실입니다. 그러나 앞에서도 살펴보았듯이 한국의 고도성장은 1950년대의 경제 복구와 이에 대한 미국의 원조, 국민들의 잘살고자 하는 의지, 우방으로서의 미국의 최혜국 대우와 호황기의 세계경제 여건 등 대내외적 요인이 복합적으로 작용한 결과입니다. 단순히 박정희 군사정부의 강력한 리더십이라는 하나의 요인만으로 설명해 버린다면 아시아, 남미의 권위주의 군사정권들이 경제성장에 실패한 사례들을 설명할 수 없습니다.

더군다나 군사정부는 경제성장을 조급하게 추구하면서 여러 가지 폐해도 일으켰습니다. 대표적인 것이 민주주의를 억압하고 인권을 탄압한 것입니다. 또한 수출 경쟁력을 유지하기 위해 노동자에게 저임금을 강요하고, 농민에게 낮은 농산물 가격을 수용하도록 하는 등 노동자, 농민에게 많은 희생을 강요하였습니다. 풍부한 노동력을 이용한 노동 집약적 산업으로 가격 경쟁력을 높인다는 말 속에는 노동자들을 저임금으로 가혹하게 착취하는 현실이 감추어져 있었던 것입니다. 형편없는 임금을 받고 가혹한 노동에 시달리던 노동자들의 실상은 1970년 청계피복 공장 노동자였던 전태일이 분신함으로써 마침내 널리 알려지게 되었습니다.

이후 노동자, 농민의 반발이 거세지자, 군사정부는 이를 진압하기 위한 강력한 독재 체제를 구축하였는데, 그것이 바로 1972년 10월의 유신입니다. 알다시피 **유신헌법**은 대통령에게 입법과 사법 및 행정 3권을 모두 장악하게 하고, 헌법보다 우위에 있는 긴급조치권까지 부여하였습니다.

모의심 이거 완전 북한과 다름없잖아요?

사 선 그래도 권력 세습은 빠졌죠? (웃음)

장공부 하지만 결과적으로 노동자, 농민도 옛날보다 잘 살게 된 것 아닌가요?

사 선 조금은 그랬을지도 모르죠. 하지만 개발독재는 경제성장 과정에서 특정 개인이나 대기업에 특혜를 부여함으로써 오늘날 재벌의 기형적 성장을 통한 분배 구조의 악화를 초래하기도 하였습니다. 이때부터 우리 경제의 가장 큰 문제인 정경(정치와 경제) 유착이 시작된 것이죠. 한국 자본주의의 독특한 현상인 재벌은 외국 사전에도 'chaebol'이라고 나올 정도로 정말 우리나라에만 있는 폐단입니다.

모의심 재벌이 문제라는 얘기는 많이들 하는데요, 재벌이 뭔지는 잘 모르겠어요. 재벌이 뭐죠? 그리고

서울 청계피복 공장의 열악한 환경에서 매일 오랜 시간 일해야 했던 전태일과 동료 직공들의 모습입니다. 뒷줄 가운데가 전태일입니다.

유신헌법의 주요 내용

1. 대통령 직선제 폐지
2. 국회의원의 3분의 1을 대통령이 추천
3. 대통령에게 긴급조치권 부여
4. 대통령에게 국회 해산권 및 법관 임면권 부여
5. 대통령 연임 제한을 철폐

재벌이 무엇이 문제인가요?

사 선 음, 그럼 재벌에 대해 좀 알아볼까요? 재벌을 이해하기 위해서는 해방 이후
한국의 경제성장 과정에서의 재벌의 성장 과정과 역할, 재벌이 한국 경제에 미치는
영향 등에 대해 함께 이해해야 합니다. 해방 후의 귀속재산의 불하 과정이 재벌 탄
생의 시발이라고 합니다.

진단순 귀속재산이요? 뭔 말이 이렇게 어려워요?

사 선 귀속재산이란 일본의 패망으로 한국에 남겨진 일본인 소유의 재산입니
다. 그중에서 특히 중요한 것들은 공장, 설비 등의 산업 시설이었습니다. 연합국
과의 강화조약에서 일본은 식민지 내의 재산에 대한 소유권을 상실했습니다. 미
군은 한반도에 진주하여 귀속재산을 접수하고 이를 민간에 '유상 분배(대가를 받고
재산 등을 나누어 주는 일)'하는 불하 절차를 추진했고, 대한민국 정부 수립 이후에는
정부에 소유권이 이전되어 이런 불하 과정이 계속 진행되었습니다.

모의심 누가 그걸 받았나요?

한국에 거주하던 일본인들이 2차 세계대전에서 패망하고 한국이 해방되자 부산에서 귀국선을 타고 일본으
로 돌아가는 모습입니다. 일본인들이 남기고 간 재산은 정부의 불하 과정 등을 통해 한국의 재벌을 잉태하
는 밑천이 되기도 하였습니다.

사 선 받지는 않고요, 구입했죠. 원래 정부가 기대한 것은 지주들이 땅을 팔아서 그 공장들을 사는 것이었습니다. 그럼 지주들이 산업자본가로 전환하면서 근대화가 빨라질 테니까요. 그러나 해방 이후 급격한 물가 인상으로 현금이 궁해진 지주들 중 상당수가 이미 농지 증권을 싼값에 투매해 버렸기 때문에 귀속재산을 살 수 없게 되었습니다. 그래서 결국 식민지 시대 때 부를 축적해 두었던 친일파, 미 군정 때 미군과 친하게 지낸 친미 관료, 신흥 상인 혹은 자산가 등이 대부분의 귀속재산을 차지하게 되었습니다. 바로 이들이 재벌의 시초입니다. 이들의 특징은 미 군정, 1공화국 관료 등 정치권과 밀착한 가운데 미국의 원조 물자와 원조 달러를 배분하는 과정에서 막대한 특혜를 챙기며 엄청난 부호로 성장했다는 것입니다. 정치 지도자와 경제 지배 계층이 특혜와 뇌물로 공생 관계를 이루는 이른바 '정경 유착'이 이 시기에 싹텄다고 할 수 있습니다.

장공부 그런 사람들, 박정희 대통령이 다 잡아넣지 않았나요?

사 선 글쎄요. 쿠데타에 성공한 박정희와 군부 세력은 처음에는 이들 재벌 인사들을 부정 축재자로 구속하기도 하였습니다. 그러나 정권의 정통성을 갖지 못했던 군부 세력은 이를 보완하기 위한 명분으로 경제성장에 초점을 맞추어야 했고, 그러기 위해서는 재벌의 도움이 필요했기에 양자의 밀착 관계가 다시 시작되었습니다.

이후 우리나라의 경제 지배 계층은 정경 유착의 전통에 의해 정권 변동과 함께 성장과 몰락의 과정을 거치면서 성장했습니다. 독자적인 사업 계획이 아니라 정부 정책에 얼마나 잘 호응하느냐가 기업의 성패를 갈랐습니다. 1960년대 군사정부가 수출 주도 정책을 펼치면서 정부의 정책에 부응하여 외국에 수출할 상품 위주로 생산한 기업들은 비약적으로 성장하며 갖가지 혜택을 누렸고, 국내시장에 치중한 기업들은 몰락의 길을 걸었습니다. 특히 1970년대 들어 경공업에서 중화학공업으로 전환할 때 여기에 적극적으로 호응하여 대규모의 중화학공업 투자를 실시한 기업들은 그 대가로 사실상 독과점적 지위를 보장받으면서 오늘날의 재벌이라 불리는 대기업 집단을 형성하게 되었습니다. 삼성, 현대, LG, SK, 그리고 지금은 사라진 대우 등의 재벌들이 이 시기에 본격 성장하였습니다.

이들 재벌은 경제개발 과정에서 정부의 세금 감면, 파격적인 금융 지원, 국내의 독점적 지위 부여 정책 등의 혜택을 받으며 성장하였습니다. 즉 기업가 정신을 통해 성장했다기보다는 정부의 도움으로 성장한 것이죠. 개발독재 시대에는 정부의 지원 대상 기업으로 선정되는 것이 엄청난 특혜였기 때문에 정부의 자의적인 선정, 편파적인 특혜 지원, 특혜를 얻기 위한 기업과 정부의 정경 유착 등의 갖가지 부작용이 일어났습니다.

장공부 하지만 대기업의 그런 횡포는 우리나라에만 있는 것은 아니잖아요? 미국에서도 마이크로소프트나 애플 같은 거대 기업이 의회에 로비를 하고 그런다고 알고 있는데요?

사 선 아, 우리나라의 재벌은 단지 규모가 큰 기업을 뜻하는 것이 아니랍니다. 여기서 말하는 재벌이란 어떤 가문이나 가족이 소유한 기업들이 서로 상호 출자하여 하나의 거대한 기업집단을 이루고 있는 것을 말합니다. 우리나라의 재벌은 다른 어느 나라에서도 볼 수 없는 특징들을 가지고 있습니다.

우선 소유와 경영이 분리되어 있지 않습니다. 그래서 총수와 그 가족들이 기업의 지배권을 행사합니다. 드라마에서 흔히 나오죠? 재벌 회장의 아들, 딸, 손자, 며느리는 죄다 재벌 회사의 사장이고 전무이고 이사입니다. 갓 대학 졸업한 젊은 딸이 바로 회사의 팀장으로 입사해도 당연하게 여기고, 몇 년 지나면 이사나 상무가 되고, 결국 아버지의 회사를 승계합니다. 이게 당연하다고요? 절대 그렇지 않습니다. 여러분은 애플의 창업인인 스티브 잡스가 세상을 떠난 거 아시죠? 그런데 그 후계자인 팀 쿡과 스티브 잡스는 어떤 혈연관계가 있을까요? 아무 관계가 없습니다. 빌 게이츠 역시 자식들에게 회사를 물려주거나 그들을 경영에 참여시키지 않았습니다. 워런 버핏의 아들은 작곡가로 일하고 있으며, 배스킨라빈스 설립자의 아들인 존 라빈스는 아이스크림 퇴출 운동을 벌이고 있습니다.

진단순 정말요? 그거 뜻밖이네요.

사 선 재벌은 또 업종 전문화보다는 위기 타개책의 명분으로 동네 슈퍼나 빵집까지도 잠식해 들어가는 **문어발식 경영**을 추구합니다. 애플이나 구글, 마이크로소프트 같은 회사는 규모가 거대하긴 하지만 한 분야에 전문화되어 있습니다. 물론

368

애플이나 구글 같은 회사도 여러 계열사로 이루어져 있기는 합니다만 서로 연계되는 분야의 기업들로 이루어져 있습니다. 예를 들면 애플은 컴퓨터와 아이폰 아이패드를 생산하는 애플, 음악 파일을 거래하는 아이튠즈, 소프트웨어를 거래하는 앱스토어, 그리고 이러한 제품들의 유통을 담당하는 애플 리테일 등의 기업들로 이루어져 있습니다. 하지만 우리나라의 재벌 기업들은 이와 전혀 다릅니다. 예컨대 우리나라의 대표적인 재벌인 S 그룹을 보면 통신 회사, 증권 회사, 정유·화학 회사, 의류·섬유 회사, 해운 회사, 건설 회사처럼 전혀 계통 없는 엉뚱한 분야의 기업들을 문어발처럼 거느리고 있습니다. 지금은 해체된 대우그룹을 보면 한창때인 1980년대에는 자동차, 건설, 조선,

세계적인 아이스크림 회사인 배스킨라빈스를 설립한 아버지의 업을 잇지 않고 아이스크림 퇴출 운동에 앞장서고 있는 존 라빈스입니다.

기계, 전자, 증권, 섬유 등 거의 모든 산업 분야에 걸쳐 기업들을 거느리고 있었습니다. 생각해 보세요. 구글 같은 회사가 동네 피시방 체인을 세운다거나 애플에서 사과 파이 전문 빵집을 낸다면 얼마나 우습겠어요? 하지만 우리나라 재벌 기업들에는 전혀 드문 일이 아닙니다. 재벌 유통 회사들이 동네 슈퍼마켓 체인까지 열어서 구멍가게들을 문 닫게 하고 있지 않나요?

장공부 하지만 경쟁력이 떨어지는 업체들이 퇴출되는 것은 시장경제에서는 어쩔 수 없는 일 아닌가요?

사　선 문제는 바로 재벌 체제가 경쟁력을 갉아먹는다는 것입니다. 재벌 기업들은 가족들이 기업을 지배하다 보니 계열사들 간의 상호 출자, 상호 지급보증, 계열 기업 간 독점 거래 등을 통한 불공정 거래가 관행처럼 되어 있습니다. 예를 들면 재벌 회장 아들이 인쇄소를 하면 그 재벌 계열사의 모든 인쇄물은 거기서 비싼 값을 내고 찍는다거나 하는 식의 경영이 이루어집니다. 재벌 기업들은 거의 모든 산업 분야에 계열사들을 거느리고 있기 때문에 이런 식으로 **재벌 계열사들 간의 내부 거래**가 계속되면 일반적인 중소기업들은 살아날 길이 없습니다. 또 재벌 계열사들 역시 이런 식으로 서로가 안정된 거래를 하면서 경쟁의 필요성을 느끼지 못하

게 되어 경쟁력이 떨어지고, 결국 국가 전체적으로 경쟁력을 갉아먹습니다.

더 나쁜 것은 재벌 계열사들끼리 거래하는 것을 넘어 서로가 서로에게 투자함으로써 전체적인 덩치만 키우는 경우입니다. 이렇게 되면 여러 계열사들 중 하나만 망하더라도 여러 기업들이 동시에 파산할 위험을 키워 놓습니다. 게다가 이들 재벌 계열사들은 대체로 은행에서 많은 돈을 빌린 상태이기 때문에 국가 경제까지 휘청거리게 만들 수 있습니다. 다음 그림을 보세요. 여기 나온 건설, 전자, 조선, 관광 회사들이 모두 같은 재벌 계열사라고 합시다. 이들은 모두 금융기관으로부터 특혜 대출을 받아서 덩치를 키운 상태입니다. 게다가 계열사들끼리 서로서로 투자하거나 돈을 빌려 준 경우가 많아서 소유 관계나 채무 관계도 매우 복잡합니다. 그런데 건설 경기가 안 좋아서 건설 회사의 경영이 어려워졌습니다. 그러면 건설 회사에 돈을 빌려 주거나 투자한 전자 회사와 조선 회사도 어려워집니다. 그렇게 되면 전자 회사와 조선 회사에 투자한 관광 회사도 어려워지고, 이는 관광 회사에 투자한 건설 회사를 더 어려워지게 만듭니다. 이런 식으로 재벌 기업들은 계열사 중 어느 하나라도 어려워지면 꼬리에 꼬리를 물며 멀쩡한 계열사까지 어렵게 만들며,

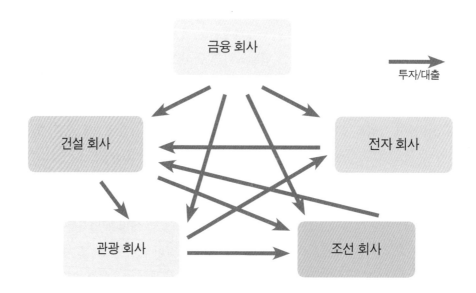

결국 이들에게 막대한 돈을 빌려 준 금융기관까지 어렵게 만드는 것입니다. 1997년에 한보, 그리고 기아라는 두 재벌이 무너진 과정도 이렇습니다. 한보 그룹은 무리한 철강 산업 투자로, 기아 그룹은 건설업 투자로 인해 건실한 한보 건설, 기아자동차 등 모회사까지 무너졌고, 이들 기업의 규모가 워낙 컸기 때문에 주거래은행들까지 무너지면서 단군 이래 최대 국난이라는 외환금융 위기까지 겪게 되었습니다. 앞에서 살핀 대로 이러한 재벌 기업들은 주로 이른바 산업 합리화라는 명목으로 이루어진 강제적인 흡수합병, 공기업의 민영화, 그리고 각종 대출에서의 특혜 등 정부와의 밀착 관계를 통해 성장하였습니다. 편법과 부정부패로 얼룩져 있는 것이지요. 이들은 이런 편법에 익숙하다 보니 경영 상태가 어려워져도 정부의 도움으로 해결할 수 있다고 믿는 경향이 있었습니다. 소위 '대마불사론'이죠. 따라서 재벌 기업들은 합리적인 경영을 통해 경쟁력을 키우기보다는 불법적으로 조성한 비자금을 통해 정치계와 관계 로비를 통해 회사를 키우려 했습니다. 결과적으로 그동안 재벌은 국가와 경제에 악영향을 끼친 면이 많습니다.

장공부 하지만 삼성, 현대 같은 재벌 기업들이 없었으면 우리나라가 이만큼 발전하기 힘들었을 수도 있잖아요?

사 선 다른 경제 현상과 마찬가지로 한국의 재벌 역시 빛과 그림자라는 양면성을 가지고 있습니다. 짧은 기간 동안에 가장 가난한 나라 중 하나였던 한국을 세계 10위 안의 무역국으로 올려놓는 데 재벌 기업들이 큰 역할을 한 것은 사실입니다. 그러나 재벌 성장의 그림자도 무시할 수는 없습니다. 정부가 재벌에 세금, 금융 특혜를 제공하고, 국내에서의 독점적 지위를 묵인한 것은 세계시장에서의 경쟁력 확보를 통해 경제성장의 혜택을 국민들에게 나누어 주기 위한 것입니다. 그러나 동네 슈퍼나 빵집을 공략하는 재벌의 행태에서 알 수 있듯이 재벌은 중소기업 및 99퍼센트 대다수 국민들에게 혜택이 돌아가게 하는 동반 성장에 인색하다는 인상을 주고 있습니다. 더 이상 우리나라 경제는 정부가 주도하여 투자를 지정하는 개발독재 경제가 아닙니다. 이제는 건전한 시장에서 가격과 품질로 경쟁하는 기업가 정신이 필요한 때입니다.

그럼 재벌을 당장 해체해야 하겠네요?

재벌을 당장 해체하기보다는 공정한 경쟁을 시키자

사 선 재벌은 한국 경제와 떼려야 뗄 수 없는 관계이기 때문에, 해법도 재벌을 해체시키는 단순한 방법일 수는 없습니다. 타이완은 중소기업 위주의 수출 때문에 분배 구조가 평등한 편이지만 자체 기술 개발이 어려워 다국적기업의 하청 공장 역할을 하는 등 오늘날의 하이테크 시대에 한계를 보이고 있습니다. 우리는 재벌의 단점을 보완하면서도 우리의 강점은 살리는 쪽으로 제도를 보완할 필요가 있습니다.

즉 세계시장에서의 재벌의 경쟁력, 인지도 등은 인정하되 국내시장에서는 중소기업, 일반 국민과의 동반 성장을 통해 관계를 재설정하는 것이 중요하죠. 이를 위해서는 우선 중소기업의 고유 업종을 법적으로 보호하여 재벌의 문어발식 경영을 차단해야 합니다. 그리고 계열사들 간의 **순환 출자를 금지**해서 총수 일가가 소수의 자본을 가지고 거대한 기업집단을 초법적으로 지배할 수 있는 고리를 끊어야 합니다. 마지막으로 공정거래위원회 등을 통해 재벌의 불법적인 횡포를 규제하고 엄격한 법 적용으로 탈법, 불법을 차단해야 합니다.

장공부 하지만 우린 자본주의 사회에 살고 있잖아요? 아무리 재벌이라도 기업의 주인인데, 이렇게 규제를 심하게 하면 재산권 침해 아닌가요?

사 선 유감스럽게도 우리나라의 재벌들은 그 거대한 기업집단의 정당한 주인이 아니랍니다. 이게 바로 순환 출자 때문인데요, 다음 그림을 같이 보면서 이야기하죠. 왼쪽에 있는 그림이 우리나라의 전형적인 재벌입니다. 모두 여섯 개의 회사가 한 그룹에 속해 있죠. 하지만 재벌 가문은 오직 A 회사의 대주주이기만 하면 됩니다. 아버지가 A사의 소유자이자 경영자가 되었다고 합시다. 아버지는 A사가 B사, C사, F사에 투자한다는 결정을 내립니다. 이로써 A사는 B사, C사, F사의 대주주가

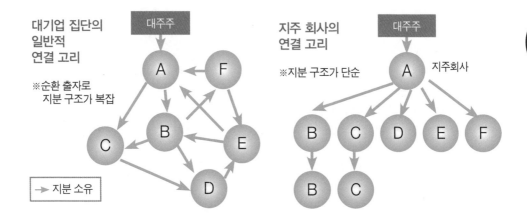

됩니다. 우리나라는 소액주주들이 많기 때문에 회사 지분의 5퍼센트 정도만 차지해도 지배주주가 될 수 있으니 그리 어려운 일이 아닙니다. 이제 A사는 B사, C사, F사 지배주주 자격으로 아들 세 명을 각 회사의 경영자로 추대합니다. 이들 아들 세 명은 각각 B사, C사, F사가 D사, E사, 그리고 서로 간에, 또 A사에 대해 투자하는 것을 결정합니다. 이로써 재벌 가문은 A사 지분 10퍼센트 정도만으로 B사, C사, D사, E사, F사까지 지배할 수 있습니다. 여섯 개 기업의 지분 중에서 1.66퍼센트의 지분만으로 주인 행세를 하고 있는 것입니다. 그리고 아까 한보나 기아의 경우처럼 계열사 중 하나만 무너져도 다 같이 어려움에 처하는 구조이기도 하고요.

그래서 일본에서 재벌을 해체하고 그 대신 도입한 것이 오른쪽에 있는 지주회사 제도입니다. 지주회사는 그룹 내 여러 계열사들을 모두 지배하는 모회사입니다. 지주회사가 법적으로 인정되려면 모든 자회사들에 최소 30퍼센트 이상씩은 투자해 두어야 합니다. 따라서 지주회사의 자본 규모가 상당해야 합니다. 또 자회사들은 서로 간에 출자하는 것이 금지되어 있고, 오직 지주회사만이 출자할 수 있습니다. 따라서 기업 여섯 개를 거느리는 그룹의 소유주라고 주장하려면 여섯 개 기업 모두에 30퍼센트 이상은 출자할 정도의 자본을 가지고 있어야 합니다. 어떤 재벌 총수 중에서도 그런 엄청난 재력가는 없습니다. 따라서 지주회사 제도를 채택하면 문어발식으로 수십 개의 기업을 주렁주렁 거느리는 재벌은 불가능해지며, 각자 전문 분야별로 독립된 기업이 활약할 수 있게 되는 것입니다.

민주적 시장 자본주의는 개발독재의 대안인가?

모의심 개발독재의 시대는 끝났고, 이제 재벌도 개혁해야 한다면 우리나라 경제는 앞으로 어떤 모습이 될까요?

장공부 개발독재라는 말을 인정할 수 없어요. 그 시대에는 그 외에 다른 방법이 없지 않았을까요?

사 선 사실 선생님은 개발독재의 시대가 꼭 필요했을 이유가 없다고 보는 입장입니다. 흔히들 박정희가 강력한 **권위주의 정권**으로 경제개발을 추진하지 않았더라면 오늘날 한국의 고도성장이 가능했겠느냐고 의문을 제기합니다만 1960년대 이후 우리가 겪고 있는 여러 가지 부작용과 후유증을 고려해 볼 때 개발독재는 불행의 씨앗이었다고 볼 수 있습니다.

사실 그분의 경제정책에 대한 업적은 좀 과장된 면이 있습니다. 1950년대에 전후 복구를 통하여 착실하게 다져진 사회간접자본의 기반 위에서 경제개발을 추진한 것뿐이라는 평가가 있고, 1960년대의 세계경제의 호황과 미·소의 냉전 구조 등 다양한 요인이 작용하여 수출 드라이브 정책이 성공을 거두었다는 것은 앞에서 설명했지요. 그리고 경제개발에 종잣돈 역할을 한 대일 청구권 자금 8억 달러는 원래는 강제 징용자, 정신대 등 일제 식민 지배의 희생자들에게 보상했어야 할 돈을 오히려 재벌들에게 경제 발전을 도모한다는 이유로 넘겨준 꼴입니다. 4·19혁명 이후에 박정희의 쿠데타가 없었더라면 제2공화국 정부의 경제개발계획을 통해서도 수출 위주의 경제성장이 추구되지 않았을까요?

장공부 하지만 중국 같은 경우 일당독재를 통해 오히려 빠르게 경제가 성장하고 있는 것을 보면 그 시절 우리나라도 같은 처지가 아니었나 싶어요.

사 선 그 반대의 경우로 우리는 인도의 예를 들어 볼 수도 있습니다. 흔히 중국이 '세계의 공장'으로 불린다면 인도는 '세계의 사무실'로 불릴 정도로 IT, 서비스업이 급성장한 나라입니다. 그런데 특이한 사실은 인도는 인구가 10억이 넘는 세계 최대의 민주주의 국가라는 것입니다. 그래서 그동안은 정파 간의 갈등이나 사회적 혼란 등 경제성장에 비효율적인 면들이 많았던 것이 사실입니다. 하지만 일단 고도성장기에 접어들면서부터는 안정적인 성장을 지속하고 있습니다. 반면 공산당의 권위적 통치를 통해 집중적인 경제성장을 한 중국은 부정부패, 은행의 부실채권 문제가 심각해서 나중에 후유증이 클 것으로 예상됩니다. 만약 우리나라가 4·19혁명 이후에 쿠데타가 없었더라면 인도와 비슷한 과정을 거쳤을 것으로 추정할 수 있습니다. 처음에는 다소 혼란스럽고 성장이 느리겠지만 일단 성장 궤도에 올라선 다음에는 부패나 각종 부작용이 훨씬 적은 상태로 보다 안정적인 성장을 하지 않았을

제2공화국을 무너뜨리고 쿠데타에 성공한 박정희 소장

까요? 물론 꼭 그랬을 것이라고 볼 수는 없지만 박정희 정권의 개발독재가 아니었으면 우리나라의 경제성장이 불가능했을 것이란 주장은 그 타당성이 의심스럽다고 생각됩니다.

진단순 다 지나간 얘기는 왜 자꾸 하나요? 그냥 지금부터 잘하면 되지 않나요?

모의심 나는 그렇게 생각하지 않아요. 지금 우리는 개발독재의 후유증에 시달리고 있습니다. 문제 해결을 위해서는 개발독재의 문제점을 정확히 바라보고 지금이라도 그것을 교정해야 하겠죠. 그것은 보다 민주적이고 공평한 시장경제, 그러니까 경제성장의 과실이 실제 일한 사람들, 즉 노동자와 농민에게 충분히 돌아가고, 재벌과 같이 규칙을 어기고 오히려 자기들이 규칙을 만드는 그런 세력들이 사라지게 해야 한다는 것이죠.

장공부 저도 의심이 말에 동의하는데요. 그렇다고 하더라도 저희는 아직 학생이니까 경제정책을 만들거나 기업을 경영하거나 그런 위치에 있지 않잖아요? 심지어는 돈을 쓰는 것도 마음대로 할 수 없는 처지이고요. 제 입장에서는 대학에 가려면 등록금은 어떻게 해야 하는지, 취업 문제, 또 나중에 독립하려면 집도 필요할 텐데 그런 것은 어떻게 해야 하는지 등이 궁금해요.

사   선 장공부 이야기대로 모든 문제의 모든 대안을 우리가 갖고 있는 것은 아니고, 여러분들에게 절실하게 느껴지는 문제가 따로 있을 테니까 간략하게 실업, 복지, 경제 정의의 세 가지 문제 정도만 이야기해 보도록 하지요. (칠판에 다음과 같이 정리해서 쓴다.)

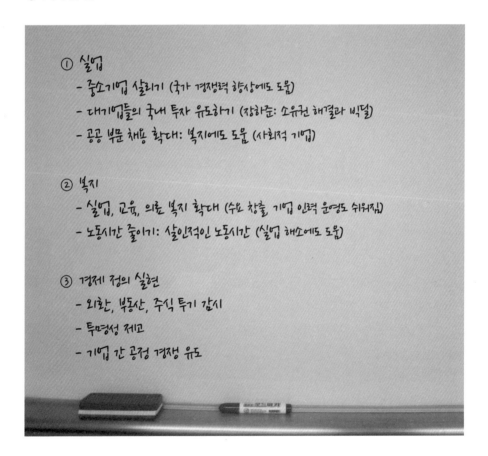

① 실업
- 중소기업 살리기 (국가 경쟁력 향상에도 도움)
- 대기업들의 국내 투자 유도하기 (장하준: 소유권 해결과 박탈)
- 공공 부문 채용 확대: 복지에도 도움 (사회적 기업)

② 복지
- 실업, 교육, 의료 복지 확대 (수요 창출, 기업 인력 운영도 쉬워짐)
- 노동시간 줄이기: 살인적인 노동시간 (실업 해소에도 도움)

③ 경제 정의 실현
- 외환, 부동산, 주식 투기 감시
- 투명성 제고
- 기업 간 공정 경쟁 유도

모의심 그런데 이런 정책들이 국가적 차원에서 실현되어야 할 텐데, 정치인이나 관료들이 이런 내용을 몰라서 시행하지 못하는 것일까요?

진단순 설마, 그럴 리가.

사 선 모른다기보다는 생각이 다르다고 봐야 하겠지요. 현재 우리나라 정치 시스템은 정치를 하기 위해서는 많은 돈이 들고, 또 정치인들 개인적으로도 정치를 하다가 다른 직업을 갖는 것이 불가능한 경우가 대부분이기 때문에 경제적으로 여유가 있는 사람들만 정치에 참여하는 경향이 있습니다. 그러다 보니 아무래도 중소기업보다는 대기업을, 실업자보다는 직업이 있는 사람을, 비정규직보다는 정규직을, 가난한 사람들보다는 부자를 생각하는 정책이 많이 이루어지고 있는 것이 사실입니다. 제도적으로는 돈 안 드는 정치를 위한 여건을 마련하고, 개인적으로는 국민 전체를 위할 사람을 선출하기 위해 노력해야 하겠죠.

장공부 이번 수업을 하면서 계속 느끼는 건데, 시작은 경제인데 끝은 꼭 정치네요.

사 선 잘 보았어요. 실제로 정치와 경제 이 두 문제는 서로 떼려야 뗄 수 없는 관계이니까요.

(학생들 웃는다)

이른바 동아시아 경제모델이란 무엇일까요?

1980년대에 들어 그동안 20년 이상 고도성장을 성취한 남미의 신흥 공업국들(NICs, New Industrialized Countries)은 심각한 외채 위기를 겪게 됩니다. 그러나 이와 대조적으로 '아시아의 네 마리 용'으로 불리는 한국, 타이완, 홍콩, 싱가포르는 1960년대와 1970년대에 이어 1980년대에도 고도성장을 지속하면서 세계의 주목을 받았습니다. 이들 나라들은 '발전 지향적 국가'로 불리는 국가의 강력한 리더십, 식민 지배로 인한 근대적 자본주의의 강제 이식, 높은 교육열에 기인한 우수한 노동력, 수출 주도 전략 등의 공통점을 가지고 있어서 동아시아 경제 모델로 불리고 있습니다. 여기에 국가 주도형 산업화를 통하여 선진국 진입에 성공한 일본을 한국, 타이완의 경제 발전의 원형으로 보고 동아시아 경제 모델에 보함시키기도 합니다.

그러나 이들 국가의 고도성장 요인을 '권위주의 국가에 의한 개발독재' 등으로 단순화하는 것은 각 국가가 처한 사회·경제적 맥락 등의 다양성을 무시하는 것입니다. 우선, 한국은 해방 후 일본 귀속재산의 불하 과정에서 정경 유착의 씨앗을 뿌리게 되었고, 1960년대에 초기 자본을 형성하고 수출 위주 정책을 추진하는 과정에서 특혜와 보호를 통하여 재벌로 불리는 대기업 구조가 정착되었습니다.

타이완은 중국이 공산화되면서 1퍼센트밖에 안 되는 본토인이 타이완인들을 지배하는 과정에서 일본인의 귀속재산을 국가가 접수하여 국영기업을 발전시켰습니다. 반면 타이완 사람들과 중국에서 건너온 민간 상인자본은 소규모 중소기업을 발전시켜 중국인 특유의 가족주의 경영을 하면서 해외시장에 진출하였습니다. 결국 타이완에서는 국영기업과 대기업은 내수 시장, 중소기업은 해외시장에 주력하는 구조라는 도식이 생겨나게 되었습니다.

한국과 타이완이 강력한 권위주의 국가의 주도하에 경제개발을 추진한 데 비해, 홍콩은 철저히 개방경제를 유지하였습니다. 중계무역으로 번영하던 홍콩은 대륙의 공산화로 위기에 직면하면서 수출 위주의 정책으로 돌파구를 모색하였습니다. 그래서 홍콩 하면 쇼핑센터를 떠올리는 우리 생각과는 다르게 제조업과 금융, 서비스업이 홍콩의 주력 산업이 되었고 중국의 개방화 이후에는 대륙의 값싼 노동력을 활용한 고도성장을 지속하게 됩니다.

싱가포르는 홍콩 인구의 절반밖에 안 되는 280만의 작은 국가입니다. 작은 규모는 강력한 정부를 중심으로 일치단결하여 고도성장을 가능하게 하였고 이웃 국가인 말레이시아와의 적대 관계는 부국강병을 위한 경제성장에 주력하게 만들었습니다. 싱가포르는 강력한 법질서를 확립하여 안정적인 투자 환경을 제공하며 다국적기업 등 외국자본의 투자를 적극 유치하면서 고도성장에 성공하였습니다.

이렇게 동아시아 경제모델이라 하더라도 고도성장의 공통점 이외에는 구체적인 사회적 여건과 경제성장의 방식이 많이 다릅니다. 수출산업 구조에 있어서도 한국이 대기업 위주의 중화학 공업에 주력하는 데 비해, 타이완과 홍콩 및 싱가포르 등은 중소기업을 통한 경공업, 서비스업의 비중이 큽니다. 아시아의 외환위기 때 한국은 대기업의 과잉투자와 과도한 부채로 태국, 인도네시아에 이어 외환금융 위기를 겪었는데 나머지 나라들은 영향을 받지 않은 것도 이런 차이를 반영합니다.

일본의 대장성, 우정국

일본의 우정 사업은 우편 관련 업무뿐 아니라 금융기관의 업무도 취급하고 있습니다. 우편 업무를 취급하는 우체국은 전국에 약 2만5천여 개가 있어 전국 방방곡곡에 네트워크를 구성하고 있습니다. 일본의 우체국은 이 전국적 네트워크를 기반으로 이용자에게 보다 높은 금리와 국가의 보장이란 유리한 조건을 제공하는 우편 저금과 개인이 소액으로 이용 가능한 기초적인 생활 보장 수단으로서의 생명보험 업무를 취급하고 있습니다. 그런 이유로 2004년 기준 약 360조 엔의 수신고를 가진 세계 최대 규모의 금융기관이기도 합니다.

우정 사업은 대중적 인기로 은행예금의 40퍼센트 이상을 차지하고, 보험 업무나 택배 업무 등과 중첩되면서 민간의 경쟁력을 약화시키며, 국가의 보호에 안주함으로써 민간보다 현저히 낮은 효율성을 보인다고 비판과 개혁 압력을 받아 왔습니다. 게다가 이렇게 모인 엄청난 자금이 대장성(현재의 재무성)에 예탁되는데, 자금 운용에 있어서도 비효율적이므로 금융 개혁을 위해서는 반드시 손을 대야 하는 부문으로 지목받은 바 있습니다. 우정국의 자금은 특수법인으로 지칭되는 공기업에 상당 부분 투자되는데 공기업들은 정경 유착의 분위기 속에서 비효율적 운영을 일삼는 것으로 알려졌습니다. 이 특수법인들은 방만한 경영으로 2001년까지 재정투자 기관 43개 법인의 장기 채무가 236조 엔에 달하여 1989년보다 1.7배나 팽창한 것으로 밝혀졌습니다.

우정 업무의 비효율성과 경쟁력 강화를 위한 개혁 논의는 진작부터 제기되었지만 집권 여당 내 기득권 세력의 반대와 전국적인 조직망을 갖추고 보편적 복지와 서비스를 제공하는 대안 조직의 부재 때문에 번번이 실패하였습니다. 그러나 고이즈미 총리 집권기에 총리의 대중적 인기를 바탕으로 민영화를 강력하게 밀어붙여 2007년

10월에 일본 우정 그룹으로 새롭게 출범하고, 2017년에는 완전 민영화를 목표로 일정을 진행하고 있습니다. 그러나 기득권의 반대가 여전하고 국가 주도와 국가의 보호에 의존하는 관행에 익숙한 일본 경제에서 민영화가 순조롭게 추진될지는 더 지켜보아야 합니다.

1997년의 외환금융 위기, 이른바 IMF 사태는 무엇일까요?

한국은 1990년경부터 금융과 자본 자유화를 단계적으로 추진해 왔는데, 1996년 OECD 가입을 위해 자유화를 더 가속화시켰습니다. 당시만 해도 우리나라의 이자율이 높아서 많은 외화가 한국에 들어오며 원화가 높이 평가되고 있었습니다. 그 때문에 기업과 금융기관들은 외국 자본을 빌려 오는 것을 안이하게 생각하였습니다. 원화의 고평가가 일시적인 현상일 수밖에 없음에도 불구하고 기업들은 해외 차입을 증대하여 과잉 중복 투자를 계속하였습니다. 은행이나 종합금융사 등은 외국 금리보다 국내 금리가 높은 것을 이용하여, 외국에서 막대한 자금을 빌려 와서 이것을 국내 기업에 빌려 주었습니다. 특히 종합금융사는 해외 차입 자금의 77.7퍼센트를 높은 이자를 받으며 장기 설비, 시설 투자에 빌려 주고 있었습니다. 국제 경제가 안정되었을 때는 단기 외채라도 만기 연장에 문제가 없었지만 위기가 닥치며 자금 회수의 압박을 받으면 치명적일 상황이었습니다. 위험한 줄타기를 하고 있었던 것입니다.

그런데 1996년부터 대외 채무가 급속히 늘어나기 시작했습니다. 세계은행 기준으로 1990년에 317억 달러, 1996년에 1천47억 달러, 1997년 9월에 1천197억 달러로 증가했습니다. 이 당시 대외 채무의 급증은 물론 단기 외채의 비중이 높은 것도 문제였습니다. 1996년 이후부터는 수출품의 가격 경쟁력이 떨어지며 수출이 급감하는 상황이었습니다. 수출이 급감하면서 내수도 냉각되어 경기가 침체하였고 그 결과 차입금에 의존한 과잉 설비 투자와 재무구조 악화로 대기업의 부도가 시작되었습니다. 1997년 1월의 한보 그룹을 시작으로 삼미, 진로, 대농 등 중견 재벌의 부도가 이어졌습니다.

기업 도산이 속출함에 따라 기업에 막대한 자금을 빌려 준 관련 은행과 종합금융사도 대부금을 회수할 수 없게 되어 부실채권이 증대하였습니다. 시중은행의 부실채권 총액은 1996년 말의 14조8천400억에서 1997년 9월 말에는 28조5천250억으로 크게 늘어났습니다. 특히 종합금융사는 같은 기간에 1조2천640억에서 3조8천790억으로 세 배 가까이 증가하였습니다. 더군다나 이들은 외국에서 빌려 온 돈을 다시 빌려 준 것이기 때문에 외국으로부터의 자금 회수 압박도 강하게 받았습니다.

마침내 태국에 이어 인도네시아가 외환금융 위기로 경제가 무너졌고, 여기에 막대한 투자를 했던 한국의 대표적인 대기업인 기아 자동차가 무너지게 됩니다. 이를 계기로 한국 경제 전반에 대한 대외 신인도가 크게 떨어져서 1997년 8월부터는 외국 투자자들이 자금을 회수하기 시작했고, 외국 은행들은 국내 은행들이 빌린 단기자금의 만기 연장을 거부했습니다.

이에 따라 한국의 가용 외환 보유액이 급감하여 1997년 10월의 224억 달러가 11월에는 72.6억 달러로 급감합니다. 결국 정부는 11월 21일 IMF(국제통화기금)에 긴급 자금 지원을 요청할 수밖에 없었고, IMF는 주요 국제금융 기구와 미국, 일본 등 주요 선진국과 함께 570억 달러의 자금을 순차적으로 지원하기로 결정했습니다. 1997년 12월 3일 정부와 IMF 간에 긴급 구제금융 지원 협약이 체결되었고, 이에 따라 한국은 IMF 관리 체제에 들어갔습니다. IMF는 한국 정부에 구제금융을 지원하는 조건으로 경제 운영 및 구조 조정 추진 방향을 제시하였는데 상당히 가혹한 것이었습니다.

박정희가 없었다면 경제 발전을 이루지 못했을까?

〈자료 1〉

- "1960년대 경제성장은, 박정희의 개발독재 덕분이 아니다"

1960년대 경제성장은 정치체제가 민주주의에서 권위주의로 바뀌었기 때문에 가능했던 게 아니다. 박정희의 선택과 상관없이 산업화에 유리한 구조적 조건이 이미 형성돼 있었다. 물론 1964년 수출 지향적 산업화로 경제 전략을 수정한 것은 박정희의 공이고, 박정희의 개발주의적 리더십에 기인하는 바가 크지만, 그 선택을 반드시 권위주의 지도자만 할 수 있는 것은 아니다. 일본에서 전후 부흥을 가져온 지도자들은 의회 민주주의 틀 안에서 활동했으며, 핀란드, 오스트리아 등도 국가주의적 경제 발전을 민주주의 체제에서 이루었다.

1960년대는 주기적 선거 실시, 반대당의 허용, 상당한 언론 자유 같은 민주주의 외피가 유지됐던 '제한적 민주주의' 시기이며, 박정희는 이런 민주주의 틀 안에서 근대화를 성공적으로 수행할 수 있었다. 그러나 1970년대에 들어서면서 정치적 민주주의의 외피 아래 본격적인 권위주의적 산업화가 어렵다고 판단한 박정희가 유신 체제를 수립해 초헌법적 독재자가 된 것이다. 즉 박정희는 산업화의 심화를 위해 권위주의 독재를 선택한 게 아니라, 자신의 권력을 공고화하기 위해 산업화 심화를 명분으로 내걸고 수행한 것이다. [출처: "한겨레" 신문, 2011년 3월 14일]

■ "5 · 16 세력이 경제 기적 이끌어 냈다"

박정희 시대 18년은 장기적 · 결과적으로 한국의 근대화 혁명을 성취한 과정이었다. 5 · 16은 단기적 관점에서 보면 분명히 쿠데타지만, 5 · 16 세력이 민족사적 빈곤을 극복하고 대한민국의 경제 기적을 이끌어 냈기 때문에 '사후적 정당성'을 부여해야 한다. 대부분의 후발 근대화 국가의 경우 근대화 초기에 경제 발전과 민주주의를 동시에 이루기 어렵기 때문에 둘 중 하나를 선택할 수밖에 없다. 장기적으로 볼 때 박정희 정부 아래에서 이룩된 고도 경제성장이 한국 민주주의의 구조적 조건을 형성했다고 본다.

민주 정부에서 경제성장이 삶의 질이라는 의미에서 더 나아졌다고 할 수 있겠지만, 한편으로 그것은 박정희 시대에 일정 수준의 질적인 경제성장을 했기 때문에 가능했다. [출처: "한겨레" 신문, 2011년 3월 14일]

1. 위 자료를 바탕으로 1960년에서 1970년대 경제성장 요인에 대해 이야기해 보자.

2. 경제 발전과 민주주의는 양립할 수 없는지 토론해 보자.

12 에필로그
경제를 안다는 것은?

사　선　어느덧 마지막 시간이네요.

장공부　그런데 선생님.　이제 이 수업이 마무리되어 가니까 꼭 경제 시간이 아니라 정치, **윤리 시간**이 된 것 같아요.　계속 윤리 말씀만 하시고.

사　선　현실이 그런 것을 어떡하나요.　노벨상 받은 경제학자들도 그렇게 이야기하고 …….

농담이고요.　마지막 시간이니까 모두들 안 하면 서운할 것 같은 질문들 하나씩 하기로 하면 어떨까요?

공부, 의심 좋아요, 단순이 너 먼저 해.

진단순

> 처음에 저는 돈 버는 방법을 가르쳐 준다고
> 해서 혹 갔는데, 결국 돈 버는 방법은
> 하나도 이야기 안 해 주신 것 같아요.

사　선　왜요, 지금까지 이야기한 것이 다 돈 버는 방법인데.

학생들　선생님, 농담하시는 거죠?

사　선　아니에요.　한번 생각해 봐요.　지금까지 경제학 공부한 것 맞지요? 경제학의 목적은 공동선, 즉 우리 모두의 선을 증진시키는 것이에요.　경제학 공부를 통해 우리 모두가 잘 사는 방법을 가르쳐 주었고, 우리 모두가 잘 살게 되면 여러분 각자도 잘 살게 되지 않을까요?

장공부 선생님 말씀이 틀린 것은 아니지만요, 단순이가 듣고 싶었던 것은 다른 사람이 아닌 단순이가 돈을 버는 방법이 아니었을까요?

사　선 단순이 그런가요? 그렇다면 미안하네요. 선생님이 거기에 대해서는 이야기하지 않은 것이 확실히 맞아요. 하지만 지금까지 이야기한 것을 토대로 응용해 볼 수는 있겠다는 생각이 드네요. 우선 지금까지의 이야기를 간략히 요약해 볼까요? 먼저 경제학은 공동선의 증진을 목적으로 해야 한다고 했지요. 그러면 공동선을 증진하기 위해서는 어떻게 해야 할까요?

모의심 정부의 역할이 중요해요.

사　선 아직 거기까지 나가지는 말고요. 경제 원리 측면에서 대답해 본다면?

장공부 자원을 효율적으로 사용해야 해요.

사　선 네, 그렇습니다. 그런데 자원을 효율적으로 사용하기 위해서는 우리가 선택한, 또는 우리가 처해 있는 경제체제는?

진단순 시장경제 체제요.

사　선 그러면 시장경제 체제를 잘 운영하기 위해서는?

모의심 경제 윤리가 실현되어야 해요.

사　선 특히 우리나라 경제 현실을 고려할 때, 경제 윤리의 핵심적인 내용은?

장공부 실업 문제를 해결하고, 복지와 경제 정의를 실현하기 위한 정책들을 실천하는 것이죠. 경제민주화도 실현하고요

사　선 대답들 잘했어요. 이런 과정을 개인의 경제적 생활에 적용시켜 보면 돈 버는 방법도 나오지 않을까요?

장공부 자원을 효율적으로 사용해야 하니까, 개인적으로는 자신의 소질과 적성을 잘 살려야 하겠네요.

모의심 언제나 투명하고 공정하려고 노력해야 해요. 개인적으로도 도덕성이 뒷받침되지 않으면 경제생활도 투기적으로 하고 결국 실패를 할 가능성이 높아지니까요.

진단순 그러면 남은 것은 복지뿐이니까 부모님이 부자여야 해요.

사　선 부모님 대신에 국가가 부자이면 어떨까요?

진단순 부모님이 부자인 것보다는 못하지만 그것도 나쁘지 않을 것 같네요.

사   선 자, 단순이 질문에는 이 정도로 답하기로 하고, 다른 학생들은 무엇을 물어보고 싶나요?

장공부 저는 첫 시간에 사업을 하는 것이 꿈이라고 말씀드렸고, 그래서 가격이나 시장 상황을 예측하는 법을 배우고 싶다고 이야기했었는데, 경제학을 배우고 보니까 예측이 더 어려워진 것 같아요. 더구나 경제에 윤리나 정치까지 개입하게 되면 변수가 더 많아져서 시장 예측이 아예 불가능하지 않나요?

사   선 시장 예측이 어려운 것은 사실입니다. 어디에서 이야기한 것 같기도 한데, 경제학자에게 주식시장 예측을 맡겼더니 앵무새에게 시킨 것과 차이가 없었다는 이야기도 있습니다.

학생들

경제학자는 앵무새,
선생님도 앵무새?

사   선 예측 실력은 저나 앵무새나 별 차이가 없을지 모르지요. 하지만 앵무새는 경제정책을 내놓지는 못하겠죠. 그런 면에서 보면 경제학은 과학이라기보다는 규범학이라고 할 수 있겠습니다.

학생들 끝까지 어렵네요.

사   선 알아요. 그래서 예를 들어 설명하겠습니다. 여러분이 주식 투자를 한다고 가정해 봅시다. 만약 주가가 어떻게 변동될지 정확히 예측할 수 있다면 어떨까요? 돈을 많이 벌 수 있을까요?

진단순 네.

모의심 아닌 것 같은데요.

장공부 저만 알 수 있다면 돈을 벌 수도 있겠죠. 하지만 모든 사람이 안다면 모두 동일한 행동을 할 테니까 이득을 볼 수도, 손해를 볼 수도 없을 것 같은데요.

사   선 그렇습니다. 하나씩 설명하면 우리가 미래를 확실히 예측할 수 있다면 좋겠지만 그러지는 못하는 것이 현실이지요. 그래서 경제학자, 또는 경제 전문가의 진짜 역할은 적절한 정책을 펴서 사람들의 선택지를 줄여 우리가 원하는 결과가 나올 수 있도록 하는 것입니다. 마치 우리가 모든 것을 아는 것과 같은 상황을 만드는 것이지요. 그런데 이러한 상황은 자연 발생적으로 일어나는 것이 아니라 우리가 원해서 일어나는 것입니다. 그런 면에서 경제학은 우리가 살고 싶은 사회를 디자인하는 규범학인 것이지요.

장공부 조금 이해가 가긴 하는데, 아직도 알듯 말듯 해요.

모의심 **규범학**이라는 말이 어려운 것 같아요.

사   선 과학이 우리가 살고 있는 세계(자연, 또는 사회)를 있는 그대로 그리는 것을 목적으로 한다면 규범학은 우리가 살고 싶은 세계(가령 이상 사회나 윤리)를 탐구하는 학문이라고 할 수 있지요. 윤리학이 대표적인 규범학이라고 할 수 있습니다.

모의심 그건 그렇고. 제가 질문하고 싶은 것은 선생님이 말씀하신 경제정책이나 경제생활은 국민 전체가, 적어도 국민 대다수가 동의해야 실행할 수 있는 것들인데, 과연 국민들이 그런 정책을 좋아할까요?

사   선 모의심 군의 말은 확실히 일리가 있습니다. 여러분 '죄수의 딜레마', '공유지의 비극'이라는 말을 들어 본 적이 있나요. 이야기는 조금씩 다르지만 요지는 사회적으로 어떤 것이 바람직한 것인지를 알아도 사람들이 이기적으로 행동하기 때문에 결국 사회적으로 최선의 결과를 얻을 수 없다는 것입니다. 그리고 현실적으로도 그런 일이 발생하는 경우가 적지 않습니다. 예를 들어서 국가가 적절한 정책을 시행할 수 있으려면 우리가 모두 세금을 잘 내야 합니다. 그런데 '나 하나 정도야'라고 생각하면서 세금을 내지 않으려는 사람들이 적지 않습니다. 그런 사람들이 많으면 당연히 전체적으로도 세금이 잘 걷히지 않게 되겠죠? 나아가 세금을 잘 내던 사람들도 불공정하다고 생각하면서 세금을 안 내기 시작하면 그야말로 국가적으로 심각한 문제가 일어날 수도 있겠지요. 그런 것처럼 국가나 시민사회에서 경제윤리, 경제민주화를 염두에 둔 적절한 정책을 시행, 지원하려고 해도 국민들이 개인적으로 이러한 정책에 동의하지 않거나 무임승차를 하려는 사람들이 너무 많이 생기면 이런 정책들이 시행되지 못하게 됩니다.

모의심 선생님 말씀은 우리가 지금까지 검토한 대안들이 타당한 것들이지만 실제로는 시행되기 힘들 수도 있다는 뜻인가요?

사　선　그렇습니다.　그래서 아무리 좋은 정책이 있어도 사람들의 공감을 이끌어 내지 못하면 무용한 것이지요.　그런데 지금의 우리 상황에서 보면 실업, 복지, 경제 정의와 관련하여 우리가 검토했던 경제윤리적, 경제민주적 대안들이 시행될 가능성이 매우 큽니다.　저는 그 가능성을 세 가지 정도로 보고 있는데요.　우선 우리나라 국민들은 오랫동안 세계에서 유례를 찾아볼 수 없는 극심한 노동시간과 열악한 노동조건에 시달려 왔기 때문에 시간이 갈수록 최소한의 복지에 대한 국민의 요구가 증대할 것입니다.　두 번째로는 모두 아는 것처럼 실업과 비정규직 문제가 점차 심각해지고 있습니다.　실업 문제는 전체적으로는 아직 선진국들 수준에는 미치지 않습니다만 청년 실업이 심각한 것으로 보아서 더욱 악화될 가능성이 크고, 비정규직 문제는 우리나라가 선도적이라고 할 만큼 심각한 사회문제가 되고 있습니다.　마지막으로 경제 정의와 관련해서는 사회적 투명성이 전반적으로 증대하는 만큼 그에 따라 그동안의 불공정에 대한 분노와 시정이 뒤따를 것으로 생각합니다.

모의심　우리가 그렇게 되도록 노력해야 한다는 말씀이시겠지요.

사　선　뭐, 꼭 그렇다기보다도 저와 여러분을 포함한 우리 모두가 당면하고 있는 상황이 그렇다는 것이지요.

학생들　그런데 마지막 시간인데 선생님은 하시고 싶은 말씀이 없나요?

사　선

지금까지 실컷 이야기했는데요, 뭘.

장공부 선생님은 지금까지 저희 위주로 수업을 해 오셨잖아요.　다 저희를 사랑하니까 그렇게 하셨겠지만 그래도 힘드셨던 점이나 저희에게 당부하고 싶은 말씀이 있으실 것 같아요.

사　선　힘들었던 점은 여러분이 모르겠다는 이야기를 자주 해서 좀 힘들었지요.　하하하.　그런데 학생들이 원래 그런 것 아닐까요?　모르는 것을 모르겠다고 하지 않는 사람들이 더 문제인 것이지.　음, 또 생각해 보니까 서로 반대되는 주장을 하는 경제학자들의 입장을 소개할 때가 어려웠던 것 같네요.　사실의 차이인지 혹은 관점의 차이인지가 분명하지 않은 경우가 많고, 또 거기에서 의미 있는 부분을 최대한 뽑아서 여러분에게 소개해야 하니까요. 그런데 강의할 때마다 느끼는 것이지만 이렇게 대비되는 입장을 둘러보게 되면서 사태를 전체적으로 볼 수 있는 능력이 생기는 것 같아요. 이 점은 내가 여러분에게 감사해야 하겠죠. 한 가지만 더 이야기하자면 강의하면서 실천의 문제를 많이 고민했어요. 우리가 보통 이야기할 때는 과정에 대한 검토나 실현 가능성을 크게 염두에 두지 않고 그냥 이렇게, 저렇게 되었으면 좋겠다는 식으로 이야기하잖아요? 나도 강의하면서 단지 내 소망을 말하는 것은 아닌지, 현실을 충분히 고려하지 않은 것은 아닌지 하는 고민을 늘 했답니다. 그렇게 보면 중요한 것은 우리 현실이 이러저러하니까 이렇게 해야 한다, 저렇게 해야 한다는 것보다도 항상 무엇이든 알기 위해서 노력하고, 또 그것을 실천하려고 애쓰는 태도를 지니는 것이 더 근원적인 문제가 아닌가 합니다.

진단순 역시 선생님다운 말씀을 하시는군요. 저는 단순하게 나도 부자가 되고 우리나라도 부자가 되었으면 좋겠어요.

모의심

선생님 말씀은 저는 계속 기존 학설을 의심의 눈초리로 보란 뜻이죠?

(다 같이 웃음)

죄수의 딜레마
범죄 조직의 두 조직원이 체포되어 투옥되었습니다. 두 죄수는 각자 독방에 갇혔고 다른 죄수와 이야기를 나누거나 메시지를 전할 수단이 없습니다. 그런데 경찰은 그

두 사람을 주된 죄목으로 유죄를 입증하기에 충분한 증거를 지니고 있지 않았습니다. 경찰은 둘 모두를 경미한 다른 혐의로 1년 형에 처할 계획을 세웠습니다. 동시에 경찰은 각 죄수에게 파우스트적 협상안을 제시했습니다. 만일 동료의 죄를 증언한다면 그 사람은 석방해 주는 대신 동료는 주된 죄목에 따라 3년 형을 받도록 한다는 것이었습니다. 구미가 당기는 제안이었습니다. 하지만 만약 두 죄수 모두 동료의 죄를 증언한다면 둘 다 2년 형을 받는다는 것이었습니다.

죄수들이 모두 합리적이라면 증언을 하는 것이 자신에게 유리할 것이라고 판단할 것입니다. 자신이 증언하고 다른 죄수가 증언을 거부하면 자신은 석방되고 상대는 3년 형을 받을 것이고, 다른 죄수도 증언하면 모두 2년을 받게 될 것이기 때문입니다. 물론 둘 다 증언을 거부하면 1년 형을 받지만 상대가 배신을 하게 되면 자신은 3년 형이라는 최악의 결과를 얻게 되기 때문에 증언 거부는 합리적 선택지에서 제외됩니다. 이러한 죄수의 딜레마는 개인이 자신의 이익을 추구하는 합리성을 가질 때 사회적 결과는 최선이 아닐 수도 있음을 보여 주는 사고실험으로 자주 사용됩니다. 결국 사회적 공동선을 추구하기 위해서는 때로 자신의 이익을 희생하면서 양보와 협력이 필요할 때도 있음을 시사한다고 하겠습니다.

공유지의 비극

죄수의 딜레마와 비슷한 사고실험으로 거론되는 것이 공유지의 비극입니다. 마을이나 공동체의 공유지는 사적 소유가 인정되지 않습니다. 그러다 보니 개인들이 자신들의 이익을 추구하기 위해 공유지의 자원을 함부로 낭비하게 되고 결국에 공유지는 황폐화된다는 것입니다.

실제로 이러한 사례들은 많이 있습니다. 아프리카 어떤 나라의 넓은 호수에는 물고기가 많아서 인근 주민들은 고기잡이로 생계를 이어 가고 있었습니다. 그런데 여기에도 자본주의 시장경제의 영향이 미치면서 주민들은 고기를 잡아서 팔면 돈을 벌어서 자신들의 생필품을 풍족하게 교환할 수 있다는 것을 깨달았습니다. 돈에 혈안이 된 주민들은 이제 물고기들을 마구잡이로 잡게 되었고 심지어는 새끼까지 닥치는 대로 잡았습니다. 그 결과 물고기가 급격히 줄어들고 주민들은 그나마 물고기가 많이 잡히는 장소를 선점하기 위해서 서로 폭력까지 행사하기에 이르렀습니다. 사이좋고 풍요롭던 공동체는 돈벌이에 혈안이 되어 아귀다툼을 벌이는 공동체로 전락하였고 어족 자원도 고갈되어 주민들 상당수가 어업을 포기하고 도시 등 다른 지역으로 이주하게 되었습니다.

그런데 이런 사고실험과 달리 상당수의 전통 공동체에서는 공유지의 비극이 일어나지 않았다는 연구 결과도 있습니다. 가령 중세의 상원에 있던 공유지는 수백 년 동안 안정적으로 관리되어 왔다는 것입니다. 다만 산업혁명이 시작되고 지주들이 양사육으로 돈을 벌기 위해 토지에 경계 울타리를 치면서 쫓겨난 농민들이 도시로 나가 버리자 공유지가 황폐화되었다고 보는 것입니다. 결국 대부분의 공동체는 전통에 따라서 공유지를 훌륭하게 관리해 왔지만 근대화와 산업화로 전통이 무너지면서 공유지의 비극이 초래되지 않았느냐는 것이 이런 주장의 요지인 듯합니다.

브레이크 없는 '사적 이익 행위'는 '공유지의 비극'을 극복할 수 있는가?

〈자료 1〉

1920년대 미국 메인 주 지역의 바닷가재 어장은 남획으로 인해 바닷가재의 씨가 말랐다. 문제의 심각성을 깨달은 어부들은 한데 모여 머리를 짜낸 끝에 바닷가재 통발을 놓는 규칙, 순서 등에 대한 자치 규율을 만들었다. 그 결과 메인 주 어부들은 미국 북동부의 다른 해안이나 캐나다의 바닷가재 어장이 완전히 붕괴되는 와중에도 살아남을 수 있었다.

〈자료 2〉

한진수의 『경제학 에센스』는 불법 사냥으로부터 코끼리를 보호하는 데 성공했던 아프리카 남부의 보츠와나, 나미비아, 남아프리카공화국, 짐바브웨의 사례를 소개하고 있다.

아프리카에서는 상아를 노린 불법 사냥으로 코끼리가 멸종 위기에 처한 적이 있다. 그 때문에 아프리카의 여러 정부와 환경 단체들은 코끼리 사냥을 근절하기 위한 대책에 나섰다. 그 방법은 순찰 및 처벌을 강화하고 상아 수출을 금지하는 등의 조치였다. 그러나 이런 방법으로는 사냥꾼들의 행위를 막지 못했다. 사냥꾼을 단속한다고 자기들에게 돌아오는 이득이 별로 없었던 지역 주민들도 이러한 정책에 적극 협조하지 않았다. 일부 주민들은 농사를 망치는 코끼리의 사냥에 찬성하고 있기까지 했다.

보츠와나, 나미비아, 남아프리카공화국, 짐바브웨는 이 문제를 해결하기 위해 경제학자들의 조언을 받고 다른 접근 방식을 취했다. 각 마을과 지역의 공원 당국에 코끼리를 사냥할 수 있는 허가증을 준 것이다. 이 허가증은 거래가 가능했다. 뿐만 아니라 정기적인 조사를 통해 코끼리 수를 늘리는 데 성공한 지역에는 더 많은 코끼리를 잡을 수 있도록 허가하는 인센티브 제도까지 도입했다. 무조건 코끼리 사냥을 금지하는 것이 아니라 코끼리를 합법적으로 사냥할 수 있도록 한 것이다. 이 정책은 성공했다. 코끼리 수가 증가하기 시작했던 것이다. 이는 마치 목장 주인이 마음대로 가축을 도축할 수 있다고 해도 모든 가축을 죽이지는 않고 오히려 가축을 잘 보호하는 원리와 통한다고 할 수 있다.

1. 〈자료 1〉과 〈자료 2〉에서 나타난 문제를 '공유지의 비극' 이론으로 설명해 보자.

2. 위 사례에서 공유 재산의 보존을 위해 실시한 방식은 각각 무엇인가?

3. 2번 활동을 바탕으로 '공유지의 비극'을 막기 위한 효과적인 방안에 대해 토론해 보자.